Laboratorio *di* scrittura

Direzione editoriale: Franco Menin

Progetto grafico, coordinamento grafico e copertina: Enrica Bologni
Impaginazione: Fabio Bergamaschi

A Maria Zioni si devono le sezioni Le competenze di base, La punteggiatura e L'uso del dizionario; a Valeria Rossetti si deve la sezione Le competenze per la prima prova scritta.

L'Editore ha provveduto alla notifica presso l'Ufficio della Proprietà Letteraria Artistica e Scientifica ai sensi delle leggi sul diritto d'autore ed è a disposizione degli aventi diritto per eventuali lacune od omissioni. Per le riproduzioni di testi e immagini appartenenti a terzi, inserite in quest'opera, l'editore è a disposizione degli aventi diritto non potuti reperire nonché per eventuali non volute omissioni e/o errori di attribuzione nei riferimenti.

LO SGUARDO DELLA LETTERATURA

Volume 1 + Laboratorio di scrittura ISBN 978-88-416-1601-7
Versione digitale ISBN 978-88-6706-260-7

EDIZIONE ORANGE Volume 1 + Laboratorio di scrittura + Antologia della Divina Commedia
ISBN 978-88-416-1608-6
Versione digitale ISBN 978-88-6706-316-1

EDIZIONE ORANGE Volume 1 + Laboratorio di scrittura ISBN 978-88-416-1609-3
Versione digitale ISBN 978-88-6706-317-8

Prima edizione: gennaio 2016

Ristampe
2021   2020   2019   2018   2017
VI   V   IV   III   II   I

Printed in Italy

È vietata la riproduzione, anche parziale, con qualsiasi mezzo effettuata, compresa la fotocopia, anche ad uso interno o didattico, non autorizzata. Le fotocopie per uso personale del lettore possono essere effettuate nei limiti del 15% di ciascun volume dietro pagamento alla SIAE del compenso previsto dall'art. 68, commi 4 e 5, della legge 22 aprile 1941 n. 633. Le riproduzioni per finalità di carattere professionale, economico o commerciale o comunque per uso diverso da quello personale, possono essere effettuate a seguito di specifica autorizzazione rilasciata da CLEAREdi (Centro licenze e autorizzazioni per le riproduzioni editoriali), corso di Porta Romana 108, 20122 Milano, e-mail autorizzazioni@clearedi.org e sito web www.clearedi.org.
I materiali reperibili nel sito www.principato.it sono messi a disposizione per un uso esclusivamente didattico. All'atto della pubblicazione la casa editrice ha provveduto a controllare la correttezza degli indirizzi web ai quali si rimanda nel volume; non si assume nessuna responsabilità sulle variazioni che siano potute o possano intervenire successivamente. I testi e le immagini relativi a prodotti e aziende eventualmente presenti in questo volume sono da intendersi come esemplificazione a scopo didattico secondo le norme del Codice di Autoregolamentazione del settore educativo dell'Associazione Italiana Editori.

Casa Editrice G. Principato S.p.A.
Via G.B. Fauché 10 - 20154 Milano

http://www.principato.it
e-mail: info@principato.it

La casa editrice attua procedure idonee ad assicurare la qualità nel processo di progettazione, realizzazione e distribuzione dei prodotti editoriali.

Stampa: Grafiche Ortolan - Opera (MI)

Maria Zioni
Valeria Rossetti

Laboratorio *di* scrittura

Guida alla composizione
Percorsi operativi per il triennio
Esercitazioni guidate per l'Esame di Stato

Principato

Laboratorio di scrittura
Idee chiave

■ **Laboratorio di scrittura** è una guida alla composizione rivolta agli studenti del triennio delle superiori. Fondato su una didattica mirata a rafforzare la riflessione e l'autonomia, il volume propone un'ampia gamma di testi diversi da analizzare e di esercitazioni guidate su cui allenarsi.

La **prima parte** del **Laboratorio**, dedicata al consolidamento delle competenze di base, è articolata in due sezioni: **Il testo** e **Percorsi testuali**. Entrambe le sezioni costituiscono una logica continuazione dell'attività di scrittura svolta nel biennio: presentano una parte teorica, concepita come occasione di riflessione e supporto operativo al lavoro dello studente, a cui seguono le esercitazioni, ordinate secondo un criterio di difficoltà.

Nella **Guida alla composizione** le spiegazioni sono semplici e i concetti sono esemplificati attraverso testi d'uso a firma di giornalisti e opinionisti prevalentemente italiani. Le esercitazioni sollecitano una **scrittura documentata**, basata su una riflessione autonoma e sulla capacità di interpretare e commentare. A tale scopo vengono proposti numerosi testi giornalistici. Attraverso un'ampia gamma di testi e di esercitazioni lo studente viene accompagnato in un percorso che prevede le seguenti tipologie:

– il riassunto
– il testo espositivo
– il testo argomentativo

Vengono inoltre forniti suggerimenti, percorsi ragionati sui testi e due dossier per svolgere **temi di attualità** di tipo espositivo e argomentativo.

La **seconda parte** del **Laboratorio** prepara gli studenti allo svolgimento delle quattro tipologie di prova previste, e si articola in tre sezioni: l'**analisi del testo**, la **tipologia B** (saggio breve e articolo di giornale), le **tipologie C e D**. Ciascuna di esse è costituita da un'introduzione teorica e dall'illustrazione delle diverse tappe dell'elaborazione – ideazione, progettazione, stesura, revisione – corredate da esemplificazioni e da un'ampia proposta di esercitazioni differenziate per classi. Negli esercizi previsti per la classe quinta sono state utilizzate anche le tracce ministeriali.

Puntando soprattutto ad essere un sussidio efficace, il percorso si attiene a criteri di concretezza e di utilità e al principio della progressione e della gradualità delle attività proposte.

Pertanto, le spiegazioni relative alle diverse tipologie e forme testuali sono state concepite non come una trattazione specialistica ma come un supporto operativo al lavoro dello studente, rivolgendo sempre l'attenzione alle effettive richieste in termini di conoscenze, abilità e competenze presentate dalle prove di verifica scolastiche e in particolare dalla prova dell'Esame di Stato. Le introduzioni agili e concrete vogliono essere uno strumento facilmente consultabile per chiarire dubbi circa le tipologie testuali, le rispettive specificità, i requisiti necessari per affrontarle, le opportunità e le difficoltà che le caratterizzano.

Poiché l'allenamento degli studenti deve essere graduale e progressivo nell'arco del secondo biennio e del quinto anno, per ciascuna delle quattro tipologie si propone un percorso di esercizi guidati differenziato per classi e di difficoltà crescente, che gradualmente conduce all'acquisizione di una capacità sempre più autonoma di costruire il testo.

Laboratorio di scrittura *Idee chiave*

- **Laboratorio di scrittura** è arricchito da tre appendici:
  – La punteggiatura
  – L'uso del dizionario
  – Glossario

Le competenze di base

1. Il testo

1.1 Testi e forme

Che cos'è un testo

Gli esempi illustrano oggetti molto differenti tra loro; ciò che li accomuna è che sono tutti testi. Ciascuno di essi infatti risponde a una precisa volontà comunicativa, presenta i caratteri dell'unità e della completezza, comunica un messaggio coerente e ha un inizio e una fine.

> **Il testo è un messaggio intenzionale di senso compiuto, indipendentemente dalle sue dimensioni e dal suo argomento.**

I testi possono essere realizzati usando il linguaggio verbale, parlato o scritto, o usando altri linguaggi, come quelli iconici e gestuali

Testi d'uso e testi letterari

I testi scritti sono molto numerosi ed eterogenei. Una prima distinzione può essere fatta in relazione allo scopo o motivo per il quale il testo viene prodotto.

- **Testi d'uso, o pragmatici**: sono tutti i testi che vengono utilizzati correntemente per comunicare informazioni o raggiungere scopi di ordine pratico.

  Per esempio: *istruzioni per l'uso, e-mail, articoli di giornale, circolari, pubblicità...*

- **Testi letterari**: sono tutti i testi che non hanno uno scopo pratico, ma sono finalizzati a soddisfare un piacere estetico, o interiore, dello scrittore e del lettore.

  Per esempio: *racconti, romanzi, testi poetici, testi teatrali...*

A scuola, nell'ambito dell'Italiano, l'attività di **lettura** coinvolge sia i testi d'uso, come i manuali, sia i testi letterari: poesie, romanzi, racconti e così via. L'attività di **scrittura** è invece più limitata e solitamente riguarda la produzione di testi d'uso; questi testi possono essere destinati a un uso personale, come per esempio appunti e schemi, oppure possono avere come destinatario il docente, per una valutazione: relazioni, temi, riassunti, sintesi di vario tipo.

Le tipologie testuali di base

All'interno del vasto mondo dei testi una seconda distinzione riguarda **le tipologie testuali di base**.

La classificazione più diffusa distingue cinque tipi fondamentali di testi: **narrativo, descrittivo, espositivo, regolativo, argomentativo**.

Ciascun tipo si caratterizza per la **struttura** compositiva, vale a dire per la scelta e l'organizzazione logica delle informazioni.

Nell'attività scolastica, la conoscenza delle tipologie testuali di base, e delle relative strutture compositive, aiuta chi scrive a **organizzare il testo**. Esse infatti costituiscono un modello di riferimento per la stesura di un paragrafo o di un testo composto da più paragrafi.

	LE TIPOLOGIE TESTUALI DI BASE	
Il testo **narrativo**	Registra un'azione o un processo nello svolgersi del tempo.	Una narrazione può trovarsi in ogni testo che racconti una storia (reale o immaginaria), di una persona, un luogo o una cosa.
Il testo **descrittivo**	Rappresenta persone, oggetti, ambienti in una dimensione spaziale.	Una descrizione è raramente isolata; può trovarsi in un testo letterario, in un testo scientifico, in un manuale di istruzione, in ogni testo in cui chi scrive vuole "far vedere" qualcosa al lettore o fargli percepire atmosfere, sensazioni, stati d'animo.

Il testo **espositivo**	È finalizzato a informare, spiegare, trasmettere concetti e conoscenze.	Sono testi espositivi: i manuali scolastici, le relazioni, i saggi di divulgazione, alcuni articoli giornalistici, le voci enciclopediche e tutti quei testi in cui chi scrive vuole informare il lettore su un certo argomento.
Il testo **regolativo**	Ha lo scopo di indicare regole, dare istruzioni, in modo tale da indirizzare il comportamento del destinatario.	Sono testi argomentativi le leggi, i regolamenti, gli statuti, le regole dei giochi, le ricette di cucina, le istruzioni per l'uso
Il testo **argomentativo**	Ha lo scopo di convincere il destinatario inducendolo ad accettare o a valutare positivamente o negativamente determinate idee e convinzioni.	Un'argomentazione può trovarsi in un articolo di un quotidiano, nella recensione d un romanzo o di un film, in un discorso politico.

Il paragrafo

Uno scritto può richiamare alla mente una costruzione in cui ciascuna parte è un paragrafo. Un paragrafo ben costruito non è un ammasso di informazioni, ma un testo in cui tutte le informazioni convergono a comunicare un'idea centrale, un concetto.

> **Il paragrafo è un'unità di significato.**

Quando è costituito da un unico paragrafo, il testo introduce, svolge e conclude un argomento. Nei testi complessi, costituiti da più paragrafi, ciascuno di essi contribuisce a costruire il senso complessivo.

Il paragrafo non coincide necessariamente con il capoverso, cioè con un blocco di testo tra un a-capo e il successivo. La scelta di andare a capo è abbastanza personale. Si può andare a capo per evidenziare alcune informazioni e porle in primo piano; o si può andare a capo semplicemente per rendere la pagina meno densa e così facilmente leggibile.

La tessitura del discorso, le scelte lessicali e sintattiche sono funzionali al tipo di testo e al destinatario. Il titolo può essere informativo o espressivo.

Leggiamo insieme due testi di natura molto diversa: un testo informativo e un testo letterario in prosa. Come potrai osservare, entrambi presentano i caratteri dell'unità e della completezza e in entrambi il discorso segue una struttura logica. Quello che cambia è lo scopo. Nei testi informativi l'intento di chi scrive è prima di tutto pratico, quindi la funzione prevalente nel testo è comunicativa: fornire notizie, spiegare, far capire (Esempio 1, *L'uomo Boccaccio*). Nei testi letterari invece l'intento dell'autore è creare un'opera d'arte, e quindi la funzione prevalente nel testo è poetica: il linguaggio si carica di significati che vanno oltre il piano letterale e rendono più ricco e complesso il senso del testo. Nei testi letterari in prosa (Esempio 2, *L'entrata in scena di padre Cristoforo*) l'autore non si limita a comporre un racconto, costituito da azioni e descrizioni, ma crea "mondi" narrativi utilizzando le risorse espressive per trasmette emozioni e sentimenti che sgorgano dalla sua fantasia e dalla sua sensibilità.

Esempio 1 ▪ L'articolazione dei contenuti in un testo scolastico
Leggiamo insieme i paragrafi di apertura del Modulo 12 (Unità 1, p. 524) dedicato a Giovanni Boccaccio.

Il testo	Osservazioni
L'uomo Boccaccio	Il **titolo** è informativo: annuncia l'argomento
Boccaccio era soprannominato "Giovanni della tranquillità" per la sua tendenza a ricercare una dimensione di vita tranquilla, lontana da ogni forma di protagonismo. In un saggio apparso nel 1964 lo scrittore Alberto Moravia offre un incisivo ritratto della personalità di Giovanni Boccaccio, incentrato sul contrasto fra la vocazione a una vita placida e appartata e il culto dell'azione che traspare da moltissime novelle del *Decameron*.	**Primo paragrafo** Un breve **paragrafo introduttivo** fornisce le informazioni indispensabili ad orientare il lettore. Viene inoltre sintetizzato il senso complessivo del ritratto di Boccaccio tracciato da Alberto Moravia: "il contrasto fra la vocazione a una vita placida e appartata e il culto dell'azione".
Ho sempre pensato che il Boccaccio, quest'uomo che ci viene dipinto placido e amante dei propri comodi, questo "Giovanni della tranquillità", fosse nel fondo dell'animo suo, per compenso e forse per sublimazione, un vagheggiatore dell'azione. Con ogni probabilità era uno di quegli uomini che non possono godere degli agi e dei comodi se non immaginandosi nei disagi e nei pericoli; che hanno bisogno di fingersi una vita fantasticamente attiva per continuare a menare senza scosse né squilibri la solita esistenza tranquilla. [...] Si veda con quanta segreta voluttà sono complicate, arricchite, articolate le peripezie; e come vivamente le rappresenta, quasi invidioso dei suoi personaggi. I luoghi così vari: marine, città, boschi, camere, grotte, deserti, i personaggi che abbracciano tutte le condizioni, tutte le nazionalità e tutti i tempi, dimostrano che per il Boccaccio, l'importante [... era] sentirsi vivere negli uomini, nelle circostanze, nei luoghi e nei tempi più diversi. [...] Alla sua sete d'azione non poteva bastare Firenze e il contado; ci voleva il Levante e la Francia, Napoli e Venezia, Roma e la Sicilia; l'antichità e il Medio Evo; insomma, oltre ai luoghi e ai tempi che gli erano familiari, anche quelli di cui aveva soltanto sentito parlare. [...] Il Boccaccio, per la sua sete di avventura, aveva bisogno [...] prima di tutto di non essere appesantito e intralciato da	**Secondo paragrafo** Il testo qui proposto è un **paragrafo espositivo-argomentativo** estratto da un saggio critico. Lo scrittore Alberto Moravia esprime la propria opinione sulla personalità di Giovanni Boccaccio ponendo a confronto la vita e le opere del grande autore del Trecento. Il ritratto che emerge è quello di uno scrittore dalla vita tranquilla e nel contempo dotato di una fantasia straordinaria, capace di scavalcare i confini geografici e temporali e i limiti imposti dalle convenzioni morali. Il ragionamento e le informazioni convergono a comunicare un **concetto**: l'insaziabile sete di avventura e l'aspirazione all'azione vagheggiata da Giovanni Boccaccio. Il testo presenta nell'insieme un **linguaggio piano**, facilmente comprensibile. Nel periodo d'apertura è presente un vocabolo di uso non co-

alcun grave e severo concetto morale; di non dovere continuamente stabilire rapporti di giudizio morale tra sé e i personaggi, tra sé e il mondo. [...] il Boccaccio aveva bisogno puramente e semplicemente di azione. Di una azione purchessia; visto che l'azione valeva in quanto era azione e non in quanto era buona o cattiva, triste o allegra, fantastica o reale.

A. Moravia, Boccaccio, in L'uomo come fine, Bompiani, Milano 1964

mune (*sublimazione*), da intendersi come capacità di trovare qualche attività compensatrice per la rinuncia a istinti e desideri.

Esempio 2 ▪ L'articolazione dei contenuti in un testo letterario
Leggiamo insieme un passo dai *Promessi Sposi* di Alessandro Manzoni.

È una malinconica mattina di autunno del 9 novembre 1628 quando padre Cristoforo esce dal convento di Pescarenico e si avvia a casa di Lucia e Agnese. Il narratore rappresenta i *luoghi* attraversati da padre Cristoforo e il triste spettacolo dei pochi *esseri umani* che egli incontra: contadini e mendicanti laceri e macilenti. Poi si sofferma su *padre Cristoforo*, delineando in brevi tratti il ritratto fisico e psicologico del personaggio.

Il testo	Osservazioni
L'entrata in scena di padre Cristoforo	
[...] Il cielo era tutto sereno: di mano in mano che il sole s'alzava dietro il monte, si vedeva la sua luce, dalle sommità de' monti opposti, scendere, come spiegandosi rapidamente, giù per i pendìi, e nella valle. Un venticello d'autunno, staccando da' rami le foglie appassite del gelso, le portava a cadere, qualche passo distante dall'albero. A destra e a sinistra, nelle vigne, sui tralci ancor tesi, brillavan le foglie rosseggianti a varie tinte; e la terra lavorata di fresco, spiccava bruna e distinta ne' campi di stoppie biancastre e luccicanti dalla guazza.	Lo sguardo del narratore si sofferma innanzitutto sugli elementi della natura: il cielo sereno, la luce, il venticello d'autunno, i tralci delle vigne, la terra lavorata di fresco, gli steli che restano in piedi nel campo dopo la mietitura (*le stoppie*) luccicanti di rugiada (*guazza*).
La scena era lieta; ma ogni figura d'uomo che vi apparisse, rattristava lo sguardo e il pensiero. Ogni tanto, s'incontravano mendichi laceri e macilenti, o invecchiati nel mestiere, o spinti allora dalla necessità a tender la mano. Passavano zitti accanto al padre Cristoforo, lo guardavano pietosamente, e, benché non avesser nulla a sperar da lui, giacché un cappuccino non toccava mai moneta, gli facevano un inchino di ringraziamento, per l'elemosina che avevan ricevuta, o che andavano a cercare al convento. Lo spettacolo de' lavoratori sparsi ne' campi, aveva qualcosa d'ancor più	Il paesaggio naturale è lieto, ma è rattristato dai chiari segni della carestia, come mostrano gli esseri umani che lo animano: i mendicanti coperti di stracci e denutriti (*laceri e macilenti*), indotti dalla carestia a elemosinare (*a tender la mano*); i lavoratori sparsi nei campi che seminano mal volentieri (*a malincuore*) e lavorano quasi contro voglia; la fanciulla, scarna e affamata, che sottrae le erbe alla magra

doloroso. Alcuni andavan gettando le lor semente, rade, con risparmio, e a malincuore, come chi arrischia cosa che troppo gli preme; altri spingevan la vanga come a stento, e rovesciavano svogliatamente la zolla. La fanciulla scarna, tenendo per la corda al pascolo la vaccherella magra stecchita, guardava innanzi, e si chinava in fretta, a rubarle, per cibo della famiglia, qualche erba, di cui la fame aveva insegnato che anche gli uomini potevan vivere. Questi spettacoli accrescevano, a ogni passo, la mestizia del frate, il quale camminava già col tristo presentimento in cuore, d'andar a sentire qualche sciagura.	*vaccherella* che conduce al pascolo. Questi spettacoli si ripercuotono nell'animo di Padre Cristoforo e ne aumentano l'afflizione (la *mestizia*). Nel romanzo storico *I Promessi Sposi* realtà e finzione si mescolano in una **narrazione realistica**. Padre Cristoforo è un personaggio inventato, frutto della fantasia dell'autore. Gli ambienti rappresentati si basano però su fonti documentarie e insieme ai personaggi contribuiscono a ricostruire la realtà storica e sociale della Lombardia del Seicento.
Ma perché si prendeva tanto pensiero di Lucia? E perché, al primo avviso, s'era mosso con tanta sollecitudine, come a una chiamata del padre provinciale? E chi era questo padre Cristoforo? Bisogna soddisfare a tutte queste domande. Il padre Cristoforo da *** era un uomo più vicino ai sessanta che ai cinquant'anni. Il suo capo raso, salvo la piccola corona di capelli, che vi girava intorno, secondo il rito cappuccinesco, s'alzava di tempo in tempo, con un movimento che lasciava trasparire un non so che d'altero e d'inquieto; e subito s'abbassava, per riflessione d'umiltà.	Lo sguardo del narratore si sposta su padre Cristoforo, di cui presenta l'aspetto fisico e alcuni tratti del carattere.
La barba bianca e lunga, che gli copriva le guance e il mento, faceva ancor più risaltare le forme rilevate della parte superiore del volto, alle quali un'astinenza, già da gran pezzo abituale, aveva assai più aggiunto di gravità che tolto d'espressione.	Lo sguardo del narratore si concentra poi sul viso del personaggio.
Due occhi incavati eran per lo più chinati a terra, ma talvolta sfolgoravano, con vivacità repentina; come due cavalli bizzarri, condotti a mano da un cocchiere, col quale sanno, per esperienza, che non si può vincerla, pure fanno, di tempo in tempo, qualche sgambetto, che scontan subito, con una buona tirata di morso. A. Manzoni, *I Promessi Sposi*, cap. IV, Principato	La descrizione si conclude con una **similitudine**. Il conflitto interiore fra il temperamento focoso e impulsivo di padre Cristoforo e la necessità di domare le passioni emerge dallo sguardo del personaggio. Gli occhi di padre Cristoforo – paragonati a due cavalli bizzarri che vanno tenuti a freno (*con una buona tirata di morso*) – sono quasi sempre rivolti a terra, in segno di umiltà; talvolta però brillano di una luce improvvisa, sfolgorante, segno di un temperamento assai vivace che solo la forza di volontà riesce a dominare.

1.2 I legami di coerenza e di coesione

Un tessuto di parole

La parola "testo" deriva dal vocabolo latino *textus*, che nel suo significato primario indica l'azione di tessere, intrecciare.

L'immagine del tessuto ci può far riflettere: per produrre un tessuto occorrono fili di lana, di seta, di cotone o di un'altra fibra; una volta che sono stati intrecciati, però, non li riconosciamo più come fili separati, perché siamo di fronte a un prodotto unito e compatto, di cui cogliamo l'aspetto complessivo. Così, in un testo scritto ben costruito, come un racconto avvincente o un articolo interessante, coglieremo il significato complessivo, il senso delle vicende, gli effetti espressivi più significativi. Un testo scritto, in effetti, non è molto diverso da un tessuto di fili: gli elementi che lo compongono devono essere scelti con cura e devono venire intrecciati, cioè organizzati secondo regole opportune: solo così il testo avrà caratteri di compattezza e di unitarietà.

Per trasmettere il significato in modo efficace il testo richiede, al suo interno, due gruppi di legami linguistici, che come fili s'intrecciano e determinano una continuità nei contenuti e nella forma: sono i legami di **coerenza** e di **coesione**.

La coerenza

La coerenza è il filo conduttore e il principio organizzatore delle idee e dei significati. Un testo coerente presenta un'**idea centrale**, o **tema centrale**, verso la quale convergono il ragionamento e gli argomenti che lo sostengono. L'idea centrale può essere espressa linguisticamente o sottintesa; in questo caso sarà compito del lettore individuarla.

I legami di coerenza riguardano tre piani, strettamente collegati: il **piano tematico**, il **piano logico**, il **piano stilistico**.

Coerenza tematica	Tutte le informazioni del testo sono riconducibili a un tema principale e non sono contraddittorie.
Coerenza logica	Tutte le parti del testo sono ordinate in base a criteri riconoscibili, condivisi dal lettore (prima/dopo, causa/effetto, noto/ignoto ecc.).
Coerenza stilistica	Il linguaggio è omogeneo: il lessico, il registro linguistico e lo stile sono adeguati al tipo di testo e al destinatario.

Esempio 1 ■ La coerenza

Leggiamo insieme un **articolo di giornale**: la **recensione** di un disco pubblicata sulla pagina "Musica" dell'inserto della domenica del quotidiano "Il Sole 24 Ore".

Il testo	Osservazioni
IL DISCO DEL SOLE	Il titolo annuncia sinteticamente l'argomento della recensione: il disco consigliato questa settimana dal numero della domenica de "Il Sole 24 Ore".
Senti i respiri, l'energia in crescendo dello Scherzo, le grandi frasi, i grandi dettagli. È in assoluto uno dei dischi più belli, sotto ogni profilo, questo di Claudio Abbado che dirige la Sinfonia n. 9 di Bruckner, con l'Orchestra del Festival di Lucerna. Interpreti e casa discografica sembrano essersi alleati in una sfida vincente, come in rare occasioni: consegnare un punto fermo, saldo, assoluto. La qualità del suono è impressionante, con una paletta di colori e una intensità inebriante. Le proporzioni dei tre movimenti sono geometricamente perfette, con l'Adagio finale teso e ampio, a specchiarsi simmetricamente nel magma del primo. Il compositore lo segnò con l'indicazione "Misterioso". Qui viene risolto. Registrato dal vivo, il 16 agosto dell'estate scorsa, è stato l'ultimo brano diretto da Abbado. *C.M.* Bruckner, *Sinfonia n. 9*; Lucerne Festival Orchestra, direttore Claudio Abbado; 1 cd DG	Il **tema centrale** della recensione è il parere più che positivo del critico musicale Claudia Moreni (*C.M.*) sul disco della Sinfonia n. 9 del compositore austriaco Anton Bruckner diretta da Claudio Abbado (*... in assoluto uno dei dischi più belli*). Il testo è coerente sul **piano tematico**: tutte le frasi sono riconducibili al tema centrale; sono assenti parole o frasi che contraddicono quanto già affermato. Il testo è coerente sul **piano logico**: le affermazioni si susseguono in modo ordinato e convergono tutte a sostenere il parere positivo sul disco (*sfida vincente... punto fermo, saldo, assoluto... proporzioni geometricamente perfette... qui viene risolto*). Il testo è coerente sul **piano stilistico**: il linguaggio è uniforme, adatto al pubblico di lettori del quotidiano. Risponde dunque alle caratteristiche del tipo di testo (articolo giornalistico) e allo scopo (informare rapidamente il lettore).

La coesione

La coesione riguarda i rapporti grammaticali e i modi in cui sono collegati tra loro i componenti di un testo, rendendolo unitario e compatto. Oltre alla concordanza morfologica la coesione si realizza attraverso altri legami linguistici, fra cui la **concordanza sintattica**, la **ripetizione di parole**, le **forme sostituenti** (pronomi, sinonimi, iperonimi, iponimi, perifrasi ecc.), l'**ellissi** (cioè l'omissione di una parola o di un'espressione già presente nel testo, soprattutto il verbo o il predicato, ma anche nomi o intere frasi).

Esempio 2 ▪ La coesione
Leggiamo insieme una **didascalia**.

Il testo	Osservazioni
La prima carta geografica verosimile fu disegnata dal viaggiatore greco Ecateo di Mileto. In essa le terre emerse appaiono confinate in un cerchio circondato dal mare.	– Articoli, nomi, aggettivi e pronomi concordano fra loro sia nel genere (maschile/femminile) sia nel numero (singolare/plurale): *La prima carta geografica verosimile... In essa* – I verbi concordano con i loro soggetti nella persona (1ª, 2ª, 3ª) e nel numero (singolare/plurale): *La prima carta... fu disegnata... Le terre emerse appaiono* – Le parole sono disposte nel consueto ordine sintattico: 1) soggetto più attributi: *La prima carta geografica verosimile* 2) predicato verbale *fu disegnata* 3) complementi indiretti *dal viaggiatore greco Ecateo di Mileto* – È presente una forma sostituente (un pronome personale): *La prima carta geografica... In essa*

I connettivi

Un altro importante elemento di coesione testuale è rappresentato dai **connettivi**. Come chiarito dall'etimologia (*cum* + *nèctere* = intrecciare con) la funzione dei connettivi è legare il discorso – parole, frasi, parti di testo – determinando una continuità logica. I connettivi si possono dinstinguere in additivi (*e*), avversativi (*ma*), causali (*perché, dal momento che*), temporali (*allora*).

I connettivi appartengono a diverse **categorie grammaticali**:
– congiunzioni e locuzioni congiuntive (*e, o, ma, perciò, dunque... dal momento che, allo scopo di ...*)
– avverbi e locuzioni avverbiali (*allora, poi, cioè, prima, inoltre, domani... sul momento, più o meno, di conseguenza ...*)
– preposizioni e locuzioni prepositive (*sopra di, prima di, vicino a... per mezzo di, in funzione di, in rapporto a...*);
– locuzioni ed espressioni di vario genere (*tanto per cominciare, come abbiamo già osservato, facciamo un esempio, prendiamo ora in considerazione, concludiamo questa breve panoramica...*).

In un testo la presenza di connettivi guida la lettura e la corretta comprensione, come segnali che comunicano l'organizzazione del testo e la gerarchia degli argomenti.

Esempio 3 ▪ I connettivi

Leggiamo insieme un **articolo di giornale** in cui abbiamo evidenziato i **connettivi** più significativi. L'articolo è un **testo informativo** sull'alimentazione tratto dalla pagina "Salute" del "Corriere della Sera".

Il testo	Osservazioni
Pochi cibi freschi e troppe scatolette sulle nostre tavole Il cibo costa. Non solo quando lo acquistiamo, ma soprattutto alla Terra: per produrlo servono terreno e risorse idriche ed energia per eliminarne gli scarti. Un "peso" per l'ambiente che gli italiani non tengono troppo in considerazione, almeno stando a un'indagine dell'Osservatorio Grana Padano condotta su 1200 persone: molti infatti seguono una dieta mediterranea in versione "inquinante" che non è il massimo per la salute, né per l'ambiente. In primo luogo, uno dei pilastri dell'alimentazione sana è il pesce, ma spesso si tratta della classica scatoletta di tonno: il 40 per cento degli italiani la consuma tutte le settimane. Molti, in genere, scelgono cibi in scatola, che però spesso sono più ricchi di sale rispetto ai corrispondenti prodotti freschi. In secondo luogo, le patate: sono un alimento sostenibile, coltivabile ovunque, a basso costo, apportano energia e micronutrienti essenziali. Il 70 per cento degli italiani dice di mangiarle tutte le settimane, uno su tre da due a quattro volte: a prima vista una scelta virtuosa, nei fatti un problema per salute e ambiente, perché la maggioranza di noi le mangia sotto forma di snack. Il 60 per cento compra infatti un sacchetto di patatine fritte almeno una volta a settimana, senza considerare troppo che sono in genere parecchio caloriche, contengono alte quantità di grassi e di sale. Inoltre, possono lasciare "un'impronta" ambientale pesante a causa dell'imballaggio talvolta non riciclabile, che aumenta i rifiuti da smaltire. Non va meglio con lo zucchero: un italiano su due lo consuma quotidianamente, anche più volte al giorno, ma il prodotto è raffinato e richiede lavorazioni complesse. nel consumo di olio d'oliva e latticini, mentre dovremmo bere più acqua del rubinetto (è sicura e aiuta a risparmiare plastica), e mangiare più spesso uova – alternativa più ecosostenibile ed economica alla carne – e legumi: ricchi di fibra e proteine, si conservano secchi senza dispendio di energia. Per una dieta sana e sostenibile, infine, dovremmo comprare solo ciò che serve, eventualmente recuperando gli avanzi. Elena Meli	Le parole e le locuzioni evidenziate legano il discorso esplicitando le relazioni fra le informazioni e fra le varie parti del testo. Infatti: – **spiegano le affermazioni**, chiarendo via via i rapporti logici fra i contenuti che il testo comunica: *e, ma, e, ed, infatti, inoltre, né, però, e...* – **scandiscono gli argomenti**, introducendoli e indicando l'ordine logico che si stabilisce fra le diverse parti del discorso: *In primo luogo... In secondo luogo... Infine*

1.3 Il lessico

La competenza lessicale

Il linguaggio verbale (dal latino *verbum*, "parola") è una straordinaria forma comunicativa che ha come codice la **lingua**: un insieme di segni sonori (fonemi) che si possono combinare in modi pressoché illimitati. Nella forma scritta i segni vengono rappresentati dalle **parole** e dalle lettere (grafemi) che le compongono.

Il complesso delle parole e delle locuzioni che costituiscono la lingua di una comunità, di un'attività umana o di un particolare scrittore è il **lessico**: il lessico italiano, il lessico del Duecento, il lessico della *Divina Commedia*, il lessico sportivo...

Il lessico è un sistema aperto, suscettibile di accogliere sempre nuovi elementi. **Arricchire il proprio lessico**, cioè aumentare il numero di parole di cui si conosce il significato (vocabolario passivo) o che si usano per parlare e scrivere (vocabolario attivo) è un'esigenza fondamentale per uno studente.

> **La competenza lessicale è il punto di partenza per la comprensione e la produzione di testi.**

Quante parole occorre conoscere?
Una persona mediamente colta conosce circa 10-12 mila parole, anche se in genere ne utilizza circa la metà. Per far fronte alle esigenze comunicative spicciole, quotidiane, può essere sufficiente un lessico ristretto, limitato (800-900 parole circa), ma già la lettura di un articolo di giornale o di un libro richiede la conoscenza di alcune migliaia di parole (4-5 mila circa). Per leggere e capire testi complessi della nostra letteratura, come la *Divina Commedia* di Dante o opere di altri grandi scrittori, occorre invece disporre di un bagaglio lessicale assai ampio.

Significante e significato

Come tutti i segni, le parole si compongono di due elementi inseparabili: il significante e il significato. Nel linguaggio verbale il **significante** è l'elemento concreto che noi percepiamo con l'udito o con la vista. Il **significato** è invece l'elemento mentale, l'idea che noi associamo a un determinato significante.

	Segno	
	significante	**significato**
ROMANZO	r/o/m/a/n/z/o L'insieme delle lettere che utilizziamo per scrivere la parola "romanzo"	L'insieme di informazioni che la parola trasmette attraverso il significante

Le onomatopee

Il legame fra significante e significato è **convenzionale**, arbitrario. In qualche caso, però, può capitare che i suoni evochino in qualche modo il significato; è il caso delle

onomatopee (o **fonosimboli**): parole o gruppi di parole che riproducono o suggeriscono un suono particolare (il verso di un animale o semplici rumori):
miao, grrr, coccodé, patapum, chicchirichì, brr, don don, tin tin, crac crac, gra-gra...

Le onomatopee possono anche dare origine a sostantivi e verbi:
miao = *miagolio / miagolare*
gra-gra = *gracidio / gracidare*

Le onomatopee ricorrono frequentemente nei fumetti, sono sfruttate nel linguaggio pubblicitario e talvolta vengono usate in poesia. Nella poesia l'*Assiuolo* di Giovanni Pascoli l'onomatopea che riproduce il verso dell'uccellino (*chiù*) e chiude ogni strofa viene usata dal poeta per comunicare un sinistro presagio di sventura.

Parole e significati

Puntiamo ora l'attenzione sui principali rapporti che legano tra loro le parole in relazione al significato: la **polisemia**, l'**omonimia**, i **significati figurati**, i **sinonimi**, i **contrari**.

La polisemia

Alcune parole possiedono un **unico significato**:
peplo = abito femminile dell'antica Grecia
chips = patatine fritte tagliate a fettine sottilissime o a bastoncini

Ma sono casi rari. Quasi tutte le parole della nostra lingua sono **polisemiche**, cioè hanno più di un significato, da due a molti. Ogni parola, nel corso della sua esistenza può assumere infatti significati nuovi: significati che si aggiungono al significato connesso con le sue origini, significati ristretti o specialistici, varianti ecc.

> **La polisemia è la coesistenza di più significati in una stessa parola.**

La pluralità di significati per un unico significante comporta, come conseguenza, l'**ambiguità** della parola stessa e, anche, una possibile difficoltà di individuazione del significato esatto. In genere, il contesto linguistico permette al lettore di risalire al significato con cui una parola viene usata. Ma, quando la frase o il testo che contiene la parola sconosciuta non è sufficiente per capirne il significato, è necessario ricorrere al dizionario.

Esempi
– Un aggettivo polisemico: *glaciale*

			Definizioni	Esempi
glaciale		Significato primario	di ghiaccio, gelato	*clima glaciale; periodo glaciale*
	Accezioni	Significato estensivo	molto freddo	*vento glaciale; temperatura glaciale*
		Ambito d'uso (chimica)	simile al ghiaccio	*acido acetico glaciale*
		Due significati figurati	insensibile e indifferente al massimo grado	*un uomo glaciale*
			che dimostra ostilità	*un'accoglienza glaciale, un silenzio glaciale*

– Un sostantivo polisemico con più ambiti d'uso: *operazione*

	Ambiti d'uso	Significati
operazione	matematica	procedimento di calcolo
	medicina	intervento chirurgico
	economia	operazione bancaria
	militare	una qualsiasi azione militare

L'omonimia

Alcune parole della nostra lingua presentano la medesima forma ma hanno significati totalmente diversi. Questi vocaboli vengono detti **omonimi** (dal greco *homònymos* "stesso nome"). Il diverso significato è dovuto alla diversa etimologia, dunque alla diversa origine o alla diversa evoluzione linguistica.

> **L'omonimia è il fenomeno per cui parole di origine etimologica diversa hanno significanti coincidenti.**

La lingua italiana, data la quasi perfetta coincidenza fra grafia e pronuncia, ha omonimi che possono essere sia **omografi** sia **omofoni**. Può esservi inoltre un'omonimia grammaticale, data dall'appartenenza alla stessa parte del discorso.

Esempi

Nelle parole "miglio" e "viola" l'omonimia grammaticale si somma all'omofonia e all'omografia.

miglio (sostantivo maschile)	**Significato 1**	unità di misura	*Coraggio: ormai manca solo un **miglio***
miglio (sostantivo maschile)	**Significato 2**	mangime per animali	*Il mio canarino mangia solo **miglio***

viola (sostantivo femminile)	**Significato 1**	pianta erbacea	*La **viola** è uno dei fiori che preferisco*
viola (sostantivo femminile)	**Significato 2**	strumento musicale	*Anna suona la **viola***

In altri casi l'omonimia non è perfetta, perché ci sono differenze di pronuncia o variazioni grafiche. Nella nostra lingua sono inoltre più frequenti gli omonimi appartenenti a categorie grammaticali diverse.

Esempi

– Omonimi **solo omografi.** Queste parole si scrivono nello stesso modo ma si pronunciano in modo differente:
    pèsca (frutto) e *pésca* (pescare)
    accétta (attrezzo) e *accètta* (voce del verbo *accettare*)
    formìca (insetto) e *fòrmica* (materiale di rivestimento)

– Omografi **solo omofoni.** Queste parole si scrivono in modo diverso ma si pronunciano nello stesso modo:
    anno (unità di tempo) e *hanno* (voce del verbo *avere*)
    da (preposizione) e *dà* (voce del verbo *dare*)

I significati figurati

Le parole, oltre al loro significato letterale – o significato di base – possiedono spesso un **significato figurato**.

Gli usi figurati sono frequenti nella lingua quotidiana e nel linguaggio pubblicitario e giornalistico. Sono inoltre presenti nei testi letterari sia in prosa sia in poesia, perché permettono di ottenere effetti di grande efficacia espressiva.

Anche per la comprensione dei significati figurati il dizionario è di grande aiuto: oltre al significato di base di una parola il dizionario registra anche gli eventuali significati figurati e gli ambiti d'uso.

Esempi

– Usi figurati frequenti nella comunicazione ordinaria:
    *il **collo** della bottiglia*   *le **gambe** del tavolo*   *la **coda** dell'occhio*
    *l'**occhio** del ciclone*   *i **piedi** della montagna*   *i **rami** del fiume*
    *i **rami** del Parlamento*   *il **nocciolo** della questione*   *una **montagna** di guai*

– Usi figurati in un testo letterario:
    Le stelle lucevano rare
    *tra mezzo alla **nebbia di latte***
    *sentivo il **cullare del mare***
    Giovanni Pascoli, *L'assiuolo*

L'espressione ***di latte*** coglie lo spessore biancastro della nebbia, mentre ***il cullare*** rappresenta il movimento ritmico delle onde del mare che giungono a riva e si ritirano.

I sinonimi

Quando si parla con qualcuno il modo più spiccio di chiarire il significato di una parola è usare un **sinonimo**, cioè una parola o un'espressione che in quel contesto ha un significato uguale (o quasi).

> La sinonimia è il rapporto che lega parole con significante diverso e significato simile.

Esempi

– Sinonimi della parola *discernimento*:
  criterio, giudizio, oculatezza, capacità critica, perspicacia, acume

La lingua comune è fortemente polisemica e permette di esprimere uno stesso significato con una grande varietà di parole. Ma i sinonimi, anche se si somigliano, non hanno quasi mai un significato perfettamente identico, perciò non sempre si possono scambiare. Quando si scrive, per esempio quando si fa una parafrasi o si riassume un testo, è importante tenere presente la **relatività della sinonimia**: due termini possono essere sinonimi in un determinato contesto, ma non in un altro.

Esempi

Si può dire	NON si può dire
*Non ho **paura** di niente*	*Non ho **spavento** di niente*
*È un quadro **antico***	*È un quadro **anziano***

La sinonimia assoluta è assai rara, sia perché le parole polisemiche hanno più sinonimi, sia perché tra le parole vi sono spesso differenti **sfumature di significato.** La nostra lingua ha inoltre una grande ricchezza lessicale e possiede molti sinonimi, differenti per lo più negli **usi** e nei diversi **registri linguistici,** più o meno formali, determinati dalla situazione comunicativa e dalle convenzioni sociali.

La sinonimia è fondamentalmente estranea al lessico tecnico-scientifico. I linguaggi settoriali (o sottocodici) di una disciplina, di un'attività o di un mestiere, rispondono al bisogno di nominare oggetti e concetti in modo rapido e preciso; sono perciò costituiti da una **terminologia univoca,** inequivocabile.

Esempi

– Sinonimi che esprimono lo stesso significato, ma con un **diverso grado di intensità**

  bianco - candido   *dolore - pena*
  felice - raggiante   *paura - terrore*

– Sinonimi che esprimono lo stesso significato ma il cui uso varia in relazione al **registro linguistico** e all'**uso** (geograficamente circoscritto)

Sinonimi	Varietà	Esempi
padre	registro formale	*le do il numero del cellulare di mio **padre***
papà	linguaggio familiare	***papà**, mi ricarichi il cellulare?*
babbo	prevalente uso regionale (toscano)	*l'ho detto al mi' **babbo***

I contrari

I **contrari** (o antonimi) sono parole che hanno significato opposto l'una all'altra; sono, per così dire, "sinonimi alla rovescia":

bello / brutto   *storico / astorico*   *mobile / immobile*
logico / illogico   *interesse / disinteresse*   *vivo / morto*

Alcuni contrari esprimono **significati contrapposti in una serie graduabile**, sono cioè termini che ammettono diversi gradi di contrapposizione, e consentono di fare paragoni.

Quando si scrive un testo la scelta dei contrari, come peraltro quella dei sinonimi, deve essere fatta con cura, tenendo conto di ciò che si vuole comunicare e del **contesto** linguistico. In caso di dubbio è opportuno consultare il dizionario.

Esempi

1) *freddo/caldo*

La temperatura oggi è...

freddissima	*fredda*	*fresca*	*tiepida*	*calda*	***torrida***

2) Contestualizzazioni dell'aggettivo ***duro***: esempi di possibili opposti nei diversi contesti:

	Opposti
*un letto **duro***	*un letto **morbido***
*un viso **duro***	*un viso **dolce***
*uno sguardo **duro***	*uno sguardo **mite***
*un compito **duro***	*un compito **facile***
*un carattere **duro***	*un carattere **malleabile***
*un materiale **duro***	*un materiale **flessibile***

2. Percorsi testuali

2.1 Io, scrittore

I vincoli

Il testo scritto è un mezzo di comunicazione che, molto più dell'orale, deve rispettare precisi vincoli. Il testo scritto viene prodotto tipicamente in assenza del destinatario: scrittore e lettore non si trovano nello stesso luogo e non partecipano alla stessa situazione comunicativa. Per rendere chiaro il proprio messaggio, chi scrive non può utilizzare gesti né espressioni del viso; l'assenza dell'interlocutore, inoltre, impedisce uno scambio immediato.

Nel testo scritto ogni riferimento a persone, oggetti e situazioni deve perciò essere sempre espresso linguisticamente, cioè con le parole. Chi legge infatti non può intervenire chiedendo a chi scrive chiarimenti sul significato del testo.

Il **testo scritto** presenta numerosi **vantaggi**: può essere **programmato, pianificato, riveduto** e **corretto**, così da esprimere in modo efficace il pensiero e le intenzioni comunicative dello scrivente. In genere questi dispone del tempo necessario per riflettere su ciò che intende comunicare e per scegliere le parole e le espressioni che appaiono più appropriate; può rileggere e modificare il messaggio, sia aggiungendo parole o frasi sia eliminando e riscrivendo alcune parti del discorso. Queste attività sono facilitate dalla scrittura al computer, che rende semplice lo spostamento di singole parole o di interi blocchi di testo.

CHI SCRIVE	CHI LEGGE
Trasmette un messaggio che permane nel tempo	Entra in contatto con testi che possono essere stati scritti anche a grande distanza di spazio e di tempo
Utilizza solo segni verbali (eventualmente integrati da mezzi grafici)	Ha una visione completa del testo e può rileggerlo
Può pianificare il testo del messaggio e può correggere cancellando e riformulando il discorso	Stabilisce come crede i tempi e la velocità di lettura, ma non può chiedere chiarimenti all'autore

Nel contesto scolastico il testo scritto assume particolare importanza. Durante le ore di lezione il testo scritto affianca la voce dell'insegnante ed è un indispensabile supporto per la **riflessione** e lo **studio individuale**. La produzione di specifici testi scritti è richiesta abitualmente nelle **verifiche,** allo scopo di saggiare il livello di apprendimento e di competenze raggiunto, e nei **compiti a casa,** come allenamento all'analisi e alla produzione individuale. Il testo scritto costituisce inoltre la **prima prova dell'Esame di Stato,** comune a tutti gli studenti della scuola secondaria.

L'utilità di seguire un metodo

L'apprendimento della lingua avviene nell'infanzia, ma in larga misura anche in seguito, per tutta la vita, in modo naturale, ascoltando, memorizzando, esprimendosi. La lingua scritta richiede invece un vero e proprio addestramento artificiale che inizia coll'imparare a trascrivere in lettere i suoni delle parole e poi continua coll'esercizio fino a raggiungere la padronanza del mezzo e al suo impiego per comporre testi scritti.

Scrivere per un destinatario richiede una **padronanza della lingua** che consenta di esprimere con chiarezza il proprio pensiero rispettando i vincoli che regolano questa modalità comunicativa. Questi **vincoli** riguardano il **codice** utilizzato, il **destinatario**, l'**argomento**, il **tipo di testo** che si è scelto e lo **scopo** che ci si prefigge. Inoltre la scrittura, non essendo caratterizzata dall'immediatezza e dalla spontaneità tipiche del parlato, richiede competenze specifiche.

Quale **metodo** seguire per scrivere un testo efficace e corretto?

Una soluzione è assumere un atteggiamento attivo, simile a quello di chi si pone di fronte a un problema la cui soluzione richiede di analizzare la situazione, di individuare le strategie migliori e metterle in atto. In particolare, nell'**attività scolastica** una strategia efficace per scrivere un tema o una relazione da consegnare all'insegnante consiste nel seguire un **percorso a tappe**, stabilito a priori. Sapere **"come fare"** per scrivere un testo, conoscere un percorso da seguire (uno fra i possibili) fornisce un metodo e consente di superare il panico da foglio bianco. Inoltre favorisce la concentrazione e permette di focalizzare l'attenzione su "che cosa dire" e "come dirlo", cioè sull'ideazione e la stesura del testo.

Nelle pagine seguenti verrai guidato in percorsi mirati a consolidare le tue competenze di scrittura, sia analizzando testi sia percorrendo le diverse tappe qui proposte.

Scrivere: un persorso a tappe

Prima tappa - **Progettare il testo**
- **scegliere i contenuti**, per esempio evidenziando su un foglio o in uno schema ciò che si vuole dire affinché il destinatario abbia tutte le informazioni secondo noi necessarie
- **scegliere l'ordine logico** con cui si vogliono disporre le informazioni e individuare i rapporti tra esse
- **avere ben chiaro lo scopo** che si vuole raggiungere: informare? divertire? convincere?

Seconda tappa - **Scrivere e rivedere il discorso**
- scrivere una **prima stesura** (o "brutta copia") ordinando ed esplicitando in un discorso compiuto i ragionamenti e le informazioni
- **rileggere** tutto il testo, prestando attenzione ai **rapporti logici** che legano le informazioni e al **linguaggio**: è sufficientemente chiaro?
- ricopiare in **bella copia** e rileggere attentamente, pronti a cogliere eventuali errori o refusi e, se necessario, correggere cancellando o riscrivendo.

Questioni di stile: i consigli di un linguista

Sul tema della scrittura ti proponiamo un passo tratto dal capitolo "Consigli non richiesti" del saggio *La situazione è grammatica*. L'autore è Andrea De Benedetti, giornalista, scrittore e docente universitario.

Fai attenzione...

Fai attenzione, specie quando scrivi, a non usare i tempi verbali in maniera promiscua, a non abbandonare il presente se hai cominciato a raccontare una storia al presente, a non tradire il passato remoto se all'inizio della narrazione hai scelto il passato remoto. Il fatto che l'italiano disponga di una vasta gamma di tempi verbali per le narrazioni non significa che li si possa usare indifferentemente: ciascuno ha una sua funzione specifica (il passato prossimo riduce le distanze, il passato remoto le dilata, il presente storico ha un effetto di presa diretta, il trapassato prossimo e il trapassato remoto danno profondità al racconto permettendo di sovrapporre diversi piani temporali), ma se si tratta semplicemente di riportare eventi in successione basta scegliere quello che ci sembra più adatto al tipo di racconto.

Controlla sempre su un dizionario come si scrivono – e cosa significano – le parole che non usi abitualmente, perché potrebbe darsi che tu le scriva o le usi nel modo sbagliato: la storia recente della lingua italiana è piena di voci che hanno cambiato radicalmente volto (da *irruente* a *irruento*, da *reboante* a *roboante*, da *succubo* a *succube*) o ruolo (*defatigante* da «faticoso» a «rilassante», *affatto* da «del tutto» a «per niente», *paventare* da «temere» a «proporre») senza far troppo rumore, ma se sei il pioniere della novità e non sei uno che fa tendenza, rischi di finire sbertucciato su Facebook o Instagram come quelli che scrivono *entusiasto*, *apprendisto*, *pultroppo*, *albitro* o *propio*.

Qualche volta prova poi a consultare una grammatica, che resta il miglior gps per orientarsi nella propria lingua. E ogni tanto ricordati di scaricare gli aggiornamenti, perché da una volta all'altra potresti scoprire che sono state aperte nuove strade che non conoscevi.

Non fidarti dei correttori automatici, che sarebbero anche utili per rimediare agli sbagli, se non avessero la tendenza a sostituirli con degli errori.

Sorridi di quelli che dicono «un attimino di pazienza», «un attimino di attenzione», «sei un attimino nervoso», perché, a parte il fatto che l'*attimo* servirebbe a quantificare il tempo e non le cose, *un attimo* rappresenta già un'unità di misura abbastanza piccola perché la si debba ulteriormente frazionare in *attimini*.

In generale, evita le semplificazioni, le scorciatoie. Commettere errori non è una colpa, ma lo diventa se non fai nulla per evitarli, se rinunci in partenza a vigilare su quello che dici e come lo dici, se l'errore non è un atto in qualche modo creativo ma è il frutto guasto di pigrizia e conformismo.

Ricorda, infine, che l'italiano è un bene comune, come l'acqua, l'aria, la terra, il verde. Il suo uso è libero e gratuito ma comporta delle responsabilità. Non seminare cacche e immondizie in giro resta il modo migliore per evitare, un giorno, di calpestare quelle altrui.

(Andrea De Benedetti, *La situazione è grammatica*, Einaudi 2015)

2.2 Il riassunto

L'arte della sintesi

Riassumere significa **fare una sintesi** del contenuto di un testo. Nell'attività scolastica il riassunto è ampiamente utilizzato sia per una più facile memorizzazione sia per dimostrare al docente l'avvenuta comprensione del testo che si è riassunto.

Il nuovo testo deve essere più breve di quello originario e costituire un'entità autonoma: **chi legge deve comprendere senza dover ricorre al testo di partenza**. I rapporti logici e di coerenza individuati nel testo di partenza entreranno a far parte del riassunto. Per riformulare i contenuti di un testo occorre dunque considerare due aspetti: le idee principali e i legami di concatenazione che le uniscono.

Le dimensioni della riduzione possono variare notevolmente e flessibilmente; in genere vengono stabilite dal docente (*Riassumi in una facciata, in circa 20 righe* ecc.). Riassumere comporta uno sforzo di comprensione, perciò richiede una **strategia di lettura** e, nella fase di scrittura, una buona **capacità di precisione e di concisione**.

Per ciò che riguarda gli aspetti formali del riassunto occorre tener presente che esso non può presentarsi come uno schema o un elenco di frasi in stile telegrafico, né come un mosaico di espressioni prelevate dal testo, che ridurrebbero il riassunto a una serie di citazioni, anche se questo non impedisce di utilizzare una parola significativa o una formula particolarmente riuscita. Il testo redatto sotto forma di riassunto deve essere composto da **frasi chiare e complete** e deve evidenziare gli opportuni legami sintattici e testuali atti a segnalare linguisticamente gli snodi del discorso.

Va anche osservato che il riassunto non può fornire che **un'idea rapida del contenuto**. Esso infatti non può riprodurre il carattere artistico e personale del testo di partenza, né rifletterne lo stile o il tono: piacevole, incisivo, enfatico ecc. Il riassunto deve essere **fedele nei contenuti**, deve cioè rispettare i propositi informativi dell'autore e riportarne le idee principali senza aggiungere la propria interpretazione. **La fedeltà non può invece riguardare la forma del testo originale**, anche perché, in ogni caso, il risultato sarebbe inadeguato; dal punto di vista linguistico infatti le parole e gli enunciati non sono intercambiabili e una pur piccola modifica può comportare una diversa sfumatura di senso.

Riassumere, in conclusione, significa riportare i contenuti informativi e i propositi di qualcuno esprimendo in modo chiaro e conciso le idee principali e gli snodi del discorso

Quindi, un buon riassunto:
– rispetta l'ordine logico scelto dall'autore del testo
– rispetta la concatenazione logica delle idee
– non aggiunge elementi al testo di partenza
– non contiene né introduzione né conclusione

Esempio di riassunto

Ti proponiamo il riassunto di due brevi testi pubblicati su un quotidiano:
– la **lettera** di una madre
– la **risposta** con il parere di una psicologa.

Sedici anni e una rosa sulla schiena. Plasmare il corpo per affermare il sé

La lettera (57 parole)	**Il riassunto** (41 parole)
Sono la mamma di Gaia, una sedicenne che ci dà parecchi problemi. E non solo a scuola. L'anno scorso si è fatta tatuare una rosa sulla schiena e ieri è tornata a casa con un pearcing, una pallina dorata sulla lingua. Non sappiamo più come "prenderla", discussioni e punizioni non sembrano scalfirla. Perché i ragazzi reagiscono così? Eleonora	Una mamma scrive a una psicologa per chiedere un consiglio: sua figlia di sedici anni va male a scuola, lo scorso anno si è fatta tatuare una rosa sulla schiena e ora è tornata a casa con un piercing: cosa fare?

La risposta (212 parole)	**Il riassunto** (102 parole)
Cara Eleonora, più che interrogarsi genericamente sulla generazione dei giovani, dovrebbe cercare di capire perché sua figlia ricorre a questi espedienti costosi, dolorosi e spesso a rischio di infezione. Che vantaggio ne ricava, visto che i nostri comportamenti hanno sempre un movente?	La psicologa invita la mamma a riflettere sul comportamento della figlia: che vantaggio ricava da questi atti?
Fino a poco tempo fa si trattava di un rito di appartenenza che i ragazzi, soprattutto maschi, affrontavano per essere accettati dai coetanei e sentirsi appartenenti al gruppo. Ma per le ragazze il gruppo non è poi così importante. Di solito è l'amica del cuore il punto di riferimento e di emulazione. Può darsi che Gaia desideri essere come lei, altrettanto spavalda e sicura di sé.	Di solito, i ragazzi si comportano così per sentirsi accettati dai coetanei; le ragazze, invece, per emulare l'amica del cuore. O magari per sentirsi spavalda e sicura come lei.
Ma accade anche che un adolescente decida da solo, per un impulso interno, di plasmare un corpo, che non corrisponda a un ideale. Manipolando il suo aspetto cerca non solo di perfezionarsi ma di sigillare la proprietà di sé: io sono mio, mi appartengo. Così facendo intende anche affrancarsi dalla dipendenza dai genitori e punirsi per il dolore che infligge loro.	Le motivazioni della ragazza potrebbero anche essere altre: il desiderio di plasmare il proprio corpo, perfezionandolo; affermare la propria identità, rendendosi libera dal legame con i genitori e nel contempo punirsi per il dolore che dà loro.

Contrastare queste provocazioni serve a poco, meglio prevenirle. Ma come? Sinora ci siamo concentrati suoi comportamenti negativi, dimenticando, per evitare il male, di interrogarsi sul bene. Occorre invece promuovere, sin dall'infanzia, comportamenti prosociali, volti alla collaborazione, all'aiuto, alla espressione e condivisione delle emozioni.

Silvia Vegetti Finzi
("Corriere della Sera", 9-3-2013)

Dunque, che fare? Il consiglio è prevenire i comportamenti negativi promuovendo, fin dall'infanzia, comportamenti positivi, finalizzati alla socialità e alla collaborazione.

Come fare per riassumere bene, senza sbagliare? Se vuoi, puoi seguire questo percorso, in tre tappe.

Riassumere: un percorso a tappe

Prima tappa - **La lettura dell'intero testo di partenza**

Per comprendere un testo da riassumere occorre innanzitutto **leggerlo attentamente per intero** allo scopo di **coglierne il significato d'insieme**, vale a dire il senso generale che l'autore ha dato al testo.
La lettura deve essere attenta: una lettura affrettata, o vaga, o superficiale, non consentirebbe di **individuare il contenuto** del testo, di **cogliere il filo logico** che percorre il discorso, e potrebbe quindi compromettere l'impostazione di tutto il riassunto. Occorre altresì evitare di leggere il testo con una lentezza pignola: leggere con accuratezza non renderebbe possibile coglierne il senso complessivo. Nella fase della prima lettura conviene dunque mobilitare attivamente tutta l'attenzione possibile, evitando di soffermarsi su una parola sconosciuta o su una costruzione del periodo inconsueta.
Una buona **strategia** è annotare o evidenziare (a margine del testo o su un foglio) i contenuti principali o gli snodi più significativi.

Seconda tappa - **La selezione dei contenuti da riassumere**

Si può quindi procede a selezionare i contenuti. I criteri di indagine analitica sono diversi e possono essere variamente applicati in base alla tipologia e alle caratteristiche del testo.

Per riassumere un **testo narrativo**, ad esempio un brano di un romanzo o di un racconto, è utile individuare:
– i **personaggi** (principali e secondari)
– i **fatti** principali e le **fasi** attraverso le quali si svolge la storia
– le **indicazioni di tempo e di luogo**.
I dialoghi e le descrizioni possono essere eliminati o sintetizzati in poche righe.

Per riassumere un testo **espositivo** o **argomentativo** occorre individuare:
– il **tema principale** o la **tesi** (esplicita o implicita)
– le **informazioni principali** o gli **argomenti** portanti a sostegno della tesi
– lo **schema** del ragionamento.
L'insieme delle informazioni scelte deve ricostruire il concetto espresso nel testo d'origine.

Terza tappa - **La stesura del riassunto**

Se il lavoro di scelta delle informazioni è corretto, la formulazione del discorso è relativamente semplice. Si tratta infatti di elaborare, sintetizzandole con le proprie parole, le informazioni già individuate e costruire un testo autonomo.
Ricorda: un riassunto non mira a conservare lo stile dell'autore, che è un tratto inimitabile, ma soltanto a sintetizzare i contenuti.
Inoltre:
– quando il testo di partenza è in prima persona è opportuno passare alla terza persona
– quando nel testo di partenza è presente il discorso diretto occorre trasformarlo in discorso indiretto.

2.3 Il testo espositivo

Scrivere per informare e spiegare

Il testo espositivo risponde alla richiesta di **trasmettere e organizzare le conoscenze intorno a un soggetto**. È il **tipo di testo più frequente** nell'attività scolastica e nella nostra vita giornaliera: alcuni articoli giornalistici, gli orari ferroviari, le relazioni scientifiche, i saggi di divulgazione, le voci enciclopediche, i manuali scolastici, insomma tutti i testi che hanno lo scopo di spiegare e comunicare conoscenze sono testi espositivi.

Anche per il testo espositivo, come per il riassunto, le caratteristiche fondamentali sono l'**obiettività** e la **completezza.** Si possono avere eventuali commenti, qualora siano richiesti, ma questi devono essere situati in uno spazio limitato e riconoscibile.

In un testo espositivo le **informazioni** possono essere di vario tipo: **fatti, esempi, illustrazioni, dati, elenchi, confronti, citazioni**

Nell'attività scolastica lo svolgimento di tema espositivo è una pratica comune, ma non per questo meno complessa. L'insegnante chiede di presentare e spiegare un argomento, generalmente di studio, e svolgerlo con chiarezza ed esaustività. Attraverso questo tipo di testo l'insegnante **verifica la comprensione di un argomento** e chiede di **rielaborare e organizzare le conoscenze acquisite**. Il tema espositivo è una forma testuale di maggiore complessità del riassunto, in quanto le informazioni non devono semplicemente essere estrapolate da un testo e sintetizzate, ma anche selezionate e organizzate in funzione della richiesta del **titolo** (o *consegna*). La complessità aumenta quando occorre prendere in esame diversi documenti, come nel caso della Prima Prova dell'Esame di Stato *(tipologia B)*.

Esempio di testo espositivo

L'argomento di questo breve **articolo giornalistico** è il lapislazzuli, una pietra preziosa già conosciuta nell'antichità. Nel testo, le informazioni si susseguono secondo un **ordine lineare**. Il **lessico** è semplice e preciso, adatto a un vasto pubblico di lettori. Lo scopo è informare, spiegare.

LA PIETRA DIVINA DEI SUMERI	
Contrariamente a quanto si crede, i lapislazzuli non sono cristalli, ma pezzi di roccia di un intenso colore azzurro, anche se esistono varietà di colore più vicino al celeste e addirittura dall'azzurro tenue a un violetto scuro. La varietà di colore è dovuta alla presenza di zolfo, pirite o calcide, a seconda del sito da cui le rocce sono state estratte.	Il giornalista entra direttamente in argomento, fornendo informazioni sul **colore** di questa roccia e sulle sue **varietà**. Quindi passa alle informazioni successive.
È una delle gemme preziose più ricercate nei tempi antichi, addirittura in Mesopotamia in tombe che risalgono al V millennio a.C., ma era nota già agli antichi Sumeri, che credevano potesse contenere l'essenza della divinità e purificare l'anima, e agli Egizi, che la usavano per creare monili e statuette sacre.	Illustra brevemente alcune **credenze** e alcuni **usi** dei lapislazzuli presso gli antichi Sumeri ed Egizi.
Nell'antichità era importata dall'Oriente, dove erano stati individuati giacimenti in Afghanistan, già noti a Marco Polo. In seguito miniere di questa roccia sono state trovate in Cina e in Cile e perfino nelle effusioni vulcaniche in Campania e nel Lazio.	Indica i diversi **luoghi** in cui sono stati individuati i giacimenti dall'antichità ad oggi.
Il nome deriva dall'arabo ed è composto dalla parola latina *lapis* (pietra) associata alla parola latino-meridionale *lazulum* derivata dal termine persiano *lažaward* che significa «azzurro».	Spiega qual è **l'etimologia** del sostantivo invariabile lapislazzuli.
In molte culture orientali veniva considerata una pietra divina e le si attribuivano poteri magici e curativi. Nel Medioevo era impiegata come colorante di base per il blu oltremare: in alcuni castelli si trovano ancora pareti e colonne rivestite di lastre di lapis. (Salvatore Califano, in *La Lettura*, 5-7-2015)	Il testo si chiude con alcuni cenni a **credenze** del passato e ad alcuni **usi** ancora oggi visibili.

Svolgere un tema espositivo: un percorso ragionato

Lo svolgimento di un tema espositivo non è totalmente libero ma deve tenere conto di diversi vincoli: le variabili legate alle scelte da effettuare sono tante e richiedono di adottare una **strategia duttile**. Osserviamole insieme, scandendo in tre tappe il percorso che porta dalla comprensione del titolo alla stesura e revisione dell'elaborato.

Il tema espositivo

Prima tappa - L'ideazione

Nella fase di ideazione di un testo espositivo il primo vincolo, quello più impegnativo, è la **corretta comprensione del titolo**. Il titolo indica l'argomento da svolgere e costituisce il nucleo della richiesta.

La lettura del titolo deve perciò essere attenta: una lettura affrettata, o superficiale, potrebbe portare allo stravolgimento di tutto il lavoro. La richiesta espressa dal titolo può guidare la selezione dei contenuti, precisando il numero di aspetti tematici, il procedimento logico o l'idea centrale. In questi casi il percorso da seguire è facilmente individuabile e l'unico problema è quello di non uscire dal tracciato. Quando invece il titolo è **ampio**, cioè propone un argomento senza ulteriori indicazioni, occorrerà individuare autonomamente il percorso da seguire scegliendo quale taglio dare alla relazione, il numero di aspetti tematici da sviluppare e la struttura logica.

Esempi

Consideriamo alcuni **titoli** di temi espositivi al fine di individuare quali vincoli o suggerimenti vengono dati in relazione all'**impostazione** del testo

Esempio 1 ▪ Titoli **ampi** e titoli **ristretti**

Francesco Petrarca	Questi due titoli sono molto **ampi**: si limitano a indicare un tema senza ulteriori specificazioni: tutte le scelte vengono lasciate a chi scrive.
La musica rock	
I temi della poesia petrarchesca	Questi due titoli **circoscrivono l'argomento**, delineando in tal modo la direzione dello svolgimento.
I caratteri specifici della musica rock italiana	

Esempio 2 ▪ Titoli che indicano quali **aspetti dell'argomento** svolgere

La lingua usata da Torquato Tasso nella *Gerusalemme Liberata*.	Il titolo restringe l'analisi della *Gerusalemme Liberata* a **un solo aspetto**: il linguaggio.
Ripercorri la novella di *Ser Ciappelletto* di Giovanni Boccaccio: riassumine la trama e traccia un ritratto psicologico del protagonista.	Il titolo indica con chiarezza i **due aspetti** da svolgere: il riassunto della trama della novella del *Decameron* e l'analisi del personaggio

Esempio 3 ▪ Titoli che suggeriscono quale **impostazione logica** seguire

I caratteri distintivi della società feudale e della società comunale.	Il titolo chiede di svolgere il tema evidenziano, tramite il **confronto**, due aspetti tematici: gli elementi che differenziano significativamente i due tipi di società.
Centro propulsore dell'ispirazione poetica dei Siciliani è il sentimento amoroso: quali prerogative detiene la donna rispetto alla donna/*domina* cantata dai trovatori?	Anche in questo caso viene indicata l'impostazione logica da seguire (il **confronto**).

Esempio 4 ▪ Titoli che indicano quale **idea centrale** sviluppare

Se nella prima guerra mondiale l'Italia era entrata impreparata, nella seconda entrò impreparatissima.	Le parole chiave *impreparata* e *impreparatissima* segnalano l'idea centrale da sviluppare nel testo: la mancanza di preparazione militare dell'Italia.
La lettera di Niccolò Machiavelli a Francesco Vettori è dominata da un tono eroico e dall'appassionata difesa del trattato *Il Principe* a cui l'autore sembra conferire il carattere di un vero e proprio testamento politico.	Lo svolgimento del tema richiede la rilettura della celebre lettera del 10 dicembre 1513. L'idea centrale da sviluppare riguarda due aspetti: – il linguaggio eroico, cioè il duplice registro linguistico (classico e realistico) adottato da Machiavelli; – il carattere di testamento politico del *Principe*, l'opera di cui Machiavelli dà notizie nella parte conclusiva della lettera.

Seconda tappa - L'elaborazione delle informazioni

Nel prelevare e selezionare le informazioni occorre attenersi alla regola dell'**obiettività**. Per scrivere un buon testo espositivo occorre **evitare di mescolare le informazioni con giudizi o considerazioni personali**. Inoltre, quando le informazioni vengono prelevate da **più testi** che sullo stesso fenomeno presentano differenti punti di vista occorre selezionare le informazioni tenendo in considerazione le diverse opinioni: una relazione espositiva ha ho scopo di fornire al destinatario delle **informazioni chiare, precise e complete**. Di conseguenza le divergenze di opinione non debbono essere ridotte a un'opinione intermedia, ma dovranno invece essere esposte anch'esse ed eventualmente essere messe a confronto, in modo da ampliare la riflessione. Più punti di vista permettono di ricavare un quadro critico ricco.

Oggi la **fonte di informazione** più ricca e facile da consultare è **internet**. Ma proprio l'abbondanza del materiale offerto in rete (solo relativamente controllato) può indurre a prendere per buone informazioni errate. Perciò, prima di usare nozioni trovate nel *World Wide Web* occorre **verificare l'attendibilità del sito**. Il contenuto di siti di organi d'informazione qualificati (per esempio quelli della Rai, dell'Accademia della Crusca, dell'Enciclopedia Treccani) è sicuramente più attendibile di ciò che si trova in un sito amatoriale o in un *blog* personale. Infine, è sempre indispensabile un **atteggiamento critico**: chiunque può pubblicare su internet sciocchezze o affermazioni tendenziose: spetta al lettore riconoscerle e scartarle e rivolgersi una fonte più sicura.

L'ordine con cui le diverse informazioni si articolano nel discorso può variare: l'organizzazione logica del testo espositivo, la sua struttura, mutano in relazione ai vincoli posti dal titolo, e all'argomento.

Tipi di scalette

Le più ricorrenti tra le molte possibili impostazioni logiche sono:

la scaletta **spaziale**	Le informazioni vengono accostate l'una all'altra secondo un **ordine lineare**
la scaletta **temporale**	Le informazioni si susseguono secondo un criterio di **tempo**
la scaletta di **confronto**	Le informazioni relative a due o più soggetti vengono poste a confronto sulla base delle **diversità** e/o delle **somiglianze**
la scaletta ad **espansione**	Le informazioni vengono ordinate in una struttura che presenta, variamente disposti, i seguenti elementi: **situazione, cause, conseguenze, soluzioni, conclusioni**

Terza tappa - La stesura e la revisione

Nella fase di **stesura** del discorso occorre prestare particolare attenzione alle proporzioni che si creano fra le diverse parti dell'elaborato, che deve rispondere alla richiesta in modo puntuale, senza introdurre elementi estranei, e risultare equilibrato. Ogni aspetto tematico, supportato dalle necessarie informazioni, diventerà un paragrafo. Il filo logico che percorre il testo può essere evidenziato dai capoversi o esplicitato linguisticamente, tramite riprese anaforiche e connettivi. È particolarmente importante che i contenuti vengano espressi con un **linguaggio chiaro**, in cui eventuali sottocodici siano quelli relativi alla materia trattata. Pertanto in un tema espositivo, riferito per esempio a un testo poetico, termini come *verso, sonetto, canzone* ecc. dovranno essere utilizzati in modo rigoroso.

Nella **lettura conclusiva** del proprio testo, prima di consegnarlo all'insegnante, occorre prestare attenzione anche alla forma: punteggiatura, ortografia, lessico e sintassi non devono dare adito ad equivoci né tanto meno contenere errori.

L'esperienza suggerisce alcuni **consigli pratici**, utili ad evitare gli errori più vistosi quando si svolge un compito il classe:

1) usare una **grafia chiara**, facilmente leggibile: la presentazione esteriore ha grande importanza perché influenza il lettore prima ancora che inizi a leggere

2) non parafrasare il titolo, ma **entrare subito in argomento**

3) la **conclusione** deve costituire l'effettivo punto di arrivo del ragionamento svolto. Occorre dunque evitare di introdurre elementi nuovi, considerazioni accessorie o ripetizioni di concetti già svolti.

> **PERCORSO PER SCRIVERE UN TEMA ESPOSITIVO**
>
> 1. Leggere attentamente il titolo
> 2. Reperire le informazioni e selezionarle secondo criteri di pertinenza
> 3. Presentare gli argomenti in modo ordinato, secondo un criterio logico
> 4. Mantenere un tono neutro e un registro linguistico uniforme
> 5. Rileggere attentamente il testo prima di consegnarlo all'insegnante

2.4 Il testo argomentativo

Scrivere per sostenere una tesi

L'argomentazione è un procedimento attraverso il quale chi scrive presenta, **spiega e motiva una propria opinione, o tesi**, al fine di suscitare l'adesione di chi ascolta o legge. Lo scopo primario di chi argomenta è **convincere** il destinatario ad accettare determinate opinioni o soluzioni, o indurlo ad agire in un certo modo.

Un'argomentazione può essere presente in un articolo di commento, nelle recensioni di libri o di film, nei saggi critici, cioè in tutti quei testi in cui chi scrive sostiene una propria opinione o controbatte un'opinione altrui. L'argomentazione ci è quindi familiare per la nostra esperienza di ascoltatori e di spettatori, ma anche perché ricorriamo all'argomentazione in molte occasioni: quando dobbiamo **giustificare la nostra condotta** o **discutere i pro e i contro** riguardo a una decisione o cerchiamo di convincere l'interlocutore della validità del nostro punto di vista.

L'argomentazione si fonda su **opinioni soggettive**, e ammette quindi la possibilità di un **disaccordo**. Nei dibattiti sui grandi temi, sui valori che contano nella vita di un individuo o della società, come la libertà, l'uso dell'energia, l'informazione, il progresso e così via, è impossibile intervenire con una dimostrazione univoca e incontrovertibile, valida per tutti; si cerca perciò di ricorrere ad argomenti convincenti ma anche a puntare sul **coinvolgimento personale**, così da esercitare una pressione e produrre un cambiamento di opinione. Il testo argomentativo si elabora attraverso gli strumenti linguistici, ma coinvolgendo le relazioni tra le persone è sempre legato a un preciso **contesto culturale e storico**. Le sue caratteristiche, i meccanismi messi un moto, le condizioni della sua efficacia, sono stati oggetto di osservazione e di riflessione fin dall'antichità, in particolare da parte di discipline come la **retorica**, la **dialettica** e la **logica**. Nella nostra epoca, nell'universo di comunicazioni in cui siamo immersi, queste discipline sono tornate d'attualità sono oggetto di un rinnovato interesse; ad esse si sono aggiunti nuovi strumenti e nuovi punti di vista messi a disposizione dalla **psicologia** e dalla **sociologia** dei mass media allo scopo di individuare con maggiore precisione i mezzi adatti per influire sulle opinioni e sulle decisioni delle persone.

Sostenere una tesi non significa semplicemente affermarla; occorre far capire i motivi che l'hanno determinata e renderla forte con una serie di **argomenti** (o **prove**). I principali **argomenti** presenti in un testo argomentativo sono gli stessi che ricorrono nel testo espositivo: **fatti, esempi, illustrazioni, dati, elenchi, confronti, citazioni** eccetera.

La differenza è lo **scopo**: nel testo espositivo le informazioni vengono scelte per spiegare, per far capire; nel testo argomentativo le informazioni vengono scelte per sostenere una tesi, per renderla il più possibile convincente.

Esempio di testo argomentativo

In questo **articolo giornalistico** pubblicato su un quotidiano lo scrittore e giornalista Beppe Severgnini **argomenta** su quello che considera un male del nostro tempo: le aspettative-trappola, quelle che ci riempiono la vita, ci fanno sognare ma poi ci deludono. Il tema viene affrontato in **tono leggero**, funzionale a intrattenere piacevolmente un vasto pubblico di lettori. Il lessico è preciso e semplice.

MANUTENZIONE DEI SOGNI E ASPETTATIVE-TRAPPOLA	
C'è un modo sicuro per complicarsi la vita: riempirla di aspettative. Nel lavoro nelle amicizie in amore nel tempo libero. Qualcuno particolarmente dotato, riesce a caricare di aspettative anche squadre di calcio, cantanti, attori, perfino politici. Quando le aspettative vengono disattese – in sostanza, quando le cose non vanno come avevamo sperato – restiamo delusi. È il marchio di questi anni: sogni brevi e musi lunghi.	Il giornalista introduce il **tema**, già annunciato dal titolo (le *aspettative-trappola*) spiegando che cosa intende per aspettative. Enuncia quindi la propria **tesi**: **troppe aspettative complicano la vita; fanno sognare ma creano delusioni** (*sogni brevi e musi lunghi*).
Sia chiaro: non tutte le aspettative sono sbagliate. Qualche investimento emotivo dobbiamo pur farlo. Una persona senza aspettative è un robot. Ma una persona con troppe aspettative è un incosciente.	**Ribadisce** la propria tesi precisandola e sostenendola con un'**affermazione** forte: *una persona con troppe aspettative è un incosciente*.
Il problema, qual è? Che l'industria delle aspettative è poderosa, ricca e fantasiosa. La pubblicità crea aspettative. Il trucco, dal mercato automobilistico all'igiene intima, è far credere che, in seguito a un certo acquisto, le cose saranno diverse. In Nordeuropa le aspettative sono concrete (niente cattivi odori, l'auto tiene la strada). La pubblicità italiana è specializzata in aspettative vaghe: «tu sarai bella e seducente!», «tu apparirai forte e sicuro!». Di solito, non accade. E se accade non è merito di un'auto o di un deodorante. Lo sport genera aspettative. Questo è tempo di calciomercato, rituale supermarket della speranza. Non importa cos'ha combinato la mia squadra la scorsa stagione. Stavolta andrà meglio. Quel nuovo acquisto, da tre anni, non combina nulla? Fa niente: troverà l'ambiente giusto, ci darà soddisfazioni! Le aspettative sportive vendono ascolti, copie, magliette, abbonamenti (allo stadio, alla pay-tv). Meno di	Illustra e chiarisce ulteriormente la tesi a **sostegno** della quale porta **tre argomenti**, tre **esempi** tratti dalla realtà in cui viviamo: quali settori generano le aspettative che verranno poi disattese creando una delusione? – Primo settore: la **pubblicità** (italiana) – Secondo settore: lo **sport** – Terzo settore: le **vacanze**. Il testo presenta forti elementi di **soggettività**, come valutazioni e giudizi. Il ragionamento con il quale il giornalista sostiene la tesi e la convalida attraverso alcuni argomenti è ovviamente **opinabile**: chi legge l'articolo potrebbe, per esempio, confutare quanto affermato, dando una diversa interpretazione o portando nuovi argomenti, contrari alla tesi.

un tempo, è vero. Perché aspettarsi molto dal calcio italiano ormai è difficile, anche per noi tifosi, esseri notoriamente ingenui. Le vacanze vivono sulle aspettative. Amici, amori, compagni di viaggio, luoghi: tutto sarà nuovo e gratificante. Ma il carico di attese che rovesciamo, ogni estate, su relazioni traballanti, viaggi improvvisati e luoghi provvisori è insidioso. Perché le aspettative diventano pretese. Ci costruiamo un filmato mentale – documentario, fiction, commedia romantica, cartone animato (dipende) – e poi ci restiamo male, se la realtà si rivela un piccolo horror.	
Domanda: c'è un modo per non restare delusi? Forse sì. Aspettiamoci di meno, arriverà di più. Non è cinismo. È manutenzione mentale. (B. Severgnini, in "Corriere della Sera", 27-4-2014)	Il punto di arrivo del ragionamento è una **conclusione ironica**: per non complicarsi la vita l'unica soluzione è **evitare le aspettative trappola** (*Aspettiamoci di meno, arriverà di più*).

Il tema argomentativo: un percorso ragionato

Svolgere un buon tema argomentativo in classe non è facile. Nel poco tempo assegnato all'elaborazione occorre presentare una tesi ed esporre elementi convincenti per sostenerne la validità.

Inoltre un'argomentazione corretta non può certo risolversi in un monologo, o in un'invettiva, ma richiede il **rispetto delle opinioni altrui** e la capacità di sostenere una tesi ricorrendo ad **argomenti condivisibili** dal destinatario: un conflitto di opinioni non è un conflitto tra persone. Dunque, sostenere una tesi argomentando, cioè prevedendo o anticipando possibili obiezioni, richiede la capacità di rapportarsi con gli altri sulla base di un pensiero razionale.

Osserviamo insieme un possibile percorso ragionato, scandito in tre tappe.

Prima tappa - La comprensione della richiesta

Anche in questo caso, come nell'esposizione, il primo vincolo, il più impegnativo, è la corretta comprensione del **titolo** del tema (o *consegna*). **Ogni richiesta contenuta nel titolo va considerata attentamente.** In questa fase l'attenzione deve essere massima: nessun punto può rimanere vago o oscuro, e tutti gli aspetti e le eventuali sfumature di significato devono essere esattamente compresi. Una lettura affrettata potrebbe portare a tralasciare alcuni elementi, richiesti più o meno espressamente, o indurre a sviluppare il testo in una direzione errata. Potrà quindi essere necessario **rileggere il titolo più volte** per cogliere l'esatto significato di ogni parola e di ogni frase.

Esempi

Consideriamo alcuni **titoli** di temi argomentativi prestando attenzione al **livello di difficoltà**.

Esempio 1 ▪ Titoli che propongono un **argomento legato all'esperienza** quotidiana

Fra i vari tipi di musica contemporanea quale preferisci e perché?	**Sono i temi argomentativi più facili**: viene richiesto di presentare un argomento, o i suoi diversi aspetti, e di esprimere la propria opinione motivandola adeguatamente.
Pensi che l'istruzione scolastica contribuisca anche alla formazione morale dei giovani? Perché?	

Esempio 2 ▪ Titoli che chiedono di **argomentare partendo da un testo** fornito dal docente

C'è da fidarsi dei giornali? **Leggi il seguente articolo** […] ed esprimi la tua opinione; concordi con quanto affermato? Perché?	Quando l'insegnante chiede una scrittura documentata, cioè quando la richiesta è accompagnata da uno o più testi che chiariscono l'argomento, o che sostengono una tesi, **lo svolgimento del tema è facilitato**. Si tratta di esaminare attentamente il testo (o i testi) di supporto; quindi argomentare, appoggiando la tesi altrui con ulteriori argomenti o, al contrario, confutandola, opponendo ad essa una serie di controargomenti.
Nel testo che ti alleghiamo lo scrittore […] afferma che il contatto e la conoscenza con persone e popoli diversi da noi possono suscitare curiosità e interesse, ma anche paura e diffidenza. Qual è la tua opinione? Secondo te quali sono le cause di atteggiamenti così diversi?	

Esempio 3 ▪ **Titoli ampi** che indicano un **argomento** o una **tesi**, spesso di attualità, senza ulteriori indicazioni

La caccia	**Sono i titoli più difficili da svolgere**: non indirizzano l'impostazione del testo e richiedono solide conoscenze di base, senza le quali è impossibile pensare di svolgere un'argomentazione seria. Richiedono inoltre la capacità di sviluppare o confutare una tesi esplorando varie possibilità e trovando per ciascuna argomenti adeguati a quanto si va man mano affermando.
La tolleranza	
La caccia non può essere considerata uno sport	
La tolleranza per chi è diverso rispecchia il grado di civiltà di un popolo	

Seconda tappa - La tesi e gli argomenti utili a sostenerla

La pianificazione del tema argomentativo può seguire **scalette diverse**, come avviene nell'esposizione: si può seguire una scaletta spaziale, temporale, di confronto o a espansione. Ciò che conta è che il discorso presenti un **ragionamento logico**, adatto a sostenere la tesi, e che gli argomenti presentati siano sufficienti.

Un errore da **evitare è il ricorso a luoghi comuni e stereotipi** (per esempio: *il denaro non dà la felicità*; *gli italiani amano gli spaghetti*; *la famiglia prima di tutto*): essi infatti non rafforzano la tesi, ma al contrario possono produrre l'effetto opposto, perché danno per scontato ciò che non è necessariamente condiviso o condivisibile. Lo stesso può accadere facendo ricorso a **valori** (il valore della *disciplina*, della *modernità*, della *fedeltà* ecc.) o a **norme morali** che potrebbero non essere condivisi o riconosciuti come tali.

Qual è dunque **il metodo migliore** per sostenere una tesi? Osserviamo alcune possibilità, in base all'efficacia (o *forza*) degli argomenti.

Il ricorso ai fatti

La tesi viene sostenuta con dati reali, verificabili: testimonianze, esperienze, osservazioni, cifre, inchieste, sondaggi. I fatti costituiscono veri e propri elementi di prova, perciò un'argomentazione così costruita è difficilmente contestabile; anzi, ha ottime possibilità di convincere. Anche **esperienze personali** rientrano nei fatti; esse possono dunque essere usate per rafforzarne un argomento o per ampliare il ventaglio degli elementi a favore della tesi.

Occorre comunque tener presente che nel testo argomentativo **la forza dei fatti sta nell'uso che se ne fa:**

– se i fatti vengono integrati in un ragionamento, a riprova di quanto affermato, essi costituiscono un'importante conferma obiettiva

– se il collegamento logico fra i fatti e quanto affermato non è chiaro, o è opinabile, il loro valore risulta marginale o nullo.

Esempio

TESI	Osservazioni
Nel nostro Paese, nonostante l'apparente benessere, il fenomeno della povertà è diffuso e crea molte discriminazioni, soprattutto per i giovani.	Per ottenere l'adesione del destinatario, occorre citare **diversi fatti significativi**, riferiti a un ampio campione di giovani: dati statistici, avvenimenti, cronache ecc. La sola esperienza personale è troppo limitata: non è sufficiente a convalidare o a confutare una tesi di così vasta portata.

La spiegazione e l'analisi

La tesi viene sostenuta spiegando le opinioni personali e il ragionamento che ha portato a ritenerla giusta e ad affermarla. Questo metodo, per essere efficace, richiede di prestare particolare attenzione al **filo logico** che percorre il testo.

Nel corso della spiegazione si possono utilizzare diverse modalità: **definire, comparare e contrastare, stabilire analogie, narrare e descrivere, illustrare** un concetto ricorrendo a un'**immagine** o soffermandosi su **considerazioni personali e** così via.

In ogni caso, per essere convincente, l'argomentazione difficilmente può basarsi soltanto su spiegazioni e analisi ma è preferibile che sia accompagnata anche da dati e da fatti verificabili.

Un **errore da evitare** è dilungarsi sul concetto affermato, ripetendolo; per ottenere l'adesione del lettore occorre invece fornire una spiegazione convincente che gli consenta di seguire le varie tappe del ragionamento.

Esempio

TESI	Elementi utili a spiegare la tesi
Di solito la cortesia viene considerata un fatto positivo, ma spesso è una semplice convenzione, una forma di ipocrisia, o peggio, un mezzo per nascondere l'aggressività di un individuo.	Una **definizione**: la cortesia dovrebbe essere sinonimo di gentilezza d'animo, ma per alcuni è solo un atteggiamento esteriore
	Un'**illustrazione**: l'atteggiamento di don Rodrigo, quando riceve nel suo castello padre Cristoforo, lascia chiaramente intendere che la cortesia può nascondere una volontà malvagia (A. Manzoni, *I Promessi Sposi*, capp. V e VI)
	Una **considerazione personale**: quando si è oggetto di cortesie ci si trova in uno stato psicologico piacevole, ma disarmati rispetto al proprio senso critico.
	Un'**analogia**: la cortesia è un morbido mantello che avvolge ma non scalda
	Un proverbio: salutare è cortesia, rispondere è dovere.

Terza tappa - La stesura e la revisione

In un tema argomentativo ben costruito la tesi costituisce il filo logico che percorre i diversi paragrafi; anche quando non viene esplicitata linguisticamente, essa deve sempre essere chiaramente individuabile.

Il discorso deve rispondere ai requisiti comuni a ogni altro testo: la **precisione lessicale e sintattica**, la **coerenza**, la **coesione**. Il controllo dell'insegnante riguarda la solidità dei contenuti, la correttezza della forma e il modo in cui l'argomentazione viene condotta. In questo senso nel discorso argomentativo **scorrevolezza**, **chiarezza** e **concatenazione logica** sono una condizione necessaria: un discorso chiaro e articolato logicamente contribuisce a rendere ancora più solida la tesi. È dunque importante esplicitare anche linguisticamente i legami logici, ricorrendo a opportuni **connettivi**: essi infatti permettono al lettore di seguire agevolmente il ragionamento e di comprendere immediatamente il valore che chi scrive intende attribuire ai diversi argomenti posti a sostegni della tesi.

PERCORSO PER SCRIVERE UN TEMA ARGOMENTATIVO

1. Leggere attentamente il titolo (ed eventuali documenti a corredo)
2. Avere ben chiaro quale opinione, o tesi, si intende sostenere
3. Individuare gli argomenti utili a sostenere la propria tesi (e/o a confutare quella altrui)
4. Pianificare il discorso, prestando particolare attenzione agli snodi logici e alla scorrevolezza del testo.
5. Rileggere attentamente il tema prima di consegnarlo all'insegnante

Attività - 1 — Il testo

Quello che segue è un testo espositivo sulla fortuna del *Decameron* di Giovanni Boccaccio, liberamente tratto dal tuo manuale di Letteratura e articolato in otto brevi paragrafi.

Assegna a ciascun paragrafo un titolo che ne sintetizzi il concetto principale. Segui l'esempio. (Confronta quindi con la soluzione proposta)

	Il *Decameron* nel tempo	Concetto
1	Il *Decameron* suscitò quasi esclusivamente l'entusiasmo di quei ceti mercantili che per la prima volta comparivano come soggetto privilegiato in un'opera letteraria (un successo che, data la vivacità degli scambi commerciali, fu determinante anche per la fortuna europea dell'opera).	*Un libro amato dal ceto mercantile.*
2	All'entusiasmo degli ambienti borghesi si contrappone la sostanziale freddezza degli ambienti culturali elevati, proprio quelli che Boccaccio avrebbe voluto conquistare: nonostante lo sforzo di Boccaccio per conferirle dignità artistica, la novella non era ancora ritenuta dalla classe intellettuale vera e propria letteratura, ma rimaneva un genere minore, con una superstite connotazione di oralità, destinato ben presto ad essere svalutato dal nascente gusto umanistico.	
3	In una lettera delle *Familiari* (XXII, 2, 13) Petrarca dichiara di aver letto il Decameron saltando da un punto all'altro, e perciò in un modo poco meditato, cosa non certo abituale per il grande letterato e che sembra indicare una sostanziale riserva mentale verso il libro di novelle.	
4	L'avvento della stampa creò le basi per una nuova fortuna dell'opera tra la fine del Quattrocento e i primi decenni del Cinquecento. Però questa volta, al contrario della prima accoglienza dell'opera, fu soprattutto il pubblico colto di intellettuali a interessarsi del "Centonovelle". Lo stile "tragico" della cornice e delle novelle cortesi viene elevato a modello della prosa italiana, ed è così che Boccaccio diventa un "classico".	
5	Un capitolo importante e tormentato nella ricezione del *Decameron* viene scritto nell'età controriformistica (ultimi decenni del Cinquecento). Il *Decameron* è inserito nella lista dei "libri proibiti" fin dal 1559.	

6	I censori erano certo consapevoli dell'inopportunità di togliere del tutto di mezzo un libro amato dai lettori e ormai anche dai filologi e dai potenti (si mosse a difenderlo anche Cosimo I de' Medici), ma d'altra parte non potevano non segnalarne la pericolosità morale. È questa la base ideologica che ha motivato le tre edizioni «rassettate» del *Decameron*, cioè rivedute e corrette dalla censura.	
7	La conoscenza, per lo meno indiretta, di Boccaccio è testimoniata in Inghilterra già verso la fine del Trecento: rimandano al modello decameroniano i *Canterbury Tales* (1387 circa) di Geoffrey Chaucer. In seguito è soprattutto il teatro shakespeariano a testimoniare l'assimilazione della lezione boccacciana, più che altro però attraverso la mediazione dei novellieri post-boccacciani.	
8	Anche nella cultura spagnola Boccaccio, tradotto già a partire dalla metà del Quattrocento, trasmette argomenti e situazioni alla narrativa e soprattutto al teatro del Seicento. In Francia la fortuna di Boccaccio inizia con l'*Eptameron* di Margherita di Navarra, che rimanda, fin dal titolo, al *Decameron*, per proseguire con Rabelais e arrivare fino al Molière de *La scuola dei mariti*.	

Soluzione Il *Decameron* nel tempo

Paragrafo 2) La fredda accoglienza degli ambienti intellettuali
Paragrafo 3) Le riserve di Petrarca
Paragrafo 4) Le edizioni a stampa: Boccaccio diventa un classico
Paragrafo 5) L'inclusione nell'Indice dei libri proibiti
Paragrafo 6) Le edizioni "rassettate"
Paragrafo 7) La fortuna del *Decameron* nella cultura inglese
Paragrafo 8) La fortuna del *Decameron* in Spagna e in Francia

Attività - 2 — Il testo

Quello che segue è un testo regolativo. Completa le osservazioni sotto riportate scegliendo di volta in volta la parola o l'espressione corretta fra quelle in parentesi. (Confronta quindi con la soluzione)

La ricetta

Bibita rinfrescante all'anguria e limone

Ingredienti per 4 persone:
1-2 cucchiai di zucchero, 1 cucchiaio di buccia di limone non trattato grattugiato, 10 foglie di menta fresca, 800 g. di anguria, 1 cucchiaio di zenzero fresco grattugiato.

Preparazione:
Pulire l'anguria fredda di frigorifero da tutti i semi neri e tagliarla in piccoli pezzi. Metterla nel bicchiere del frullatore con la buccia di limone, lo zucchero e lo zenzero, se gradito.
Frullare finemente allungando con 2 bicchieri di acqua fredda. Completare con le foglie di menta lavate e pestate.

Ricetta dello chef Giuseppe Capano
(da "Corriere della Sera", 19-7-2015)

Osservazioni

Le istruzioni su come preparare la bibita rinfrescante all'anguria e limone sono articolare in (*due / tre / quattro*) blocchi: ingredienti e preparazione. L'emittente si rivolge (*direttamente / principalmente / emotivamente*) al lettore in un linguaggio chiaro e fornendo indicazioni precise.
L'articolo (*è / non è*) firmato dal giornalista, ma riporta il nome dello chef che ha ideato la ricetta. I testi regolativi (*perciò / quindi / infatti*), poiché indirizzano il comportamento (*dell'emittente / del giornalista / del destinatario*), devono essere intesi come provenienti da un'autorità che può essere tale istituzionalmente o, come in questo caso, a cui si riconosce una particolare (*compiacenza / competenza / compitezza*) in una determinata materia.

Soluzione

Le istruzioni su come preparare la bibita rinfrescante all'anguria e limone sono articolare in (*due*) blocchi: ingredienti e preparazione. L'emittente si rivolge (*direttamente*) al lettore in un linguaggio chiaro e fornendo indicazioni precise. L'articolo (*non è*) firmato dal giornalista, ma riporta il nome dello chef che ha ideato la ricetta di cucina. I testi regolativi (*infatti*), poiché indirizzano il comportamento (*del destinatario*), devono essere intesi come provenienti da un'autorità che può essere tale istituzionalmente o, come in questo caso, a cui si riconosce una particolare (*competenza*) in una determinata materia.

Attività - 3 — Il testo

Espandi questi tre brevi trafiletti di cronaca prestando particolare attenzione ai connettivi logici e al linguaggio.

TESTO 1

Cambia il finale. Immagina, per esempio, che la persona che ha venduto la strumentazione sia stata individuata.

MANTOVA - All'esame della patente col telefonino negli slip

Il telefonino nascosto nelle mutande, un micro auricolare Bluetooth e un complice esperto di Codice della Strada: è l'ingegnoso sistema architettato da un 36enne per superare l'esame orale della patente di guida. Ma il piano è stato scoperto dalla Questura di Mantova: entrambi sono stati denunciati per truffa.

E ora è caccia alla persona che ha venduto loro la sofisticata strumentazione.

[.....]

TESTO 2

Arricchisci l'articolo: inserisci nel punto indicato alcune frasi riferite al comportamento dell'anziano (Per esempio: *L'uomo era stato notato dalla cassiera perché ...*).

CREMONA - Rubò una salsiccia. Anziano scagionato

Si è chiuso positivamente il caso del pensionato di 93 anni affetto da Alzheimer che era stato condannato a pagare 11.250 euro per aver rubato, il 23 giugno 2015, in un supermercato una confezione di salsicce del valore di 1,76 euro.

[.....]

Il Tribunale di Cremona ha scagionato l'anziano perché l'azione penale non doveva essere nemmeno cominciata dal momento che mancava la querela. Il pubblico ministero aveva chiesto l'assoluzione.

TESTO 3

Continua tu: completa a tua scelta la notizia aggiungendo un paragrafo.

COMO - La casetta contestata ritorna sul lungolago

Smantellata un mese fa per ordine del Comune, la casetta dello *street food* sul lungolago è stata ricostruita a sorpresa nella notte tra martedì e mercoledì dalla Chops, la società proprietaria. A questo punto, è guerra aperta tra l'amministrazione comunale e la società che dovrebbe aprire un'attività di ristorazione nella casetta.

[.....]

Attività - 4 — Il testo

Scegli un argomento (per esempio il racconto di una tua giornata-tipo) e scrivi un breve testo utilizzando i seguenti connettivi:

in primo luogo – poi – quindi – perciò – ma – e – perché – infine

[......]

Attività - 5 — Il testo

In questo articolo, pubblicato sulla pagina "Alimentazione / Salute" di un quotidiano, la ricetta del budino *crème caramèl* (dal francese *crema* e *caramello*) è abilmente racchiusa in una cornice elogiativa.

1) **Distingui** i due paragrafi:
   – il paragrafo regolativo (la ricetta)
   – il paragrafo argomentativo (l'elogio)

2) **Individua** la tesi, cioè il concetto principale dell'elogio: segna con una crocetta la risposta giusta tra quelle proposte. (Confronta quindi con la soluzione)

   a Il budino *crème caramèl* non è un dolce adatto agli anziani: ci sono troppe uova!
   b Il budino *crème caramèl* è una crema casalinga a base di latte e uova
   c Il budino *crème caramèl* è un dolce appositamente pensato per l'infanzia
   d Il budino *crème caramèl* è buonissimo: è consolatorio e contiene proteine nobili

3) **Scrivi** tu un testo simile: proponi la ricetta di un cibo che ami particolarmente e inseriscila in una cornice elogiativa.

L'elogio del *crème caramèl*

Quando avrò mille anni, dovessi scegliere che cosa mangiare con immutato entusiasmo, opterei per il latte alla portoghese, noto come *crème caramèl*, ma che pare arrivato dal Portogallo. Questo budino casalingo è la cosa più dolce e consolatoria – e dal profumo d'infanzia – che si possa immaginare. Chiunque può prepararlo. Basta mescolare un litro di latte caldo con 8 tuorli e un paio di uova intere sbattute con qualche cucchiaio di zucchero e un baccello di vaniglia. Poi si versa il composto in uno stampo coperto di caramello (zucchero e un paio di cucchiai d'acqua da cuocere a fuoco allegro) e si cuoce in forno a bagnomaria a 170 gradi per 50 minuti. Tutte quelle uova a un anziano? Risposta: le dosi sono per 8 porzioni, da condividere con i familiari. E poi, a mille anni, chi se ne importa del colesterolo. In compenso, quanto conforto e quante proteine nobili in questa crema.

(Roberta Salvadori, "Corriere della Sera", 28-6-2015)

Soluzione d) Il budino *crème caramèl* è buonissimo: è consolatorio e contiene proteine nobili

Attività - 6 — Il testo

Ecco un brano di un **articolo espositivo** scritto in occasione della pubblicazione, da parte della Sismel (la Società internazionale per lo studio del Medioevo latino) degli atti di un convegno internazionale sulla diffusione del profumo in Occidente: i nomi degli studiosi contemporanei citati nel testo sono quelli dei partecipanti all'incontro.

Analizza il lessico: in relazione al contesto spiega con parole tue il significato dei vocaboli e delle espressioni evidenziate (se necessario consulta il dizionario).

Un'epopea olfattiva

L'affermazione dei profumi non fu facile. Il cammino fu lungo e attraversò l'intero Medioevo. Perché far emergere questo desiderio, questa moda, questa richiesta di poter tramutare l'aroma del proprio corpo, migliorandolo in maniera sostanziale, non fu semplice. Come spesso accade, fu necessaria un'evoluzione, dove biologia e cultura si strinsero mutualmente, generando un bisogno. Con un lungo progresso, che incise sulle mentalità e sul gusto.

Se l'epoca classica è l'epoca dei profumi e degli unguenti, l'alto Medioevo sembra farne a meno. Li rifugge. Così come contrasta, nelle sue forme, il corpo e i sensi. Sebbene il profumo rivesta, per il cristiano, un valore simbolico eccezionale. Senza l'unzione con olio profumato, chiamato *myron* in Oriente o santo crisma in Occidente, non è possibile trasmettere lo Spirito Santo al neofita e permettergli di partecipare alla vita divina. Dove il *myron* finisce per essere il profumo stesso di Dio, il suo «buon odore», secondo l'efficace espressione di Béatrice Caseau. Che serve a impregnare non solo l'iniziato, ma anche i luoghi sacri, gli altari, le vesti sacerdotali; così da creare una separazione magica tra ciò che è profumato, che è divino, e il semplice odore del mondo, che è umano, terrestre, persino diabolico.

Finché, dopo il Mille, avviene la rivoluzione negli odori. E il profumo diventa, a poco a poco, una dimensione collettiva. E ciò accade quando gli europei riscoprono il Mediterraneo e l'Oriente. Con un travaso di conoscenze enorme, dal mondo musulmano verso quello cristiano. Attraverso canali specifici, che si attivano spinti dalla ricerca tanto di nuove conoscenze quanto di prodotti che potessero essere immessi in un mercato europeo che comincia a crescere e a svilupparsi. Tra i primi di questi canali, Venezia: già prima del Mille, attraverso i flussi provenienti da Bisanzio, la città viene irrorata di drappi d'oro, porpore di Tiro, penne di struzzo, perle, avorio, ebano e schiavi. E un nuovo articolo che marca la differenza tra gli esponenti di una élite che fa della spinta verso il consumo e il lusso il suo orizzonte di senso: il profumo.

Con Venezia si muovono tutte le altre aree di confine al margine tra i grandi ambiti di civiltà musulmana e cristiana: il Sud Italia, la Spagna, la costa meridionale della Francia, Genova e Pisa. E si mescolano tradizioni a tradizioni, in zone in cui il *melting pot* diventa più forte che altrove. Nelle scuole mediche di Montpellier e di Salerno. A Toledo o a Cordova, dove, per l'ordine del califfo al-Hakam II[1], viene creata una farmacia, il luogo principe dove fabbricare «profumi, medicine aromatiche e sciroppi». E altrove, in un vortice che accompagna la crescita dei nuovi spazi di mercato a caratura internazionale, come le fiere della Champagne[2] o le città italiane.

Il flusso di importazione est/ovest si infittisce, in uno dei momenti chiave della storia del Mediterraneo, le Crociate. Con una relazione che diventa sempre più stretta tra le due civiltà. Tra chi viveva in un contesto raffinato (i musulmani) e gli occidentali che, come nota Ruth Winter, «manifestavano un ritardo considerevole sui popoli del Medio Oriente e d'Asia» e che «ignoravano il disgusto, disponevano di poco sapone per lavarsi e provavano un'avversione marcata per i bagni». Fino a quando la complementarità comportò la condivisione: di stili di vita, di forme e di gusti sempre più raffinati. In un rapporto dove l'uso dei profumi si conferma come l'addentellato giusto di distinzione sociale, anche al momento della morte, quando ricoprire d'unguento il corpo del defunto con essenze costosissime significava adeguarlo alle sante reliquie. Trasformando così, attraverso l'esperienza sensoriale, un corpo in disfacimento in uno santo: in una polarità dove il profumo è lo strumento che, simbolicamente, regala una nuova vita spirituale al corpo; come l'odore del putridume crea una situazione semantica opposta, che va dalla decomposizione fisica alla morte spirituale eterna.

Quando il Medioevo tramonta, di pari passo si afferma la grande epoca dei profumi e dei profumieri. Nelle corti rinascimentali i profumi diventano uno dei principali ingredienti di una vita sociale basata sulle apparenze, che permette di mascherare, in un universo non ancora abituato all'igiene intima, gli odori più sgradevoli. Una vera frenesia si impossessa delle corti e dei cortigiani, che ricoprono letteralmente di zibetto o di muschio capelli, barbe, acconciature, guanti, fazzoletti, cinture, tessuti, merletti, fino a nascondere spugne intrise di profumo nelle parti intime. Essenze spesso così forti da diventare stucchevoli, al punto che Pierre Brantôme[3] si lamentava, con i suoi amici alla corte francese, per «gli odori nauseabondi che impregnavano guanti, vesti e sottovesti delle dame che si accompagnavano con loro».

Il profumo: emblema di un cambiamento epocale. Quando l'Occidente riscopre il corpo, il lusso e le esotiche essenze d'Oriente. All'inizio, non un semplice oggetto, ma uno *status symbol,* un indicatore di classe, per dirla con Pierre Bourdieu, predisposto, in maniera più o meno deliberata, per assolvere a una funzione sociale di legittimazione delle differenze sociali. Con un uso però che, dal Medioevo in poi, si dilata a mano a mano. Sino a diventare un ingrediente comune, parte consueta della nostra vita quotidiana.

(da Amedeo Feniello, *Quattro profumi cambiarono l'Occidente*, in "La Lettura", 11-10-2015)

Note
[1] **al-Hakam II**: Alhakén II (915-976), secondo califfo omayyade del Califfato di Cordova (Spagna).
[2] **Champagne**: regione della Francia settentrionale
[3] **Pierre Brantôme**: Pierre de Bourdeille, detto Brantôme (1540-1614), uomo di corte e storico francese.

Attività - 7   Il testo

Nel testo seguente la scrittrice italiana Paola Mastrocola, riflettendo sul proprio comportamento, giunge ad alcune conclusioni di carattere generale. Il brano è tratto da un articolo pubblicato sulle pagine culturali di un quotidiano.

1) **Distingui** nel brano i due paragrafi:
   – il paragrafo in cui la scrittrice parla di sé, del proprio comportamento
   – il paragrafo in cui la scrittrice riflette sulla relazione fra "leggere" e "partire".

2) **Rispondi a** queste domande:
   a) Quali libri porta con sé la scrittrice quando va in vacanza?
   b) Perché mette in valigia più libri di quanti ne possa ragionevolmente leggere?
   c) Secondo la scrittrice "partire" e "portare con sé libri" è molto bello: perché?
   d) Quale "filosofica tensione" accomuna l'azione di comperare libri che non leggeremo e comperare vestiti che con metteremo mai?

3) **Prendendo spunto** dall'articolo di Paola Mastrocola **scrivi** un breve testo (10-15 righe) parlando di te, delle tue abitudini: come ti comporti quando vai in vacanza? Che cosa porti con te? (Libri? musica? tanti vestiti?...). Concludi con alcune osservazioni di carattere generale.

Partire, leggere, diventare…

Quando vado in vacanza porto sempre con me qualche libro da leggere. È normale, lo so. Ma a me capita di portarmene una valigia intera: i libri appena usciti che ho comprato sull'onda di un impulso immediato, e quelli appena ricevuti, di amici scrittori. E fin qui, ancora tutto normale. Ma a quella decina di libri io aggiungo sempre qualche classico che mi è sfuggito: un Platone, un Seneca, un Canetti, un Maupassant, due Conrad… Così raggiungiamo la ventina.

La prima considerazione è sulla evidente sproporzione tra venti libri e sette giorni di vacanza; anche immaginando di non far altro che leggere, sarebbero quasi tre libri al giorno: Missione impossibile.

Seconda considerazione: i libri che aggiungo sono i libri che non leggo da una vita e che ogni volta mi riprometto di leggere. Per esempio mi porto sempre l'*Ulisse* di Joyce e *La cognizione del dolore* di Gadda. Iniziati una quarantina di volte nella vita. Mai oltrepassata la metà. Ho smesso di chiedermi perché, ma ogni volta penso sia la volta buona, che ce la farò: sento nascere in me, al momento di fare i bagagli, una incontenibile, smodata curiosità per loro, una vera attrazione fatale che mi convince che a quel punto li leggerò di sicuro. Così, in prossimità delle vacanze, ogni anno, li metto in valigia. Do a loro, e a me, l'ennesima possibilità.

Credo ci sia una strana relazione tra il leggere e il partire. Non importa per dove né per quanto. Partire in sé vuol dire vivere un'altra vita, diversa da quella comune che viviamo tutto l'anno. Anche solo se andiamo in campagna, a trenta chilometri da casa. Vuol dire diventare noi diversi. Forse ci sembra di essere un altro, cioè che a partire non siamo noi, ma una persona che manco ci assomiglia, e che quindi farà cose diverse, si comporterà in tutt'altro modo. Per esempio finalmente leggerà quel meraviglioso capolavoro di Carlo Emilio Gadda. È come se il semplice spostarsi di luogo implichi una personale e totale metamorfosi di sé. Uno fa i conti con la sua intera esistenza, quando parte. Foss'anche solo per pochi giorni, rivede la sua vita e, in qualche modo oscuro, pensa a ciò che non ha mai fatto, alla persona che non è stata. E progetta quel che vorrebbe così, di colpo, in una settimana, diventare. Una sorta di perenne e ripetuta seconda chance che, ci insegnano i film edificanti, non si nega a nessuno.

Per questo è così bello partire. È un esercizio metafisico, in cui proviamo ad architettare altre vite, ci apriamo alle possibilità inattuate di noi. E naturalmente men che meno importano i libri che ci portiamo dietro e che, ovviamente, rimarranno non letti.

Come sempre. Non importa: il viaggio che hanno fatto con noi, nella nostra valigia, ci avrà comunque cambiati; in qualche modo noi li abbiamo letti, quei libri, così, solo portandoceli dietro e immaginando di poter essere persone che quei libri li leggeranno.

Per lo stesso meccanismo compriamo molti libri che non leggeremo: perché il solo possederli ci dà l'idea di poterli un giorno leggere, ci apre a queste infinite possibilità di lettura. Che forse, in qualche modo, sono già una forma di lettura.

Forse allo stesso modo compriamo vestiti che non metteremo mai, e cibi che non mangeremo, elettrodomestici che non useremo e che invaderanno le nostre sempre più affollate cucine.

Forse comprare non è segno del tanto detestato e vituperato consumismo di massa. È un gesto metafisico, è la filosofica tensione a superare gli angusti confini dell'essere uno, e provare a essere centomila.

O no?

(Paola Mastrocola, *Addio libro dell'estate*, da "Il Sole 24 ore", 30 agosto 2015)

Attività - 8 — Riassumere

Come attività di avvio al riassunto proponiamo un breve articolo scritto all'età di 105 anni da Gillo Dorfles, celebre critico d'arte italiano, ma anche pittore e filosofo. Il tono del testo è ironico e leggero.

1) **Leggi** e **trasforma** il testo passando dalla prima alla terza persona. (Confronta poi con la soluzione proposta)

2) **Sintetizza** quindi in poche righe (in terza persona) il succo dell'articolo: che cosa dice Dorfles di sé? Qual è il suo sogno nel cassetto?

Vorrei scrivere un libro allegro

Nel corso della mia vita ho scritto e pubblicato parecchie decine di libri dal contenuto soprattutto sociologico-critico, anche se, naturalmente, di lettura tutt'altro che gradevole; mentre in realtà mi sarebbe piaciuto, e mi piacerebbe tutt'ora, poter scrivere un libro di quelli "immaginosi e divertenti", capaci di invitare a leggerlo tutto d'un fiato. Purtroppo le innumerevoli circostanze dell'età e la mia formazione culturale mi hanno in qualche modo tarpato le ali (sempre che io quelle ali le avessi davvero). Così mi è rimasta la delusione di non essere riuscito a far valere quegli aspetti meno pedanti della mia attività di studioso e di intellettuale. Rassegnandomi dunque, ma nella convinzione che il mio libro favorito, quello che avrei voluto sempre scrivere (quello insomma "immaginoso e divertente" che avrebbe dovuto invitare il lettore a leggerlo tutto d'un fiato), sia in qualche modo rimasto nella mia penna. E che sia, dunque, ancora tutto da scrivere.

(Gillo Dorfles, "La Lettura", 19-7-2015)

Soluzione — Il testo in terza persona

Nel corso della *sua* vita *ha* scritto e pubblicato parecchie decine di libri dal contenuto soprattutto sociologico-critico, anche se, naturalmente, di lettura tutt'altro che gradevole; mentre in realtà *gli* sarebbe piaciuto, e *gli* piacerebbe tutt'ora, poter scrivere un libro di quelli "immaginosi e divertenti", capaci di invitare a leggerlo tutto d'un fiato. Purtroppo le innumerevoli circostanze dell'età e la *sua* formazione culturale *gli* hanno in qualche modo tarpato le ali (sempre che *lui* quelle ali le *avesse* davvero). Così *gli* è rimasta la delusione di non essere riuscito a far valere quegli aspetti meno pedanti della *sua* attività di studioso e di intellettuale. *Rassegnandosi* dunque, ma nella convinzione che il *suo* libro favorito, quello che *avrebbe* voluto sempre scrivere (quello insomma "immaginoso e divertente" che avrebbe dovuto invitare il lettore a leggerlo tutto d'un fiato), sia in qualche modo rimasto nella *sua* penna. E che sia, dunque, ancora tutto da scrivere.

Attività - 9 — Riassumere

Come prevenire l'esaurimento emotivo e psicologico o *burnout* (dall'inglese "bruciare dentro")? Una possibile soluzione viene dall'articolo che segue, in cui sono proposti alcuni esercizi antistress tratti dal volume *Non ce la faccio più* del tedesco Jörg Fengler.

1) **Leggi e dividi** l'articolo in due parti:
   a) La spiegazione della sindrome (il *burnout*)
   b) La soluzione (gli esercizi per combattere lo stress)

2) **Riduci** l'articolo del 70-80% circa:
   a) Spiega con parole tue (in una o due frasi) che cos'è il *burnout*
   b) Scegli due/tre esercizi a tuo giudizio particolarmente utili e spiega come eseguirli.

Sei fuso? Esercizi per contrastare (o prevenire) il *burnout*

Quando inizi a lasciare le chiavi nel frigo o attaccate alla moto parcheggiata, non ricordi il nome del partner, scopri di aver sbagliato strada dopo mezz'ora o chiudi un collega dentro una stanza, non ti puoi sbagliare: sei in pieno «burnout». Sei sfinito. A terra. Non rendi al lavoro (o combini disastri). Ti senti come se vivessi su un altro Pianeta. E pensi: «Sono fuso». Ma prima di andare in tilt al 100%, puoi agire e prevenire il peggio. Come? Con 25 tecniche, o esercizi, suggerite da Jörg Fengler nel libro *Non ce la faccio più*. Insomma, puoi correre ai ripari. A costo zero (eccetto il prezzo di copertina). Ecco qualche semplice intervento. Il primo passo è la respirazione lenta. Attenzione: bisogna espirare usando il doppio del tempo impiegato per l'inspirazione. «Centrarsi» è la chiave del successo. In ufficio usa una strategia: organizzati. Punta soltanto sugli obiettivi principali. Non puoi fare tutto, non hai il dono dell'ubiquità. Cammina lentamente, parla senza fretta e ripeti a te stesso: «Sono al lavoro, non in fuga». Le mini pause servono. Stacca il cervello per un attimo. Concentrati su te stesso e conta alla rovescia: 5-4-3-2-1-0. Ripetendo più volte il *countdown*, la sensazione di relax è immediata. Appena possibile, stila una lista delle cose belle che ti sono capitate e rifletti. Pesca nella memoria dei momenti lieti. E se il bilancio dei ricordi piacevoli è striminzito: butta giù un appunto su eventi, feste e ricorrenze che ti aspettano nei prossimi mesi e che ti renderanno felice. L'attesa della gioia funziona. Un altro genere di pratica consiste nell'adottare atteggiamenti antistress nei confronti del prossimo. Primo: cerca di amare e rispettare gli altri. La generosità fa miracoli. Secondo: sii più comprensivo verso chi ti sta intorno, evitando di fare il criticone. Manifesta la tua gratitudine quando è il caso: sei sempre in tempo. Se ancora non sei riuscito nell'intento, non hai «ricaricato le tue pile interiori», puoi «decomprimere» uscendo con gli amici: chiacchiere e risate, davanti a un drink, hanno un effetto terapeutico. Perché il caricabatterie per attaccarti alla rete elettrica non lo hanno inventato.

(Paola Caruso, in "Corriere della Sera", 1-8-2015)

Attività - 10 — Riassumere

Ti proponiamo il **riassunto guidato** di un testo argomentativo: un articolo pubblicato sulla terza pagina di un quotidiano. L'autore è il filosofo del linguaggio Roberto Casati.

1) **Leggi** tutto l'articolo, qui diviso in paragrafi (colonna di sinistra), prestando attenzione al senso complessivo e al lessico: in caso di dubbio consulta il dizionario.

2) **Riassumi** l'articolo: completa le sintesi (colonna di destra) cercando di ridurre il contenuto di ciascun paragrafo del 40/50%. Scrivi mano a mano quante parole hai usato.

Disporre un buon lessico fa risparmiare fatica e tempo	
L'articolo	**Il riassunto**
Provatevi a esprimere l'idea contenuta in una frase assai semplice come: «Vorrei frullare questo mango», senza usare le parole «frullare» e «mango». Provateci davvero. (Dieci secondi di pausa... fatto?) O provate a dire con parole vostre quello che sta scritto qui: «L'orario dei treni è inaffidabile», o ancora, in un vertiginoso crescendo, «L'inflazione erode le pensioni». Ripeto, provateci davvero. Magari mettete per iscritto quello che siete riusciti a scovare. (Ci ho provato anch'io: per esempio, ho scritto «riduci in poltiglia il frutto tropicale giallo».) Perché questo piccolo esperimento? Si pensa che parlar forbito sia un lusso; una cosa da intellettuali, o da perditempo: alla ricerca del vocabolo cesellato, del sinonimo inusitato, o peggio dell'effetto azzeccagarbugli. Parlassimo tutti come mangiamo, faremmo meno fatica a capirci e ad esprimerci. Ma è vero?	*Lo studioso Roberto Casati, per dimostrare che parlar forbito è utile, invita il lettore ad esprimere alcuni concetti evitando* _____ *Il risultato del piccolo esperimento è indurre nel lettore il dubbio che* _____
(130 parole)	(Numero parole: _____)
Chi comincia ad andar per mare si trova ben presto a fronteggiare un'aspra china linguistica. La barca è un rigurgito lessicale: si deve imparare a riconoscere e nominare lo strallo, la cima e la cimetta, la scotta e la drizza, la draglia e la sartia e persino il paterazzo e l'amantiglio; sembra che un professore in pensione si sia sbizzarrito a cercare termini astrusi per cose che alla fine della fiera altro non sono che corde – e guarda caso non si parla mai di corda in barca, come nella casa dell'impiccato. A un marinaio esperto la ragione di questa esplosione del dizionario è più che ovvia: in una situazione delicata – poco tempo, mare ostile, spazi ristretti, e rumore del vento nelle orecchie – le	*Per illustrare l'importanza di usare un lessico preciso lo studioso ricorre ad alcuni esempi tratti da un linguaggio settoriale: il sottocodice* _____

manovre vanno eseguite in un attimo e comandate ancor più in fretta; un'ambiguità potrebbe essere causa di incidenti spiacevoli se non fatali; chiedere «molla quella corda» non è sufficiente (quale corda, capitano?), e una perifrasi come «molla la corda che serve a rendere più tesa la vela davanti» non è efficiente, prende tempo, permette al rumore di installarsi nel canale di comunicazione. «Allasca la scotta del fiocco» dice con precisione la stessa cosa in meno di metà delle parole, e se proprio uno vuole può usare il capitale di tempo rimasto per ripetere il comando, a scanso di equivoci.

(221 parole)

Grazie ad esso la comunicazione fra marinai è efficace e

(Numero parole: _____)

Quando ho difeso la lettura dei libri come veicolo di arricchimento lessicale, ho citato le ricerche che indicano come gli scolari che leggono molto possono avere un lessico significativamente più ricco di quello degli scolari che leggono poco; i libri fanno la differenza perché contengono parole che non si ritrovano spesso nella conversazione quotidiana – a tavola, o tra compagni di gioco. Puntualmente è arrivata la domanda disarmante dal pubblico: ma perché mai arricchire il lessico, se tanto nella conversazione quotidiana non siamo in barca, si può fare a meno di tutti quei paroloni, e «bastano cinquecento vocaboli?»

(96 parole)

Riferisce quindi un'esperienza personale. Durante una conferenza

(Numero parole: _____)

Ci sono molte risposte alla domanda disarmante. Invocare la bella qualità della lingua forbita ed elegante par cosa d'altri tempi? Potete andare giù duro.

Benedetto Vertecchi, che ha analizzato il corpus linguistico nei documenti degli studenti intorno ai 14 anni di età dal 1966 al 2006, sostiene che nel corso del tempo si nota un'evoluzione netta: a minor lessico, testi più lunghi. Se nel 1966 i testi erano di cento parole, nel 2006, a parità di contenuto, ne contavano centoventi. Se non hai le parole per dirlo, devi inventarti una perifrasi. Il lessico povero ti fa assomigliare a chi non parla una lingua straniera e si trova costretto a fare dei giri di parole. Ti tocca di usare quello che hai. E dato che la perifrasi va generata sul momento,

Controbatte alla domanda con la citazione di uno studio di un esperto del settore. Il linguista Benedetto Vertecchi, analizzando il linguaggio

fai molta più fatica. È come se dovessi utilizzare un cacciavite come martello; magari alla fine il chiodo lo pianti, ma a che prezzo? (154 parole)	 (Numero parole: _____)
La risposta migliore è dunque che disporre di un buon lessico non è un lusso. Al contrario! Offre un modo vantaggioso ed economico di esprimersi, risparmiando sulle inevitabili e costose perifrasi cui deve dedicarsi chi un buon lessico non ha. Come abbiamo visto, non c'è bisogno di scomodare il vocabolario tecnico o accademico. «Frullare» è una parola, «ridurre in poltiglia» ne contiene tre; e se non sai che cos'è la poltiglia? (70 parole)	*Roberto Casati conclude affermando la propria tesi:* (Numero parole: _____)

(Roberto Casati, Non bastano 500 parole, "Il Sole 24 Ore", 30 agosto 2015)

Attività - 11 — Riassumere

Ti proponiamo di **ridurre un articolo di attualità** del 50/60%. L'autore, lo scrittore e saggista Claudio Magris, affronta un tema di geopolitica: prendendo atto delle difficoltà di governo dell'Unione Europea auspica la creazione di uno Stato federale decentrato e con un unico governo eletto da tutti i cittadini.

1) **Leggi** tutto l'articolo, qui diviso in paragrafi (colonna di sinistra), prestando attenzione al senso complessivo e al lessico: in caso di dubbio consulta il dizionario.

2) **Riassumi** l'articolo seguendo le indicazioni da noi fornite (colonna di destra). Scrivi anche mano a mano quante parole hai usato.

3) **Leggi** il tuo riassunto: è più breve del testo originario? È autonomo? Il discorso è chiaro e comprensibile?

L'impero inerme di Bruxelles

L'articolo	
Alcuni mesi fa ho chiesto a un mio amico, funzionario dell'Unione Europea e da tempo impegnato nella commissione Difesa, se esiste un esercito europeo. Sì, mi ha risposto. Ma mezzo minuto dopo ha aggiunto: No. Probabilmente avrà pensato al lambiccato groviglio di suddivisioni di compiti e funzioni – in ogni settore – tra i	**L'introduzione** *Sintetizza il paragrafo concentrando l'attenzione su due informazioni principali:* *– la mancanza di un esercito europeo;* *– la presenza paralizzante di autorità sovrapposte. (Ricorda di usare la terza persona)*

vari Stati, alle alternanze di gerarchie, ai bilancini di competenze, ai paralizzanti codicilli miranti a impossibili equilibri perfetti tra le singole componenti. Tutto ciò, per quel che riguarda l'organizzazione militare, gli sembrava troppo diverso da quello che deve essere un esercito, formato, nel caso sciagurato di una guerra, per agire in quest'ultima con rapidità, efficacia e determinazione. Alcune buone prove date in occasione di interventi delle forze armate, a cominciare da quelle italiane, non bastano per poter parlare di un esercito europeo, come si parla invece di esercito inglese, francese o americano. È vero che le nuove modalità dei conflitti mettono in difficoltà pure gli eserciti veri e propri, come dimostra la guerra nell'Afghanistan, che sta durando quasi tre volte la Seconda guerra mondiale. Come non c'è un vero esercito europeo, è lecito chiedersi se esista una vera compagine politica europea o se l'Unione Europea assomigli troppo all'Onu e alla sua impotenza a risolvere problemi e contese. Forse essa assomiglia ancora di più al Sacro Romano Impero nei suoi ultimi decenni, coacervo politico-giuridico di autorità sovrapposte e contraddittorie, di poteri che si sommavano e si elidevano a vicenda, ciò che rendeva il venerando e grandioso impero, teoricamente senza confini, un assemblaggio paralizzato e paralizzante, che Goethe si chiedeva come potesse tenersi insieme e cui infatti Napoleone pose fine con un soffio, come si spegne una candela.

(280 parole)

Un'Europa politicamente unita può esistere solo se esiste – se e quando esisterà – un vero Stato europeo, federale e decentrato ma con un reale unico governo eletto da tutti i cittadini europei, come il presidente degli Stati Uniti è eletto da tutti i cittadini americani, e le cui leggi fondamentali valgano per tutti. Uno Stato in cui gli attuali Stati nazionali diventino quelle che sono oggi, in ogni singolo attuale Stato, le Regioni, con i loro Consigli e i loro organi di governo per i problemi specifici che le riguardano.

Spero in questo Stato, perché credo sia la nostra unica salvezza possibile, visto che oggi i problemi, politici ed economici, sono europei.

(91 parole)

Solo uno Stato europeo potrebbe tutelare le identità nazionali, culturali e linguistiche numericamente o economicamente più deboli, che invece sono facilmente in balìa dei gruppi numericamente ed economicamente più forti. Nell'Unione Europea non dovrebbe ad esempio essere possibile che l'una o l'altra delle sue componenti innalzi muri di centinaia di chilometri ai confini con un'altra regione, così come oggi in Italia non è possibile che la Regione Campania innalzi muraglie cinesi alle frontiere con la Regione Lazio. Purtroppo l'Unione Europea sembra fare assai poco in questo senso; un timido passo in avanti e subito mezzo passo indietro, un frequente rinvio dei problemi pressanti per evitare il fallimento della loro soluzione e dunque per rimandare non la soluzione, bensì il suo fallimento. Ad esempio l'atteggiamento dinanzi al gravissimo – sempre più impellente e sempre più difficilmente solubile – problema dell'immigrazione è un tipico esempio di questa inconsistenza dell'Unione Europea, che cerca di scaricare il problema sull'Italia, come se il governo italiano cercasse di scaricarlo sulla Sicilia, visto che i barconi dei disperati arrivano in Sicilia e non a Bologna o a Firenze. Una delle poche istituzioni europee che funzionano con decisione e con una visione globale e organicamente europea è la Banca Centrale, guidata da Mario Draghi[1]. Se l'Unione Europea agisse in quel modo in ogni campo, non ci troveremmo nell'attuale penoso stallo.

(222 parole)

Il ragionamento
Individua e sintetizza gli argomenti a favore della tesi: quali vantaggi darebbe la creazione di un vero Stato europeo? Quali problemi pressanti potrebbero essere risolti? Quale attuale istituzione europea è un buon modello, da imitare?

Il riassunto

(Numero parole: _____)

Forse l'errore è stato quello di allargare l'Unione Europea prima di crearla realmente, rendendola così un pachiderma titubante. Forse sarebbe stato meglio se l'idea d'Europa formulata dai padri fondatori e messa inizialmente in moto dai Sei fosse prima divenuta uno Stato vero e proprio, con una sua struttura e una sua effettività precisa. Questo Stato, una volta costituito, avrebbe potuto e dovuto accogliere successivamente gli altri Paesi che ne condividessero i fondamenti. Non perché l'uno o l'altro Paese sia più o meno degno di altri, ma perché ogni realtà funzionante, in ogni campo, si basa su una costruzione precisa e non su confuse assemblee pulsionali o su patteggiamenti diplomatici.

Il ragionamento
Riassumi rispondendo a queste domande:
– Estesa troppo in fretta e priva di un'idea unificatrice, l'Europa sembra un pachiderma titubante: perché?
– Che cosa intende l'autore quando afferma che l'unanimità "non è democrazia bensì il suo contrario"?
– Quali sono le lontane premesse di un'Europa unita? E qual è oggi la premessa indispensabile?

Quando nel 1933 Giulio Einaudi fonda la sua casa editrice, non va in Piazza Castello a invitare tutti i passanti a farne parte, quelli che vorrebbero pubblicare romanzi gialli e quelli che vorrebbero trattati teologici, ma la fonda su un progetto preciso, successivamente aperto a chi lo condivide. Ogni istituzione operante esclude l'unanimità, che paralizza ogni decisione e non è democrazia bensì il suo contrario. Sono le dittature a imporre e a fingere un'unanimità di consensi. Le grandi formazioni statali cui dobbiamo la civiltà europea sono nate da guerre; l'Impero romano è una lontana fondamentale premessa di un'Europa unita, ma è nato senza che le legioni romane chiedessero il permesso di entrare in Gallia o in altre terre. Ovviamente noi vogliamo l'unità europea, ma non vogliamo a nessun costo costruirla con la guerra.

(242 parole)

Il riassunto

(Numero parole: _____)

Talora questo sogno e questo dovere, questa speranza in una reale unione europea, sembrano la quadratura del circolo.

È una ragione in più per lavorare per essa. La tentazione di una triste e rassegnata impotenza è forte. Forse mai come oggi la delusione e la stanchezza della politica sono state così vaste e deprimenti e sembrano richeggiare quella settima lettera di Platone[2] amaramente deluso dal potere politico, pubblicata non a caso di recente da Paolo Butti de Lima nella versione di una grande traduttrice dei classici, Maria Grazia Ciani (Marsilio). Non resta che sperare *contra spem*[3], contro il dilagante e giustificato pessimismo. La speranza, scrive Péguy[4], è la più grande delle virtù, proprio perché è così difficile vedere come vanno le cose e, ciononostante, sperare che domani possano andare meglio.

(131 parole)

(Claudio Magris, "Corriere della Sera", 6 agosto 2015)

Conclusione
La conclusione è un invito alla speranza: sintetizzala con parole tue, in una o due frasi (Se vuoi puoi omettere le citazioni)

Il riassunto

(Numero parole: _____)

Note
[1] **Mario Draghi**: economista e funzionario statale italiano, già governatore della Banca d'Italia e dal 2011 Presidente della Banca Centrale Europea.
[2] **settima lettera di Platone**: in questa lettera il filosofo greco Platone (428-348 a.C. circa) narra le principali fasi della sua formazione si sofferma sul fallimento dei tentativi per riformare il governo a Siracusa.
[3] **sperare *contra spem***: l'espressione latina *spes contra spem* significa letteralmente "sperare contro ogni speranza"; qui viene usata per indicare l'atteggiamento di chi mantiene una speranza incrollabile in un futuro migliore, nonostante le circostanze siano totalmente avverse.
[4] **Péguy**: Charles Péguy (1873-1914), scrittore e saggista francese.

Attività - 12 **Riassumere**

Riassumi l'articolo seguente riducendolo del 50/60%. L'argomento è la curiosa vicenda di un avvocato che per ben due volte ha regalato Stonehenge, il più celebre monumento preistorico della Gran Bretagna: la prima volta alla moglie, la seconda alla comunità.

1) **Leggi** tutto l'articolo, suddiviso qui in tre paragrafi, e seleziona i contenuti da riassumere: evidenzia i fatti principali e le indicazioni di tempo e di luogo

2) **Scrivi** il riassunto, indicando mano a mano quante parole hai usato, quindi rileggilo: il discorso è chiaro e comprensibile? il testo è autonomo?

L'uomo che regalò Stonehenge		
	L'articolo	**Il riassunto**
1	Mentre i ricercatori dello Stonehenge Hidden Landscapes Project festeggiavano la scoperta – grazie a sofisticatissime tecnologie che consentono di vedere in profondità sotto il terreno – di una nuova gigantesca pietra e altre 90 più piccole che facevano originariamente parte del complesso preistorico, il settimanale del quotidiano *Guardian* riporta una interessante storia che riguarda quello che è sicuramente, dopo la regina, il più importante monumento dell'intera Gran Bretagna, classificato dal 1986 tra i patrimoni dell'umanità tutelati dall'Unesco. *(76 parole)*	*(Numero parole: _____)*
2	Il magazine racconta che esattamente cento anni fa Stonehenge, la cui importanza storica non era evidentemente ancora del tutto chiara, era stato messo in vendita alla morte di sir Edmund Antrobus, proprietario di quel terreno dal 1820. Fu acquistato da Cecil Chubb, un avvocato di consistenti fortune, pur essendo nato e cresciuto in un'umile famiglia di quella zona, rimasto profondamente legato alle sue origini. Chubb "si portò a casa" la proprietà di Stonehenge e di 30 acri di terreno circostante per 6.600 sterline dell'epoca, equivalenti a 680.000 mila odierne secondo i calcoli del giornale, e ne fece un romantico dono alla moglie Mary. Leggenda vuole che all'avvocato fosse anche giunta voce che un ricco americano era interessato all'acquisto e, per evitare che uno straniero prendesse posses-	

so di Stonehenge, Chubb si era affrettato a fare la sua offerta. La moglie, che aveva chiesto al marito di acquistare delle tende nuove per il salotto, non gradì particolarmente il regalo, soprattutto considerando la cifra spesa per qualcosa di cui non sapeva cosa farsene.

(170 parole)

(Numero parole: _____)

3
Nel 1918, subito dopo l'armistizio che pose fine alla Prima guerra mondiale, Chubb donò la proprietà all'amministrazione pubblica. In cambio ricevette il titolo di baronetto e uno stemma con il motto "fondato sulle pietre". Aveva però messo una condizione alla cessione di Stonehenge: il pubblico che si sarebbe recato a visitare il sito non avrebbe dovuto pagare un biglietto più caro di uno scellino, mentre gli abitanti della zona dovevano avere l'ingresso gratuito. Ancora oggi i circa 30 mila abitanti dell'area intorno a Stonehenge entrano gratuitamente, mentre per tutti gli altri il biglietto costa 4,50 sterline, molto più dello scellino indicato da Chubb. Anche se, secondo English Heritage, che gestisce il sito, fate le debite proporzioni tra il valore di uno scellino ieri e oggi, il prezzo d'ingresso odierno rispetta tuttora il volere del generoso avvocato.

(136 parole)

(Numero parole: _____)

(Donatella Bogo, "Sette", 2-10-2015)

Attività - 13 — Riassumere

Riassumi questo articolo di astronomia riducendolo del 60/70%. Il soggetto è *Sagittarius A**, un gigantesco buco nero lontano da noi 26 mila anni luce; la sua massa è 4 milioni di stelle, la taglia mille volte la Terra. Per osservare "da vicino" questo "mostro cosmico" gli scienziati stanno progettando di collegare i radiotelescopi dei diversi continenti e di farli funzionare come se fossero una singola grande antenna.

1) **Leggi** tutto l'articolo, qui scandito in tre parti, ed **evidenzia** i contenuti da riassumere: presta attenzione al lessico (in caso di dubbio consulta il dizionario) e agli snodi segnalati dai capoversi.

2) **Scrivi** man mano il riassunto su un foglio. Quindi rileggilo: il tuo testo è autonomo? il discorso è chiaro e comprensibile? quante parole hai usato?

Prima parte (512 parole)

Nell'occhio del mostro

Nel 1932, Karl Jansky, giovane ingegnere di 27 anni della compagnia telefonica Bell, è incaricato di studiare un fastidioso rumore che disturba le comunicazioni radio transatlantiche. Jansky costruisce una piccola antenna orientabile e arriva a una conclusione sorprendente: una parte dei disturbi viene dal cielo. Propone di costruire una grande antenna da puntare verso l'alto per studiare questi misteriosi segnali extraterrestri. I suoi datori di lavoro, concreti come molti ministeri della ricerca odierni, lo riportano con i piedi per terra: non servirebbe a niente di utile; il progetto è respinto.

Verso la fine degli anni Trenta nei sobborghi di Chicago un dilettante senza studi scientifici, Grote Reber, legge della scoperta di Jansky su una rivista di divulgazione e costruisce a sue spese un'antenna di 9 metri nel giardino di sua madre. È il primo radiotelescopio nella storia. Nel 1938 Reber conferma che una zona del cielo nella costellazione del Sagittario emette onde radio molto forti, alla frequenza di circa 160 MHz.

Oggi abbiamo numerosi grandi radiotelescopi e queste onde radio extraterrestri sono studiate in dettaglio. La forte sorgente nella costellazione del Sagittario è chiamata *Sagittarius A**, abbreviato *Sgr A**. Sta esattamente al centro della nostra galassia. Se guardate il cielo notturno, il Sagittario, con il centro della galassia, è visibile verso le nove di sera da metà luglio (a sud est) fino a fine ottobre (a sud ovest).

Cos'è *Sgr A**? Cos'è questa «cosa» al centro della galassia che emette segnali così forti da disturbare le comunicazioni terrestri? Il velo si dirada solo verso la fine degli anni Novanta: osservando le stelle che vi orbitano attorno, si calcola che *Sgr A** concentra una massa quattro milioni di volte la massa del Sole in un raggio piccolissimo. Conosciamo una sola spiegazione possibile: un buco nero gigantesco, con la massa di 4 milioni di stelle. Le emissioni radio sono prodotte dal calore di grandi quantità di materia, nubi di polvere, talvolta intere stelle che gli vortica intorno infuocandosi, prima di esserne risucchiata.

Da sempre impariamo cose sorprendenti alzando lo sguardo verso il cielo. Osservando il moto del Sole e delle stelle, Anassimandro ha capito che abitiamo su un sasso che galleggia nello spazio. Osservandone l'ombra proiettata sulla Luna durante le eclissi, Aristotele ha mostrato che questo sasso, la Terra, ha forma di palla. In una fatale notte del 1609, in una strada di Padova, Galileo ha alzato verso il cielo il suo tubo con lenti, vedendo cose che noi umani non avremmo mai potuto immaginare: fasi di Venere, anelli di Saturno, satelliti intorno a Giove, macchie sul Sole, montagne sulla luna... A ogni miglioramento dei telescopi, vediamo di più del vasto mondo: l'immensità della Via Lattea, la siderale vastità dello sterminato mare delle galassie, la caleidoscopica varietà di oggetti che lo riempiono: immense nubi di polvere, ammassi di stelle, esplosioni gigantesche, valzer di coppie e triple di stelle, scontri di galassie, getti di materia lunghi migliaia di anni luce, la stupefacente bellezza delle forme delle nebulose catturate dalle immagini del telescopio orbitante Hubble, e via via... tutta la crescente colorata zoologia dell'astrofisica contemporanea.

Seconda parte (557 parole)

Ma di tutti gli strani oggetti che abbiamo scoperto nel cielo, i più strani sono i buchi neri. Sapevamo che in teoria potevano esistere: corrispondono a certe soluzioni delle equazioni della relatività generale di Einstein. Ma pochissimi sognavano esistessero davvero. Sembravano cose troppo strane: per fare un buco nero qui, per esempio, dovremmo trovare il modo di comprimere l'intero pianeta Terra, con tutte le montagne, mari, eccetera, sul fondo di una tazzina di caffè. A quel punto la Terra diverrebbe un buco nero. Di dimensioni che possono stare dentro una tazzina di caffè, ma ancora pesante come la Terra. Nessuno riteneva ragionevole che in natura potessero esserci processi capaci di schiacciare tanta massa in una regione tanto piccola. Invece, negli anni Settanta gli indizi che alcuni oggetti nel cielo fossero proprio buchi neri si sono moltiplicati.

Oggi lo studio dei buchi neri per gli astronomi è routine. Ne contiamo a migliaia.

Se potessimo vederlo da vicino, un buconero si mostrerebbe come un buco in una scatola chiusa: un disco nero. Una regione dalla quale non arriva luce. La ragione è che la superficie del buco nero racchiude una zona dalla quale nulla può più scappare, neppure la luce, per la forte gravità dovuta alla materia molto concentrata. La superficie del buco nero si chiama «orizzonte» (talvolta, forse impropriamente, «orizzonte degli eventi»), perché non vediamo quello che c'è aldilà, come non vediamo al di là dell'orizzonte sul mare. L'orizzonte sul mare esiste perché la Terra si incurva all'ingiù e si nasconde alla nostra vista. L'orizzonte dei buchi neri ha qualcosa di simile: l'estrema concentrazione di materia curva intorno a sé lo spazio e il tempo, tanto da nascondere la regione centrale alla nostra vista. La forza che può comprimere tanta massa in così poco spazio è la più semplice: il peso. Quando smette di brillare perché ha bruciato in elio tutto il suo idrogeno, una grande stella sprofonda su sé stessa sotto il suo stesso peso, e si schiaccia in un buco nero. Così si è formata la maggior parte dei buchi neri che vediamo nel cielo, che ha quindi massa più o meno simile a una stella.

Ma *Sagittarius A** è ben altra bestia: un mostro gigantesco con la massa di 4 milioni di stelle, e una taglia mille volte la Terra. Come si sia formato e sia finito lì, nel centro della nostra galassia, non è chiaro, ma non sembra essere una peculiarità nostra: la maggior parte delle galassie nasconde simili giganti. Una lontana galassia, la galassia «lenticolare» *NGC 1277*, sembra racchiudere un buco nero mille volte più grande del nostro: un gargantua con una massa di 5 miliardi di soli, largo un milione di volte la Terra...

Chi non vorrebbe vederli da vicino, questi mostri cosmici? Il problema è che, per quanto grandi, sono lontani. Il centro della galassia dista 26 mila anni luce. La luce che ci arriva da là è partita più o meno quando gli abitanti dell'Italia erano Neanderthal e i nostri antenati erano gli immigranti. A questa distanza, osservare *Sgr A** è come voler osservare una pulce sulle Alpi stando a Messina. Fino a poco fa, l'idea di poter vedere *Sgr A** «da vicino» sembrava assurda. Ci dovevamo accontentare di studiarlo in maniera indiretta, osservandone gli effetti su stelle vicine o le emissioni radio della materia che sta per caderci dentro.

Terza parte (370 parole)

Ma oggi i radioastronomi stanno mettendo a punto una tecnica per osservare *Sagittarius A** direttamente. Fotografare il mostro. L'idea è collegare i grandi radiotelescopi nei diversi continenti, e farli funzionare come fossero una singola grande antenna. Un'antenna grande come la Terra. La chiave è sincronizzare gli orologi dei telescopi, perché quello che conta sono le minutissime differenze di tempo d'arrivo dei segnali fra un telescopio e l'altro. Oggi esistono orologi atomici di precisione fantastica, che perderebbero meno di un secondo lungo tutta la vita dell'universo. Con questi, si dovrebbe riuscire.

Il progetto si chiama «event-horizon telescope», perché l'obiettivo è vedere l'orizzonte («horizon») di *Sagittarius A**. Coinvolge una ventina di università e un centinaio di scienziati sparsi nel mondo. Il telescopio centrale è sulla Sierra Negra, nello stato del Puebla, in Messico. È un progetto graduale: un primo gruppo di radiotelescopi è già collegato, e comincia a produrre immagini. Ci avviciniamo lentamente alla risoluzione necessaria per vedere direttamente *Sagittarius A** negli occhi. O meglio, nell'occhio. A mano a mano che nuovi radiotelescopi vengono collegati, o costruiti, la risoluzione migliora. Se tutto va bene, prima della fine del decennio dovremmo avere una foto di un buco nero. Una foto del disco nero della pupilla del mostro.

Lo vedremo come prevede la teoria? Non lo sappiamo. I buchi neri hanno ancora aspetti misteriosi. Non sappiamo dove vada a finire tutta la materia che vediamo inghiottita dai buchi neri. Cosa succeda dentro, nel centro, è qualcosa che ancora non sappiamo. Dipende dalle proprietà quantistiche dello spazio, che controlliamo ancora male. Steve Giddings, un teorico dell'università di Santa Barbara in California, ha studiato l'ipotesi che effetti di gravità quantistica possano modificare l'aspetto esterno del buco nero. Le osservazioni ravvicinate potrebbero sorprenderci. Se lo faranno, sarà ancora più interessante: nuovi indizi su quello che ancora non capiamo.

Siamo esseri che vivono sulla crosta di una palla di roccia lanciata nello spazio. Non sappiamo dove vada a finire tutta la materia che vediamo inghiottire dai buchi neri, come una piccola astronave. Fuori, attorno a noi, c'è uno straordinario mondo ancora inesplorato. Come un bambino che si affaccia per la prima volta a una finestra sul mare, l'umanità intera sta a guardare dall'oblò dei suoi telescopi, curiosa, incantata.

(Carlo Rovelli, in *La Lettura*, "Corriere della Sera", 15 novembre 2015)

Attività - 14 — Esporre

Leggi questo breve **articolo** di cronaca: **individua** ed evidenzia la notizia e **riscrivila** con parole tue in poche frasi (Qual è il fatto? Che cosa è accaduto? Dove e quando?)
(Confronta quindi con la soluzione)

La nascita dei primi fenicotteri rosa

La notizia della schiusa di uova di fenicottero alla riserva naturale Saline di Priolo viaggia sul web fra la sorpresa che accada lì, in un'area industriale, vicino a una raffineria, e le votazioni del popolo di Facebook per dare un nome al primo fenicottero nato in Sicilia. I bellissimi uccelli rosso fiammanti colorano sempre più i siti costieri della penisola. È specie migratrice, ma in molte aree del Paese è ormai semi stanziale. La loro presenza indica un buono stato dell'ambiente e, parlando di Priolo, va dato ogni merito al lavoro della Lipu che gestisce la riserva. Una bella soddisfazione che quel sito sia il primo sull'isola ad ospitare la nidificazione di fenicotteri. Si organizzano anche visite alla colonia e merita andare. Sono gregari, i fenicotteri, e se ne stanno a gruppi in acque basse intenti in un sincrono ondeggiare del capo sott'acqua per filtrare col becco gli organismi sospesi e, nel contempo, flettere elegantemente le lunghe zampe per battere il fondale e smuoverne sedimento. Come ballerini di flamenco. Del resto, in spagnolo, si chiamano flamingos.

(Danilo Mainardi, "Corriere della Sera," 3 luglio 2015)

Soluzione I primi fenicotteri rosa italiani sono nati vicino a una raffineria. È successo in Sicilia, a Priolo, e la loro presenza indica un buono stato dell'ambiente. Merito della Lipu.

Attività - 15 **Esporre**

Ti proponiamo un **articolo** sulla **lingua italiana** pubblicato sulla terza pagina di un quotidiano. L'autore è Lorenzo Tomasin, docente di Storia della lingua italiana e di Filologia Romanza all'Università di Losanna.

A) **Leggi** tutto l'articolo, qui diviso in paragrafi (colonna di sinistra), prestando attenzione al senso complessivo e al lessico: in caso di dubbio consulta il dizionario.

B) **Individua** le informazioni principali: rispondi alle domande del Questionario (colonna di destra).

C) **Scrivi** un breve testo espositivo (8-10 righe), riassuntivo dei contenuti principali dell'articolo. (Se vuoi, puoi seguire le risposte alle domande del Questionario).

La più bella lingua ad alta voce	
Il testo	Questionario
Si moltiplicano, negli ultimi tempi, gli scritti che celebrano la bellezza dell'italiano e la sua forza di lingua percepita come semplicemente e irriducibilmente piacevole. Esteticamente superiore. È strano che ciò accada in un'epoca in apparenza aliena al fascino cólto e iperletterario che per secoli ha fatto della lingua di Dante, Petrarca e Boccaccio una delle favorite negli ambienti dotti delle società d'antico regime. Ma è meno strano per un'età che ha classificato la bellezza come *atout* decisivo, se non addirittura come *asset* – si direbbe, appunto, in buon italiano.	1) Secondo l'autore, perché nella nostra epoca si pubblicano libri che celebrano la bellezza dell'italiano?
Certo, la fioritura d'iniziative apologetiche potrebbe essere il sintomo di un'incrinatura nella percezione globale dell'italiano quale lingua della bellezza. C'è bisogno di dirlo, che l'italiano è la lingua universalmente percepita come la più bella? Forse sì, se gli italiani sembrano esserne, per paradosso, i meno consapevoli. Così, ancora ai nostri giorni possono uscire libri come *La lingua degli angeli* del tedesco Harro Stammerjohann (ne parlammo un paio d'anni fa tra queste pagine), e anche gl'italiani si possono arrischiare in titoli come quello scelto da Giuseppe Patota – l'autore di un fortunato *Salvalingua* e di un recente e popolare *Prontuario di grammatica* – per il suo ultimo libro. *La grande bellezza dell'italiano** non è (solo) un omaggio a un successo del cinema dei nostri giorni. È lo slogan spudoratamente programmatico di uno studioso	2) L'attenzione dell'autore si sposta su due autori: quali?

66

autorevole (un suo articolo recente pubblicato in una rivista scientifica e dedicato all'espressione antica *mentire per la gola* è un piccolo capolavoro di ricostruzione storico-linguistica), che si rivolge qui a un pubblico amatoriale ma esigente.

3) A quale pubblico è rivolto l'ultimo libro dello studioso italiano?

Niente note qui, ma quanti puntuali riferimenti alla bibliografia più aggiornata e, talora, impervia, sull'italiano antico; riproponendo la famosa frase di Thomas Mann da cui era partito anche Stammerjohann («non c'è dubbio che gli angeli nel cielo parlino italiano»), Patota la documenta attraverso una visitazione della lingua di Dante, Petrarca e Boccaccio. Aiuta l'operazione il clima del settecentocinquantenario della nascita dell'Alighieri, unito al fatto che, in Italia e all'estero, la *Commedia* e il suo autore continuano ad essere il punto d'accesso privilegiato all'italiano per chi lo studia a fini diversi da quelli pratici e magari economicamente interessati che spingono all'apprendimento di altre lingue più utili e meno belle. Il volume si apre dunque con il Dante teorico della lingua: l'autore del *De vulgari eloquentia* che quasi predetermina a tavolino i caratteri dell'italiano, toscano sì e fiorentino, ma anche aperto a una plurima contaminazione di forme, che si dispiegherà nella Commedia (quanta timidezza, ancora, nell'ammettere che una parte decisiva della bellezza dell'italiano sta, come in tutte le vere bellezze, nella sua costituzionale *impurità,* o se si preferisce mistura di latino e di policromi volgari). Dopo un pèriplo del Petrarca, originalmente descritto come ingegnere della lingua italiana, cioè distillatore laboratoriale di una varietà raffinata che punta dritta a «un libro perfetto fatto di versi perfetti», ecco Boccaccio.

4) Quali sono le caratteristiche dell'ultimo libro dello studioso italiano?

Ed ecco una raccomandazione finale, che potrà forse produrre qualche concreta iniziativa nel pubblico ideale di questo libro, fatto d'insegnanti e divulgatori che l'italiano devono far amare ovunque e a tutti. Il consiglio è: tornare a leggere ad alta voce il *Decameron*, liberandosi dagli apparenti impacci di una lingua che appare difficile da leggere finché non la si legge nel modo giusto; recuperando, cioè, i suoi intensi valori fonici e quell'armonia che solo una lettura ad alta voce – perfettamente in linea con un'epoca che era ancora incline a questo genere di fruizione del testo – può far apprezzare.

Se il libro di Patota contribuisse anche solo alla ripresa di questa antica e buona abitudine, avrebbe raggiunto un risultato decisivo a favore dell'italiano.

(Lorenzo Tomasin, "Il Sole 24 ore", 12-7-2015)

5) In conclusione, qual è il consiglio dello studioso italiano?

6) Il consiglio è apprezzato da Lorenzo Tomasin: perché?

Nota *Giuseppe Patota, *La grande bellezza dell'italiano. Dante, Petrarca, Boccaccio*, Laterza, Bari, pp. 290, euro 20,00.

Attività - 16 **Esporre**

Ti proponiamo una **recensione** di un libro di Maria Luisa Meneghetti, docente di Filologia romanza nell'Università degli Studi di Milano, dal titolo *Storie al muro. Temi e personaggi della letteratura profana nell'arte medievale*. La recensione, pubblicata sulla pagina della cultura di un quotidiano da Carlo Bertelli, docente e storico dell'arte, può presentare alcune difficoltà di comprensione per i numerosi riferimenti letterari e culturali. L'abbiamo perciò corredata da note e scandita in quattro paragrafi.

A) **Leggi** tutta la recensione e le note prestando attenzione al senso complessivo e al lessico: in caso di dubbio consulta il dizionario.

B) **Distingui** le informazioni principali: **rispondi** alle domande del questionario posto al termine della recensione.

C) **Presenta** tu il libro di Maria Luisa Meneghetti in un **breve testo espositivo** rivolto ai tuoi compagni (15-20 righe). Se vuoi puoi seguire questa traccia:
– informazioni sul volume (autore, titolo ecc.) e sull'argomento trattato (quale epoca? quali "testi iconici"?)
– informazioni essenziali sulle *Chansons de geste* e sui *romanzi cortesi-cavallereschi* (quando si sviluppano? quali sono i temi? chi sono i protagonisti?)
– informazioni sui principali "luoghi" in cui sono raffigurate storie e personaggi della letteratura medievale in lingua d'oïl (miniature? castelli? chiese? palazzi?...)
– informazioni sul codice Manesse (che cos'è? dove è conservato?)

Amori e cavalieri, medioevo sui muri
Dal Trecento le immagini degli eroi cortesi riempiono chiese, palazzi, castelli. E scalzano i santi

Primo paragrafo

«Noi leggiavamo un giorno per diletto di Lancillotto[1] come amor lo strinse». Così ha inizio, nella *Commedia*, il toccante racconto di Paolo e Francesca.[2] I romanzi cavallereschi parlavano di amore e di passioni e proponevano modelli di comportamento liberi dalle convenzioni. Il loro successo si dimostra nell'onomastica del Tre e Quattrocento, dove i nomi di Ginevra, Lionello, Arturo[3] s'intrecciano e cacciano gli usuali santi patroni. Nel suo nuovo libro *Storie al muro. Temi e personaggi della letteratura profana nell'arte medievale* (pubblicato da Einaudi) Maria Luisa Meneghetti, sollevato lo sguardo dalla lettura delle carte, che conosce in modo mirabile, guida il lettore a scoprire gli echi dei romanzi nelle loro rappresentazioni in figura, come una «letteratura parallela di testi iconici». Da ritrovare nei manoscritti, naturalmente, ma anche in immagini monumentali su muro o in pietra, le quali hanno prodotto un rapporto quasi quotidiano con la nuova mitologia, i cui eroi sono così presenti da apparire persino sui muri delle chiese, come Rolando e Oliviero,[4] che accolgono i fedeli dagli stipiti del portale di San Zeno a Verona.[5]

Note
[1] **Lancillotto**: personaggio leggendario, simbolo dell'amor cortese, entrato nella nostra letteratura con la famosa citazione di Dante. Il racconto del suo tragico amore con la regina Ginevra, moglie di re Artù, appartiene ai poemi del "ciclo bretone" e compare per la prima volta nell'opera *Lancillotto o Il cavaliere della Carretta* di Chrétien de Troyes (1135-1190).
[2] **Paolo e Francesca**: i due celebri adulteri rappresentati da Dante Alighieri nella *Divina Commedia* (*Inferno*, canto V).
[3] **Lionello, Arturo**: rispettivamente un cavaliere della Tavola Rotonda (*Lionello*) e re Artù (*Arturo*).

4 Rolando e Oliviero: eroi letterari, paladini dell'ideale epico della difesa della patria e del cristianesimo contro i Musulmani. Le loro imprese sono celebrate nelle *Chansons de geste*, i poemi in lingua d'oïl sviluppatisi nel Nord della Francia a partire dalla seconda metà del secolo XI.
5 portale di San Zeno a Verona: sui montanti esterni del duomo di Verona sono inseriti i rilievi raffiguranti i due paladini (Rolando e Oliviero) armati a difesa dell'edificio sacro.

Secondo paragrafo

Stando all'*Entrée d'Espagne*,[6] un testo che si conserva alla Biblioteca Marciana di Venezia in un codice allestito e miniato alla corte dei Gonzaga, e secondo altri testimoni, come la poco più antica *Cronaca* dell'arcivescovo Turpino,[7] prima di uccidere il musulmano Ferracutus,[8] Rolando gli snocciola i punti essenziali del credo niceno,[9] mentre la stessa rotta di Roncisvalle[10] aveva ormai assunto il tono mistico di un sacrificio. Non sempre era però possibile conformare le leggende alle norme. Sui muri della cattedrale di Borgo San Donnino (Fidenza), la storia di Rolando comprende, oltre alla raffigurazione della sua infanzia selvaggia nei boschi presso Sutri, l'adulterio della madre, Berta,[11] con Milon, che la fruga sotto la gonna, mentre lei, sorridente, stringe un fiore al seno.

Avveniva che nella trasmissione orale, i cicli cavallereschi subissero adattamenti e cambiamenti, che ora solo un occhio molto esperto è in grado di riconoscere e ricondurre alle fonti, ma anche pittori e scalpellini intervenivano ad arricchire il racconto.

Note

6 Entrée d'Espagne: poema epico della prima metà del Trecento sulle imprese di Rolando negli anni precedenti la rotta di Roncisvalle.
7 Cronaca dell'arcivescovo Turpino: risalente all'VIII secolo.
8 Ferracutus: Ferraù (o Ferragù) è un personaggio letterario. Guerriero saraceno, nemico dei cristiani, è presente nella *Chansons de geste* e nell'*Orlando furioso* di Ludovico Ariosto (1474-1533).
9 credo niceno: il credo cristiano proclamato nel concilio di Nicea (325) presieduto dall'imperatore Costantino.
10 rotta di Roncisvalle: la distruzione della retroguardia dell'esercito di Carlo Magno da parte dei Saraceni (778 d.C.) mentre l'esercito attraversava i Pirenei per rientrare in Francia. Nella *Chanson de Roland* (databile al decennio 1070-1080) l'episodio bellico viene amplificato per celebrare il mito del grande sovrano che difende i valori della fede cristiana e quello dell'impavido paladino Rolando (o Orlando), guerriero di indiscusso valore ed eroe leale che troverà la morte in quella battaglia.
11 Berta: secondo la leggenda popolare francese e italiana (secolo XIV) Orlando è figlio della sorella di Carlo Magno, "Berta dal gran piè", e di Milone, un soldato di cui la fanciulla si è innamorata e col quale fugge in Italia.

Terzo paragrafo

Il luogo prediletto per la rappresentazione di storie di dame e cavalieri era, evidentemente, il castello. A Gradara[12] non vi è nessuna sala decorata con le storie di Lancillotto, come avviene altrove, dove le storie dipinte sui muri potevano apparire come gesta di quasi antenati, o per lo meno di personaggi-modello, come c'insegna la frequenza con cui i rami degli alberi genealogici delle grandi famiglie nobili accolgono eroi troiani e romani o delle saghe nordiche. Esemplare, per il culto di Lancillotto, la raccolta di circa una quindicina di scene già in una sala del castello di Frugarolo nei pressi di Alessandria, oggi trasferite nel museo del capoluogo. Tutto l'insieme era in una sola «camera Lanziloti». Con mano maldestra, ma fedele al testo, vi è narrato per esteso il famoso romanzo di *Lancelot du Lac*,[13] a cominciare da quando l'infante è adottato dalla misteriosa e luminosa Dama del Lago. Fortunatamente questa stessa storia ispirò uno dei più alti capolavori della miniatura lombarda al servizio di Barnabò Visconti.[14]

È appunto su questi incanti della pittura, dovuti specialmente a Gentile da Fabriano e Pisanello,[15] che si è costruita la nostra visione dorata del mondo cavalleresco, trasferito poi ai libri per l'infanzia del XIX e XX secolo. Più che nell'inseguimento di una trama narrativa, era nell'invenzione di miti come quello della Fonte della Giovinezza[16] che i pittori cristallizzavano gli ideali del mondo aristocratico, come avviene negli affreschi di Aimone Duce[17] nel castello della Manta o nello splendore d'un torneo, come negli affreschi di Pisanello nel palazzo ducale di Mantova.

Note
[12] **Gradara**: comune della provincia di Pesaro e Urbino, nelle Marche.
[13] **Lancelot du Lac**: *Lancillotto del Lago*, uno dei romanzi francesi medievali del ciclo bretone. Incentrato sull'amore di Lancillotto e la regina Ginevra. Nell'opera, dopo dopo la morte di re Artù i due amanti si separano: la regina si ritira in convento e Lancillotto si fa eremita.
[14] **Barnabò Visconti**: Bernabò Visconti, signore di Milano (1323-1385), rilanciò la passione per il ciclo bretone commissionando splendide edizioni, ricche di miniature.
[15] **Gentile da Fabriano e Pisanello**: pittori italiani vissuti fra la fine del Trecento e i primi del Quattrocento.
[16] **Fonte della Giovinezza**: leggendaria sorgente le cui acque guariscono dalla malattia e ringiovaniscono chi vi si bagni.
[17] **Aimone Duce**: pittore italiano (XV secolo, prima metà), attivo alla corte Savoia, noto soprattutto per gli affreschi.

Quarto paragrafo

Ma che aspetto avevano i cantori di questi racconti insieme avventurosi e commoventi? In un'iniziale del celebre codice Manesse,[18] il più ricco e famoso canzoniere tedesco, Walther von der Vogelweide[19] si presenta da solo umilmente seduto: «Io sono sopra una pietra»; Inghifredi da Lucca[20] s'inginocchia e prega devotamente Amore; Guido delle Colonne,[21] che in un'iniziale miniata appare cavalcato da Amore, si dichiara: «Amor ke lungamente m'a' menato a freno strecto, sença riposança».[22]

(Carlo Bertelli, "La lettura", 16 novembre 2015)

Note
[18] **castello della Manta**: maniero medievale situato sulle colline piemontesi di Manta (in provincia di Cuneo).
[19] **codice Manesse**: il più ricco e famoso canzoniere medievale, costituito da 426 fogli di pergamena è oggi custodito nella biblioteca di Heidelberg in Germania. Contiene su ambedue i lati preziose miniature con scene di vita profana e testi della poesia d'amor cortese tedesca, il cosiddetto "Minnesang" (da '*minne*', amore, e '*sang*', canto).
[20] **Walther von der Vogelweide**: il massimo poeta tedesco dell'età medievale. Vissuto tra il 1170 e il 1228, le sue poesie d'amore si inseriscono nella corrente del "Minnesang".
[21] **Inghifredi da Lucca**: Inghilfredi da Lucca, poeta lucchese (XIII secolo, seconda metà).
[22] **Guido delle Colonne**: considerato da Dante uno dei maggiori poeti della scuola siciliana (vissuto probabilmente fra il 1210 e il 1287), autorevole giudice prima nella corte sveva di Federico II e poi in quella di Carlo d'Angiò è autore di liriche d'amore vicine ai modelli provenzali. Di lui rimangono soltanto cinque canzoni, d'argomento amoroso.
[23] **Amor ke lungamente... sença riposança**: Amore, che a lungo mi hai trascinato tenendomi tirato il freno senza sosta (citazione dei versi iniziali dell'omonima canzone di Guido delle Colonne).

Questionario

Primo paragrafo

1) Il paragrafo iniziale contiene alcune indicazioni essenziali: quali? (Chi è l'autrice del libro? Qual è il titolo? Qual è il soggetto?)

2) Le "rappresentazioni in figura" di cui tratta il libro sono unicamente quelle su carta?

3) Il recensore parla di "nuova mitologia": a che cosa si riferisce? In quali secoli si diffondono immagini basate su modelli di comportamento liberi da convenzioni?

4) Vengono nominati alcuni personaggi letterari: chi sono? A quali letterature appartengono?

Secondo paragrafo

5) Quali immagini di Rolando e della sua storia si possono vedere sui muri della cattedrale di Borgo San Donnino?

6) Alcune immagini elaborano il contenuto dei cicli cavallereschi: perché? Che cosa è accaduto?

Terzo paragrafo

7) Che cos'è la "camera Lanziloti"? Dove si trova?

Quarto paragrafo

8) Che cos'è il codice Manesse? Dove è conservato? Perché è importante?

Attività - 17 — Esporre

Analizza i seguenti **titoli di temi espositivi di letteratura** e indica per ciascuno quali vincoli o suggerimenti vengono forniti circa l'impostazione del testo.

Rispondi alle domande.
– Il titolo è ampio? È ristretto?
– Indica quali aspetti dell'argomento svolgere?
– Indica quale idea centrale sviluppare?
– Indica quale struttura logica seguire?

---

1. La questione della lingua in Baldassar Castiglione.
2. Don Chisciotte e Sancio Panza, due personaggi complementari.
3. Boccaccio come modello della novellistica.
4. Ariosto e Machiavelli sono considerati i rappresentati più tipici della letteratura rinascimentale italiana: perché? Quali aspetti accomunano l'opera di due autori così profondamente diversi fra loro?
5. Presenta il *Canzoniere* di Petrarca: illustrane la struttura e indicane i temi principali.
6. La grandezza dell'arte del Trecento risiede essenzialmente nel carattere laico dell'attività produttiva, in grado di affrontare con sicurezza le richieste di una committenza varia e articolata.
7. Delinea il quadro storico e culturale del Quattrocento.
8. Il nuovo nei contenuti e nelle forme della poesia barocca.
9. La fuga notturna di Renzo verso l'Adda: individua il rapporto fra notazioni paesaggistiche e lo stato d'animo del personaggio.
10. La vita e l'attività letteraria di Giovanni Boccaccio si può suddividere in tre fasi salienti: indicale e illustra altresì l'itinerario artistico ed esistenziale percorso dallo scrittore all'interno di ciascuna di esse.

Attività - 18 — Esporre

Ti proponiamo di svolgere un **tema espositivo guidato** di argomento storico.

A) **Analizza** il seguente **articolo** giornalistico in cui Amedeo Feniello, scrittore e storico del Medioevo, illustra l'importanza delle fiere nei secoli XII e XIII.
– **Leggi** tutto il testo, qui diviso in paragrafi (colonna di sinistra), prestando attenzione al senso complessivo e al lessico: in caso di dubbio consulta il dizionario.
– **Individua** le informazioni principali: **rispondi** alle domande (colonna di destra).

B) Basandoti sulle informazioni da te reperite (colonna di destra) **scrivi** un breve **tema espositivo** (20-25 righe). **Titolo**: "*Le fiere nel Medioevo Occidentale e i pionieri del cambiamento: i mercanti italiani.*"

La fiera

Il testo	Questionario
Per il Medioevo occidentale le fiere rappresentano un fenomeno unico. Un perfetto esempio di adattamento funzionale dell'ambiente alle domande di un mondo che, tra XII e XIII secolo, vive una straordinaria trasformazione, legata alla concatenazione tra crescita agricola e crescita demografica. Con la formazione di surplus e con lo sviluppo della domanda di nuovi beni in una dimensione che evolve progressivamente, come ha spiegato di recente Mathieu Arnoux nel suo *Le temps des laboureurs*. In un vortice fatto di integrazioni, dove convivono la necessità del contadino, le eccedenze del signore, il lavoro dell'artigiano, la richiesta di lusso, il desiderio di profitto. Che convergono in un punto: il luogo fisico dello scambio. La piazza del mercato. Dalle tante sfaccettature, complesse, articolate. Tra cui le fiere: che, per il loro carattere, reticolare e capillare, sono quelle che si adattano meglio alle nuove esigenze. Veri e propri terminali nervosi che consentono l'osmosi tra aree a diversa velocità economica: capaci di rendere complementari le zone escluse dallo sviluppo commerciale con quelle attive nel mercato internazionale.	1) In Europa occidentale sorgono le fiere: dove? quando? (In quali secoli?) 2) Quali cause determinano lo sviluppo della domanda di nuovi beni? 3) Le fiere "*consentono l'osmosi tra aree a diversa velocità economica*": in che senso?
Il loro numero fu enorme. Con grandi differenze di scala, con fiere locali, rurali e stagionali, giornaliere, settimanali, mensili, cittadine. Fino a quelle a dimensione internazionali, che costituirono, per lungo tempo, il polmone della vita economica europea: parlo delle celeberrime fiere di Champagne. Poste all'intersezione tra Nord e Sud Europa, tra il Mediterraneo e	4) Le fiere più famose e più frequentate sono quelle della Champagne: perché? Quali fattori (geografici, economici e politici) determinano lo sviluppo dei commerci?

il mar Baltico, queste aree nascono quasi casualmente, da piccoli mercati locali. Crescono sotto la spinta delle grandi bonifiche di terra, della crescita agricola come pure dalle conseguenze del nascente sviluppo urbano.

Però tutti questi fattori, da soli, non bastano. Ci fu un quid che si chiama volontà politica: dei signori locali, dei conti di Champagne, la cui azione risulta decisiva. Sono loro che organizzano un ciclo regolare di fiere, le quali, a mano a mano, si spostano da centro a centro, con regolarità, simile al meccanismo di un orologio. Con sei fiere successive che coprivano la durata dell'intero anno in quattro centri (a Lagny, Bar-sur-Aube, Provins e Troyes) che attraevano operatori dappertutto, tanto per la circolazione delle merci quanto per i servizi finanziari che erogavano. Come una grande città dell'epoca, ma senza i suoi svantaggi, vista la mancanza di discriminazioni previste nei confronti degli operatori forestieri. I mercanti, infatti, qui potevano avvertire forte la presenza di una autorità condivisa, in un tempo dove la mancanza di un potere centrale era la regola. Invece, i signori di Champagne garantiscono stabilità, tutela, giustizia. Con un ruolo cruciale: e, finché governano, le fiere prosperano.

Tutto sommato, un insieme coerente – una rete – vigilata dall'alto che, nel XIII secolo, diventa il cuore del commercio internazionale del mondo occidentale. La cui posizione geografica permette, da un lato, il legame con le città dell'Italia centro-settentrionale e con i porti marittimi adriatici e tirrenici. Dall'altro, con le città e i centri fieristici delle Fiandre, grosso modo speculari a quelli di Champagne. Questo è l'asse intorno cui ruota la grande, nascente area commerciale europea, costituita da una serie di empori a scala interregionale complementari tra loro. Area che, nel complesso, guarda ad est e a nord, ai territori dell'impero e al Baltico. E a sud, alle coste nordafricane, egiziane e del Medio Oriente mediterraneo: zone cui le fiere di Champagne si trovano collegate grazie all'intermediazione di Genova, Venezia, Pisa e Marsiglia.

5) Con quale frequenza si susseguono le fiere? (quante ogni anno? In quali centri?)

6) Quali vantaggi ne traggono operatori e mercanti?

7) In quale secolo le fiere sono il "*cuore del commercio internazionale*"?

8) Una regione, speculare alla Champagne, si impone come importante centro fieristico: quale? Perché?

Le fiere furono un tramite tra due flussi: di panni dal Nord Europa, di spezie dal Mediterraneo. Tra il 1137 e il 1164 esse sono dominio di gente che viene prevalentemente dalle Fiandre e dal regno di Francia. Dal 1174, arrivano gli italiani, il cui numero aumenta di giorno in giorno. E con questi nuovi innesti e con l'articolazione tra le fiere e il resto d'Europa, possiamo scandire un trend, suddiviso in due fasi: nella prima (inizio-fine XII secolo), le fiere, da regionali, divengono luoghi di scambio interregionale; nella seconda (fine XII-XIII secolo), le fiere si caratterizzano per il loro ruolo internazionale, fino a raggiungere un notevole grado di specializzazione, come principale emporio europeo di panni e di stoffe e come camera di compensazione.

E queste fiere divengono veicolo di innovazione. Perché più il numero dei mercanti cresce, più gli affari aumentano, più le speculazioni si complicano, più l'attenzione ai fatti finanziari si articola, più subentrano le novità.

Tre sono le principali messe in campo dai mercanti italiani. C'è un problema di distanza? Creiamo partnership, con un socio stanziale, fermo nella sede di partenza, e un altro che viaggia e va alle fiere: e, da qui, all'idea di agenzie, filiali, soci, reti di procuratori il passo è breve. Ci sono difficoltà per i trasporti, che appaiono troppo frammentati? Formiamo una rete organizzata, stabiliamo dei rapporti tra le fiere e i *terminal points* del Mediterraneo, fondiamo gruppi specializzati di *vecturali*, o un servizio di corrieri simile a quello dei leggendari *pony express*. Spostare moneta da una parte all'altra diventa rischioso e ci sono problemi nel far affluire i capitali? Allora muoviamo il danaro senza muovere il danaro: con l'uso di lettere e di strumenti contabili. Col servirsi innanzitutto di questa nuova cosa che sta nascendo: la banca... Questa creatura ancora primitiva e senza una sua identità precisa, che però può già fornire ora, in quest'epoca di trasformazione, servizi finanziari diversi, credito ogni volta che ce n'è bisogno, possibilità di deposito di capitali, cambio di moneta ecc. Che propone, peraltro, buoni affari nella catena del prestito, garantendo, a chi affida i soldi, un'altra novità: un interesse...

9) Quali merci arrivano dai Paesi nordici? Quali dal sud del Mediterraneo?

10) Le fiere si evolvono: quando arrivano gli italiani? Che cosa accade alla fine del XII secolo?

11) Quali sono le tre fondamentali innovazioni attuate dai mercanti italiani?

12) I mercanti italiani allargano il loro raggio di azione.
- Quando?

I gruppi italiani trasformano l'essenza stessa dell'economia delle fiere. Le carovane di mercanti, come quelle che si organizzano in maniera definita intorno agli anni Novanta del XII secolo, vengono a mano a mano sostituite, alla metà del Duecento, da personaggi per i quali il commercio di Champagne rappresenta solo un segmento della loro iniziativa. Persone che operano con lo stesso successo tanto qui, nel cuore della Francia, quanto in Italia e ai bordi del Mediterraneo. Gente come i Ricciardi, gli Ugolini, i Piccolomini, i Tolomei, gli Squarcialupi, i Gualterio, gli Zaccaria.	- Quali sono i nomi delle principali famiglie? (Indicane almeno tre)
Le fiere di Champagne durarono fino al Trecento inoltrato. Sostituite da altre che meglio si adattavano alle tumultuanti novità (Lione, Ginevra...). Ma stiamo parlando delle più grandi. Le principali. Mentre il tessuto cellulare e reticolare generato dal Medioevo permane costante, sempre come fenomeno adattativo. Modificandosi a seconda delle necessità. Basti pensare che nel Sud Italia, nel Quattrocento, la grande risposta alla crisi del tessuto economico consistette proprio in questo: creare nuove fiere. E, come ricorda Heleni Sakellariou in un recente saggio sul nostro Mezzogiorno, da 107 che erano alla fine del XIV secolo, si arrivò a contarne, agli esordi del XVI, ben 335.	13) La piazza del mercato è il polmone dei commerci e la culla dell'innovazione: perché? quale *tessuto cellulare e reticolare* si forma nel Medioevo?

(Amedeo Feniello, in "La lettura", 9-8-2015)

Attività - 19 — Esporre - *Dossier*

Ti proponiamo un *dossier* di tre articoli come base per svolgere un **tema espositivo di attualità**.

A) **Leggi** gli articoli del dossier e per ciascuno:
– **presta** attenzione al senso complessivo e al lessico: in caso di dubbio consulta il dizionario.
– **evidenzia** le informazioni principali
– **rispondi** alle domande del breve questionario.

B) **Scrivi** un **tema espositivo** (tre-quattro facciate di foglio protocollo) basato sulle informazioni reperite. **Titolo**: "*Le email: gioie e dolori*"
RICORDA - Le caratteristiche del testo espositivo sono l'obiettività e la chiarezza. Non ti viene chiesto di commentare o argomentare, ma di rielaborare e organizzare le conoscenze acquisite.
Per non sbagliare puoi seguire le tappe del percorso da noi indicato a pagina 36.

Posta elettronica

La posta elettronica ("*email*" in inglese) è un servizio che permette agli utenti abilitati di inviare e ricevere messaggi utilizzando un pc, smartphone, tablet connesso in Rete. La sua nascita risale al 1971 e l'uso è via via aumentato, allargandosi a ogni tipo di pubblico. Oggi le email inviate e ricevute in tutto il mondo ogni giorno superano i duecento miliardi.

Dossier email - Testo 1

A tavola e a letto con lo smartphone: la vita privata rubata dalle email

La giornalista espone i risultati di alcune ricerche americane. Il linguaggio è semplice, adatto a un vasto pubblico di lettori

Il 68 per cento legge le email di lavoro prima delle 8 del mattino, il 50 per cento le legge a letto, il 38 per cento non stacca neppure a tavola mentre mangia, inseguito dagli sguardi di disapprovazione dei familiari. Ma tant'è: è più forte di tutto la paura di essere tagliati fuori dal flusso informativo, il tormento di perdersi la notizia decisiva.

Sono dati americani riportati dalla rivista Mother Jones, ma si adattano benissimo anche alla realtà italiana, e sicuramente leggendoli vi hanno fatto una certa impressione anche se poi, a pensarci bene, sotto sotto lo sapevate già, sapevate che esiste una grande e nuova questione di sconfinamento dei tempi di lavoro in quelli del tempo libero, che i limiti si fanno sempre più sfumati.

Mentre noi, presi nel vortice di questa rivoluzione, continuiamo a consultare i nostri brillanti smartphone: che da una parte ci liberano dall'obbligo della presenza a tutti i co-

Questionario

– Quali dati vengono riportati dalla rivista americana *Mother Jones*?

sti e ci permettono la «fuga» dal dentista o al saggio del figlio, ma dall'altra ci mangiano continuamente spazi personali e si rosicchiano fette della nostra vita, costringendoci a essere sempre a disposizione. Ovviamente tramite smartphone aziendale. Il lavoro ai tempi di Internet ha cambiato i codici, innescando un cortocircuito fra il senso di liberazione da molti vincoli e il sottile senso di colpa per non essere, comunque, sempre presenti. E si potrebbe continuare a elencare una serie di numeri da paura che riguardano la situazione attuale e quella che ci aspetta appena dietro l'angolo, li racconta sulla rivista il giornalista Clive Thompson, una delle più seguite penne tecnologiche internazionali: il 44 per cento degli americani consulta email di lavoro mentre è in vacanza almeno una volta al giorno (l'11 per cento ogni ora); nel 2015 i dipendenti di azienda riceveranno il 22 per cento di email di lavoro in più (e ne manderanno il 24 per cento in più) rispetto al 2012. E, gran finale, nel 2015 i cellulari faranno il gran sorpasso: saranno per la prima volta di più degli abitanti della Terra.

I nuovi Tempi moderni ci hanno liberato dalla catena di montaggio ma ci stanno tenendo al guinzaglio tecnologico, difficile da allentare. Anche se a volte diventa un obbligo, come è successo al manager portoghese Antonio Horta-Osorio, numero uno del Lloyds Banking Group, che nell'ottobre 2011 si guadagnò fama internazionale per essere stato costretto dai medici a staccare a forza la spina: lavorava giorno e notte, non dormiva più, la sua carica era scesa a zero. Azzoppato suo malgrado: proprio allora, grazie a lui, si è cominciato a parlare di Itso, ovvero «Inability to switch off», incapacità appunto di tagliare i contatti, per dormire, riposarsi, divertirsi, ricaricarsi senza obblighi da connessione.

La rivoluzione è in corso, noi ci siamo in mezzo, e dobbiamo capire i modi migliori per non farci sopraffare.

Ma non è un'operazione che si può fare in solitaria, per staccare ci vuole la complicità e l'appoggio dell'azienda: in fin dei conti si tratta di una cosa seria, del lavoro. C'è una piccola ma significativa ricerca di Gloria Mark, docente e pioniera della materia che ci può indicare una via: Mark ha convinto 13 impiegati e i loro superiori (in aziende diverse) a una completa astinenza da ogni email, per una settimana solo telefono o contatti diretti. Risultato? Tutti più calmi e meno stressati (anche ai controlli cardiologici), egualmente produttivi e più creativi.

(Maria Luisa Agnese, "Corriere della Sera", 11 maggio 2015)

— Quali sono i caratteri salienti del "*lavoro ai tempi di Internet*"?

— Il caso del manager portoghese Antonio Horta-Osorio è emblematico: perché?

— Quali risultati ha dato la ricerca condotta da Gloria Mark?

Dossier email - Testo 2

Un clic per bloccare le mail inviate. E cambiare la storia

Il giornalista presenta una "novità" tecnologica e la commenta esprimendo valutazioni e osservazioni personali. Il linguaggio è semplice e il tono leggero, con punte di ironia.

«Voce dal sen fuggita / poi richiamar non vale» scriveva il Metastasio, riprendendo l'oraziano «nescit vox missa reverti», «la parola detta non sa tornare indietro». Da oggi non è più vero. O almeno non lo è più per i miliardi di messaggi inviati ogni giorno attraverso Gmail, il servizio di posta elettronica offerto da Google. I suoi 900 milioni di utenti dispongono infatti di un'opzione innovativa: quella di annullare una mail inviata. In realtà l'opzione era già attiva su Gmail a livello sperimentale, nella sezione «Labs», ma ora è inserita tra le impostazioni generali dell'account, alla portata di tutti.

Chi di noi non ha rimpianto, almeno una volta nella vita, di aver inviato una certa lettera? Le parole dettate da un impeto di passione o di rabbia si fissano sulla carta, permangono anche quando il moto dell'animo che le ha ispirate è cessato da tempo. Così una nostra lettera d'amore scritta a vent'anni giace oggi, magari, nel cassetto di una donna che ormai per noi è una perfetta estranea. Per non parlare di certe mail partite per sbaglio, o funestate da un distratto copia-e-incolla che inserisce in un messaggio aziendale frasi d'amore rivolte a una giovane stagista (a un mio amico è successo, con problemi sia sul lavoro che fra le mura domestiche).

L'opzione «annulla invio» introduce di fatto nel mondo della posta elettronica il fattore «Sliding Doors»: le mail perdono il crisma dell'irrevocabilità ed entrano nell'universo heisenbergiano dell'indeterminazione. Ad ogni mail annullata il nostro mondo si sdoppierà, prendendo binari divergenti: quello in cui la tua lettera di dimissioni è partita e hai perso il lavoro e quello in cui sei riuscito a bloccarla all'ultimo momento (e chissà quale sarebbe stato il mondo migliore). Attenzione, però: per annullare una mail - anzi, una gmail - bisogna essere veloci come razzi: il tempo utile per la cancellazione del messaggio può essere infatti impostato da un minimo di 5 a un massimo di 30 secondi. Trenta secondi, per un computer, sono un tempo lunghissimo. Molto meno per noi umani.

Non sarebbe più bello avere a disposizione, che ne so, 30 minuti? O, meglio ancora, 3 giorni? Anche a pagamento,

Questionario

– Quale opzione innovativa offre oggi Google ai suoi 900 milioni di utenti?

– Quali sono le considerazioni del giornalista su questa innovazione?

magari. Trenta secondi sono davvero pochi. E poi non vorrei che in futuro, nell'intento di migliorare il servizio, venissero attivate altre opzioni a tutela di chi invia il messaggio. Immagino già un servizio di posta elettronica che mentre scrivi una mail per mandare a quel paese il tuo capo ti chiede «sei proprio sicuro di volerla scrivere? Guarda che quello ti licenzia» o interviene nella stesura di un messaggio alla tua ragazza ricordandoti che le stesse frasi smielate le hai scritte il mese scorso ad un'altra, che le ha postate su Facebook. Continuo a pensare che il miglior antidoto all'invio di una mail sbagliata sia rileggere quello che si è scritto e riflettere bene prima di premere il tasto INVIO. Con una precauzione a costo zero come questa, il tasto «annulla» potremmo lasciarlo ai politici quando (raramente) scrivono una lettera di dimissioni. Correndo, come diceva acutamente Flaiano, il rischio che vengano accettate.

(Tullio Avoledo, "Corriere della Sera", 25 giugno 2015)

– Qual è, secondo il giornalista, il migliore antidoto all'invio di una mail sbagliata?

Dossier email - Testo 3

Sommersi dalle email

In questo articolo lo scrittore e giornalista Beppe Severgnini affronta il problema dei molestatori digitali: i filtri bloccano solo in parte lo spam e le caselle di posta elettronica sono invase "da forze di occupazione". Come difendersi?

I molestatori digitali dispongono, ormai, di un arsenale. In qualche caso, bisogna essere pazienti: prima o poi impareranno a usarlo. Facebook è un amplificatore: i cafoni sono diventati cialtroni, i perdigiorno buttano via gli anni. Twitter è la macchina della verità: la sintesi rivela la bontà delle idee o l'assenza delle medesime. Dotare un esibizionista di un account Instagram è come fornire un microfono a Maurizio Landini o una telecamera a Giorgia Meloni: una tentazione irresistibile. Alcuni strumenti, però, hanno ormai una certa età: dovremmo aver imparato ad utilizzarli. Non è così, purtroppo. Come sapete, c'è ancora qualcuno che chiama al cellulare e inizia a parlare senza prima domandare: «Disturbo?». E ci sono molti che saturano le caselle altrui con email non richieste, senza provare il minimo senso di colpa.

Questionario

– Qual è l'argomento dell'articolo?

È incredibile dover parlare di queste cose nel 2015, vent'anni dopo il debutto sociale della posta elettronica. Ma è necessario: la velocità di connessione e l'ubiquità degli smartphone hanno moltiplicato gli abusi. Ricordate gli anni felici in cui, vedendo il numero rosso che segnalava l'arrivo di una mail, eravamo quasi felici? L'animale sociale che è in noi emetteva un impercettibile mugolìo di soddisfazione. La stessa, piacevole sensazione che, dieci anni prima, ci regalava il lampeggio della segretaria telefonica, rientrando a casa: ehi, qualcuno ci ha cercato!

Tutto questo è finito. La posta elettronica, rapida, gratuita, semplice, è invasa da forze di occupazione. Filtri e firewall riescono a bloccare parte dello spam automatico; ma nulla possono contro la stagista di un ufficio stampa, convinta che inondare l'umanità di comunicati sia un diritto costituzionalmente garantito. Alcune applicazioni segnalano, attraverso i colori, le mail probabilmente irrilevanti. Ma devono arrendersi davanti al signor Santo Pignoli, che passa le serate offrendo al mondo le sue opinioni. E pretende risposte. Ripeto: è imbarazzante dover ripetere certe cose. Ma è necessario: perché qualcuno non le ha ancora capite. Nessuno, a parte le compagnie telefoniche, Vodafone in testa, si sogna di chiamare la gente a casa solo perché esiste il telefono. Moltissimi credono, invece, che l'esistenza della posta elettronica, e la conoscenza di un indirizzo, autorizzi a praticare una persecuzione che, in qualche caso, rasenta lo stalking. È un peccato: avanti così, e uno strumento utile e gratuito come l'email verrà abbandonato, in favore di nuovi strumenti (WhatsApp, Slack, è stato appena lanciato Symphony per il mondo finanziario). In un ultimo, disperato tentativo di spiegare l'ovvio, ecco un promemoria. Sei cose da ricordare prima di cliccare il tasto «Invia».

1) Una casella di posta elettronica non è un luogo intimo, ma è privata. Prima di entrare, chiedetevi: mi hanno invitato? O almeno: sarò gradito?

2) Entrereste in casa d'altri scaricando un baule nell'atrio? Ecco: evitate allegati, se non sono strettamente necessari.

3) L'«oggetto» non è un optional. È un biglietto da visita e un segnalibro: servirà a trovare la pagina.

4) Non è obbligatorio rispondere a ogni mail. Ed è vivamente sconsigliato rispondere d'impulso, se qualcosa vi ha turbato. Quasi certamente, ve ne pentirete.

– Qual è la tesi del giornalista?

– Quali sono le "sei cose da ricordare" prima di schiacciare il tasto «Invia»?

5) Una risposta si può chiedere o sperare; non pretendere, né sollecitare.

6) Scrivete se avete qualcosa da dire, e ricordate una cosa fondamentale: potete anche non dirlo. Per esempio, volete davvero scrivermi per commentare questo commento? È l'ultima domenica d'estate: staccate le dita dalla tastiera e alzate gli occhi al cielo. Io l'ho appena fatto, dopo aver visto il numero di mail arrivate tra ieri e oggi.

(Beppe Severgnini, "Corriere della Sera", 20 settembre 2015)

Attività - 20 **Argomentare**

Ti proponiamo un **articolo argomentativo** dello scrittore e giornalista Roberto Cotroneo.

A) **Leggi** tutto l'articolo e le note prestando attenzione al senso complessivo e al lessico: in caso di dubbio consulta il dizionario.

B) **Segui** il ragionamento e individua la **tesi**: rispondi alle domande del **questionario** posto al termine dell'articolo.

C) **Esprimi la tua opinione**. La tesi sostenuta da Roberto Cotroneo ti convince? (Sì? No? In parte?). Spiega le tue ragioni in un breve scritto (8-10 righe): se vuoi puoi anche aggiungere uno o due esempi.

Gli scrittori al tempo degli ebook[1]

Claude Debussy[2] era uno strano compositore. Le sue opere per pianoforte sono inafferrabili, difficili da suonare perché la fusione delle note, i pianissimi, non sono scritti con esattezza nella partitura, ma lasciano a chi li esegue un margine ampio di libertà. I *Preludi* di Debussy sono un capolavoro di ambiguità, e allo stesso tempo sono il racconto in forma di musica di quell'epoca, gli anni a cavallo tra Ottocento e Novecento, in cui Debussy ha lavorato e vissuto. Lui componeva ispirandosi ai pittori impressionisti[3], ma anche alla poesia del suo tempo, cominciando da Paul Valéry[4]. E la musica era il collante di tutto questo. Stava cambiando tutto: la pittura si allontanava sempre più dall'arte figurativa, la musica abbandonava il romanticismo e il postromanticismo anticipando i compositori contemporanei, il romanzo si lasciava alle spalle la tradizione per andare quasi a dissolversi nello sperimentalismo di Joyce e di Proust[5]. E il cinema si imponeva come nuova arte accanto alla fotografia.

Oggi sta accadendo la stessa cosa. Ma in pochi ci fanno caso. Si parla molto di rivoluzione tecnologica, e troppo poco di rivoluzione culturale. Entro pochi anni non saremo più capaci di raccontare una storia, nel senso tradizionale del termine. Una storia che ha un principio, uno svolgimento e una fine. Se questo accadrà sarà perché il mescolarsi dei generi ci sta portando a narrazioni dove non prevale la linearità, ma la circolarità, la contaminazione.

Cos'è una storia? È un'esperienza estetica. Si apre un libro e si comincia a leggere, si scorrono le pagine e si entra nel racconto, si rimane sospesi, appassionati, colpiti. Siamo stati abituati fin da piccoli a raccontare, a mettere su una linea del tempo quello che ci accade. Si dice spesso, quando si pensa di arrivare in fondo ai problemi: spiegami tutto dall'inizio alla fine. E quel "dall'inizio alla fine" è garanzia di completezza. Oggi siamo passati dal mondo verticale al mondo orizzontale. Si potrebbe dire: spiegami tutto quello che c'è intorno. Ma cosa c'è intorno? Debussy componeva con i quadri degli impressionisti negli occhi, Valéry pensava alla musica mentre scriveva le sue poesie.

Gli artisti della fine dell'Ottocento che sentivano arrivare i tempi moderni tenevano separati i saperi, e li confrontavano. Restavano dei singoli artisti, capaci di esprimersi con propri mezzi e strumenti. Ormai assistiamo a eventi che sono mescolati: fotografia e poesia, video-arte e scultura, letteratura che si serve di immagini, o di installazioni, film per il cinema che seguono percorsi di altre arti. Libri che si possono leggere a ritroso, dalla fine. E saranno i nuovi ebook a fare la differenza. Quando si potranno inserire nei testi brani musicali da ascoltare, spezzoni di film, documenti che non arricchiscono e completano il racconto, ma sono parte integrante della struttura del testo. Questo, per esempio, porterà gli scrittori a pensare e progettare le proprie opere in modo nuovo. E non soltanto salteranno i generi, ma il libro diventerà un'altra cosa. Siamo in un periodo storico molto simile a quello che cambiò il mondo alla fine dell'Ottocento. Ma con delle differenze. A quei tempi i cambiamenti erano appannaggio di élite culturali. E non erano entrati nelle psicologie collettive. Oggi le élite sono conservatrici e tradizionaliste e non sanno leggere i tempi. E si trovano di fronte a nuove generazioni estremamente innovative ma che non hanno la forza per imporsi come élite. Ci siamo sentiti ripetere fino allo sfinimento da giovani papà increduli: mio figlio non sa ancora leggere ma è già capace di scaricare applicazioni o video da Youtube. Non è solo una battuta, non è solo lo stupore della modernità. È un nuovo modo di pensare. È una rivoluzione culturale, prima che tecnologica. Dovremmo scrivere, raccontare, fare arte e produrre immagini in modo diverso. La frase del *Gattopardo*[6], tutto cambi perché nulla cambi, resterà un modo di dire. Di un tempo che non ci sarà più.

(R. Cotroneo, *Gli scrittori al tempo degli ebook*, "Sette", 26-07-2013)

Note
[1] **ebook**: libro in formato digitale a cui si accede mediante computer e dispositivi mobili (sostantivo inglese invariabile: si scrive anche "*e-book*" o "*eBook*").
[2] **Claude Debussy**: compositore e pianista francese (1862-1918).
[3] **pittori impressionisti**: gruppo di pittori, fra cui Claude Monet, Edgar Degas, Alfred Sisley, Pierre Auguste Renoir. Il nome del movimento si deve ai critici d'arte dell'epoca che definirono la mostra del 15 aprile 1874 *Exposition Impressioniste*, prendendo spunto dal titolo di un quadro di Monet, *Impression, soleil levant*.
[4] **Paul Valéry**: poeta francese (1871-1945).
[5] **di Joyce e di Proust**: di James Joyce, scrittore, poeta e drammaturgo irlandese (1882-1941), autore del romanzo *Ulisse*, e dello scrittore francese Marcel Proust (1871-1922), autore del romanzo in sette volumi *Alla ricerca del tempo perduto*.
[6] **Gattopardo**: *Il Gattopardo*, romanzo di Giuseppe Tomasi di Lampedusa (1896-1957). La frase «Se vogliamo che tutto rimanga come è, bisogna che tutto cambi» viene pronunciata da Tancredi, nipote del Principe di Salina, ed è riferita alla situazione politica siciliana durante il Risorgimento.

Questionario

1) Secondo Roberto Cotroneo oggi è in atto una rivoluzione culturale, prima che tecnologica.

a) Che cosa accomuna la nostra epoca a quella in cui vissero Claude Debussy e Paul Valéry?

b) Quali sono invece le sostanziali differenze?

c) Perché, secondo Cotroneo, entro pochi anni non saremo più capaci di raccontare una storia, nel senso tradizionale del termine, con un principio, uno svolgimento e una fine?

d) In quale direzione si evolveranno gli *ebook*?

....

....

2) Gli argomenti e i ragionamenti del giornalista sono finalizzati a sostenere una tesi: quale? Segna con una crocetta la risposta giusta tra quelle proposte.
(Confronta quindi con la soluzione)

b1) Quando negli *ebook* si potranno inserire brani musicali, spezzoni di film o documenti, le élite culturali dovranno necessariamente stare al passo coi tempi, superando lo stupore della modernità.

b2) La possibilità di integrare in un *ebook* brani musicali, spezzoni di film e documenti porterà inevitabilmente gli scrittori a pensare e progettare le loro opere in un modo nuovo, ancora da individuare.

b3) Il mondo degli ebook è in evoluzione: il mescolarsi dei generi e l'uso di linguaggi diversi nello stesso testo porterà a un cambiamento epocale in cui le arti saranno appannaggio esclusivo delle giovani generazioni.

b4) Oggi è in atto un nuovo modo di pensare e di usare la tecnologia: anche i bambini che non sanno ancora leggere sono capaci di scaricare applicazioni o video da Youtube.

Soluzioni

b) Gli argomenti e i ragionamenti del giornalista sono finalizzati a sostenere una tesi: quale? Segna con una crocetta la risposta giusta tra quelle proposte.

b2) La possibilità di integrare in un *ebook* brani musicali, spezzoni di film e documenti porterà inevitabilmente gli scrittori a pensare e progettare le loro opere in un modo nuovo, ancora da individuare.

Attività - 21 — Argomentare

Ti proponiamo la **recensione** di un film classico: *L'attimo fuggente* del regista Peter Weir con l'attore Robin Williams nei panni di un insegnante brillante e anticonformista (USA 1989). La recensione, scritta in occasione del passaggio del film su un canale televisivo italiano, è a firma del critico cinematografico Maurizio Porro.

A) **Leggi** la recensione prestando attenzione al senso complessivo e al lessico: in caso di dubbio consulta il dizionario.

B) **Distingui** nel testo i contenuti valutativi: tralascia il riassunto della trama e concentra l'attenzione sulle parole e sulle frasi che esprimono un'opinione personale, un giudizio. *(Confronta quindi con la soluzione)*

C) **Esplicita** la **tesi**: qual è l'opinione di Maurizio Porro su questo film? (La recensione è positiva? Negativa?) *(Confronta quindi con la soluzione)*

D) **Scrivi tu** un testo simile: scegli un film che ti è particolarmente piaciuto (o che non ti è piaciuto) e scrivi una **breve recensione** mescolando trama ed elementi valutativi (10-15 righe).

Quell'attimo fuggente è perfetto anche se va oltre gli schemi

Quanto piangere. Una volta lo si diceva come complimento: un film che sapeva suscitar emozioni.

L'attimo fuggente fa parte di questo gruppo di titoli strappacore ma in modo intelligente, lacrime di genitori & studenti, a maggior ragione oggi, a un anno dalla morte disperata del suo eroe, il clown triste Robin Williams che coi giovani e bambini ebbe sempre un rapporto particolare. Lui, nel ruolo del prof. Keating nel collegio per i mini vip a Welton, nel Vermont, insegna le foglie d'erba poetiche di Walt Whitman, il coraggio del pensiero e la propria autonomia. Sette alunni, vestiti da history boys, lo prendono in parola e rifondano la clandestina «setta dei poeti estinti», come dice il titolo originale.

Siamo nel puritano 1959, lontani dal Paradiso ma prossimi ai '60: l'inno del *carpe diem*, rilanciato con campagna marketing che Orazio non si sarebbe mai immaginato, porta i ragazzi a tu per tu con l'arte e la vita e un giovane che vuol far l'attore si mette contro la famiglia. Un giorno poi il prof. viene allontanato dall'establishment e qui c'è il clou, l'addio alle scene. Cavalcando quella retorica che si porta sempre con sé il cinema scolastico (*Addio mr. Chips* fa da esempio negli archivi di memoria Mgm), il film dell'australiano Peter Weir – che dopo girerà *Truman Show* – è una macchina emotiva a orologeria, un inno alla rivolta addomesticato ma d'aspetto ruspante e comunque conserva il Dna poetico delle grandi occasioni.

Williams è perfetto anche quando va fuori dai margini, da gran gigione, facendo risuonare la sceneggiatura di Tom Schulman che ebbe l'Oscar. Fu un successone meritato ma insperato, l'ultimo in cui i teenager Usa non sprofondano nelle volgarità di *American Pie* e dintorni. Accanto a Williams (che perse la statuetta a favore di Daniel Day Lewis) ci sono studenti che saranno laureati famosi dal cinema come Robert Sean Leonard o il giovane Ethan Hawke che si ritaglia un suo spazio di commozione.

(Maurizio Porro, "Corriere della Sera", 20 agosto 2015)

Soluzione

B) **Distingui** nel testo i contenuti valutativi.

- *L'attimo fuggente* fa parte di questo gruppo di titoli strappacore ma in modo intelligente
- Cavalcando quella retorica che si porta sempre con sé il cinema scolastico
- Il film è una macchina emotiva a orologeria, un inno alla rivolta addomesticato ma d'aspetto ruspante e comunque conserva il Dna poetico delle grandi occasioni.
- Williams è perfetto anche quando va fuori dai margini, da gran gigione
- Fu un successone meritato ma insperato

C) **Esplicita** la tesi: qual è l'opinione di Maurizio Porro su questo film?
(Confronta quindi con la soluzione)

La recensione è positiva. Il film, pur appartenendo al filone delle pellicole "strappacore", è intelligente: una macchina emotiva a orologeria, un inno alla rivolta addomesticato ma d'aspetto ruspante che conserva il Dna poetico delle grandi occasioni.

Attività - 22 — Argomentare

Ti proponiamo un **articolo** pubblicato su un quotidiano, in cui il sociologo Carlo Bordoni illustra un fenomeno "virale" della società contemporanea: il consumismo.

A) Analizza l'articolo
– **Leggi** tutto il testo, qui diviso in tre capoversi (colonna di sinistra), prestando attenzione al senso complessivo e al lessico: in caso di dubbio consulta il dizionario.
– **Individua** la tesi e gli argomenti a sostegno: **rispondi** alle domande del questionario (colonna di destra).

B) Concordi con il ragionamento di Carlo Bordoni? (In tutto? In parte? Per nulla?). La sua argomentazione di sembra efficace? **Esprimi** la tua opinione in una breve scritto rivolto ai compagni (15-20 righe).

Stregati dal consumo «limited edition» che ci fa assaporare esperienze esclusive	
Il testo	**Questionario**
Che il consumismo sia legato al tempo è cosa nota fin dalla introduzione della obsolescenza programmata. Il consumo è vita, richiede movimento, e il bravo consumatore non è chi possiede (attività passiva) ma chi si mantiene attivo. Nei Paesi francofoni sulle merci in offerta si legge *en action* [in azione], suggerendo l'occasione da cogliere al volo, secondo lo spirito di rapina che accompagna l'iperconsumismo: battere il concorrente potenziale, pronto a soffiarci l'ultimo articolo. Il problema è sempre l'affermazione di sé a scapito dell'altro. Nel consumismo si ripete l'antica lotta per la sopravvivenza che ha consentito l'evoluzione della specie.	1) Secondo Bordoni chi è il "*bravo consumatore*"? - L'affermazione viene sostenuta con un **esempio**: quale? 2) Secondo Bordoni quali sono le radici dell'"*l'iperconsumismo*"?
Di questa iniezione di vitalità per i consumi depressi, due sono gli strumenti principe, i *temporary shop* (o *pop up store*, che appaiono e scompaiono di colpo) e le *limited edition*. Quando Russ Miller aprì il primo *temporary store* nei quartieri dismessi di New York, non sapeva di rispondere a un bisogno insospettabile: consumare più in fretta. Un timer scandisce le ore che mancano alla chiusura, affretta l'acquisto, qui e ora, lo rende urgente, necessario, imperdibile. Il passare del	3) Il ragionamento prosegue con **due esempi**: perché i *temporary shop* e le *limited edition* sono due strumenti efficacissimi per per accelerare le vendite di un prodotto?

tempo impreziosisce la merce, mentre a essere breve è la disponibilità. Prodotti in vendita per pochi mesi e poi tolti dalla circolazione, oppure realizzati in quantità ridotta. L'edizione limitata è uno «strillo»: attira l'attenzione, solletica il gusto per qualcosa di speciale, se si tratta di cibo (lo stecco-gelato per una sola estate, tè freddo, caramelle firmate, capsule di caffè o hamburger da fast food); sollecita il narcisismo e fa sentire alla moda se si tratta di abbigliamento (*sneakers*, cosmetici e accessori *summer edition*). Una mania che contagia i maggiori brand e appanna la presenza sul mercato di ciò che è ordinario e disponibile in quantità illimitata.

4) Come prosegue l'argomentazione? (Quali bisogni sollecita il desiderio di possedere un prodotto unico, disponibile solo per pochi?)

L'obiettivo è individualizzare il consumo. Per il sociologo Mauro Ferraresi «la tendenza è quella di creare un prodotto ad hoc per ogni singolo consumatore». Un telefonino di ultima generazione o una borsa *limited edition* fanno sentire attuali, unici, svecchiano e, in ultima analisi, rendono felici per il tempo necessario a non passare inosservati. L'unicità si accompagna alla partecipazione a un evento irripetibile. La viralità del fenomeno va dalla stagionalità dei gelati agli occhiali, ai profumi, alle agende in versione *Star Wars*. Non si salvano libri, musica, spettacoli. Prendimi ora o mai più. Perché il tempo passa e ci allontana da un presente che si dilata sino a sfiorare l'eternità.

(Carlo Bordoni, "La Lettura", 19-7-2015)

5) Il ragionamento viene rafforzato da una **citazione**: secondo Mauro Ferraresi qual è l'obiettivo dei maggiori brand?

6) Presta attenzione alla **tesi**: perché un telefonino di ultima generazione o una borsa *limited edition* rendono felici, anche se per poco?

Attività - 23 — Argomentare

Ti proponiamo un quesito che ti riguarda: **è opportuno estendere il voto ai minorenni?**

A) Su questo argomento **leggi** i seguenti due brevi test pubblicati su un settimanale evidenziando in ciascuno la tesi e gli argomenti a sostegno:
– la **lettera** di un lettore
– la **risposta** con il parere del giornalista.

B) Qual è la tua opinione?
– **Appoggi** la proposta del lettore? (In tutto? In parte? Per nulla?)
– **La risposta** di Beppe Severgnini di cominciare abbassando l'età nelle elezioni amministrative a 17 anni e nei referendum a 16 anni ti convince? Non ti convince? Perché?
– **Esprimi il tuo parere** in una breve lettera rivolta al settimanale.

La lettera

Caro Severgnini, le scrivo per avanzare una proposta e conoscere il parere dei lettori del Corriere. La proposta è questa: concediamo la rappresentanza politica ai minorenni. In attesa che questi cittadini raggiungano la maturità per votare, si potrebbe lasciare il compito ai genitori. In fondo un minorenne – perfino un neonato – è un cittadino a tutti gli effetti. Paga le tasse per interposta persona e contribuisce al benessere e al destino del Paese. Qualcuno dirà: i genitori già li rappresentano! Lo si diceva anche per le donne prima del '46, poi si è visto che il corpo elettorale maschile non le rappresentava. Oggi esiste un evidente scontro generazionale ed è ingiusto che la parte debole, i minori, paghi le spese della parte anziana della popolazione. È ingiusto e non conviene. Mi rendo conto che la modifica costituzionale necessaria sarebbe complessa; ma cosa ne pensa?

[A. B.]

La risposta di Beppe Severgnini

Penso, non da oggi, che sia una buona idea. Forse irrealizzabile: ma una buona idea. Un ragazzo vota il futuro; gli adulti, salvo eccezioni, il presente o il passato. Si potrebbe cominciare abbassando l'età nel voto nelle elezioni ammistrative a 17 anni e nei referendum a 16 anni (lo hanno fatto in Scozia per il voto sull'indipendenza). I ragazzi, a quell'età, sono immaturi? Be', lasciarli votare è un modo per farli maturare. E poi diciamolo: siamo sicuri che noi anziani siamo tutti informati e lucidi? Eppure nessuno si è sognato di toglierci il voto. Giustamente.

(Beppe Severgnini, *Lasciate che i minorenni votino*, "Sette", 19-6-2015)

Attività - 24 — Argomentare

Analizza i seguenti **titoli di temi argomentativi** e indica per ciascuno quali vincoli o suggerimenti vengono forniti circa l'impostazione del testo.

Rispondi alle domande.
– Il titolo è ampio? È ristretto?
– Propone un argomento legato all'esperienza personale?
– Esprime una tesi (da sviluppare o confutare)?
– Indica quale struttura logica seguire?

1) C'è da fidarsi dei giornali?

2) Film, canzoni, romanzi ci presentano l'esperienza dell'amore come una svolta cruciale della nostra esistenza, in cui convergono e possono trovare soddisfazione anche le nostre più segrete aspirazioni. Tu quale idea ti sei fatto dell'amore e del tuo futuro? Quali aspettative suscita in te la prospettiva di vivere in coppia?

3) Discuti la seguente affermazione di G. C. Argan: "La città, che nel passato era luogo chiuso e sicuro per antonomasia, il grembo materno, è diventata oggi il luogo dell'insicurezza, dell'inevitabile lotta per sopravvivere, della paura, dell'angoscia, della disperazione".

4) La vanità non conosce frontiere.

5) Alcuni romanzi sono belli non soltanto per la trama avvincente e per lo stile ma perché ci danno la possibilità di conoscere attraverso le parole dei personaggi fatti della nostra storia passata.

6) I mass media usano spesso immagini crude e violente: alcuni sostengono che queste abbiano effetti negativi, soprattutto sui più deboli e i più giovani, ma c'è chi pensa che esse abbiano la funzione di una valvola di sfogo per l'aggressività umana. Esprimi il tuo parere in proposito, ricorrendo anche a esempi tratti dalla tua esperienza di lettore di quotidiani e settimanali o di spettatore cinematografico o televisivo.

7) "Chi rifiuta un'arma che potrebbe uccidere il suo simile rende un servizio a se stesso e al mondo e fa il volere di Dio" (L. Tolstoj).

8) Pensi che il carattere e la personalità possano essere sviluppate dalla pratica sportiva?

9) "Un mappamondo che non includa l'Utopia non è degno di uno sguardo, perché esclude l'unico paese in cui l'umanità vuol sempre sbarcare. Il Progresso è la realizzazione delle utopie" (O. Wilde).

Attività - 25 — Argomentare

Ti proponiamo di svolgere un **tema argomentativo guidato** su un argomento di **attualità**.

A) **Analizza** il seguente **articolo** in cui la giornalista Elena Meli fa il punto sui danni causati dall'uso smodato del telefono cellulare.
– **Leggi** tutto il testo, qui diviso in paragrafi (colonna di sinistra), prestando attenzione al senso complessivo e al lessico: in caso di dubbio consulta il dizionario.
– **Individua** e **valuta** le informazioni principali: **rispondi** alle domande (colonna di destra).

B) Basandoti sulla tua esperienza personale e sulle tue osservazioni (colonna di destra) **scrivi** un breve **tema argomentativo** (20-25 righe). **Titolo**: "Il telefono cellulare: benefici e rischi"

Caro telefonino, è ora di separarci	
Il testo	**Questionario**
Separarsene è quasi impossibile: immaginare la vita senza smartphone è un esercizio di pura fantasia, perché ormai il telefonino è il tramite per le nostre relazioni, lo strumento con cui ci informiamo, l'ancora di salvezza nei momenti di noia, il contenitore di tutto ciò che dobbiamo sa-pere per muoverci nel mondo. Ma anche la fonte di svariate malattie, dal sovraccarico della mano con annesse tendiniti e sindrome del tunnel carpale alle possibili infezioni dovute ai germi che prosperano su cellulari che poggiamo ovunque. Senza contare le vere dipendenze come la nomofobia (da no-mobile-phobia), ovvero il terrore di restare senza cellulare: l'angoscia delle crisi di astinenza da telefono e la paura di restare sconnessi dal proprio mondo sono così profonde e paralizzanti che esistono già programmi di riabilitazione per disintossicarsi dagli smartphone. Che sono purtroppo fra i primi responsabili del tecnostress, l'ansia che deriva dall'iperutilizzo di internet e affini.	1) Il cellulare è indispensabile, però… – quali danni può causare? – quali dipendenze?
Come ha spiegato di recente uno studio su *Behaviour and Information Technology*, le premesse sarebbero lodevoli: gli smartphone possono essere un buon mezzo per gestire il lavoro in mobilità e liberarci dalla schiavitù della scrivania regalandoci più tempo libero, nei fatti però ci rendono sempre raggiungibili e sotto pressione. Così aumentano l'ansia e il multitasking, che stressa il cervello e nei giovanissimi compromette perfino l'apprendimento. I danni da smartphone si registrano pure a livello emotivo: chi li utilizza per	2) Quali fatti interessanti sugli effetti dello spartphone sono stati evidenziati dalla rivista inglese *Behaviour and Information Technology*?

un momentaneo sollievo dall'umore nero cercando il contatto con gli altri sui social network o nelle chat, stando a uno studio della Michigan State University, rischia di finire ancor più giù nella spirale della depressione. Perché come spiega l'autore, il docente di comunicazione Prabu David, «I cellulari possono simulare egregiamente un'interazione con l'altro e ci seducono convincendoci che quei messaggi, quei video siano reali. Però a livello profondo li percepiamo come meno "veri", scivolando ancora di più nel disagio. Perciò se possiamo interagire con gli altri vis à vis facciamolo, senza rifugiarci nello smartphone per le nostre relazioni».

3) Quali rischi sono stati individuati dal professor Prabu David della Michigan State University?

Esiste allora un modo sano per utilizzare i cellulari "intelligenti"?

1. Il dialogo di persona è sempre preferibile. Se dobbiamo parlare con un collega in un'altra stanza, anziché scrivergli su WhatsApp alziamoci e andiamo alla sua scrivania: ci guadagna il fisico, perché sgranchirsi le gambe aiuta contro la sedentarietà killer, ma anche la mente, perché nulla può sostituire gli scambi con persone in carne e ossa.

2. Meglio non portare il telefono a tavola: una barriera alla conversazione con gli altri commensali in più distrae, inducendo a mangiare inconsapevolmente di più con effetti deleteri su peso e salute.

3. Di notte, spegnere lo smartphone: sembra banale, ma stando alle stime fino a otto persone su dieci lo tengono abitualmente acceso sul comodino. Risultato, restiamo (più o meno consciamente) in allerta in attesa di messaggi, mentre la luce azzurrina del display agisce su retina e cervello peggiorando la qualità del sonno.

4. Disattivare le notifiche è una buona strategia per non essere continuamente disturbati dai messaggi che illuminano il display per avvertire dell'arrivo di nuovi post, email o altro: aiuta molto a non perdere la concentrazione ogni pochi secondi per focalizzarsi davvero su ciò che si sta vivendo nella realtà, sia esso il lavoro o un colloquio con un amico.

5. Attivare la modalità aereo può essere utile per chi non resiste a controllare lo schermo decine di volte al giorno (succede a tanti, visto che secondo uno

4) Valuta ciascuno dei seguenti sette consigli: condividi ciò che viene detto? Saresti disposto a metterlo in pratica? Oppure ti sembra inutile, o addirittura controproducente?

– Consiglio 1)

– Consiglio 2)

– Consiglio 3)

– Consiglio 4)

studio dell'università di Bonn guardiamo il telefono in media ogni dodici minuti). Eliminare la possibilità di ricevere telefonate o navigare in rete è un gesto drastico, ma indispensabile se il cellulare diventa il centro dei propri pensieri.

6. Usare app per limitare l'uso dello smartphone, in una sorta di chiodo scaccia chiodo: da quelle che ne monitorano l'utilizzo per accorgersi se stiamo esagerando ad altre che possono impostare un limite massimo di uso giornaliero del telefono o impediscono l'accesso ai social in certi orari, servono a chi sta avviandosi alla dipendenza.

7. In vacanza, scegliamo hotel o mete cell-free dove si lasciano in reception gli aggeggi tecnologici o non c'è campo, per disintossicarci almeno temporaneamente dalla tentazione di passare il tempo in-collati a uno schermo. Perché almeno nel tempo libero vale la pena darsi un'occhiata intorno e recuperare le relazioni reali.

(Elena Meli, "Sette", 7-10-2015)

– Consiglio 5)

– Consiglio 6)

– Consiglio 7)

Attività - 26 — Argomentare - *Dossier*

Ti proponiamo un *dossier* di quattro articoli come base per svolgere un **tema argomentativo di attualità**.

A) Leggi gli articoli del dossier e per ciascuno
– **presta** attenzione al senso complessivo e al lessico: in caso di dubbio consulta il dizionario
– **individua e valuta** le informazioni principali
– **rispondi** alle domande del breve questionario.

B) Scrivi un **tema argomentativo** (tre-quattro facciate di foglio protocollo) sulla base dei testi del dossier e della tua esperienza personale. **Titolo**: *Social media: la frenesia di «condividere»*.

RICORDA - Le caratteristiche di un buon tema argomentativo sono la presenza di una tesi chiaramente espressa e sostenuta da argomenti e ragionamenti condivisibili. Per non sbagliare puoi seguire le tappe del percorso da noi indicato a p. 41.

Dossier web - Testo 1

Quando il «mi piace» diventa un'ossessione

Nel breve trafiletto il giornalista, prendendo atto di un atteggiamento diffuso fra chi usa i social media, dà alcuni suggerimenti: saranno utili?

I sondaggi sono da sempre un sistema per valutare. Contare. E valutarsi. Un sistema considerato efficace per prendere decisioni, per capire quello che sta accadendo, magari anticiparlo. Ma se prendiamo Facebook, YouTube e simili la misurazione rischia di diventare un'ossessione. Dialogo (reale) tra due ragazzine di tredici anni: «Perché tu hai più "mi piace" di me? Non è giusto. Con te non esco più». «Ma cosa c'entra, noi siamo amiche!». Un piccolo cortocircuito tra il mondo 2.0 e quello reale. E' la nuova dimensione del mondo virtual-reale dove molti naviganti misurano il loro consenso momento per momento.

Calcolare i «mi piace» di una foto o di una frase equivale a calcolare il proprio gradimento. A distanza o a scuola. Un esame continuo, senza pause. Il giudizio della Rete non si ferma. E allora ci sono alcune possibilità; abituarsi al conteggio permanente e prenderla con un po' di distacco o trasformarla in una piccola ossessione.net. Il crinale, come sempre, è molto sottile. Come la tela della Rete. Forse, ogni tanto, vale la pena, come per le diete, di sospendere il conteggio. E ripartire da zero. A computer spenti.

(Nicola Saldutti, "Corriere della Sera", 16-9-2012)

Questionario

– L'articolo parla di "*gradimento*": da parte di chi?
– Chi sono i naviganti 2.0?
– Che cosa viene suggerito per liberarsi dall'ossessione del conteggio?
– Secondo te, è una strategia utile? (Tu l'hai provata?)

Dossier web - Testo 2

Condividi e connetti: nessun limite alla diffusione delle tue opinioni

In questo articolo il giornalista americano Jeff Jarvis, blogger ed esperto di social media, esprime il proprio punto di vista sulle peculiarità della comunicazione web.

Sulla piazza del web tutti possono parlare con tutti. L'idea che il potere di parlare a tutti sia appannaggio di pochi appare ormai obsoleta. Perché dovremmo ascoltare contemporaneamente la stessa persona, quando ognuno di noi ha i propri interessi e può avere conversazioni più significative e vicine ai propri bisogni? Non siamo più destinatari senza volto, senza nome ed essenzialmente intercambiabili dei messaggi propagandistici dei media, della pubblicità o dei politici. Il web ha liquidato quest'idea, demolendo il modello di business dei mass media, che dipendeva dal controllo di una risorsa limitata: chi possedeva la stampa o l'emittente controllava quel che diffondeva. Il web sostituisce la scarsità con l'abbondanza: nessun limite alla diffusione di opinioni, di contenuti o di opportunità pubblicitarie. A questo punto il valore dei vecchi mass media e dei suoi proprietari viene quasi azzerato. Il web dà importanza alla connessione e alla condivisione. Più condividi, più riveli di te; più connessioni stabilisci con gli altri, più attenzione attrai. Si, a volte la condivisione nella nuova piazza è un atto di vanità: «Guardate il mio selfie!». Ma può anche essere un'iniziativa generosa: se Mark Zuckerberg rivela che la moglie aspetta un bambino mette generosamente gli altri a parte di un suo problema e invita a parlarne. Questi due modelli di comunicazione — i mass media dell'uno-verso-molti e la condivisione del tutti-verso-tutti — ancora coesistono nella fase in cui il vecchio modello sta cedendo il passo al nuovo. Il pubblico non è un unico mercato di massa, è una rete di comunità che si intrecciano, e ogni individuo è membro di varie di esse. E la condivisione non è creazione di contenuti, è conversazione. Se allora ci si chiede quale sia la natura del dibattito pubblico sulla piazza del web, credo si debba iniziare ad analizzare il semplice atto di una persona che parla con un'altra, condividendo dei contenuti e rendendo il pubblici in quell'ambito, per poi decidere se allargare la condivisione.

Provenendo dai vecchi media, imparo continuamente qualcosa di nuovo su come il web e le connessioni cambino non solo le istituzioni e l'industria, ma anche le nostre

Questionario

– Che cosa differenzia la comunicazione web da quella dei media tradizionali? (giornali, radio, televisione)
– Secondo Jeff Jarvis nella comunicazione web la connessione e la condivisione sono fondamentali: perché?
– Che cos'è accaduto alla conferenza di Vidcon, in California?
– Anche secondo te la comunicazione online genera "contatti"?

relazioni e il modo di parlare agli altri. Il mese scorso ho imparato un'altra lezione alla conferenza di Vidcon, in California. I 23 mia giovani appassionati di YouTube che vi sciamavano, condividevano video non in quanto spettacoli da consumare passivamente, come in tv, ma come simboli sociali che parlano di te e di me e del nostro rapporto. Prima pensavamo di creare un prodotto finale chiamato contenuto. Ora chiunque può creare e utilizzare questi contenuti come un modo di parlare con gli altri. Quando parliamo online, non generiamo contenuti, ma contatti.

(Jeff Jarvis, "La lettura", 9-8-2015, trad. di Maria Sepa)

Dossier web - Testo 3

Scegliere un pittogramma come "parola" dell'anno è indubbiamente una scelta insolita, soprattutto se è fatta dall'Oxford Dictionary, il dizionario della prestigiosa Casa Editrice Oxford University Press.

La parola dell'anno? Il faccino che piange di gioia

La «parola» del 2015 è una emoji, la «faccina con lacrime di gioia» («*crying tears of joy*») usata nell'universo digitale con il significato di ridere fino alle lacrime. A incoronarla è stato l'*Oxford Dictionary* che, per la prima volta, ha scelto un pittogramma come «parola» dell'anno. La faccina ha battuto termini come «rifugiato» o «Brexit» (l'uscita del Regno Unito dall'Ue), perché è ciò che «riflette meglio l'umore e le preoccupazioni del 2015». La faccina che piange di gioia rappresenta il 20% di tutte le emoji inviate dai britannici e il 17% di quelle digitate dagli statunitensi, con una crescita sul 2014 del 4% e 9%.

La vittoria va dunque a un «pittogramma», antenato delle parole e degli alfabeti: rappresenta la cosa vista e non udita. Pittogrammi ci sono già nel IV millennio, poco dopo che l'Homo Sapiens aveva smesso di essere solo raccoglitore e cacciatore (Paleolitico), allevatore (Mesolitico) e agricoltore (Neolitico) e stava fondando la civiltà. I pittogrammi furono progressivamente «sostituiti» dagli ideogrammi. Le emoji o le emoticon sono, però, dei pittogrammi particolari, perché stilizzano espressioni facciali che esprimono un'emozione, come sorriso, broncio, pianto. Esprimono degli stati d'animo, che è ciò che Leonardo da Vinci cercò

Questionario

– Emoji e emoticon sono indubbiamente pittogrammi particolari: che cosa esprimono?

– Con quali motivazioni l'*Oxford Dictionary* ha scelto un pittogramma come "parola" dell'anno?

– Come valuti il paragone fra emoji e il quadro di Caravaggio: lo trovi azzeccato? (Lo condividi? Ti sembra un'esagerazione?)

– E le altre affermazioni? Come le valuti? Concordi? (Oppure ti appaiono come un'ironica provocazione, finalizzata a strappare il sorriso del lettore sui "tempi moderni"?)

di introdurre nella pittura europea. Un quadro come il *Fanciullo morso da un ramarro* (1593) di Caravaggio è un'emoji al cubo. Il pittore del re Sole, Charles Le Brun, accompagnò le sue *Conference sur l'expression générale et particulière* con uno *straordinario quaderno di Studi di occhi*: le sue faccine sono antenati, molto raffinati, delle emoji.

La scelta dell'*Oxford Dictionary* manda in soffitta anche Semiologia e Strutturalismo, le correnti filosofiche che hanno fondato la loro speculazione sull'importanza del «significante», l'elemento utilizzato per trasmettere il «significato» (immagine mentale) di un «referente» (la cosa).

Pazienza se, poi, come affermano gli insegnanti, gli studenti non sanno più scrivere la tesi di laurea, la capacità di concentrazione si sta riducendo e quella di analisi logica (la logica struttura il linguaggio e viceversa) appare in discesa più della Borsa...

Evviva le emoticon! Anzi no; tant'è che alcune università straniere stanno vietando l'uso dei computer agli studenti del primo anno: si torni in biblioteca e si re-impari a leggere e a scrivere, *please*.

(Pierluigi Panza, "Corriere della Sera", 18-11-2015)

Dossier web - Testo 4

Tu chiamale se vuoi emozioni (su Facebook)

Nei social le parole sono accompagnate da simboli emotivi che per diventare leggibili devono essere uguali per tutti. Ma, osserva Roberto Cotroneo, tristezza o gioia non sono uguali per tutti.

È davvero un innocuo modo di esprimersi rapidamente con un click? O è anche una forma di regressione emotiva che nessuno si aspettava? O è ancora di più: un geniale modo per tracciare meglio i nostri gusti? O infine è tutte queste cose assieme. Parliamo di Facebook. Negli ultimi mesi una sorta di tam tam diceva che sarebbe stato possibile entro breve poter cliccare su Un post non soltanto un "mi piace" ma anche un "non mi piace". In fondo era anche giusto: perché non poter esprimere un dissenso verso testi e fotografie che ci disturbano, o non condividiamo? Ecco quindi la richiesta da più parti di poter fare qualcosa di diverso, e di non mettere solo note di plauso ai post che si pubblicano.

Questionario

– Facebook ha annunciato una novità: quale?
– Che scopo si prefigge l'innovazione proposta da Facebook? Che utilità dovrebbe avere?
– Secondo il giornalista è possibile trasmettere le proprie emozioni, con un clic del mouse, a un altro lettore? E secondo te? Qual è la tua opinione?

Attività 99

Il tam tam ha prodotto i primi risultati. In Irlanda e in Spagna si può sperimentare "Reactions" su Facebook. Poi l'esperimento verrà esteso al resto del mondo. Non è niente di particolarmente sofisticato, si tratta di faccine: sette faccine che potremo usare per esprimere gioia, stupore, rabbia, emozione, tristezza, e via dicendo. Non c'è un "non mi piace". Ci sono le emozioni. Da Facebook fanno sapere: «La gente va su Facebook per condividere un sacco di cose, che siano felici, tristi, provocanti, sioccanti o divertenti. E sappiamo che i nostri utenti vorrebbero avere più modi per celebrare, commiserare o ridere insieme. Per questo vogliamo testare Reactions, un'estensione del "like", per darvi più possibilità di esprimere una reazione a un post, in maniera semplice e veloce». Ma è davvero un modo innocuo di esprimersi? O invece è una semplifi-cazione delle emozioni che cambierà il nostro modo di sentire? Perché l'effetto Reactions va oltre il "mi piace". Approvare non è comunicare emotivamente. Anche se approvare può essere un gesto emotivo questo non significa che lo sia sempre. Se leggo su Facebook un post che condivido, clicco "mi piace" con lo stesso spirito con cui sorrido, o approvo con razionalità un contenuto giornalistico, letterario, di cronaca. Se leggo un articolo di fondo di un quotidiano che mi trova concorde, non posso mettere un "mi piace" sulla pagina cartacea, ma posso sottolinearlo, ritagliarlo e conservarlo, e posso consigliarlo a un amico e dirgli di leggerlo. Sui post di Facebook posso mettere un "mi piace", aderendo a un'idea, e postarla sulla bacheca di un amico, che è un po' come passare il giornale al vicino di scrivania e dire: leggi questo articolo, so che sarai d'accordo anche tu.

Ma Reactions è un'altra cosa. Si passa dall'assenso logico e razionale all'emozione, ai sentimenti personali. Da un modo pubblico di esprimere assenso a un modo privato di mostrare le proprie fragilità, le proprie indecisioni, le proprie felicità. Se leggo qualcosa che mi colpisce e mi impressiona per motivi del tutto privati e personali, è facile che non lo condividerò con il solito vicino di scrivania. Non dovrò dirgli: leggi qui, questo articolo mi ha riportato a un episodio malinconico della mia vita, anche se non c'è una ragione diretta e precisa perché questo sia accaduto. Quel sentimento me lo terrò per me, e se lo racconterò a qualcuno, lo farò con pochissimi, cercando una lettura e una spiegazione privata.

Nel mondo dei social le parole sono accompagnate da simboli emotivi che per diventare leggibili devono essere

— Secondo Cotroneo quale utilità commerciale ricava Facebook dall'uso delle "Reactions"?

uguali per tutti. Ma tristezza, rabbia, gioia, stupore non sono uguali per tutti. Le emozioni si condividono solo quando possiamo esprimerle, raccontarle e renderle peculiari. Il loro valore è nella unicità. Non c'è un sorriso uguale all'altro, non c'è uno stupore che assomigli a un altro stupore. Sotto ci sono i fili e le storie che fanno dei processi emotivi l'identità e la verità della persone. Ma Reactions racconta solo impulsi e non emozioni, che alla fine, come sempre, potranno servire a profilarci e a venderci prodotti in un modo ancora più preciso.

(Roberto Cotroneo, "Sette", 23-10-2015)

Le competenze per la prima prova scritta

Le tipologie della prima prova scritta: un primo sguardo

Dal 1999 nella prima prova scritta dell'Esame di Stato, il tradizionale tema è stato sostituito da una proposta più articolata che prevede quattro diverse tipologie di scrittura. Si tratta di:
- **Tipologia A** = analisi del testo
- **Tipologia B** = saggio breve o articolo di giornale
- **Tipologia C** = tema di argomento storico
- **Tipologia D** = tema di ordine generale

La Tipologia A propone un testo in versi o in prosa (una lirica o un brano, solitamente narrativo) corredato di domande che guidano il candidato nell'analisi e nell'interpretazione e che, in conclusione, ne chiedono un approfondimento con riferimenti intertestuali (ad altri testi dello stesso autore o di altri autori affini per tematiche, stile, appartenenza ideale) o extratestuali (al contesto storico e letterario-culturale).

Si tratta pertanto di una prova che riprende la pratica didattica dell'analisi testuale, che costituisce uno dei momenti centrali dell'insegnamento dell'Italiano nel quinquennio delle superiori.

La Tipologia B è la più innovativa, per la forma di scrittura richiesta e per la struttura della traccia. Il candidato infatti deve redigere un testo in forma di saggio breve o di articolo di giornale su un argomento indicato e rispetto al quale la traccia ministeriale fornisce un dossier di documenti. Oltre alla forma di scrittura (saggio o articolo), il candidato deve scegliere l'argomento fra i quattro indicati, che naturalmente variano ogni anno, ma sono relativi a quattro ambiti fissi (Artistico-letterario, Socio-economico, Storico-politico, Scientifico-tecnologico).

Per una prima definizione può bastare osservare che la Tipologia B rientra nella scrittura documentata.

Le Tipologie C e D ripropongono il tradizionale tema, in quanto richiedono che il candidato tratti l'argomento indicato nella traccia utilizzando solo le proprie conoscenze ed esperienze. La differenza fra le due tipologie consiste nel fatto che la C propone una questione relativa alla storia del Novecento, mentre la D propone questioni in genere legate all'attualità socio-culturale.

Si tratta pertanto di una forma di scrittura relativamente libera, in quanto non deve rispettare le convenzioni di generi codificati come il saggio o l'articolo, e molto diffusa nella pratica didattica, essendo stata a lungo l'unica forma di esercitazione scritta.

La tipologia A: analisi del testo

1. L'analisi del testo: che cos'è

La parola ***analisi*** (dal greco *analysis*) indica la **scomposizione** di ciò che si presenta come un tutto unitario negli elementi semplici che lo compongono.

Un **testo** è un **oggetto unitario** alla cui costruzione concorrono **più elementi**: il lessico, la struttura sintattica, la struttura metrica nel caso della poesia, le tecniche narrative per la prosa, i vari procedimenti stilistici ecc.

L'analisi del testo è un metodo di indagine applicato particolarmente ai testi letterari, che permette di individuarne e comprenderne gli aspetti costitutivi per giungere a un'interpretazione fondata e a un giudizio motivato.

L'analisi testuale è quindi un'**operazione di natura *critica*** (dal greco *kritiké techne*, arte o scienza del giudicare); essa pertanto – a partire da conoscenze teoriche di base – sviluppa le capacità di osservazione, riflessione, confronto, allo scopo di costruire una consapevole capacità di riconoscere la specificità del linguaggio letterario e di coglierne significato e valore.

L'analisi del testo proposta nella prima prova scritta (Italiano) dell'Esame di Stato si fonda su conoscenze e competenze sviluppate nel corso del quinquennio delle superiori. Infatti i programmi ministeriali prevedono che nel primo biennio siano forniti e assimilati gli strumenti metodologici indispensabili per la comprensione e l'interpretazione delle diverse tipologie testuali. Nei tre anni successivi tali strumenti vengono utilizzati per comprendere e interpretare in modo più consapevole il percorso storico della letteratura italiana attraverso il diretto contatto con le sue più importanti testimonianze.

Applicato ai testi degli autori trattati nel programma di Letteratura, il metodo dell'analisi testuale **consente un approccio al testo dall'interno**, vale a dire per le sue caratteristiche di lingua, struttura, stile ecc., affiancando e integrando altri approcci conoscitivi (storici, sociali, ideologici ecc.).

Qualsiasi studente negli anni delle superiori ha sperimentato questa modalità di accostare e indagare le opere degli autori studiati attraverso modelli proposti dal docente e dai manuali, modelli che deve assimilare per poi saperli riprodurre prima su testi noti, quindi – come obiettivo finale – in situazioni nuove.

I requisiti

L'analisi testuale è insomma un'operazione che richiede
– la **conoscenza delle principali tecniche di scrittura** proprie delle diverse tipologie testuali, forme e generi letterari;
– le **conoscenze generali** su autore, opera, movimento, epoca del testo esaminato;
– la **capacità di applicare** tali conoscenze in modo opportuno (**competenza**).

2. Come si presenta

L'analisi testuale proposta a scuola – e così nella prima prova dell'Esame di Stato – solitamente non è a traccia "aperta", non si limita cioè a chiedere genericamente l'esame e l'interpretazione di un testo, ma è **articolata in una serie di domande** che guidano lo studente a **individuare e a illustrare alcuni aspetti** particolarmente importanti e significativi del testo da analizzare. Un testo infatti si presta a un'amplissima possibilità di indagine e interpretazione che difficilmente si può esaurire in un unico lavoro, tanto meno di carattere scolastico. Le domande proposte mirano pertanto, di volta in volta, a far emergere i caratteri che risultano più interessanti e rilevanti in relazione al percorso didattico, a una particolare prospettiva interpretativa, al tipo di prova ecc.

L'articolazione dell'analisi testuale

Anche se può essere applicata a qualsiasi tipo di testo, l'analisi testuale **privilegia i testi letterari e particolarmente i testi poetici e i testi in prosa narrativi**, in quanto in essi le tecniche di costruzione del testo sono più codificate.

Le stesse prove dell'Esame di Stato propongono in prevalenza testi letterari in versi e brani narrativi in prosa, ma in qualche caso sono stati proposti anche testi di tipo non narrativo.

Le aree di indagine

Le aree di indagine – comuni a qualsiasi tipologia testuale – riguardano:
– **il contenuto** = comprensione complessiva del testo;
– **gli aspetti formali** = esame delle scelte linguistiche, stilistiche ecc. dell'autore;
– **gli aspetti intertestuali ed extratestuali** = rapporti e confronti con altri testi dello stesso o di altri autori e con il contesto storico-culturale del periodo cui appartiene il testo proposto.

3. Come si procede

Le domande che accompagnano il testo sono disposte secondo un **ordine** che aiuta nell'esame e nell'interpretazione e che è bene seguire almeno nella fase di osservazione e ricerca degli elementi richiesti.

La prima operazione: comprendere

Il **primo blocco** di domande riguarda la **comprensione complessiva**: una lettura attenta dell'intero testo permette innanzitutto di identificare correttamente il contenuto e di coglierne il significato globale.

Per un testo in versi, per esempio, in questa fase può risultare utile la parafrasi, anche se non è esplicitamente richiesta dalle domande, mentre per un testo narrativo in prosa si tratta in primo luogo di ricostruire e sintetizzare gli eventi narrati (riassunto); in ogni caso è necessario assicurarsi del significato di alcune parole – soprattutto se arcaiche o desuete – ricorrendo alle note e al vocabolario; o ancora verificare il valore di determinate espressioni nel contesto (tematica affrontata, epoca, movimento letterario ecc.).

La seconda operazione: analizzare

Il **secondo blocco** costituisce l'**analisi propriamente detta** e porta a **focalizzare l'attenzione su singoli elementi del testo** relativi ad aspetti tematici particolari e soprattutto ai caratteri formali (scelte linguistiche, procedimenti retorici, scelte metriche, tecniche narrative, a seconda che si tratti di testi in versi o in prosa ecc.).

In questa fase, sempre seguendo la successione delle domande, si deve procedere a un'osservazione più puntuale e dettagliata.

In primo luogo si tratta di individuare quanto richiesto lavorando anche graficamente sul testo proposto (sottolineare, collegare mediante frecce, annotare a margine ecc.), quindi si passa a formulare una risposta – che in prima battuta può anche essere abbozzata e schematica – contenente il risultato dell'osservazione opportunamente motivato e illustrato. È essenziale infatti che l'analisi non si limiti al semplice elenco dei dati rilevati, ma che ciascuno di essi sia corredato da osservazioni, riferimenti, spiegazioni che concorrono all'interpretazione.

La terza operazione: approfondire

In genere un'**ultima questione** propone un **approfondimento** relativo al confronto con altri testi dell'autore, o ad altri autori che hanno affrontato tematiche affini, o ancora ad aspetti del contesto storico-culturale cui appartiene il testo analizzato. Si tratta quindi di **elaborare un testo** in cui le osservazioni raccolte nell'analisi svolta precedentemente si integrino e si arricchiscano con le conoscenze storico-letterarie più generali così da trattare in modo sintetico ma esauriente la questione proposta.

4. Rinfreschiamo le idee: un po' di teoria

I seguenti schemi riassumono gli **elementi fondamentali** che è necessario conoscere e padroneggiare per svolgere una corretta analisi testuale dei testi letterari in versi e in prosa, narrativi e non, sempre tenendo presente che **non è indispensabile considerarli dettagliatamente tutti per ogni testo** da esaminare, ma al contrario è già un indice di autonoma capacità di analisi il **saper selezionare** quelli che in ciascun testo risultano più rilevanti e significativi. Del resto, nelle prove scolastiche, le domande forniscono proprio un'indicazione degli aspetti su cui è richiesto di concentrare l'attenzione.

ANALISI DI UN TESTO NARRATIVO IN PROSA	
Elementi narratologici	
Struttura	distinzione tra *fabula* e intreccio; costruzione dello sviluppo (esordio, peripezie, *spannung*, scioglimento)
Tempo, spazio, ritmo	distinzione tra tempo della storia e tempo del discorso; pause / scene / sommari / ellissi; narrazione statica / dinamica; spazio reale / immaginario / simbolico; ritmo lento / veloce
Narratore	esterno, esterno onnisciente, interno; di primo / secondo grado
Punto di vista (focalizzazione)	zero / esterna / interna (fissa / variabile / multipla)
Personaggi	sistema dei personaggi (protagonista / secondari; ruoli: protagonista / antagonista / aiutanti / oppositori); a tutto tondo / piatti; tipi / individui; statici / dinamici

Tecniche narrative	discorso diretto – diretto libero / discorso indiretto – indiretto libero / monologo interiore / flusso d coscienza
Lessico e sintassi	lessico ricercato / letterario / aulico / quotidiano / tecnico / gergale ecc.; ipotassi / paratassi; presenza di parole chiave e aree semantiche; procedimenti retorici
Modi	realistico / simbolico / romanzesco / fantastico

ANALISI DI UN TESTO IN VERSI	
Livelli	
Strutturale (rapporto temi / disposizione strofica)	Circolare / parallela / lineare
Metrico-ritmico	versi, rime, strofe, forma metrica; rapporto metrica-sintassi (*enjambement*); cesure
Fonico	tessuto sonoro del testo (musicale / aspro / cupo ecc.); figure di suono
Lessicale e semantico	lessico alto / ricercato / aulico / arcaico / quotidiano; parole chiave e aree semantiche; figure di parola e di significato
Sintattico	Paratassi / ipotassi; punteggiatura; figure dell'ordine

ANALISI DI UN TESTO NON NARRATIVO IN PROSA	
Tipologia testuale	Descrittivo / espositivo / argomentativo
Forma, genere	Saggio, articolo, relazione
Struttura	Nel testo argomentativo: ordine di tesi e argomenti, quantità degli argomenti, presenza o meno di confutazioni; nel testo espositivo: quantità e qualità delle informazioni, ordine della descrizione o dell'esposizione (dal generale al particolare o viceversa)
Lessico e registro	Lessico quotidiano / elevato / tecnico; registro colloquiale / alto
Livello semantico	Presenza di parole chiave, eventuali campi semantici, procedimenti retorici

5. Cominciamo a esercitarci

Per cominciare ad applicare le conoscenze e le competenze maturate durante il percorso didattico e sintetizzate nelle pagine precedenti, proponiamo di seguito una **serie di esercitazioni** su testi narrativi in prosa e su testi in versi, differenziati per classi, e su testi in prosa non narrativi che possono essere comuni a tutte le classi. Le esercitazioni sono **guidate e graduate**, all'inizio parzialmente svolte e corredate da indicazioni e suggerimenti operativi, e poi progressivamente più autonome.

Alcune raccomandazioni generali

– Lo scopo fondamentale di qualsiasi testo è la trasmissione di un contenuto (il **messaggio**, secondo la teoria della comunicazione): la corretta **comprensione del contenuto** è quindi essenziale e va sempre tenuta presente nel corso dell'analisi sui singoli aspetti, anche formali, del testo che si esamina;

– Lo scopo dell'analisi del testo è quello di coglierne il significato profondo e il valore artistico e culturale, vale a dire interpretarlo. Perché questa non si riduca a un mero esercizio tecnico, **i dati raccolti devono essere quindi finalizzati all'interpretazione.** Ciò vale soprattutto per l'ultimo quesito – l'approfondimento – ma anche per le risposte relative all'analisi. Non basta per esempio individuare e indicare la presenza di una figura retorica (similitudine, metafora, chiasmo ecc.), di una particolare tecnica narrativa (discorso indiretto libero, monologo interiore ecc.), di particolari scelte lessicali (parole-chiave, tipo di lessico ecc.), ma è necessario illustrarne il valore all'interno del testo e in relazione alla poetica dell'autore, o del movimento cui appartiene, o ancora del genere letterario ecc.

– A seconda della domanda, le risposte possono rientrare nella tipologia del **testo espositivo** o in quella del **testo argomentativo.**

Se la domanda mira **a individuare e illustrare** un aspetto / fenomeno, la risposta sarà un **testo espositivo** corredato di riferimenti al brano da analizzare che illustrino ed esemplifichino quanto richiesto.
Se la domanda **pone una questione** e richiede un giudizio, la risposta sarà un **testo argomentativo**, anche breve, che espone una tesi (individuazione e interpretazione dell'aspetto richiesto) motivandola con adeguati riscontri testuali e storico-letterari (argomenti).
In entrambi i casi **le osservazioni devono essere fondate su riconoscibili riferimenti al testo esaminato e su ulteriori conoscenze di natura storico-letteraria di cui si è in possesso.**

– È possibile esprimere **giudizi personali** purché in **forma non categorica** (introducendoli per esempio con formule quali *penso / mi sembra* o *si potrebbe dire*) sempre tenendo conto della **necessità di giustificare** le proprie affermazioni.

– Le risposte, anche quelle brevi, devono essere costituite da **frasi sintatticamente compiute**.

– I versi delle poesie o i passi dei brani in prosa cui si fa riferimento vanno indicati con **le abbreviazioni** rispettivamente **v.** / **vv.** o **r.** / **rr.** a seconda che si intenda indicare un solo verso / riga o più versi / righe.

– Le **citazioni** devono essere **brevi e segnalate con le virgolette**.

– Come per la stesura di qualsiasi testo, anche per le singole risposte dell'analisi è fondamentale la **revisione** per controllare:

– l'**organizzazione del testo** (coerenza e coesione)

– la **correttezza morfo-sintattica** (concordanze, correlazione dei modi e dei tempi verbali, costruzione dei verbi, punteggiatura)

– la **proprietà lessicale** (uso di eventuali termini tecnici, assenza di ripetizioni, evitare parole generiche, attenzione all'uso dei sinonimi)

– la **correttezza ortografica.**

Per le ultime tre operazioni è di grande aiuto il **ricorso al dizionario.**

Analisi del testo
Esercizi livello 1

Classe terza

Analisi di un testo narrativo in prosa

Guido Cavalcanti dice con un motto onestamente villania a certi cavalier fiorentini li quali soprappreso l'aveano.
Giovanni Boccaccio, *Decameron,* VI, IX

Dovete adunque sapere che ne' tempi passati furono nella nostra città assai belle e laudevoli usanze, delle quali oggi niuna ve n'è rimasa, mercé dell'avarizia[1] che in quella con le ricchezze è cresciuta, la quale tutte l'ha discacciate. Tra le quali n'era una cotale, che in diversi luoghi per Firenze si ragunavano insieme i gentili uomini delle contrade[2] e facevano lor brigate di certo numero, guardando di metterci tali che comportar potessono acconciamente le spese[3], e oggi l'uno, doman l'altro, e così per ordine[4] tutti mettevan tavola, ciascuno il suo dì, a tutta la brigata[5]; e in quella spesse volte onoravano e gentili uomini forestieri, quando ve ne capitavano, e ancora de' cittadini; e similmente si vestivano insieme almeno una volta l'anno, e insieme i dì più notabili[6] cavalcavano per la città, e talora armeggiavano[7], e massimamente per le feste principali o quando alcuna lieta novella di vittoria o d'altro fosse venuta nella città.

Tra le quali brigate n'era una di messer Betto Brunelleschi, nella quale messer Betto e' compagni s'eran molto ingegnati di tirare[8] Guido di messer Cavalcante de' Cavalcanti, e non senza cagione[9]; per ciò che, oltre a quello che egli fu un de' migliori loici[10] che avesse il mondo e ottimo filosofo naturale (delle quali cose poco la brigata curava), sì fu egli leggiadrissimo e costumato e parlante uomo molto[11], e ogni cosa che far volle e a gentile uom pertenente[12], seppe meglio che altro uom fare; e con questo[13] era ricchissimo, e a chiedere a lingua sapeva onorare cui nell'animo gli capeva che il valesse[14]. Ma a messer Betto non era mai potuto venir fatto d'averlo[15], e credeva egli co' suoi compagni che ciò avvenisse

---

[1] **mercé … avarizia**: a causa dell'avidità.

[2] **si ragunavano … contrade**: si riunivano i nobili dei diversi quartieri cittadini.

[3] **e facevano … spese**: e si raggruppavano in compagnie formate da un certo numero di individui accolti a patto che potessero sostenere i costi.

[4] **per ordine**: a turno.

[5] **mettevan tavola … brigata**: imbandivano un banchetto per tutta la compagnia.

[6] **i dì più notabili**: nelle ricorrenze più importanti.

[7] **armeggiavano**: organizzavano tornei.

[8] **s'eran … tirare**: avevano cercato in tutti i modi di attrarre.

[9] **non senza cagione**: non senza motivo.

[10] **loici**: logici, filosofi.

[11] **leggiadrissimo … molto**: uomo di costumi gentili e raffinati e dotato di grande arte della parola.

[12] **a gentile uom pertenente**: confacente a un nobile.

[13] **e con questo**: e oltre a ciò.

[14] **e a chiedere … valesse**: e più di quanto si possa chiedere sapeva rendere onore a chi secondo lui lo meritasse.

[15] **Ma a messer Betto … averlo**: ma messer Betto non era mai riuscito ad averlo nella sua compagnia.

per ciò che Guido alcuna volta speculando molto astratto dagli uomini diveniva[16]. E per ciò che egli alquanto tenea della oppinione degli epicuri, si diceva tra la gente volgare che queste sue speculazioni eran solo in cercare se trovar si potesse che Iddio non fosse.[17]

Ora avvenne un giorno che, essendo Guido partito d'Orto San Michele[18] e venutosene per lo corso degli Adimari infino a San Giovanni[19], il quale spesse volte era suo cammino[20], essendo quelle arche grandi di marmo[21], che oggi sono in Santa Reparata[22], e molte altre dintorno a San Giovanni, ed egli essendo tra le colonne del porfido che vi sono e quelle arche e la porta di San Giovanni, che serrata era, messer Betto con sua brigata a caval venendo su per la piazza di Santa Reparata, veggendo Guido là tra quelle sepolture, dissero: – Andiamo a dargli briga[23] –; e spronati i cavalli a guisa d'uno assalto sollazzevole[24] gli furono, quasi prima che egli se ne avvedesse, sopra, e cominciarongli a dire: – Guido tu rifiuti d'esser di nostra brigata; ma ecco, quando tu arai trovato che Iddio non sia, che avrai fatto?

A' quali Guido, da lor veggendosi chiuso[25], prestamente disse: – Signori, voi mi potete dire a casa vostra ciò che vi piace – ; e posta la mano sopra una di quelle arche, che grandi erano, sì come colui che leggerissimo era[26], prese un salto e fussi gittato[27] dall'altra parte, e sviluppatosi[28] da loro se n'andò.

Costoro rimaser tutti guatando l'un l'altro, e cominciarono a dire che egli era uno smemorato[29] e che quello che egli aveva risposto non veniva a dir nulla[30], con ciò fosse cosa che quivi dove erano non avevano essi a far più che tutti gli altri cittadini, né Guido meno che alcun di loro[31].

Alli quali messer Betto rivolto disse: – Gli smemorati siete voi, se voi non l'avete inteso. Egli ci ha detta onestamente[32] in poche parole la maggior villania del mondo; per ciò che, se voi riguardate bene, queste arche sono le case de' morti, per ciò che in esse si pongono e dimorano i morti; le quali egli dice che sono nostra casa, a dimostrarci che noi e gli altri uomini idioti e non litterati[33] siamo, a comparazion di lui e degli altri uomini scienziati, peggio che uomini morti, e per ciò, qui essendo, noi siamo a casa nostra.

Allora ciascuno intese quello che Guido aveva voluto dire e vergognossi né mai più gli diedero briga, e tennero per innanzi[34] messer Betto sottile e intendente[35] cavaliere.

---

[16] **per ciò che ... diveniva**: perché essendo sempre concentrato sulle sue riflessioni filosofiche si estraniava dalle comuni attività dei suoi simili.
[17] **E per ciò che ... fosse**: e poiché per le sue dottrine era considerato un epicureo, il volgo riteneva che tutta la sua meditazione filosofica mirasse solo a dimostrare la non esistenza di Dio. (Nel Medioevo si definivano epicurei coloro che negavano l'immortalità dell'anima)
[18] **Orto San Michele**: la chiesa di San Michele in Orto presso cui abitava Cavalvanti.
[19] **San Giovanni**: il battistero di Firenze.
[20] **il quale ... cammino**: che era un suo percorso abituale.
[21] **arche di marmo**: sarcofaghi.
[22] **Santa Reparata**: antica cattedrale poi sostituita da Santa Maria del Fiore.
[23] **Andiamo ... briga**: andiamo a stuzzicarlo.
[24] **a guisa ... sollazzevole**: come in un assalto scherzoso.
[25] **chiuso**: circondato.
[26] **come ... era**: essendo molto agile.
[27] **fussi gittato**: si lanciò.
[28] **sviluppatosi**: liberatosi.
[29] **smemorato**: stolto.
[30] **non veniva ... nulla**: non aveva alcun significato.
[31] **con ciò ... loro**: dal momento che in quel luogo erano a casa loro quanto tutti gli altri cittadini di Firenze, compreso lo stesso Guido.
[32] **Onestamente**: con le buone maniere.
[33] **Idioti e non letterati**: rozzi e privi di cultura.
[34] **Tennero ... innanzi**: da quel momento considerarono.
[35] **Sottile e intendente**: acuto e intelligente.

Giovanni Boccaccio (Firenze? 1313 - Certaldo 1375) è uno dei massimi scrittori del Medioevo e di tutti i tempi. La novella proposta è tratta dal suo capolavoro, il *Decameron* (1351), le cui cento novelle sono raccolte in dieci giornate – da cui il titolo – in ciascuna delle quali è trattato un diverso argomento. Nella sesta giornata, cui appartiene il testo da analizzare, si raccontano esempi di motti arguti e risposte pronte con cui i protagonisti hanno saputo sottrarsi a situazioni spiacevoli o rischiose.

1 Comprensione del testo

1.1 Riassumi la vicenda: individua le sequenze principali completando la seguente tabella.

> Le **sequenze** sono parti del testo di contenuto omogeneo e di senso compiuto

1 rr. _____	Messer Betto Brunelleschi cercava [.....].
2 rr. _____	Un giorno messer Betto e la sua brigata [.....].
3 rr. _____	Guido Cavalcanti prontamente rispose [.....].
4 rr. _____	I compagni di messer Betto rimasero stupiti della risposta di Cavalcanti e la attribuirono alla sua stranezza, ma Betto [.....].
5 rr. _____	Allora i cavalieri rimasero mortificati e da quel momento [.....].

1.2 Quali erano le "assai belle e laudevoli usanze" del passato descritte nell'introduzione? Perché erano tramontate?

I giovani gentili usavano formare delle "brigate" per [.....], ma ormai [.....].

1.3 Perché messer Betto Brunelleschi avrebbe voluto attrarre Guido Cavalcanti nella sua brigata? A che cosa attribuiva la difficoltà di ottenerne la compagnia?

Messer Betto avrebbe voluto Cavalcanti nella sua brigata perché era [.....], ma era convinto che la sua passione per gli studi e per le speculazioni filosofiche [.....].

1.4 In quali modi Cavalcanti si sottrasse all'"assalto" della brigata di Betto?

Cavalcanti si sottrasse con [.....] e con [.....].

2 Analisi del testo

2.1 Dove si svolge la vicenda? Com'è rappresentato lo spazio in cui si colloca l'episodio narrato? Che funzione ha? Che valore ha nella narrativa di Boccaccio?

La vicenda si svolge [.....] Lo spazio è [.....] Ha una funzione centrale, [.....] Nella narrativa di Boccaccio l'oggettività e la precisione dei luoghi sono [.....]

> Per rispondere considera le rr 29-35 e rifletti sul ruolo che il luogo descritto ha nello sviluppo della vicenda. Ricorda quindi una delle novità principali del modo di narrare di Boccaccio

2.2 La narrazione presenta delle anacronie?

[.....]

> Le **anacronie** sono alterazioni della successione temporale che l'intreccio presenta rispetto alla **fabula** come le anticipazioni (prolessi) o le retrospezioni (analessi)

2.3 La voce narrante appartiene a Elissa, una dei dieci giovani che costituiscono la brigata del Decameron: che tipo di narratore è?

[.....]

> Ricorda la **struttura a cornice** del *Decameron*

2.4 Attraverso quali elementi sono caratterizzati i personaggi? In base a tali elementi emergono delle differenze tra Cavalcanti e gli altri personaggi?

I personaggi sono caratterizzati soprattutto attraverso [.....] Cavalcanti, pur appartenendo come Betto e la sua brigata all'élite sociale di Firenze, si distingue dai giovani suoi simili perché [.....]

> I personaggi possono essere **caratterizzati** attraverso la descrizione fisica, psicologica, l'appartenenza sociale, direttamente attraverso le loro azioni, i loro comportamenti, le loro parole. Sono **statici o dinamici** a seconda che la loro personalità subisca o meno delle trasformazioni. I **ruoli principali** sono quelli di protagonista, deuteragonista, oppositore, aiutante/alleato e possono rimanere fissi o evolvere nel corso della vicenda

2.5 Ricostruisci il sistema dei personaggi, riconoscendo i diversi ruoli ed eventuali evoluzioni degli stessi nel corso della vicenda.

Guido Cavalcanti è [.....], messer Betto è il [.....] che diventa alla fine suo [.....] perché [.....]

2.6 Individui nel testo delle parole-chiave? Spiegane il significato, indicando i codici letterari e culturali cui si possono ricondurre e il valore che assumono nella visione di Boccaccio.

Le parole chiave sono gli aggettivi "gentili", "leggiadrissimo", "costumato" e l'avverbio "onestamente". Si tratta di parole che indicano [.....] Rimandano al [.....]

> In questa risposta si deve passare **dall'analisi all'interpretazione**, spiegando come alcune parole particolarmente significative (parole-chiave) possono contribuire a comprendere il pensiero dell'autore

2.7 Cavalcanti rappresenta l'ideale umano di Boccaccio, in quanto possiede al massimo grado le virtù che egli soprattutto ammira; attraverso lui lo scrittore delinea anche il proprio ideale di società. Illustra brevemente questa affermazione.

Cavalcanti possiede le virtù che massimamente Boccaccio ammira in un individuo: [.....] Sono valori che in parte – [.....] risalivano alla migliore tradizione della civiltà aristocratica e cortese, e in parte – [.....] – si erano affermati come i migliori apporti della nuova società urbana. La società ideale auspicata da Boccaccio sarebbe dovuta scaturire [.....]

> Anche questa domanda richiede, oltre all'analisi, l'interpretazione. Dovrai iniziare individuando le virtù – sostanzialmente quattro – che caratterizzano il personaggio di Cavalcanti, quindi confrontarle con quanto conosci circa la visione del mondo che Boccaccio esprime attraverso le novelle del *Decameron*

2.8 C'è un punto del testo in cui emerge la difficoltà di veder realizzato l'ideale di civiltà auspicato da Boccaccio? Perché?

La difficoltà di vedere realizzato l'ideale di società auspicato da Boccaccio emerge nelle parole della narratrice Elissa nell'introduzione; infatti ella [.....]

2.9 Nel testo si può individuare un giudizio esplicito dell'autore sui valori della società del passato, cui appartiene l'episodio di Cavalcanti, e su quelli del presente? Che significato ha la presenza/assenza di tale esplicito giudizio nel pensiero e nella concezione dell'arte di Boccaccio?

Boccaccio non esprime un giudizio esplicito, [.....] Infatti egli attribuiva alla letteratura la funzione [.....] Nel [.....] risiede una delle fondamentali novità della narrativa di Boccaccio.

> Anche in questo caso l'analisi deve portare all'**interpretazione** permettendo di comprendere la prospettiva ideologica di Boccaccio e la funzione che egli attribuisce alla letteratura. Può essere d'aiuto ricordare quanto afferma l'autore a tal proposito nel *Proemio* e nella *Dedica*, nonché nelle *Conclusioni* del *Decameron*

3 Interpretazione complessiva e approfondimenti

Individua e presenta il tema centrale della novella analizzata, illustrandone il significato all'interno della concezione del mondo che emerge nel *Decameron,* anche attraverso riferimenti ad altre novelle che conosci.

> A questo punto devi **elaborare un testo** articolato nei seguenti punti:
> – Il tema della novella (tieni presente l'argomento della giornata)
> – Quale concezione del mondo illustra (v. risposte 2 della comprensione; 6, 7 e 8 dell'analisi)
> – Confronti con altre novelle che presentano lo stesso tema (per es. **Cisti fornaio**) o un'analoga concezione (per es. **Federigo degli Alberighi**).
> Ricorda che le osservazioni devono essere motivate e suffragate da opportuni riferimenti ai testi e ai caratteri letterari e ideologici dell'intera opera e del suo autore

Analisi di un testo in versi

Tennemi Amor anni ventuno ardendo
Francesco Petrarca, *Canzoniere*, CCCLXIV

Tennemi Amor anni ventuno ardendo,
lieto nel foco, et nel duol[1] pien di speme[2];
poi che madonna e 'l mio cor seco inseme[3]
4 saliro al ciel, dieci altri anni piangendo.

Omai son stanco, et mia vita reprendo[4]
di tanto error[5] che di vertute il seme[6]
à quasi spento, et le mie parti extreme[7],
8 alto Dio, a te devotamente rendo:

pentito et tristo de' miei sì spesi anni,
che spender si deveano[8] in miglior uso,
11 in cercar pace et in fuggir affanni.

Signor che 'n questo carcer[9] m'ài rinchiuso,
tràmene[10], salvo da li eterni danni,
14 ch'i' conosco 'l mio fallo[11], et non lo scuso.

Francesco Petrarca (Arezzo 1304 - Arquà 1874), poeta e intellettuale con cui si conclude il Medioevo e si aprono le nuove prospettive della cultura umanistica, è universalmente conosciuto per il suo *Canzoniere*, in cui il – attraverso la vicenda d'amore per Laura – conduce una lucida e sottile analisi della sua interiorità. La lirica proposta appartiene alla sezione in morte di Laura.

1 Comprensione del testo

1.1 Fai la parafrasi
L'Amore mi tenne per ventun anni nell'ardore della passione,
[.....]
[.....]
[.....] (Amore mi tenne) altri dieci anni nel pianto.

Ormai sono stanco e rimprovero la mia vita
per un errore così grave che [.....]
[.....]
[.....]

> Per fare la parafrasi è necessario
> – **riconoscere la costruzione sintattica** (individuando nei periodi la proposizione principale e le eventuali subordinate e la struttura logico-sintattica di ciascuna proposizione) e ricostruirla secondo **l'ordine della prosa**;
> – **indicare il significato** di alcune parole particolarmente importanti, come *Laura* per *madonna*;
> – **sciogliere il significato metaforico** di alcune parole (per esempio *tormento amoroso* in luogo di *foco*);
> – **ripetere verbi reggenti o soggetti sottintesi** o qualora siano lontani in un periodo complesso;
> – **sostituire la grafia e la forma arcaica** di alcune parole con quelle attuali (per esempio *estreme* in luogo di *extreme*, *virtù* in luogo di *vertute*)

---

[1] **duol**: dolore.
[2] **speme**: speranza.
[3] **seco inseme**: insieme a lei (cioè insieme a madonna).
[4] **reprendo**: rimprovero.
[5] **di tanto error**: di un così grande peccato.
[6] **seme**: germe.
[7] **parti extreme**: ultimi anni della vita.
[8] **si deveano**: si dovevano.
[9] **carcer**: il corpo.
[10] **tràmene**: fammene uscire (morire).
[11] **fallo**: errore, colpa.

pentito e afflitto dei miei anni spesi così,
[.....]
[.....]

Signore, che mi hai chiuso in questo corpo (la carne, sede dell'amore),
[.....]
[.....]

1.2 Quale sentimento e quale volontà, legati all'esperienza dell'amore per Laura, sono al centro di questa lirica?
Al centro di questa lirica sono [.....] e la volontà [.....] negli ultimi anni della sua vita.

> Ricorda che nel *Canzoniere* Petrarca analizza **tutti gli stati d'animo, anche contraddittori**, che hanno accompagnato la sua vicenda amorosa e che spesso esprime aspirazioni e intenzioni anche contrastanti

1.3 Dal testo è possibile risalire a quando questa lirica fu composta dal poeta?
La prima strofa dà indicazioni relativamente precise su quando la lirica fu composta, poiché [.....] La lirica dovrebbe quindi risalire [.....]

> Per rispondere considera attentamente la **prima strofa**, quindi ricorda la data del **primo incontro** con Laura

2 Analisi del testo

2.1 Indica la forma metrica, lo schema delle rime, il rapporto tra metrica e sintassi.
La lirica è [.....] e lo schema delle rime è [.....] Metrica e sintassi [.....], ad eccezione dei vv. [.....] dove si trovano degli *enjambement*.

> Per individuare la forma metrica devi riconoscere il **tipo di versi** utilizzati, il loro **numero** e la relativa **struttura strofica**. Ricorda che per indicare lo schema delle rime si usano le **lettere maiuscole** per gli endecasillabi e le **minuscole** per gli altri versi. **Metrica e sintassi** coincidono quando una frase si conclude sintatticamente nel verso, al contrario non coincidono quando una frase è spezzata tra un verso e il successivo (*enjambement*)

2.2 Il sentimento amoroso e le sue conseguenze sull'animo del poeta sono espressi attraverso due aree semantiche frequenti nella lirica di Petrarca. Individuale e spiegane il significato.
Le aree semantiche prevalenti sono quella del fuoco [.....] che indica [.....] e quella della colpa e del relativo [.....] che accompagna costantemente la vicenda amorosa. Petrarca, [.....]

> Per individuare le aree semantiche devi trovare alcune **parole ricorrenti** che appartengono alla **stessa area di significato** e che nella poetica di Petrarca hanno un valore particolarmente pregnante

2.3 Nella lirica ricorrono alcune figure retoriche come il chiasmo e le coppie. Riconoscile e illustra il valore che assumono nella poetica petrarchesca.
Il chiasmo si trova al v. [.....] Nella poetica petrarchesca questi procedimenti retorici esprimono il [.....] ma essendo costruzioni simmetriche [.....]

> Indica le figure retoriche richieste **citandole** e **indicando il verso**, quindi spiega il valore **utilizzando le tue conoscenze** sul significato delle scelte stilistiche di Petrarca in rapporto alla sua personalità e al suo pensiero

2.4 La dimensione del tempo, introdotta come novità da Petrarca nella lirica medievale, ha un ruolo fondamentale in questa poesia. Come si riconosce? Che cosa rappresenta?
La poesia presenta due diverse fasi della vita del poeta, quella [.....] e quella [.....] Il tempo rappresenta quindi [.....]

> **Confronta** la prima strofa con le altre e individua se e come in esse si delinei **un'evoluzione** dello stato d'animo del poeta

3 Interpretazione complessiva e approfondimenti

Facendo riferimento anche ad altre liriche che conosci, illustra la modernità con cui nel *Canzoniere* Petrarca affronta e sviluppa il tema amoroso, istituendo alcuni confronti con la precedente tradizione della lirica d'amore.

> Il testo dovrà sviluppare i seguenti punti:
> – **sintesi delle osservazioni** tratte dall'analisi della lirica in questione
> – **arricchimento e ampliamento** con ulteriori informazioni sulla poetica di Petrarca (centralità dell'io, conflittualità interiore, indagine psicologica, figura di Laura, ruolo del tempo ecc.)
> – **confronto** in merito a questi aspetti con la tradizione precedente (lirica provenzale, Stil Novo, Dante della *Vita Nuova*)

Classe quarta

Analisi di un testo narrativo in prosa

Gulliver nella terra degli Houyhhnhnm
Jonathan Swift, *I viaggi di Gulliver* (dal cap. V)

Mi chiese allora suo onore [*il cavallo di cui il protagonista è servitore*] quali erano, solitamente, i motivi delle nostre contese, e di quelle ch'io chiamavo guerre tra nazione e nazione.

«Innumerevoli» gli risposi, «tanto che mi restringerò a dirne le principali. Spesso è l'ambizione d'uno di quei sovrani, i quali credono di non aver mai abbastanza territorio da dominare o popoli da governare; ma talora sono anche l'egoismo e l'astuzia dei ministri, i quali trascinano il loro principe a guerreggiare per distrarlo dal porgere ascolto ai lamenti dei sudditi contro la loro cattiva amministrazione.

«Milioni d'uomini sono morti, poi, per una semplice divergenza d'opinioni: per esempio, se uno crede che la carne sia pane e l'altro sostiene che il pane sia carne; se uno afferma che quel certo liquido è sangue e un altro giura che è vino; se alcuni opinano che fischiettare sia un vizio, mentre altri pensano che sia una virtù; se questi vogliono baciare un pezzo di legno, mentre quelli dicono che è buono per bruciare; se Tizio dice che conviene vestirsi di bianco e Caio vuole i vestiti neri, rossi o grigi, oppure il primo li esige larghi e lunghi e il secondo stretti e corti, oppure quegli sporchi e questi puliti, ecco scoppiare altrettante guerre: le quali non sono mai così ostinate e sanguinose come quando derivano, appunto, da una semplice diversità d'opinioni, specialmente allora che il punto di partenza è per sé stesso insignificante.

«Talora accade anche che due sovrani si facciano la guerra perché ciascuno dei due vuole rubare un territorio a un terzo, senza che né l'uno né l'altro v'abbiano diritto; oppure succede che un re ne assalga un altro per timore d'essere assalito da lui. Quando uno stato vicino è troppo forte, gli si fa guerra; quando è troppo debole, gli si fa guerra.

Se quello stato ha qualcosa che ci manca, o se abbiamo noi qualcosa che manca a lui, ci facciamo la guerra per aver tutto, a rischio di perder tutto. Quando un paese è devastato dalle pestilenze, afflitto dalla carestia, lacerato dai partiti, ecco un legittimo motivo per fargli guerra. Un re può muover guerra a un suo vicino, anche se alleato, qualora una città del dominio di quest'ultimo faccia gola al primo per arrotondare i suoi territori.

«Qualche volta capita che un sovrano mandi un grosso esercito in un paese popolato da gente povera e ignorante: allora egli può onestamente far trucidare metà di quella popolazione e rendere schiava l'altra metà per trarla dal suo stato di barbarie e incivilirla. Un modo di procedere frequente, e stimato generalmente degnissimo d'un monarca, è di correre in aiuto d'un altro monarca per aiutarlo a cacciare i nemici dal suo stato; poi impadronirsi dello stato stesso dopo aver ammazzato il sovrano al quale si era dato aiuto.

«Altri motivi di guerra fra monarchi sono originati dai matrimoni, dalle parentele, dalla consanguineità: più la loro parentela è stretta, più è facile che diventino ostili. Le nazioni povere sono avide, quelle ricche sono ambiziose, e queste due qualità sono sempre in conflitto fra loro. In conclusione, per tutte queste ragioni il più onorato mestiere fra noi è quello del soldato; e si chiama soldato quello yahoo che viene pagato allo scopo d'uccidere a sangue freddo dei suoi simili che non gli hanno fatto nulla. [...]

«Tutto quanto m'avete narrato» interruppe il mio padrone, «mi dà un'alta opinione della vostra pretesa intelligenza. Comunque, è una vera fortuna per voialtri che, essendo così cattivi, non siate forniti per natura dei mezzi necessari per farvi del male. Infatti tutti i racconti che ho udito intorno alle stragi commesse durante le vostre guerre, micidiali per milioni d'uomini, non mi sembrano poter corrispondere alla realtà. La natura vi ha dato un muso piatto, una bocca egualmente piatta; sicché come potreste mordervi, a meno che non vi metteste d'accordo? Non parlo neppure delle unghie che muniscono le vostre zampe davanti e di dietro: tanto sono corte e deboli. Scommetto che uno dei nostri yahoo ne ammazzerebbe una dozzina dei vostri.»

Scossi la testa dinanzi a tanta ingenuità; e, siccome m'intendevo un po' dell'arte della guerra, gli descrissi lungamente i nostri cannoni, le colubrine, i moschetti, le carabine, le pistole, la polvere, le bombe, le sciabole, le baionette; gli parlai degli assedi, delle trincee, degli assalti, delle sortite, delle mine e contromine; delle guarnigioni passate a fil di spada, delle battaglie con ventimila morti per parte, dei grossi vascelli colati a picco con tutti i mille uomini di equipaggio e di quelli crivellati di cannonate, fracassati e bruciati in alto mare. [...]

Ma sul più bello suo onore m'impose di tacere. «Per quanto» egli disse, «credessi la natura dell'yahoo capace di qualunque malvagia azione, qualora disponesse d'una forza proporzionata alla sua cattiveria, non avrei neppure lontanamente immaginato nulla di simile a ciò che mi avete esposto». [...]

Gli yahoo del suo paese gli eran sempre sembrati spregevoli, ma egli non credeva di dover loro rimproverare le odiose qualità da loro possedute, come non rinfacciava al gnnayh (uccello di rapina) la sua crudeltà, o ad una pietra tagliente la capacità di fargli male agli zoccoli. Ma vedendo un essere, che si dice ragionevole, cadere in tali orrendezze, era tratto a pensare che l'intelligenza guasta è peggio dello stato di perfetta animalità; e alla fine finì col concludere che probabilmente noi dovevamo avere, invece della ragione, qualche facoltà tendente ad acuire i nostri vizi naturali, come l'acqua mossa rende più grande e ripugnante l'immagine d'un oggetto deforme che in essa si rispecchi.

1 Comprensione del testo

1.1 Il brano proposto consiste in un'unica sequenza. Individuane la natura e i protagonisti e sintetizzane il contenuto in un testo che non superi le 120 parole.

La sequenza è di tipo [.....], i protagonisti sono [.....]. Essi si intrattengono sulle consuetudini degli uomini e degli Houyhhnhnm e in particolare Gulliver [.....]. Il cavallo allora conclude che [.....]

> Le **sequenze** possono essere narrative, descrittive, dialogiche, riflessive a seconda della tipologia testuale che le caratterizza

2 Analisi del testo

2.1 Le cause delle guerre elencate da Gulliver corrispondono ad altrettanti vizi degli uomini. Completa la tabella individuando i vizi che stanno alla radice delle guerre.

Cause delle guerre	Vizi umani
Mire espansionistiche di re	
Intrighi dei ministri per occultare le proprie malefatte	
Controversie ideologiche	
Concorrenza con un nemico più forte o più debole	Viltà e prepotenza
Attacco a Paesi in difficoltà	Orgoglio e aggressività
Infrazione di alleanze	

2.2 Perché l'autore si sofferma a lungo sulle divergenze d'opinione come cause di guerre?

> Per rispondere, tieni presente l'epoca in cui è scritto il romanzo e le vicende che avevano caratterizzato la storia inglese, e quella europea, nel secolo precedente

2.3 Il cavallo in più punti sembra non capire il racconto di Gulliver e dubitare che possa essere vero. A che cosa si devono la perplessità e l'incredulità dello Houyhnhnm?

2.4 Il resoconto di Gulliver è caratterizzato dall'effetto di "straniamento". Illustralo con alcuni esempi tratti dal brano proposto e spiega con quale tecnica è realizzato e quale obiettivo persegue.

Un esempio si trova alle rr. 47-49: "si chiama soldato quello yahoo che viene pagato allo scopo d'uccidere a sangue freddo dei suoi simili che non gli hanno fatto nulla" [.....]

> Ricorda che lo **straniamento** è un processo con cui lo scrittore suscita nel lettore una percezione non abituale della realtà, al fine di metterne in luce aspetti nuovi e inconsueti

2.5 Qual è il significato del confronto che, nella parte conclusiva del brano riportato, il cavallo istituisce tra gli yahoo e gli uomini?

3 Interpretazione complessiva e approfondimenti

I viaggi di Gulliver, attraverso il genere della narrativa di viaggio e del racconto fantastico, conduce una sferzante satira della civiltà, come emerge con chiarezza nel brano riportato. Illustra caratteri, origini o obiettivi del discorso satirico nella letteratura del XVIII secolo facendo riferimento ad altri autori o opere conosciute.

> Dovrai individuare
> – le **scelte stilistiche** caratteristiche della satira
> – le **ragioni** per cui la satira è particolarmente presente nella letteratura del Settecento
> – gli **aspetti della società** presi di mira dalla satira settecentesca
> Suggerimenti per i confronti: *Candide* di Voltaire, *Il Giorno* di Parini

Analisi di un testo in versi

Orologio da polvere
Ciro di Pers, *Poesie*

    Poca polve[1] inquieta, a l'onda, ai venti
    tolta nel lido e 'n vetro imprigionata,
    de la vita il cammin, breve giornata,
4   vai misurando ai miseri viventi.

    Orologio molesto, in muti accenti
    mi conti i danni de l'età passata,
    e de la Morte pallida e gelata
8   numeri i passi taciti e non lenti.

    Io non ho da lasciar porpora[2] ed oro:
    sol di travagli[3] nel morir mi privo;
11 finirà con la vita il mio martoro[4].

    Io so ben che 'l mio spirto è fuggitivo,
    che sarò come tu, polve, s'io mòro[5],
14 e che son come tu, vetro, s'io vivo.

Ciro di Pers (Pers, 1599 - San Daniele, 1663) è autore di uno dei canzonieri di maggior rilievo della poesia barocca italiana. Nella sua lirica ricorrono i temi dell'inesorabile scorrere del tempo, dell'incombere della morte, della disillusione amorosa.

[1] **polve**: polvere
[2] **porpora**: simbolo del potere
[3] **travagli**: tormenti, sofferenze
[4] **martoro**: martirio
[5] **mòro**: muoio

1 Comprensione del testo

1.1 Fai la parafrasi

Poca sabbia che scorri, sottratta sulla spiaggia
[.....]
scandisci per gli uomini
[.....]

Orologio molesto, [.....]
[.....]
e insieme conti [.....]
[.....]

Io non devo abbandonare [.....]
nel morire [.....]
[.....]

> Per fare la parafrasi è necessario
> - **riconoscere la costruzione sintattica** (individuando nei periodi la proposizione principale e le eventuali subordinate e la struttura logico-sintattica di ciascuna proposizione) e ricostruirla secondo l'**ordine della prosa**;
> - **indicare il significato** di alcune parole particolarmente importanti, come *mobile, che scorri* per *inquieta* o *fugace* per *fuggitivo*;
> - **sciogliere il significato metaforico** di alcune parole o espressioni (per esempio *uomini* in luogo di *miseri viventi*);
> - **sostituire la grafia e la forma arcaica** di alcune parole con quelle attuali (per esempio *all'onda* in luogo di *a l'onda*, *spiaggia* in luogo di *lido*)

Io so bene che il mio spirito è fugace,
[.....]
[.....]

1.2 Per quali motivi l'orologio è "molesto"?
L'orologio è "molesto" perché comunque ricorda all'uomo il suo destino di infelicità: infatti, [.....]

> Individua **le due operazioni** dell'orologio

1.3 Perché l'orologio conta i danni "in muti accenti"?
L'orologio conta i danni "in muti accenti" perché [.....]

2 Analisi del testo

2.1 Indica la forma metrica, lo schema delle rime, il rapporto tra metrica e sintassi.
La lirica è [.....] con schema [.....] Metrica e sintassi coincidono tranne che [.....]

> Per individuare la forma metrica devi riconoscere il **tipo di versi** utilizzati, il loro **numero** e la relativa **struttura strofica**. Ricorda che per indicare lo schema delle rime si usano le **lettere maiuscole** per gli endecasillabi e le **lettere minuscole** per gli altri versi. **Metrica** e **sintassi** coincidono quando una frase si conclude sinteticamente nel verso, al contrario non coincidono quando una frase è spezzata tra un verso e il successivo (enjombement)

2.2 Sul piano tematico, la lirica è scandita in due tempi, ciascuno dei quali occupa due strofe. Illustra tale struttura.
Nelle prime due strofe il poeta [.....]. Nelle ultime due il poeta sposta lo sguardo [.....]

2.3 Riconosci tutte le parole che appartengono all'area semantica della sofferenza.

2.4 L'aggettivo "inquieta" letteralmente rimanda alla mobilità della sabbia che scorre nella clessidra, ma, in virtù della polisemia, nel contesto della lirica può assumere anche un altro significato. Individualo e illustralo.
L'aggettivo "inquieta" appartiene all'area semantica [.....] e introduce fin dall'inizio questo tema. Infatti alla clessidra si associa immediatamente l'idea [.....]

> Considera l'**area semantica** a cui appartiene l'aggettivo e qual è la **funzione** della clessidra

2.5 Una delle caratteristiche della poesia barocca che si trova anche in questa lirica è la densità dei procedimenti retorici. Riconosci e illustra quelli che ti sembrano più significativi ed efficaci.
Al v. 2 si trova un chiasmo (*tolta nel lido e 'n vetro imprigionata*) che proietta sulla stessa sabbia della clessidra una [.....] accomunandola al destino degli uomini. L'ossimoro *muti accenti* del v. 5 sottolinea il [.....], come pure [.....]. L'altra coppia *taciti e non lenti* del v. 8 esprime la natura della morte [.....]

> I procedimenti retorici sono molto numerosi. Dovrai fare una **scelta** individuando quelli che secondo te **esprimono meglio la poetica barocca**. Te ne suggeriamo alcuni:
> *tolta nel lido e 'n vetro imprigionata* (chiasmo); *muti accenti* (ossimoro); *pallida e gelata, taciti e non lenti* (coppie).
>
> Ricorda inoltre che non ti devi limitare a indicare le figure retoriche ma **devi spiegare qual è il loro valore espressivo**

2.6 Spiega il significato della doppia similitudine conclusiva in cui si condensa il contenuto dell'intera lirica.

Il poeta si identifica con la clessidra stessa: se muore [.....] ma se vive [.....] Il destino umano è quindi [.....]

> Rifletti sul **significato simbolico** della **polvere** e del **vetro** che compongono la clessidra paragonati alla condizione umana

3 Interpretazione complessiva e approfondimenti

Il tema ossessivo dello scorrere del tempo e dell'incombere della morte è ricorrente in molti poeti barocchi. Facendo riferimento anche ad altri testi che conosci, spiegane le possibili radici all'interno del clima storico-culturale del Seicento.

> L'approfondimento richiede
> – una **rapida rassegna** degli autori e dei testi che hanno sviluppato i tema indicato (altre liriche di Ciro di Pers, Gongora, Quevedo, Shakespeare ecc.)
> – una **illustrazione della sensibilità** con cui il tema viene trattato e delle **immagini** utilizzate (orologio, teschio, sepolcro, frutta guasta ecc)
> – l'**individuazione delle condizioni storico culturali** che possono aver favorito questa particolare sensibilità (crisi dell'umanesimo, clima controriformistico, cambiamenti storici e filosofici e conseguente crisi delle certezze, instabilità politica)
> – eventuali **confronti** fra autori e testi per cogliere analogie e specificità

Classe quinta

Analisi di un testo narrativo in prosa

Il treno ha fischiato
Luigi Pirandello, *Novelle per un anno*

[.....] Non avevo veduto mai un uomo vivere come Belluca. Ero suo vicino di casa, e non io soltanto, ma tutti gli altri inquilini della casa si domandavano con me come mai quell'uomo potesse resistere in quelle condizioni di vita. Aveva con sé tre cieche, la moglie, la suocera e la sorella della suocera: queste due, vecchissime, per cataratta[1]; l'altra, la moglie, senza cataratta, cieca fissa; palpebre murate. Tutt'e tre volevano esser servite. Strillavano dalla mattina alla sera perché nessuno le serviva. Le due figliuole vedove, raccolte in casa dopo la morte dei mariti, l'una con quattro, l'altra con tre figliuoli, non avevano mai né tempo né voglia da badare ad esse; se mai, porgevano qualche ajuto alla madre soltanto. Con lo scarso provento del suo impieguccio di computista poteva Belluca dar da mangiare a tutte quelle bocche? Si procurava altro lavoro per la sera, in casa: carte da ricopiare. E ricopiava tra gli strilli indiavolati di quelle cinque donne e di quei sette ragazzi finché essi, tutt'e dodici, non trovavan posto nei tre soli letti della casa. Letti ampii, matrimoniali; ma tre. Zuffe furibonde, inseguimenti, mobili rovesciati, stoviglie rotte,

---

[1] **Per cataratta**: malattia del cristallino solitamente dovuta all'età avanzata.

pianti, urli, tonfi, perché qualcuno dei ragazzi, al bujo, scappava e andava a cacciarsi fra le tre vecchie cieche, che dormivano in un letto a parte, e che ogni sera litigavano anch'esse tra loro, perché nessuna delle tre voleva stare in mezzo e si ribellava quando veniva la sua volta. Alla fine, si faceva silenzio, e Belluca seguitava a ricopiare fino a tarda notte, finché la penna non gli cadeva di mano e gli occhi non gli si chiudevano da sé. Andava allora a buttarsi, spesso vestito, su un divanaccio sgangherato, e subito sprofondava in un sonno di piombo, da cui ogni mattina si levava a stento, più intontito che mai. Ebbene, signori: a Belluca, in queste condizioni, era accaduto un fatto naturalissimo. Quando andai a trovarlo all'ospizio, me lo raccontò lui stesso, per filo e per segno. Era, sì, ancora esaltato un po', ma naturalissimamente, per ciò che gli era accaduto. Rideva dei medici e degli infermieri e di tutti i suoi colleghi, che lo credevano impazzito. Magari! diceva Magari! Signori, Belluca, s'era dimenticato da tanti e tanti anni ma proprio dimenticato che il mondo esisteva. Assorto nel continuo tormento di quella sua sciagurata esistenza, assorto tutto il giorno nei conti del suo ufficio, senza mai un momento di respiro, come una bestia bendata, aggiogata alla stanga d'una nòria[2] o d'un molino, sissignori, s'era dimenticato da anni e anni ma proprio dimenticato che il mondo esisteva. Due sere avanti, buttandosi a dormire stremato su quel divanaccio, forse per l'eccessiva stanchezza, insolitamente, non gli era riuscito d'addormentarsi subito. E, d'improvviso, nel silenzio profondo della notte, aveva sentito, da lontano, fischiare un treno. Gli era parso che gli orecchi, dopo tant'anni, chi sa come, d'improvviso gli si fossero sturati. Il fischio di quel treno gli aveva squarciato e portato via d'un tratto la miseria di tutte quelle sue orribili angustie, e quasi da un sepolcro scoperchiato s'era ritrovato a spaziare anelante nel vuoto arioso del mondo che gli si spalancava enorme tutt'intorno. S'era tenuto istintivamente alle coperte che ogni sera si buttava addosso, ed era corso col pensiero dietro a quel treno che s'allontanava nella notte. C'era, ah! c'era, fuori di quella casa orrenda, fuori di tutti i suoi tormenti, c'era il mondo, tanto, tanto mondo lontano, a cui quel treno s'avviava... Firenze, Bologna, Torino, Venezia... tante città, in cui egli da giovine era stato e che ancora, certo, in quella notte sfavillavano di luci sulla terra. Sì, sapeva la vita che vi si viveva! La vita che un tempo vi aveva vissuto anche lui! E seguitava, quella vita; aveva sempre seguitato, mentr'egli qua, come una bestia bendata, girava la stanga del molino. Non ci aveva pensato più! Il mondo s'era chiuso per lui, nel tormento della sua casa, nell'arida, ispida angustia della sua computisteria... Ma ora, ecco, gli rientrava, come per travaso violento, nello spirito. L'attimo, che scoccava per lui, qua, in questa sua prigione, scorreva come un brivido elettrico per tutto il mondo, e lui con l'immaginazione d'improvviso risvegliata poteva, ecco, poteva seguirlo per città note e ignote, lande, montagne, foreste, mari... Questo stesso brivido, questo stesso palpito del tempo. C'erano, mentr'egli qua viveva

---

[2] **Noria**: apparecchio usato per sollevare secchi d'acqua da un pozzo, facendo leva su una stanga trascinata in circolo da un asino o da un bue.

questa vita "impossibile", tanti e tanti milioni d'uomini sparsi su tutta la terra, che vivevano diversamente. Ora, nel medesimo attimo ch'egli qua soffriva, c'erano le montagne solitarie nevose che levavano al cielo notturno le azzurre fronti... sì, sì, le vedeva, le vedeva, le vedeva così... c'erano gli oceani... le foreste... E, dunque, lui ora che il mondo gli era rientrato nello spirito poteva in qualche modo consolarsi! Sì, levandosi ogni tanto dal suo tormento, per prendere con l'immaginazione una boccata d'aria nel mondo. Gli bastava! Naturalmente, il primo giorno, aveva ecceduto. S'era ubriacato. Tutto il mondo, dentro d'un tratto: un cataclisma. A poco a poco, si sarebbe ricomposto. Era ancora ebro della troppa troppa aria, lo sentiva. Sarebbe andato, appena ricomposto del tutto, a chiedere scusa al capo ufficio, e avrebbe ripreso come prima la sua computisteria. Soltanto il capo ufficio ormai non doveva pretender troppo da lui come per il passato: doveva concedergli che di tanto in tanto, tra una partita e l'altra da registrare, egli facesse una capatina, sì, in Siberia... oppure oppure... nelle foreste del Congo: Si fa in un attimo, signor Cavaliere mio. Ora che il treno ha fischiato...

Luigi Pirandello (Agrigento 1867 - Roma 1936). Autore di novelle e romanzi, è stato anche un grande drammaturgo e con i suoi testi ha rivoluzionato il teatro del Novecento. Nella narrativa come nel teatro affronta i temi della crisi dell'uomo moderno, dell'insanabile contrasto tra essere e apparire, della crisi delle certezze e dell'identità. Nel 1934 è stato insignito del premio Nobel. La novella, di cui proponiamo la parte conclusiva, è stata pubblicata nel 1915 nel volume dal significativo titolo *La trappola*, ed è confluita poi nella raccolta *Novelle per un anno*.

1 Comprensione del testo

1.1 Quale fatto viene narrato nel brano della novella riportato?
Il brano narra un'esperienza interiore che cambia l'esistenza del protagonista: [.....].

> Individua all'interno del brano il **fatto**, isolandolo dalle altre parti del testo (descrizioni, riflessioni ecc.)

2 Analisi del testo

2.1 Tempo e luogo in cui si svolge la vicenda non sono indicati con precisione: che significato ha l'indeterminatezza della collocazione spazio-temporale?
Tempo e spazio della vicenda sono indeterminati perché Pirandello ritiene che la condizione di disagio esistenziale [.....]

> Per rispondere ricorda qual è la **visione pirandelliana della condizione umana** e a che cosa l'autore attribuisce il senso di estraneità e disagio rispetto all'esistenza (essere "fuori di chiave")

2.2 Quale significato assume l'opposizione tra spazio chiuso (casa, ufficio) e spazio esterno (Firenze, Bologna, Torino... oceani, foreste...)?
Spazio chiuso e spazio esterno hanno un valore simbolico. Infatti lo spazio chiuso della casa e dell'ufficio – ridotti, angusti – rappresentano [.....] mentre lo spazio aperto – quasi illimitato, esotico – rappresenta [.....].

> Questo è un esempio di **spazio simbolico**

2.3 Analizza il tempo del discorso. Ci sono anacronie? Il ritmo della narrazione è lento o veloce? Perché?

Fabula e intreccio [.....], infatti la narrazione [.....]. Il ritmo della narrazione è [.....] perché [.....]

> Tieni conto della risposta alla **domanda 1** della comprensione

2.4 Analizza la voce narrante: chi è, con quale punto di vista tende a identificarsi? Motiva la tua risposta con qualche esempio sul testo.

La voce narrante è [.....] e tende a identificarsi con il punto di vista di Belluca stesso. Infatti [.....] Inoltre [.....]

> Rileggi attentamente **l'inizio del brano** riportato e l'inizio del racconto di Belluca al narratore (rr. 1-5; 25-30)

2.5 In che senso l'immagine del lavoro e della famiglia che emerge dalla novella può rappresentare il drammatico contrasto pirandelliano tra la "forma" e la "vita"?

La famiglia e il lavoro sono [.....].

> La domanda richiede di **riconoscere** nella novella esaminata un **tema generale** del pensiero dell'autore

2.6 La rappresentazione della vita familiare di Belluca può essere un esempio della poetica dell'umorismo? Motiva la tua risposta.

L'umorismo secondo Pirandello nasce dal "sentimento del contrario", vale a dire [.....] Pirandello tende pertanto a esasperare espressionisticamente le situazioni per far emergere il grottesco, l'assurdo ecc. Si vedano qui le descrizioni [.....].

> Per rispondere si può partire dalla **definizione dell'umorismo** pirandelliano, per poi spiegarne il **valore e il significato**, e infine trovarne degli **esempi** nel testo in questione

2.7 Spiega l'espressione "a Belluca era accaduto un fatto *naturalissimo*". Perché quello che gli altri giudicano follia è invece considerato "naturalissimo" dal narratore e da Belluca?

Per Belluca e per il narratore la vicenda è "naturalissima" perché il protagonista attraverso il fischio del treno prende coscienza [.....] A quel punto è inevitabile cercare la salvezza nella fuga da questa dimensione di vita insopportabile. Ma l'unica possibilità di fuga è [.....]

> La risposta deve individuare e spiegare il nucleo centrale del pensiero pirandelliano rispetto **all'opposizione normalità/follia**

3 Interpretazione complessiva e approfondimenti

Colloca la novella all'interno della poetica e della produzione pirandelliana. Inoltre illustra i punti di contatto con altre opere di autori italiani e stranieri del primo Novecento.

> Le consegne indicano già i punti da sviluppare e un possibile ordine con cui trattarli:
> – **illustrazione della poetica** di Pirandello (puoi utilizzare l'analisi, in particolare le risposte relative alla poetica dell'umorismo, al contrasto forma/vita, all'opposizione normalità/follia)
> – alcuni **cenni alla sua produzione**, in particolare le novelle e il teatro, citando alcuni testi che conosci e che presentano analogie tematiche con la novella analizzata (*Pallottoline*, *La carriola*, *Enrico IV* ecc.)
> – individuazione e illustrazione di elementi comuni con i **temi tipicamente novecenteschi** dell'irrazionalismo, del relativismo, dell'alienazione, della funzione critica della scrittura ecc. (autori come Svevo, Musil, Kafka)

Analisi di un testo in versi

Implorazione
Gabriele d'Annunzio, *Alcyone*

    Estate, Estate mia, non declinare!
    Fa che prima nel petto il cor mi scoppi
3 Come pomo granato[1] a troppo ardore.

    Estate, Estate, indugia a maturare
    I grappoli dei tralci su per gli oppi.[2]
6 Fa che il colchico[3] dia più tardi il fiore.

    Forte comprimi sul tuo sen rubesto[4]
8 Il fin Settembre, che non sia sì lesto.

    Sòffoca, Estate, fra le tue mammelle
10 Il fabro di canestre e di tinelle[5].

Gabriele D'Annunzio (Pescara 1863 - Gardone Riviera 1938), uno dei maggiori esponenti del decadentismo, è stato scrittore molto prolifico e sperimentatore di vari generi letterari. *Alcyone*, il libro delle *Laudi* da cui è tratta la lirica proposta, è considerato il suo capolavoro, per la grande sensibilità musicale e la capacità evocativa dei suoi versi.

[1] **pomo granato**: melograno
[2] **oppi**: pianta simile all'acero
[3] **colchico**: pianta autunnale dai fiori lilla velenosi
[4] **rubesto**: florido
[5] **fabro… tinelle**: l'artigiano che costruisce cesti e tini per la vendemmia

1 Comprensione del testo

1.1 Fai la parafrasi
O mia Estate, non tramontare/finire!
Fa che [.....]
[.....] per l'eccessivo calore.

O Estate, [.....]
I grappoli dei rampicanti sugli oppi.
Fa che il colchico [.....].

Trattieni [.....]
Il Settembre mite, [.....].

Estate, [.....]
[.....] canestri e tini.

1.2 Che cosa indica l'espressione "Il fabro di canestre e di tinelle"?
    L'espressione indica [.....] perché [.....].

> Per fare la parafrasi è necessario
> – **riconoscere la costruzione sintattica** (individuando nei periodi la proposizione principale e le eventuali subordinate e la struttura logico-sintattica di ciascuna proposizione) e ricostruirla secondo l'**ordine della prosa**;
> – **indicare il significato** di alcune parole;
> – **sciogliere il significato metaforico** di alcune parole o espressioni (per esempio *il settembre dal clima sottile*, mite in luogo di *il fin Settembre*);
> – **sostituire la grafia e la forma arcaica** di alcune parole con quelle attuali (per esempio fabbro in luogo di *fabro*)

> Pensa a quale **contesto** si riferiscono i due oggetti citati

2 Analisi del testo

2.1 Indica il tipo di versi usati, lo schema metrico, il rapporto tra metrica e sintassi. Riconosci una particolare forma metrica?

La lirica è composta da versi [.....] con schema [.....]. Gli *enjambement* sono [.....]: vv. [.....]. Si tratta di un [.....]

> Per individuare la forma metrica devi riconoscere il **tipo di versi** utilizzati, il loro **numero** e la relativa **struttura strofica**. Ricorda che per indicare lo schema delle rime si usano le **lettere maiuscole** per gli endecasillabi e le **minuscole** per gli altri versi. **Metrica e sintassi** coincidono quando una frase si conclude sintatticamente nel verso, al contrario non coincidono quando una frase è spezzata tra un verso e il successivo (*enjambement*)

2.2 Come definiresti la disposizione dei temi nella struttura strofica?

I temi sono disposti in modo lineare, in quanto [.....]

> Ricorda le principali varietà di struttura tematica (circolare, lineare, parallela)

2.3 Con quale procedimento retorico è rappresentata l'estate? Da che cosa si riconosce? Qual è il valore espressivo di tale procedimento?

La figura retorica con cui è rappresentata l'estate è [.....]. Infatti il nome [.....], l'Estate ha [.....] inoltre [.....] e a lei il poeta si rivolge parlandole [.....]. Il ricorso a questo procedimento retorico è espressione del [.....]

> La domanda richiede non solo l'**individuazione** della figura retorica, ma anche la sua **interpretazione**. A questo proposito ricorda la particolare **concezione dannunziana della natura**

2.4 Qual è il significato dell'antitesi tra il *sen rubesto* dell'Estate e il *fin Settembre*? Ti sembra che in essa si concentri il tema della lirica? Perché?

L'antitesi contrappone [.....] dell'autunno. Infatti l'Estate è rappresentata come una figura femminile [.....] rispetto alla quale Settembre appare [.....]. La coppia di aggettivi antitetici riassume il tema della lirica [.....].

> Rifletti sul **valore evocativo** dei due aggettivi e sul suo rapporto con il tema centrale della lirica

2.5 A quale stato d'animo del poeta corrisponde l'estate? Da quale similitudine è espresso?

L'estate corrisponde [.....], come indica la similitudine [.....]. Infatti come [.....].

> **Individua la similitudine** e spiega il **valore espressivo degli elementi** da cui è costituita

2.6 Quali particolarità presentano le scelte lessicali? Qual è il loro valore sul piano stilistico?

Il lessico è caratterizzato da alcuni vocaboli di uso letterario [.....] o poco usati [.....] o ancora da forme arcaiche [.....]. L'effetto è quello di un registro stilistico [.....].

3 Interpretazione complessiva e approfondimenti

Facendo riferimento anche ad altri suoi testi, presenta il sentimento della natura di d'Annunzio, confrontandolo con quello di Pascoli ed eventualmente di altri poeti e movimenti letterari che nelle loro opere hanno dato un particolare spazio al tema della natura.

> L'approfondimento richiede:
> – presentazione del **sentimento dannunziano** della natura con riferimento ad altri suoi testi (in particolare da *Alcyone*: *La pioggia nel pineto*, *La sera fiesolana* ecc. Particolarmente utile al confronto, se la conosci, è anche *La sabbia del tempo*.
> – **confronto**, per analogie e differenze, con la concezione pascoliana (smarrimento rispetto a esaltazione dei sensi, vittimismo rispetto a senso di potenza, senso del mistero, ecc.). I testi possono essere una delle *Myricae* o anche *Il gelsomino notturno*, *Digitale purpurea*.
> Altri autori possono essere **contemporanei o meno**; per esempio si potrebbero fare confronti con i **romantici**

Esercizi comuni per tutte le classi

Analisi di un testo non narrativo in prosa

Visibilità
Italo Calvino, *Lezioni americane. Sei proposte per il prossimo millennio*, 1988

La fantasia è una specie di macchina elettronica che tiene conto di tutte le combinazioni possibili e sceglie quelle che rispondono a un fine, o che semplicemente sono le più interessanti, piacevoli, divertenti.

Mi resta da chiarire la parte che in questo golfo fantastico ha l'immaginario indiretto, ossia le immagini che ci vengono fornite dalla cultura, sia essa cultura di massa o altra forma di tradizione. Questa domanda ne porta con sé un'altra: quale sarà il futuro dell'immaginazione individuale in quella che si usa chiamare "civiltà dell'immagine"? Il potere di evocare immagini *in assenza* continuerà a svilupparsi in un'umanità sempre più inondata dal diluvio delle immagini prefabbricate? Una volta la memoria visiva d'un individuo era limitata al patrimonio delle sue esperienze dirette e a un ridotto repertorio d'immagini riflesse dalla cultura; la possibilità di dar forma a miti personali nasceva dal modo in cui i frammenti di questa memoria si combinavano tra loro in accostamenti inattesi e suggestivi. Oggi siamo bombardati da una tale quantità d'immagini da non saper più distinguere l'esperienza diretta da ciò che abbiamo visto per pochi secondi alla televisione. La memoria è ricoperta da strati di frantumi d'immagini come un deposito di spazzatura, dove è sempre più difficile che una figura tra le tante riesca ad acquistare rilievo.

Se ho incluso la Visibilità nel mio elenco di valori da salvare è per avvertire del pericolo che stiamo correndo di perdere una facoltà umana fondamentale: il potere di mettere a fuoco visioni a occhi chiusi, di far scaturire colori e forme dall'allineamento di caratteri alfabetici neri su una pagina bianca, di *pensare* per immagini. Penso a una possibile pedagogia dell'immaginazione che abitui a controllare la propria visione interiore senza soffocarla e senza d'altra parte lasciarla cadere in un confuso, labile fantasticare, ma permettendo che le immagini si cristallizzino in una forma ben definita, memorabile, autosufficiente, "icastica".

Italo Calvino (Cuba 1923 - Siena 1985) è stato uno dei più significativi narratori del Novecento, e ha sempre affiancato a quella di narratore l'attività di saggista, critico letterario, giornalista. Il testo proposto è tratto da un'opera pubblicata postuma nel 1988, in cui l'autore si proponeva di illustrare, in un ciclo di conferenze all'Università di Harvard, i "valori o qualità della letteratura" che gli sembravano i più importanti da conservare e da consegnare al nuovo millennio che si stava avvicinando. Uno di questi valori è la *Visibilità*.

1 Comprensione del testo

1.1 Qual è l'argomento trattato nel brano di Calvino?
L'argomento trattato nel brano è il destino della capacità di immaginazione individuale nella "civiltà delle immagini".

1.2 Riassumi il contenuto del testo (completa la scaletta)

Domanda che si pone l'autore	[.....]
Confronto tra il passato e l'attualità	In passato ciascun individuo costruiva la propria memoria visiva su un limitato patrimonio di esperienze personali e culturali. Ma nella società attuale la quantità di immagini che ci bombarda quotidianamente è tale creare un'accozzaglia di visioni senza ordine né senso.
Rischio del presente	La situazione presente mette a rischio la facoltà di immaginare "a occhi chiusi"
Valore dell'immaginazione	[.....]

> Tenendo presenti le indicazioni su come si fa un buon riassunto, individua e riscrivi le **idee centrali** del testo rispettandone la **successione e la concatenazione logica**

1.3 Che cosa significa l'aggettivo "icastico"?
L'aggettivo indica una rappresentazione della realtà [.....]

> Se non ne conosci il significato e non riesci a desumerlo dal contesto, puoi usare il dizionario

2 Analisi del testo

2.1 Con quale tecnica l'autore propone la questione al centro del brano? Che effetto raggiunge?
La questione è posta attraverso [.....] che raggiungono l'effetto [.....].

> Osserva attentamente la **parte iniziale** del brano in cui è posta la questione

2.2 Che facoltà indicano le espressioni "evocare immagini *in assenza*" e "*pensare* per immagini" usate dallo scrittore in due punti del brano?
Con le espressioni citate, lo scrittore vuole indicare la facoltà di creare immagini attraverso [.....]

2.3 Parlando della qualità della memoria visiva nel passato e oggi, l'autore usa espressioni simili – "frammenti... che si combinavano"; "strati di frantumi di immagini" – che però conferiscono alla descrizione un senso assai diverso. Illustralo.
Il senso è diverso, anzi opposto, perché nel primo caso si parla di frammenti [.....] mentre nel secondo caso i frantumi [.....]

> Rifletti sulla **diversa sfumatura di significato** di *frammenti* e *frantumi*; osserva inoltre che in un caso si parla di frammenti che si combinano. Nell'altro di strati che si depositano

La tipologia A: analisi del testo 131

2.4 Nella descrizione della memoria visiva propria della civiltà dell'immagine Calvino usa una figura retorica: quale? Ti sembra efficace?

La figura retorica usata da Calvino nel passo citato [.....]. Mi sembra efficace / poco efficace perché ...

2.5 L'immagine dell'"allineamento di caratteri alfabetici neri su una pagina bianca" indica il libro, la lettura. Perché questa immagine nel contesto del discorso è particolarmente suggestiva?

L'immagine è particolarmente suggestiva perché fa emergere con evidenza come qualcosa di estremamente scarno ed essenziale (i caratteri neri sul bianco) [.....].

> Rifletti in particolare sulla **qualità visiva e cromatica** dell'immagine in questione

3 Interpretazione complessiva e approfondimenti

Considerando anche gli sviluppi della "civiltà dell'immagine" successivi allo scritto di Calvino, discuti la sua argomentazione, possibilmente facendo riferimento anche ad altri contributi critici (di pensatori, artisti, registi ecc.).

Analisi del testo
Esercizi livello 2

Classe terza

Analisi di un testo narrativo in prosa

La crudeltà e la clemenza. Se sia meglio essere amati piuttosto che temuti o il contrario
Niccolò Machiavelli, *Il Principe,* dal cap. XVII

Scendendo appresso alle altre preallegate qualità[1], dico che ciascuno principe debbe desiderare di essere tenuto pietoso[2] e non crudele: non di manco debbe avvertire di non usare male questa pietà[3]. Era tenuto Cesare Borgia[4] crudele; non di manco quella sua crudeltà aveva racconcia[5] la Romagna, unitola, ridottola in pace e in fede[6]. Il che, se si considerrà bene, si vedrà quello[7] essere stato molto più pietoso che il populo fiorentino[8], il quale, per fuggire el nome di crudele, lasciò destruggere Pistoia[9]. Debbe per tanto uno principe non si curare della infamia[10] di crudele, per tenere e' sudditi sua uniti et in fede; perché con pochissimi esempli[11] sarà più pietoso di coloro che quelli e' quali, per troppa pietà, lasciono seguire e' disordini, di che ne nasca[12] occisioni o rapine; perché queste sogliono offendere una universalità intera[13], e quelle esecuzioni che vengono dal principe offendono uno particulare[14]. E, infra tutti e' principi, al principe nuovo è impossibile fuggire il nome di crudele, per essere gli stati nuovi pieni di pericoli. [...] Non di manco debbe essere grave al credere et al muoversi[15], né si fare paura da sé stesso e procedere in modo temperato[16] con prudenzia et umanità, che la troppa confidenzia[17] non lo facci incauto e la troppa diffidenzia non lo renda intollerabile.

Nasce da questo una questione: s'elli è meglio essere amato che temuto, o e converso[18]. Respondesi, che si vorrebbe essere l'uno e l'altro; ma, perché elli è difficile accozzarli[19] insieme, è molto più sicuro essere temuto che amato, quando si abbia a mancare dell'uno de' dua. Perché delli uomini si può dire questo generalmente: che sieno ingrati, volubili, simu-

---

1 Scendendo … qualità: continuando a esaminare le altre qualità sopra ricordate (nel capitolo XV)
2 Tenuto pietoso: considerato clemente
3 Non di manco … pietà: tuttavia deve stare attento a non usare in maniera politicamente controproducente (*usare male*) la clemenza
4 Cesare Borgia: uno dei figli di Rodrigo Borgia, eletto papa come Alessandro VI nel 1492. Con l'appoggio del re di Francia divenne duca di Valentinois – da cui l'appellativo Valentino –, quindi, sempre grazie alla Francia e al papa, conquistò la Romagna, creandovi un proprio Stato che perse in seguito alla morte del padre e all'elezione al papato di Giulio II
5 Racconcia: riordinato
6 in fede: fedele
7 Quello: Cesare Borgia
8 Populo fiorentino: la Repubblica di Firenze
9 Lasciò … Pistoia: lascio che Pistoia fosse distrutta dalle lotte intestine
10 Infamia: cattiva fama (di crudeltà)
11 Esempli: punizioni esemplari
12 Di che ne nasca: da cui si originano
13 Perché queste … intera: perché queste (uccisioni e rapine) si solito colpiscono tutti i cittadini
14 Uno particulare: un solo individuo
15 grave … muoversi: prudente e ponderato nel credere nell'esistenza dei pericoli (*al credere*) e nel prendere provvedimenti (*al muoversi*)
16 Temperato: ragionevole
17 Confidenzia: fiducia
18 o e converso: o il contrario
19 Accozzarli: metterli

latori e dissimulatori, fuggitori de' pericoli, cupidi di guadagno; e mentre fai loro bene, sono tutti tua[20], òfferonti[21] el sangue, la roba, la vita, e figliuoli come di sopra dissi, quando il bisogno è discosto; ma, quando ti si appressa[22], e' si rivoltano. E quel principe che si è tutto fondato in sulle parole loro, trovandosi nudo di altre preparazioni[23] rovina; perché le amicizie che si acquistono col prezzo e non con grandezza e nobiltà d'animo, si meritano[24], ma elle non si hanno, et a tempi[25] non si possono spendere. E li uomini hanno meno respetto ad offendere[26] uno che si facci amare, che uno che si facci temere; perché l'amore è tenuto da uno vinculo di obbligo[27], il quale, per essere li uomini tristi[28], da ogni occasione di propria utilità è rotto; ma il timore è tenuto da una paura di pena, che non ti abbandona mai. Debbe non di manco il principe farsi temere in modo, che, se non acquista lo amore, che fugga l'odio[29], perché può molto bene stare insieme essere temuto e non odiato; il che sarà sempre, quando si astenga dalla roba[30] de' sua cittadini e de' sua sudditi, e dalle donne loro; e, quando pure li bisognassi procedere contra al sangue[31] di alcuno, farlo quando vi sia una iustificazione conveniente e causa manifesta[32]; ma, sopra a tutto, astenersi dalla roba d'altri, perché li uomini sdimenticano più presto la morte del padre che la perdita del patrimonio. Di poi, le cagioni del tôrre via[33] la roba non mancono mai; e sempre colui, che comincia a vivere con rapina, truova cagioni di occupare quello d'altri[34]; e, per avverso, contro al sangue sono più rare, e mancono[35] più presto.

Niccolò Machiavelli (Firenze 1469-1527), tra i massimi interpreti dello spirito rinascimentale, ha legato la propria fama soprattutto al *Principe* (1513-1516), agile trattato politico composto nel periodo delle guerre d'Italia, che innova radicalmente l'approccio e il metodo della riflessione sull'azione politica. Il brano proposto è tratto dalla sezione più rivoluzionaria, quella in cui l'autore illustra le "virtù" del principe e i rapporti tra l'etica politica e la morale comune.

[20] **Tutti tua**: tutti dalla tua parte
[21] **Òfferonti**: ti offrono
[22] **Quando … appressa**: quando [il bisogno] ti si avvicina
[23] **nudo … preparazioni**: privo di altre difese
[24] **si meritano**: si comprano
[25] **a tempi**: al momento opportuno
[26] **meno …. offendere**: meno ritegno a colpire
[27] **è tenuto … obbligo**: è sorretto, è mantenuto vivo da un vincolo di riconoscenza
[28] **tristi**: malvagi
[29] **se non … odio**: se non riesce a ottenere l'amore, almeno eviti l'odio
[30] **si astenga dalla roba**: si tenga lontano dai beni
[31] **contra al sangue**: contro alla famiglia
[32] **manifesta**: evidente
[33] **tôrre via**: prendere
[34] **occupare quello d'altri**: impossessarsi delle proprietà altrui
[35] **mancono**: vengono meno

1 Comprensione del testo

1.1 Riassumi il testo in non più di 200 parole.

> Per fare un riassunto corretto ed efficace tieni presente che si tratta di un testo argomentativo. Dovrai quindi **individuare tesi e argomenti**

2 Analisi del testo

2.1 Con quali tipi di argomenti (o prove) Machiavelli sostiene la propria tesi?

Machiavelli sostiene la propria tesi con esempi, [.....] e con illustrazioni come [.....]

> Riconosci i tipi di argomenti e illustrali con riferimenti al testo

2.2 L'argomentazione proposta da Machiavelli in questo brano può essere un esempio del suo proposito di andare, con *Il Principe*, "più [...] drieto alla verità effettuale della cosa che alla immaginazione di essa"? Perché?

> Per rispondere puoi cominciare a considerare l'affermazione delle rr. 20-22

2.3 Come si esprime, in questo testo, la distinzione tra morale e politica che è uno degli aspetti di maggiore novità del pensiero di Machiavelli?

2.4 Quale concezione della natura umana emerge da questo brano? Motiva la tua risposta con esempi tratti dal testo.

2.5 In quali aspetti del testo si possono riconoscere valori e temi della civiltà rinascimentale?

2.6 Analizza la sintassi e il lessico: che caratteristiche presentano? In che modo le scelte stilistiche riflettono il pensiero di Machiavelli e il suo obiettivo?

> Ti suggeriamo alcune domande utili per individuare le caratteristiche richieste: prevale l'ipotassi o la paratassi? Il lessico è aulico e ricercato o concreto e realistico? I procedimenti retorici hanno una funzione ornamentale o espressiva? Cerca quindi di spiegare come la struttura sintattica rifletta la struttura logica del pensiero di Machiavelli e il suo intento pragmatico

3 Interpretazione complessiva e approfondimenti

Facendo riferimento ad altri brani del *Principe* illustra le novità della riflessione politica di Machiavelli nel particolare contesto storico in cui concepisce il suo trattato.

> Si tratta di **individuare le novità** rispetto a
> – la figura del principe
> – le sue "virtù"
> – il rapporto virtù-fortuna
> di **confrontarle** con la tradizione della trattatistica politica
> e di **metterle in relazione** con le particolari circostanze storiche in cui viene scritto il *Principe*.

Analisi di un testo in versi

Negli anni acerbi tuoi purpurea rosa
Torquato Tasso, *Rime*

Negli anni acerbi[1] tuoi purpurea rosa
sembravi tu, ch'a i rai[2] tepidi, a l'ôra[3]
non apre 'l sen[4], ma nel suo verde[5] ancora
4   verginella s'asconde e vergognosa;

o più tosto parei[7], ché mortal cosa
non s'assomiglia a te, celeste aurora
che la campagna imperla e i monti indora
8   lucida[8] in ciel sereno e rugiadosa.

Or la men verde età nulla a te toglie;
né te, benché negletta[9], in manto adorno
11   giovinetta beltà vince o pareggia.

Così più vago[10] è 'l fior poi che le foglie
spiega odorate, e 'l sol nel mezzo giorno
14   via più che nel mattin luce[11] e fiammeggia.

Torquato Tasso (Sorrento 1544 - Roma 1595), interprete esemplare del Manierismo, esprime nelle sue opere – dalla *Gerusalemme liberata* alle *Rime* – le inquietudini e le oscillazioni poetico-ideologiche dell'età della Controriforma. La vastissima produzione lirica di Tasso è assai eterogenea sul piano tematico. Il sonetto proposto, dedicato a Lucrezia d'Este, appartiene alle liriche a scopo encomiastico, il che non impedisce un'originale meditazione sullo scorrere del tempo.

[1] **anni acerbi**: la giovinezza
[2] **rai**: raggi
[3] **ôra**: aura, cioè aria, brezza
[4] **'l sen**: la corolla
[5] **verde**: bocciolo chiuso
[6] **vergognosa**: timida
[7] **parei**: parevi
[8] **lucida**: limpida
[9] **negletta**: dimessa, disadorna
[10] **vago**: bello
[11] **luce**: splende

1 Comprensione del testo

1.1 Fai la parafrasi
Nella giovinezza tu eri simile [.....]
[.....]
[.....]
si nasconde timida come una fanciulla;

o piuttosto lo sembravi, perché una cosa mortale
non assomiglia a te, [.....]
[.....]
[.....]

Ora la meno giovane età non ti toglie nulla;
[.....]
[.....]

Così [.....]
[.....] e il sole a mezzogiorno
splende ancor più che al mattino.

1.2 Come viene sviluppato il tema della lode della donna attraverso il paragone con la rosa?

L'originalità consiste nel fatto che il tema della rapida sfioritura del fiore come della bellezza è sostituito da quello [.....]. Così Lucrezia, bella come un bocciolo da giovane, [.....].

> Il paragone tra la bellezza femminile e la rosa appartiene alla tradizione della lirica d'amore, ma qui è trattato in un **senso particolare**: confronta la similitudine iniziale con quella della **strofa conclusiva**

2 Analisi del testo

2.1 Riconosci la forma metrica e lo schema delle rime
Si tratta di un sonetto con schema [.....]

2.2 Analizza il rapporto tra metrica e sintassi: come incide sul ritmo?
Nella lirica proposta metrica e sintassi [.....]. In questo modo il ritmo risulta [.....].

> La domanda non chiede solo di individuare se sintassi e metro coincidono o meno, ma di spiegare l'effetto ritmico

2.3 Il tema della bellezza femminile è sviluppato attraverso una serie di similitudini: individuale.
Le similitudini sono: [.....].

> Le similitudini sono **cinque**

2.4 Spiega come si risolve nella terza strofa il confronto tra la bellezza della donna matura celebrata dal poeta e la bellezza giovanile.
Lo scorrere del tempo non ha tolto nulla alla bellezza della donna matura, tanto che [.....]. Il confronto si risolve [.....].

> Tieni presente che in questa contrapposizione è racchiusa **l'idea centrale** della poesia

2.5 Quali aspetti, sul piano metrico-ritmico e sul quello tematico, riflettono la sensibilità manierista di Tasso?
[.....]

> Considera le **risposte 1.1 e 2.2.**; inoltre ricorda le **dichiarazioni di poetica** di Tasso

3 Interpretazione complessiva e approfondimenti

Illustra i caratteri della lirica d'amore del Cinquecento, dal Rinascimento al Manierismo, soffermandoti sui modelli cui si ispira e sui valori estetici ed etici di cui è portatrice.

Classe quarta

Analisi di un testo narrativo in prosa

L'amore e le illusioni
Ugo Foscolo, *Le ultime lettere di Jacopo Ortis*, lettera del 15 maggio

Dopo quel bacio[1] io son fatto divino. Le mie idee sono più alte e ridenti, il mio aspetto più gajo, il mio cuore più compassionevole. Mi pare che tutto s'abbellisca a' miei sguardi; il lamentar degli augelli, e il bisbiglio de' zefiri[2] fra le frondi son oggi più soavi che mai; le piante si fecondano, e i fiori si colorano sotto a' miei piedi; non fuggo più gli uomini, e tutta la Natura mi sembra mia. Il mio ingegno è tutto bellezza e armonia. Se dovessi scolpire o dipingere la Beltà, io sdegnando ogni modello terreno la troverei nella mia immaginazione. O Amore! le arti belle sono tue figlie; tu primo hai guidato su la terra la sacra poesia, solo alimento degli animali generosi[3] che tramandano dalla solitudine i loro canti sovrumani sino alle più tarde generazioni, spronandole con le voci e co' pensieri spirati dal cielo ad altissime imprese: tu raccendi ne' nostri petti la sola virtù utile a' mortali, la Pietà, per cui sorride talvolta il labbro dell'infelice condannato ai sospiri: e per te[4] rivive sempre il piacere fecondatore degli esseri, senza del quale tutto sarebbe caos e morte. Se tu fuggissi, la Terra diverrebbe ingrata; gli animali, nemici fra loro; il Sole, foco malefico; e il Mondo, pianto, terrore e distruzione universale. Adesso che l'anima mia risplende di un tuo raggio, io dimentico le mie sventure; io rido delle minacce della fortuna[5], e rinunzio alle lusinghe[6] dell'avvenire. – O Lorenzo! sto spesso sdrajato su la riva del lago de' cinque fonti: mi sento vezzeggiare[7] la faccia e le chiome dai venticelli che alitando sommovono l'erba, e allegrano i fiori, e increspano le limpide acque del lago. Lo credi tu? io delirando deliziosamente mi veggo dinanzi le Ninfe ignude, saltanti, inghirlandate di rose, e invoco in lor compagnia le Muse e l'Amore; e fuor dei rivi[8] che cascano sonanti e spumosi, vedo uscir sino al petto con le chiome stillanti sparse su le spalle rugiadose, e con gli occhi ridenti le Najadi[9], amabili custodi delle fontane. *Illusioni!* grida il filosofo. – Or non è tutto illusione? tutto! Beati gli antichi che si credeano degni de' baci delle immortali dive del cielo; che sacrificavano alla Bellezza e alle Grazie[10]; che diffondeano lo splendore della divinità su le imperfezioni dell'uomo, e che trovavano il BELLO ed il VERO accarezzando gli idoli della lor fantasia! *Illusioni!* ma intanto senza di esse io non sentirei la vita che nel dolore, o (che mi spaventa ancor più) nella rigida e nojosa indolenza: e se questo cuore non vorrà più sentire, io me lo strapperò dal petto con le mie mani, e lo caccerò come un servo infedele.

---

[1] **quel bacio**: il bacio di Teresa.
[2] **zefiri**: brezze.
[3] **animali generosi**: uomini dai grandi sentimenti, dalle forti passioni.
[4] **per te**: grazie a te [cioè all'amore].
[5] **fortuna**: sorte.
[6] **lusinghe**: promesse allettanti.
[7] **vezzeggiare**: accarezzare.
[8] **rivi**: ruscelli.
[9] **Najadi**: le ninfe delle fonti.
[10] **Grazie**: le antiche divinità portatrici di armonia e civiltà.

Ugo Foscolo (Zante 1778 - Londra 1827), il massimo poeta neoclassico italiano, scrisse *Le ultime lettere di Jacopo Ortis* tra il 1796 e il 1798, rielaborando suggestioni letterarie come *I dolori del giovane Werther* di Goethe e spunti autobiografici. Nel romanzo foscoliano il giovane protagonista, animato da forti passioni e generosi ideali patriottici, viene schiacciato dalla duplice delusione amorosa e politica.

1 Comprensione del testo

Riassumi il contenuto informativo del testo in massimo 200 parole/10 righe.

2 Analisi del testo

2.1 Sul piano tematico la lettera è articolata in tre parti: individuale e trova per ciascuna un titolo che ne sintetizzi il contenuto, completando la seguente tabella.

parti	titolo
rr. 1 - 8	
rr. 9 - 27	Esaltazione dell'amore
rr. 28 - 36	

2.2 A chi appartiene la voce narrante e chi è il suo destinatario? Qual è il rapporto tra narratore, protagonista e autore?

La voce narrante appartiene a Jacopo Ortis che è [.....] e si rivolge [.....]. Il protagonista [.....]

> Tieni presenti le informazioni di cui sei in possesso sull'intero romanzo e in particolare sulla sua natura di **romanzo epistolare**. Rifletti poi sui **rapporti tra la figura letteraria** di Ortis, la sua personalità, la sua vicenda, e quella di **Foscolo**

2.3 Individua e spiega qual è il rapporto tra l'amore e le "illusioni".

2.4 Com'è rappresentata la natura nella lettera proposta? A quale tradizione culturale e letteraria fa riferimento? Da quali elementi lo si desume?

La natura è rappresentata in modo non realistico, ma come uno spazio immaginario, infatti [.....] La tradizione culturale cui fa riferimento la rappresentazione della natura è [.....]

> Osserva la descrizione delle rr. 23-28 e rifletti sia sugli **aspetti formali** sia sul **contenuto**, soprattutto per quanto riguarda la **funzione della natura** rispetto al protagonista

2.5 Quale conflitto è espresso nella parte conclusiva della lettera?

> Tieni presente l'antitesi illusioni/filosofia o ragione

2.6 Analizza e illustra lo stile della lettera, prendendo in considerazione la sintassi, il lessico, i procedimenti retorici. Quindi spiega come in tale stile si riconoscano le caratteristiche fondamentali della poetica foscoliana in particolare dell'*Ortis*.

> L'analisi deve individuare e illustrare la compresenza di **elementi neoclassici e protoromantici**

3 Interpretazione complessiva e approfondimenti

Facendo riferimento anche ad altre opere, illustra il ruolo delle illusioni nella poetica foscoliana e individuane le possibili radici nel contesto storico-ideologico in cui operò l'autore.

> L'approfondimento è articolato in due richieste
> – un'operazione infratestuale: l'**esposizione della teoria delle illusioni** nell'opera complessiva di Foscolo (puoi fare riferimento ai sonetti maggiori e in particolare ai *Sepolcri*)
> – la ricerca delle **origini di tale teoria**, in cui dovrai **argomentare** le tue affermazioni (elementi biografici, caratteri ed evoluzione della produzione letteraria, interpretazioni critiche ecc.)

Analisi di un testo in versi

Alta è la notte
Vincenzo Monti, *Pensieri d'amore*, 1783

Alta[1] è la notte, ed in profonda calma
dorme il mondo sepolto, e in un con esso
par la procella del mio cor sopita[2].
Io balzo fuori delle piume[3], e guardo;
5   e traverso alle nubi, che del vento
squarcia e sospinge l'iracondo soffio[4],
veggo del ciel per gl'interrotti campi[5]
qua e là deserte[6] scintillar le stelle.
Oh vaghe[7] stelle! e voi cadrete adunque,
10 e verrà tempo che da voi l'Eterno
ritiri il guardo, e tanti Soli estingua?
E tu pur anche coll'infranto carro[8]
rovesciato cadrai, tardo Boote[9],
tu degli artici lumi[10] il più gentile?
15 Deh, perché mai la fronte or mi discopri[11],
e la beata notte mi rimembri[12],
che al casto fianco dell'amica[13] assiso[14]
a' suoi begli occhi t'insegnai[15] col dito!
Al chiaror di tue rote[16] ella ridenti
20 volgea le luci[17]; ed io per gioia intanto
a' suoi ginocchi mi tenea prostrato[18]
più vago oggetto[19] a contemplar rivolto,
che d'un tenero cor meglio i sospiri,
meglio i trasporti meritar sapea.
25 Oh rimembranze! oh dolci istanti! io dunque,
dunque io per sempre v'ho perduti, e vivo?[20]
e questa è calma di pensier? son questi
gli addormentati affetti? Ahi, mi deluse[21]
della notte il silenzio, e della muta
30 mesta Natura il tenebroso aspetto!
Già di nuovo a suonar l'aura comincia

---

[1] **Alta**: profonda (latinismo)
[2] **in un ... sopita**: e insieme al mondo (*con esso*) sembra placata (*sopita*) la furiosa tempesta (*procella*) dei sentimenti che agitano il mio cuore
[3] **piume**: letto
[4] **che del vento ... soffio**: che l'irato (*iracondo*) soffio del vento squarcia e sospinge
[5] **gl'interrotti campi**: la distesa del cielo interrotta dalle nuvole
[6] **deserte**: solitarie
[7] **vaghe**: belle
[8] **carro**: il Gran Carro, formato dalle sette stelle più brillanti della costellazione dell'Orsa Maggiore
[9] **tardo Boote**: costellazione a sud del timone del Gran Carro. È detto *tardo*, cioè lento, perché essendo più vicino al Polo, sembra muoversi lentamente. Secondo la mitologia greca fu trasformato in questa costellazione Arcade, figlio della ninfa Callisto, a sua volta trasformata in Orsa Maggiore
[10] **artici lumi**: stelle del polo Artico, quindi settentrionali
[11] **la fronte or mi discopri**: mi appari
[12] **rimembri**: ricordi
[13] **amica**: la donna amata
[14] **assiso**: seduto
[15] **t'insegnai**: ti indicai
[16] **rote**: le stelle che compongono le ruote del carro
[17] **luci**: occhi
[18] **prostrato**: chinato (inginocchiato davanti a lei)
[19] **vago oggetto**: il volto della donna (più *"vago"* delle stelle)
[20] **v'ho perduti, e vivo?**: riesco ancora a vivere dopo avervi perduti?
[21] **deluse**: ingannò

de' miei sospiri, ed in più larga vena[22]
già mi ritorna su le ciglia il pianto.

Vincenzo Monti (Alfonsine 1754 - Milano 1828), poeta neoclassico, ebbe un lunga e variegata carriera culminata nel ruolo di cantore ufficiale del potere napoleonico. La raccolta *Pensieri d'amore*, da cui è tratta la lirica proposta, è ispirata a Goethe e rivela influenze della sensibilità protoromantica.

[22] **in più larga vena**: più abbondantemente

1 Comprensione del testo

Riassumi il contenuto informativo del testo in non più di 150 parole.

È notte fonda e il poeta dorme come tutta la natura. Improvvisamente [.....]. Si rivolge all'Orsa Maggiore che [.....]. Quindi il poeta si dispera perché [.....] e scoppia in pianto.

*In questo caso non ti è richiesta la parafrasi ma un riassunto, che dovrai stendere secondo le **indicazioni** del cap. 2.2. in Le competenze di base*

2 Analisi del testo

2.1 Qual è il metro utilizzato nella lirica proposta? Il frequente ricorso all'*enjambement* rende il testo più fluido o più frantumato?

2.2 Analizza e definisci la struttura del testo sul piano tematico individuando le quattro sequenze in cui può essere articolato. Completa la tabella.

Ricorda che la struttura tematica può essere lineare, circolare, parallela

versi	contenuto
1-3	Il poeta condivide la pace della natura nella notte
4-14	[.....]
15-24	[.....]
25-33	Il silenzio della notte non gli porta consolazione, ma risveglia il suo dolore per la perdita dell'amore

La struttura del testo sul piano tematico è [.....]: infatti [.....].

2.3 Che figura retorica riconosci nel verso 4? Qual è il suo valore espressivo?

*Oltre a riconoscere la figura retorica devi **interpretarne** il valore espressivo. Perché il poeta ha scelto di usare "piume" per significare "letto"?*

2.4 Quale, tra le aree semantiche dell'inquietudine, del ricordo, della felicità, ti sembra prevalere nella lirica? Motiva la tua risposta con esempi.

2.5 In quali versi emergono temi e stati d'animo più vicini alla sensibilità romantica?

2.6 Il tono della lirica è aulico e letterario: illustra questo giudizio con alcuni esempi tratti dal testo. A quale poetica rimandano?

> Osserva il lessico, la sintassi, la costruzione del periodo, il ricorso a immagini mitologiche

3 Interpretazione complessiva e approfondimenti

Facendo riferimento anche ad altre opere e ad altri autori, spiega come, nel secondo Settecento, si trasformi la visione della natura e muti il significato del paesaggio nella letteratura.

> L'approfondimento richiede:
> – l'**illustrazione** della visione della natura nella letteratura del periodo considerato (tenendo presente che non è univoca)
> – un **confronto** con la visione della natura nella tradizione letteraria
> – alcune **esemplificazioni** del confronto attraverso opere e autori che conosci

Classe quinta

Analisi di un testo narrativo in prosa

Trentanove
Giorgio Manganelli, *Centuria. Cento piccoli romanzi fiume*, 1979

Un'ombra corre veloce tra i reticolati, le trincee, i profili notturni delle armi; il portaordini ha fretta, lo guida una furia felice, una impazienza senza tregua. Ha in mano un plico[1], e deve consegnarlo all'ufficiale che comanda quel ridotto[2], luogo di molti morti, di molti fragori e lamenti e imprecazioni. Passa il portaordini agile tra i grandi meati[3] della lunga guerra. Ecco, ha raggiunto il comandante: un uomo taciturno, attento ai rumori notturni, ai frastuoni lontani, ai rapidi fuochi inafferrabili. Il portaordini saluta, il comandante – un uomo non più giovane, il volto rugoso – scioglie il plico, lo apre, legge. Lo sguardo rilegge, attento. "Che vuol dire?" stranamente chiede al portaordini, poiché il messaggio chiaro, e chiare e comuni sono le parole con cui è stato scritto. "La guerra è finita, comandante" conferma il portaordini. Guarda l'orologio al polso: "È finita da tre minuti". Il comandante alza il volto; e con infinito stupore il portaordini vede su quel volto qualcosa di incomprensibile: un principio di orrore, di sgomento, di furore. Il comandante trema, trema d'ira, di rancore, di disperazione. "Vattene, carogna", ordina al portaordini: questi non capisce, e il comandante si alza e lo colpisce con la

---

[1] **plico**: insieme di documenti piegati e sigillati n un involucro

[2] **ridotto**: piccola area fortificata a scopo difensivo

[3] **meati**: passaggi, aperture

mano, in faccia. "Via, o ti uccido". Il portaordini fugge, gli occhi pieni di lacrime, di paura, quasi lo sgomento del comandante l'avesse contagiato. Dunque, pensa il comandante, la guerra è finita. Si torna alla morte naturale. Si accenderanno le luci. Dalla posizione nemica sente venire delle voci: qualcuno grida, piange, canta. Qualcuno accende una lanterna. La guerra è dovunque, non c'è più alcuna traccia di guerra, le armi sono definitivamente inutili. Quante volte hanno mirato per ucciderlo, quegli uomini che cantano? Quanti uomini ha ucciso e fatto uccidere, nella legittimità della guerra? Perché la guerra legittima la morte violenta. E ora? Il comandante ha il volto coperto di lacrime. Non è vero: bisogna far capire subito, una volta per sempre, che la guerra non può finire. Lentamente, faticosamente, solleva l'arma e prende la mira di quegli uomini che cantano, ridono, si abbracciano, i nemici pacificati. Senza esitazione, comincia a sparare.

Giorgio Manganelli (Milano 1922 - Roma 1990) è stato uno scrittore, saggista, giornalista e traduttore. Esponente del Gruppo 63, ha seguito un originale percorso di sperimentatore delle forme narrative. Nella raccolta *Centuria*, da cui è tratto questo racconto, i brevi testi propongono una visione sarcastica e paradossale della realtà.

1 Comprensione del testo

1.1 Riassumi il racconto in non più di 60 parole.

2 Analisi del testo

2.1 Spazio e tempo in cui si svolge la vicenda sono indeterminati e i personaggi anonimi. Qual è il significato di questa scelta stilistica?

2.2 A quale delle possibili tipologie appartiene la voce narrante? E la focalizzazione? Con quale tecnica narrativa è realizzata?

> Presta attenzione al fatto che **voce narrante** e **focalizzazione** sono due concetti diversi. Per individuare la tecnica narrativa osserva le modalità con cui sono riportati i pensieri dei personaggi

2.3 Quali personaggi agiscono? Hanno una funzione simbolica? Se sì, quale?

2.4 Nel primo periodo emerge una figura retorica di forte valore espressivo: "furia felice". Individua la figura retorica e commentala.

> Si tratta in primo luogo di **distinguere** tra ipotassi e paratassi, quindi di **interpretare**. Quale effetto ottiene nella narrazione dell'episodio la struttura sintattica scelta dall'autore?

2.5 Da quale tipo di struttura sintattica è caratterizzato il testo? Che effetto ottiene?

2.6 Pur nella sua essenzialità, lo stile è fortemente letterario. Motiva questo giudizio con esempi tratti dal testo.

> Oltre alle osservazioni emerse nelle risposte 2.4 e 2.5, osserva la presenza di **figure retoriche**, la **disposizione delle parole** (coppie, terne), la qualità del lessico

1.7 Paradosso e straniamento: ti sembra che questi concetti si possano applicare alla breve prosa di Manganelli? Perché?

> Ricorda entrambi questi concetti hanno a che fare con il **rovesciamento della logica** comune

3 Interpretazione complessiva e approfondimenti

A un primo livello letterale il significato del breve racconto rimanda a una riflessione sulla guerra, della cui irrazionalità può rappresentare una denuncia. Può anche essere interpretato simbolicamente come un apologo filosofico su tematiche tipicamente novecentesche, quali il malessere esistenziale, l'alienazione, l'insofferenza per la normalità del quotidiano (la "morte naturale"). Rifletti su quest'ultima interpretazione e argomenta le tue opinioni in merito.

> L'approfondimento richiede una **riflessione sulle due possibili interpretazioni** – una letterale e una simbolica – e un'**argomentazione** in merito alla seconda possibilità. È particolarmente importante, a questo proposito, la **contestualizzazione storico-sociale** all'origine del disagio esistenziale tipicamente novecentesco

Analisi di un testo in versi

La stanza
Giorgio Caproni, *Il seme del piangere*, 1959

La stanza dove lavorava
tutta di porto odorava.
Che bianche e vive folate
4   v'entravano, e di vele alzate!

Prendeva di rimorchiatore
battendole in petto, il cuore.
Prendeva d'aperto e di vita
8   il lino, tra le sue dita.

Ragazzi in pantaloni corti
e magri, lungo i Fossi[1],
aizzandosi per nome
12   giocavano, a pallone.

(Annina li guardava
di sottecchi, e come
– di voglia – accelerava
16   l'ago, che luccicava!)

---

[1] **Fossi**: i canali Medicei di Livorno

Giorgio Caproni (Livorno 1912 - Roma 1990), poeta e traduttore, ha rappresentato una voce isolata nella poesia italiana del Novecento. Iniziò a comporre negli anni Trenta, ma la sua estraneità rispetto alle correnti dominanti nel panorama letterario ne ritardò il riconoscimento da parte della critica, riconoscimento che giunse solo alla fine degli anni Cinquanta. *Il seme del piangere* è una delle sue più interessanti raccolte, in cui l'apparente leggerezza e la semplicità formale si combinano a una profonda tematica esistenziale, segnata soprattutto dal trauma del distacco dalla madre e dalla città natale.

1 Comprensione del testo

Presenta con parole tue la scena raffigurata nella lirica.
Nella scena raffigurata nella lirica Annina, la madre del poeta, sta [.....].

> Si comincia con l'individuare la **protagonista** della scena, quindi quello che **sta facendo**, infine lo **sfondo** su cui si colloca la sua azione

2 Analisi del testo

2.1 Analizza la forma metrica: quali versi sono utilizzati? Le rime seguono uno schema rigido? Com'è il rapporto tra metrica e sintassi?

2.2 La sintassi è caratterizzata dal ripetersi di una figura retorica dell'ordine: quale? Portane alcuni esempi.

> Osserva in particolare le **prime due strofe**

2.3 Immagini e suoni hanno un ruolo centrale nel testo. Individuali e interpretane il valore evocativo.

2.4 Prendendo in considerazione soprattutto l'ultima strofa spiega che ruolo ha lo spazio esterno (la strada, il porto) nel delineare la figura della madre e l'atmosfera della lirica.

2.5 Lo stesso Caproni ha dichiarato in una poesia la sua preferenza per un'"eleganza povera". Ti sembra che questa definizione si possa applicare anche a questa lirica? Perché?

> Puoi cominciare a spiegare la definizione in generale, quindi puoi passare ad applicarla alla lirica in esame considerando
> – da un lato il lessico, il tipo di rime
> – dall'altro il ritmo, la costruzione sintattica, l'uso della punteggiatura.
> Utilizza le osservazioni che risultano dall'analisi condotta fin qui

3 Interpretazione complessiva e approfondimenti

Illustra ed esemplifica, con riferimenti ad altri testi dello stesso autore o di altri poeti, l'irruzione del quotidiano nella poesia novecentesca e interpreta il significato di questa innovazione tematica.

> L'approfondimento richiede
> – un'**esposizione** con esempi del fenomeno indicato
> – un'**argomentazione**, sempre appoggiata a riferimenti infratestuali e extratestuali, che lo interpreti.
> I poeti cui puoi riferirti sono per esempio Saba, Giudici, Bertolucci, ma anche Pascoli, Gozzano, i crepuscolari

Esercizi comuni per tutte le classi

Analisi di un testo non narrativo in prosa

Misurare il tempo
Claudio Magris, da *Danubio*, 1987

Si vivono come contemporanei eventi accaduti da molti anni o da decenni, e si sentono lontanissimi, definitivamente cancellati, fatti e sentimenti vecchi di un mese. Il tempo si assottiglia, si allunga, si contrae, si rapprende in grumi che sembra di toccare con mano o si dissolve come banchi di nebbia che si dirada e svanisce nel nulla: è come se avesse molti binari, che s'intersecano e si divaricano, sui quali esso corre in direzioni differenti e contrarie. Da qualche anno il 1918 si è riavvicinato; la fine dell'impero asburgico, già svanita nel passato, è ritornata presente, oggetto di appassionate dispute.

Non c'è un unico treno del tempo, che porta in un'unica direzione a velocità costante; ogni tanto s'incrocia un altro treno, che viene incontro dalla parte opposta, dal passato, e per un certo tempo quel passato ci è accanto, è al nostro fianco, nel nostro presente. Le unità del tempo – quelle che i manuali di storia classificano, per esempio, come il periodo quaternario o l'età augustea e le cronache della nostra esistenza come gli anni del liceo o l'era dell'amore per una persona – sono misteriose, difficilmente commensurabili. I quarant'anni dalla Repubblica di Salò[1] sembrano brevi, i quarantatré della *belle époque*[2] invece lunghissimi; l'impero napoleonico pare tanto più lungo di quello democristiano[3], che si è protratto tanto di più.

I grandi storici, come Braudel, si sono cimentati soprattutto con questo aspetto sfingico della durata, con l'ambiguità e la polivalenza di ciò che si chiama "contemporaneo". Questa parola assume significati diversi, come nei racconti di fantascienza, a seconda dei movimenti nello spazio: Francesco Giuseppe[4] è un contemporaneo per chi vive a Gorizia e s'imbatte nei segni di una sua presenza nel mondo che lo circonda, mentre appartiene a un evo lontano per chi vive a Vignale Monferrato.

Claudio Magris (Trieste 1939). Saggista e autore di testi narrativi e teatrali, si è occupato in particolare della cultura mitteleuropea e della letteratura del "mito asburgico". Di tale interesse è una testimonianza *Danubio*, una sorta di diario e di riflessioni storico-filosofiche scaturite durante un viaggio lungo il corso del fiume.

---

[1] **Repubblica di Salò**: il regime fascista repubblicano instaurato il 23 settembre 1943 da Benito Mussolini nelle regioni centro-settentrionali italiane sotto l'occupazione tedesca. La denominazione ufficiale era Repubblica Sociale Italiana

[2] **belle époque**: il periodo storico-culturale compreso tra la fine dell'Ottocento e lo scoppio della prima guerra mondiale.
[3] **quello democristiano**: l'autore definisce impero democristiano il periodo che, dalla fine della seconda guerra mondiale agli anni Ottanta, vide la Democrazia Cristiana pressoché ininterrottamente alla guida del Paese
[4] **Francesco Giuseppe**: imperatore d'Austria dal 1848 al 1816. Dell'impero asburgico faceva parte anche il Friuli, in cui si trova la città di Gorizia

1 Comprensione del testo

1.1 Riassumi il testo in non più di 150 parole.

> Per fare un riassunto corretto ed efficace tieni presente che si tratta di un testo argomentativo. Dovrai quindi **individuare tesi e argomenti**

1.2 Che cosa significa l'espressione "aspetto sfingico della durata"?

> Per spiegare l'espressione richiesta devi **sciogliere la metafora** implicita nell'aggettivo "sfingico" e **spiegare il concetto** di "durata"

2 Analisi del testo

2.1 Con quale tipo di argomenti l'autore sostiene la propria tesi?
Magris sostiene la propria tesi con [.....], come [.....]

2.2 La tesi del brano è illustrata attraverso una metafora fondamentale: individuala e spiegane il significato.
La metafora fondamentale utilizzata per illustrare la tesi è [.....]. Infatti come [.....], il tempo [.....].

2.3 Che valore hanno, secondo te, alcuni riferimenti a un generico vissuto personale come "gli anni del liceo o l'era dell'amore per una persona" o "Francesco Giuseppe è un contemporaneo per chi vive a Gorizia"?

2.4 Nel brano sono presenti alcune figure retoriche come l'accumulazione, la similitudine, la metafora: individuale e illustrane il valore espressivo. Che carattere stilistico conferiscono al testo?

> Si tratta di figure retoriche piuttosto comuni e facilmente riconoscibili. Presta attenzione all'**interpretazione**: tieni presente che tali procedimenti si trovano in un testo argomentativo

3 Interpretazione complessiva e approfondimenti

Il tema della diversa percezione del tempo in relazione a fattori storici, spaziali, di sensibilità personale, è stato al centro della riflessione di molti letterati, filosofi, pensatori. Illustra e confronta le considerazioni che hanno sviluppato in merito alcuni autori che conosci, mettendo in evidenza affinità e differenze. In alternativa, esprimi le tue riflessioni ed esperienze in relazione a questa tematica e alla tesi di Magris.

> L'approfondimento in questo caso ti propone due opzioni:
> – un'**illustrazione di tipo extratestuale** che si deve appoggiare a conoscenze **letterarie e filosofiche** (relative ai programmi del tuo anno scolastico). Dovrai quindi produrre un **testo espositivo**.
> – l'**illustrazione di una tua opinione** sul tema e sulla tesi proposte. Dovrai quindi produrre un **testo argomentativo**

Speciale quinta

L'analisi del testo nella prima prova dell'esame di Stato

Se si osservano le analisi del testo proposte nella prima prova dell'esame di Stato si può notare che, specialmente negli ultimi anni, presentano alcune specificità rispetto a quelle presenti nei manuali di letteratura e a quelle somministrate dai docenti.

Nel quinquennio delle superiori le prove di verifica hanno l'obiettivo di accertare l'acquisizione delle singole conoscenze e competenze oggetto del percorso didattico; si pongono poi anche uno scopo di esercitazione e formativo. Pertanto le domande sono puntuali e dettagliate, in modo da guidare lo studente nell'osservazione e nell'interpretazione degli aspetti più significativi da mettere in rilievo, allo scopo di sviluppare una sua autonoma capacità di interrogare il testo.

Alla fine della quinta si presume che questo percorso sia sostanzialmente compiuto e che lo studente sia autonomamente in grado di individuare e di interpretare gli aspetti – tematici, linguistici, stilistici – che caratterizzano un testo.

Le consegne dell'analisi del testo nella prima prova dell'esame di Stato spesso sono "aperte": cioè, più che proporre richieste precise e circostanziate, indicano gli ambiti su cui svolgere l'analisi.

La prova può risultare così più complessa, perché le consegne sono meno guidate e possono presentare richieste implicite. Consegne quali "Soffermati sugli aspetti formali ...", "Spiega l'espressione...", "Chiarisci i versi...", anche se non lo esplicitano, richiedono che lo studente non solo individui gli aspetti indicati, o dia la spiegazione di un verso o di un'espressione, ma li interpreti e li commenti alla luce del significato complessivo del testo, delle intenzioni dell'autore, del suo pensiero, del movimento cui eventualmente appartiene.

Nello stesso tempo è più libera: lo studente può mettere in campo le sue globali capacità di lettura, di comprensione e di interpretazione senza dover sempre necessariamente utilizzare specifiche nozioni tecniche.

Inoltre, come si vedrà negli esempi e negli esercizi proposti di seguito, spesso la formulazione delle domande nonché le note al testo e quelle introduttive sull'opera e sull'autore forniscono indicazioni utili allo svolgimento della prova.

È quindi fondamentale leggere con attenzione sia gli apparati che accompagnano il testo sia le consegne.

Un altro "problema" che può presentarsi nella prova dell'esame di Stato è che non solo il testo proposto non sia noto (circostanza molto probabile e comunque non nuova, dato che è consuetudine didattica somministrare prove d'analisi di testi non conosciuti), ma che neppure il suo autore sia stato trattato nel corso dell'anno. Di per sé questa circostanza non esclude la possibilità di svolgere la prova. Infatti, da quanto si è detto in precedenza, si deduce che la conoscenza dell'autore, delle sue opere, della sua poetica è un requisito **non indispensabile**. È piuttosto raccomandabile dare una prima lettura – anche rapida – sia al testo sia alle consegne, per rendersi conto del livello di difficoltà e verificare di averne compreso le linee generali.

Anche in questo caso gli apparati di informazioni e di note forniscono indicazioni utili; anche la consegna conclusiva relativa alla comprensione complessiva e agli approfondimenti spesso offre un'alternativa di svolgimento che non comporta la conoscenza dell'autore ma implica unicamente una più generale preparazione letteraria e culturale sulle tematiche trattate nel testo proposto.

Un esempio...
Per illustrare quanto esposto fin qui, prendiamo come esempio l'analisi proposta nella sessione ordinaria d'esame del 2013.

Claudio Magris, dalla *Prefazione* de *L'infinito viaggiare,* Mondadori, Milano 2005.

Non c'è viaggio senza che si attraversino frontiere – politiche, linguistiche, sociali, culturali, psicologiche, anche quelle invisibili che separano un quartiere da un altro nella stessa città, quelle tra le persone, quelle tortuose che nei nostri inferi sbarrano la strada a noi stessi. Oltrepassare frontiere; anche amarle – in quanto definiscono una realtà, un'individualità, le danno forma, salvandola così dall'indistinto – ma senza idolatrarle, senza farne idoli che esigono sacrifici di sangue. Saperle flessibili, provvisorie e periture, come un corpo umano, e perciò degne di essere amate; mortali, nel senso di soggette alla morte, come i viaggiatori, non occasione e causa di morte, come lo sono state e lo sono tante volte. Viaggiare non vuol dire soltanto andare dall'altra parte della frontiera, ma anche scoprire di essere sempre pure dall'altra parte. In *Verde acqua* Marisa Madieri, ripercorrendo la storia dell'esodo degli italiani da Fiume dopo la Seconda guerra mondiale, nel momento della riscossa slava che li costringe ad andarsene, scopre le origini in parte anche slave della sua famiglia in quel momento vessata dagli slavi in quanto italiana, scopre cioè di appartenere anche a quel mondo da cui si sentiva minacciata, che è, almeno parzialmente, pure il suo.

Quando ero un bambino e andavo a passeggiare sul Carso, a Trieste, la frontiera che vedevo, vicinissima, era invalicabile, – almeno sino alla rottura fra Tito e Stalin e alla normalizzazione dei rapporti fra Italia e Jugoslavia – perché era la Cortina di Ferro, che divideva il mondo in due. Dietro quella frontiera c'erano insieme l'ignoto e il noto. L'ignoto, perché là cominciava l'inaccessibile, sconosciuto, minaccioso impero di Stalin, il mondo dell'Est, così spesso ignorato, temuto e disprezzato. Il noto, perché quelle terre, annesse dalla Jugoslavia alla fine della guerra, avevano fatto parte dell'Italia; ci ero stato più volte, erano un elemento della mia esistenza. Una stessa realtà era insieme misteriosa e familiare; quando ci sono tornato per la prima volta, è stato contemporaneamente un viaggio nel noto e nell'ignoto. Ogni viaggio implica, più o meno, una consimile esperienza: qualcuno o qualcosa che sembrava vicino e ben conosciuto si rivela straniero e indecifrabile, oppure un individuo, un paesaggio, una cultura che ritenevamo diversi e alieni si mostrano affini e parenti. Alle genti di una riva quelle della riva opposta sembrano spesso barbare, pericolose e piene di pregiudizi nei confronti di chi vive sull'altra sponda. Ma se ci si mette a girare su e giù per un ponte, mescolandosi alle persone che vi transitano e andando da una riva all'altra fino a non sapere più bene da quale parte o in quale paese si sia, si ritrova la benevolenza per se stessi e il piacere del mondo.

Claudio Magris è nato a Trieste nel 1939. Saggista, studioso della cultura mitteleuropea e della letteratura del "mito asburgico", è anche autore di testi narrativi e teatrali.

1 Comprensione del testo

Dopo un'attenta lettura, riassumi il contenuto del testo.

2 Analisi del testo

2.1 Soffermati sugli aspetti formali (lingua, lessico, ecc.) del testo.
2.2 Soffermati sull'idea di frontiera espressa nel testo.
2.3 Soffermati sull'idea di viaggio espressa nel testo.
2.4 Spiega l'espressione "si ritrova la benevolenza per se stessi e il piacere del mondo".
2.5 Esponi le tue osservazioni in un commento personale di sufficiente ampiezza.

3 Interpretazione complessiva e approfondimenti

Proponi una interpretazione complessiva del testo proposto, facendo riferimento ad altri testi di Magris e/o di altri autori del Novecento. Puoi fare riferimento anche a tue esperienze personali.

Indicazioni per lo svolgimento

Analizziamo ora le consegne, dando di seguito – per ciascuna di esse – non tanto risposte compiutamente elaborate, quanto alcune indicazioni per lo svolgimento dei quesiti.

1. La **comprensione** richiede, come quasi sempre nel caso di testi in prosa, il riassunto. Per questa operazione si rimanda al cap. 2.2. in Le competenze di base e agli esercizi di analisi del testo proposti nelle pagine precedenti.

> In particolare si tratta di individuare
> – l'**argomento** = il significato del viaggio
> – l'**idea centrale** = il viaggio implica il superamento di frontiere non solo in senso fisico, ma anche in senso interiore (riconoscere diversità e affinità)
> – gli **argomenti** (l'esempio del libro *Verde acqua* di Marisa Madieri; l'esperienza personale dell'autore)
> – la **conclusione** = viaggiare e oltrepassare frontiere permette di superare le divisioni che comportano differenze e diffidenze

2. 1.2.3. La **prime tre consegne dell'analisi** sono un tipico esempio di **domande "aperte"**. Esse si limitano a indicare gli aspetti su cui soffermare l'attenzione in quanto fondamentali per l'interpretazione del testo: gli aspetti formali, poiché si tratta di un testo letterario; l'idea di frontiera, e quella di viaggio, poiché sono i nuclei tematici del brano.

Sta allo studente riconoscere, per ciascuno degli aspetti indicati, gli elementi più significativi per illustrare le intenzioni dell'autore (il **messaggio**) e le modalità espressive della comunicazione (**scelte stilistiche**).

In particolare:

– per quanto riguarda gli **aspetti formali** si tratta di individuare come le scelte lessicali, sintattiche, retoriche concorrano a definire il registro espressivo.

> Il registro è alto, caratterizzato da un lessico piano ma letterario. Ne sono un esempio la scelta degli aggettivi, talora ricercata (*periture, consimile*) e la loro disposizione spesso ternaria (*flessibili, provvisorie e periture; inaccessibile, sconosciuto, minaccioso; ignorato, temuto e disprezzato*); il ricorso ad alcune figure retoriche (la metafora *nostri inferi sbarrano la strada* per indicare le barriere interiori che impediscono di conoscere se stessi; la similitudine *come un corpo umano*). Anche la sintassi è costruita in modo raffinato, con numerosi incisi (nei due periodi iniziali) e parallelismi (*L'ignoto, perché … Il noto, perché*).

– per quanto riguarda la spiegazione dell'**idea di frontiera** espressa nel testo si tratta di cogliere il **messaggio centrale dell'autore**, chiarendo che cosa egli intenda per frontiera e come connoti questo concetto.

> La frontiera è intesa in senso ampio, non solo fisico (politico e geografico), ma anche culturale e psicologico (comprendente anche diffidenze e pregiudizi). Il concetto è comunque connotato positivamente, non come barriera che separa e allontana, ma come elemento di individualizzazione (*in quanto definiscono una realtà, un'individualità, le danno forma, salvandola così dall'indistinto*) e di riconoscimento anche di se stessi (*scoprire di essere sempre pure dall'altra parte*). Queste considerazioni sono avvalorate dai due esempi del libro di Marisa Madieri e dell'esperienza personale dell'autore.

– Un'analoga operazione va fatta per quanto riguarda la spiegazione dell'**idea di viaggio.**

> Il viaggio è presentato come un'esperienza soprattutto interiore, che porta a sorprendenti scoperte circa se stessi e il mondo. Nel viaggiare molte idee preconcette – su presunte affinità o differenze – vengono smentite (*qualcuno o qualcosa che sembrava vicino e ben conosciuto si rivela straniero e indecifrabile, oppure un individuo, un paesaggio, una cultura che ritenevamo diversi e alieni si mostrano affini e parenti*). Prendere atto dell'infondatezza di preconcetti e stereotipi ci rende più aperti, meno rigidi nei nostri giudizi, più capaci di comprendere le varietà del reale.

2.4 È la domanda più specifica e puntuale, in quanto chiede di spiegare una particolare espressione del testo: "si ritrova la benevolenza per se stessi e il piacere del mondo".

– È opportuno tener presente che si tratta dell'**espressione conclusiva** del brano e, come tale, ne sintetizza un po' tutto il significato. Nella sua spiegazione possono quindi confluire osservazioni fatte in precedenza.

> L'espressione concentra il significato del viaggiare e dell'oltrepassare frontiere almeno se fatti nello spirito descritto dall'autore. Infatti, se è vissuto come occasione d'incontro e di conoscenza, abbandonando pregiudizi e luoghi comuni, il viaggio diventa un'esperienza di crescita personale, di maggiore conoscenza di se stessi e degli altri. Questo processo porta ad essere più disponibili a comprendere punti di forza e di debolezza di tutti, a partire da sé, a essere più tolleranti e quindi a godere della molteplicità e della varietà che si incontrano nel mondo vivendole come ricchezza.

2.5 L'ultima domanda dell'analisi chiede un commento libero e personale: si tratta quindi di raccogliere le riflessioni che la lettura e l'analisi del testo hanno suscitato.

> In questo caso è raccomandabile sia evitare di ripetere banalmente quanto sostiene il testo, sia sostenere opinioni opposte in modo perentorio, se non si hanno adeguati argomenti. Il punto di vista personale è non solo ammesso, ma richiesto, a condizione che – come in un qualsiasi testo argomentativo – le osservazioni e le interpretazioni personali siano sostenute con argomenti validi e fondati (riferimenti culturali, storici, dati concreti, esperienze significative ecc.).

3. L'ultimo punto, relativo a **interpretazione complessiva e approfondimenti**, ripropone un modello noto e sperimentato. Il suo svolgimento, come si accennato, richiede una discreta conoscenza o dell'autore in questione o della tematica affrontata.

> L'interpretazione complessiva implica un approfondimento, o meglio un ampliamento: infatti, oltre che riflettere sul significato globale del testo proposto, si tratta di fare riferimento ad altri testi del medesimo autore (se li conosci), o ad altri autori del Novecento che hanno affrontato in vario modo il tema del viaggio. Possono essere saggisti come Magris, narratori o poeti, e certo non ne sono mancati (pensa solo a Ungaretti, Campana, ...). Va tenuto presente che il riferimento ad altre opere o ad altri autori non si deve esaurire in una semplice rassegna, ma comporta un minimo di confronto (visione del viaggio, significati che gli vengono attribuiti, forme di comunicazione letteraria...). Si possono anche portare esperienze personali, purché siano pertinenti e significative.

Esercizi

Ti proponiamo qui alcune prove ministeriali di analisi del testo rappresentative del ventaglio di possibilità ricorrenti: una lirica, un brano narrativo, un brano in prosa di un poeta ma di tipo argomentativo.

Come aiuto, in questa fase di esercitazione, le consegne sono corredate da alcuni spunti e suggerimenti che potrai seguire nello svolgimento.

Analisi di un testo poetico
Sessione ordinaria 2014

Salvatore Quasimodo, *Ride la gazza, nera sugli aranci,* in *Ed è subito sera.*

Edizione: S. Quasimodo, *Poesie e discorsi sulla poesia*, a cura di G. Finzi, Mondadori, Milano 1996

Forse è un segno vero della vita:
intorno a me fanciulli con leggeri
moti del capo danzano in un gioco
di cadenze e di voci lungo il prato
5 della chiesa. Pietà della sera, ombre
riaccese sopra l'erba così verde,
bellissime nel fuoco della luna!
Memoria vi concede breve sonno:
ora, destatevi. Ecco, scroscia il pozzo
10 per la prima marea. Questa è l'ora:
non più mia, arsi, remoti simulacri.

E tu vento del sud forte di zàgare,
spingi la luna dove nudi dormono
fanciulli, forza il puledro sui campi
umidi d'orme di cavalle, apri
15 il mare, alza le nuvole dagli alberi:
già l'airone s'avanza verso l'acqua
e fiuta lento il fango tra le spine,
ride la gazza, nera sugli aranci.

> Le brevi note informative a corredo del testo offrono alcune **indicazioni** importanti per la comprensione e l'analisi, ad esempio l'appartenenza della raccolta *Ed è subito sera* alla **stagione ermetica** e il **tema** della poesia proposta

Salvatore Quasimodo. Nato a Modica (Ragusa) nel 1901, morto nel 1968, consegue il premio Nobel per la letteratura nel 1959. L'evoluzione della sua poesia riflette la storia della poesia contemporanea italiana, dall'Ermetismo ad un discorso poetico più ampio. Le raccolte poetiche degli anni Trenta confluiscono in *Ed è subito sera* (1942). Le sue traduzioni dei poeti greci dell'antichità sono spesso poesia originale (*Lirici greci*, 1940). Nelle raccolte *Giorno dopo giorno* (1947), *La vita non è sogno* (1949), *Il falso e vero verde* (1954 e 1956), *La terra impareggiabile* (1958), *Dare e avere* (1966) si avverte l'esigenza del poeta di volgersi ad un colloquio aperto con gli uomini. Nella lirica *Ride la gazza, nera sugli aranci*, la rievocazione della Sicilia si fonde con quella dell'infanzia e della comunione con la natura, in contrasto con il dolore presente della vita.

1 Comprensione del testo

Dopo un'attenta lettura, riassumi il contenuto del testo.

> Per riassumere può essere utile **scandire la lirica in tre parti** (vv. 1-7; 8-16; 17-19) e individuare per ciascuna **l'idea centrale**.

2 Analisi del testo

2.1 Chiarisci il primo verso della poesia.

> Chiarire il verso significa portarne alla luce il significato che, nella poesia ermetica, è spesso implicito e commentarlo all'interno della tematica dell'intera poesia – la memoria dell'infanzia e della terra natale – che viene indicata anche nella nota su Quasimodo. La chiave dell'interpretazione del verso in questione si trova nell'espressione **segno vero**.

2.2 Spiega l'espressione *Pietà della sera* (v. 5).

> La spiegazione letterale dell'espressione non è difficile, ma la richiesta implica anche **mettere in evidenza il valore che il poeta attribuisce al sentimento della sera** e la particolare **carica espressiva delle scelte formali** (la personificazione, la costruzione non con l'aggettivo ma con il complemento di specificazione).

2.3 Qual è il significato dell'espressione *ombre / riaccese* (vv. 5-6)?

> Anche in questo caso a un primo livello la spiegazione è chiara, ma il significato profondo dell'espressione si coglie osservando una serie di **elementi formali che ne amplificano il senso**: ad esempio la particolare collocazione metrica (*enjambement*), l'ossimoro, i rimandi all'area semantica del fuoco.

2.4 Soffermati sul motivo della memoria (v. 8).

> Questa è una tipica domanda aperta: una volta riconosciuto con chiarezza che il motivo della memoria è uno dei fili conduttori della lirica (v. nota introduttiva, risposta 1.1.), si tratta di illustrare come è presentato dal poeta, con quali altri motivi è intrecciato, qual è il suo valore esistenziale. Tieni presente che puoi trovare materiale per lo svolgimento nelle risposte precedenti.

2.5 Spiega l'espressione *arsi, remoti simulacri* (v. 11).

> Anche in questo caso valgono le osservazioni e i suggerimenti relativi alle domande precedenti. In particolare rifletti sulle **scelte lessicali**: i *fanciulli* del v. 2 sono ora *simulacri,* per di più *arsi* (cfr. risposta 2.3) e *remoti*.

2.6 In quali scene si fa evidente l'atmosfera mitica e con quali espressioni?

> Osserva soprattutto la rappresentazione della natura nei vv. 12-16 e le immagini relative ai fanciulli (vv. 1-2; 11).

2.7 Soffermati sul motivo della natura, presente nella seconda parte della poesia.

> Altra consegna aperta: raccogli le osservazioni che hai fatto fin qui sul motivo della natura e sviluppale. In particolare osserva se l'immagine della natura finale subisce uno **slittamento di senso** rispetto a quella iniziale (*Pietà della sera, erba verde, fuoco della luna* che riaccende le *ombre* e le rende *bellissime* e poi le due figure simboliche dell'airone e della gazza).

3 Interpretazione complessiva e approfondimenti

Le tematiche della fanciullezza, della memoria e della comunione con la natura si fondono nella poesia, accentuate da sapienti scelte stilistiche. Riflettendo su questa lirica commenta nell'insieme il testo dal punto di vista del contenuto e della forma. Approfondisci poi l'interpretazione complessiva della poesia con opportuni collegamenti ad altri testi di Quasimodo e/o a testi di altri autori del Novecento.

> Quest'ultimo punto richiede in primo luogo un **lavoro di sintesi**: le singole osservazioni emerse dall'analisi devono confluire in un'illustrazione complessiva della poesia nei suoi aspetti di contenuto e di forma. Commentare significa **cogliere il significato** che il poeta attribuisce alla tematica trattata e alle sue scelte stilistiche. La conoscenza di altri testi dell'autore (confronti intertestuali) e del movimento ermetico di cui egli è stato un esponente – cioè della sua **poetica** – permette di ampliare e **approfondire** l'interpretazione.
> Collegamenti e confronti con i testi di altri autori coevi sono **opzionali**: è consigliabile cimentarsi in questa parte se si è in possesso di conoscenze abbastanza ampie da consentire raffronti adeguatamente esemplificati e significativi.

Analisi di un testo narrativo in prosa
Sessione ordinaria 2001

Cesare Pavese, *La luna e i falò*

C'è una ragione perché sono tornato in questo paese, qui e non invece a Canelli, a Barbaresco o in Alba. Qui non ci sono nato, è quasi certo; dove son nato non lo so; non c'è da queste parti una casa né un pezzo di terra né delle ossa ch'io possa dire "Ecco cos'ero prima di nascere". Non so se vengo dalla collina o dalla valle, dai boschi o da una casa di balconi. La ragazza che mi ha lasciato sugli scalini del duomo di Alba, magari non veniva neanche dalla campagna, magari era la figlia dei padroni di un palazzo, oppure mi ci hanno portato in un cavagno da vendemmia due povere donne da Monticello, da Neive o perché no da Cravanzana. Chi può dire di che carne sono fatto? Ho girato abbastanza il mondo da sapere che tutte le carni sono buone e si equivalgono, ma è per questo che uno si stanca e cerca di mettere radici, di farsi terra e paese, perché la sua carne valga e duri qualcosa di più che un comune giro di stagione.

Se sono cresciuto in questo paese, devo dir grazie alla Virgilia, a Padrino, tutta gente che non c'è più, anche se loro mi hanno preso e allevato soltanto perché l'ospedale di Alessandria gli passava la mesata. Su queste colline quarant'anni fa c'erano dei dannati che per vedere uno scudo d'argento si caricavano un bastardo dell'ospedale, oltre ai figli che avevano già. C'era chi prendeva una bambina per averci poi la servetta e comandarla meglio; la Virgilia volle me perché di figlie ne aveva già due, e quando fossi un po' cresciuto speravano di aggiustarsi in una grossa cascina e lavorare tutti quanti e star bene. Padrino aveva allora il casotto di Gaminella – due stanze e una stalla –, la capra e quella riva dei noccioli. Io venni su con le ragazze, ci rubavamo la polenta, dormivamo sullo stesso saccone, Angiolina la maggiore aveva un anno più di me; e soltanto a dieci anni, nell'inverno quando morì la Virgilia, seppi per caso che non ero suo fratello. Da quell'inverno Angiolina giudiziosa dovette smettere di girare con noi per la riva e per i boschi; accudiva alla casa, faceva il pane e le robiole, andava lei a ritirare in municipio il mio scudo; io mi vantavo con Giulia di valere cinque lire, le dicevo che lei non fruttava niente e chiedevo a Padrino perché non prendevamo altri bastardi.

Adesso sapevo ch'eravamo dei miserabili, perché soltanto i miserabili allevano i bastardi dell'ospedale. Prima, quando correndo a scuola gli altri mi dicevano bastardo, io credevo che fosse un nome come vigliacco o vagabondo e rispondevo per le rime. Ma ero già un ragazzo fatto e il municipio non ci pagava più lo scudo, che io ancora non avevo ben capito che non essere figlio di Padrino e della Virgilia voleva dire non essere nato in Gaminella, non essere sbucato da sotto i noccioli o dall'orecchio della nostra capra come le ragazze.

---

*La nota mette in luce lo **sfondo autobiografico** di molta narrativa di Pavese e in particolare de* La luna e i falò. *Inoltre indica se pur sinteticamente la **vicenda** del romanzo*

Cesare Pavese è nato nel 1908 a Santo Stefano Belbo, piccolo centro del Piemonte meridionale nella zona collinare delle Langhe, ed è morto a Torino nel 1950. Ha esordito come poeta e traduttore di romanzi americani, per poi affermarsi come narratore. Il brano è tratto dal romanzo *La luna e i falò*, pubblicato nel 1950. La vicenda è raccontata in prima persona dal protagonista, Anguilla, un trovatello allevato da poveri contadini delle Langhe, il quale, dopo aver fatto fortuna in America, ritorna alle colline della propria infanzia.

1 Comprensione complessiva

Dopo una prima lettura, riassumi il contenuto informativo del testo in non più di dieci righe.

2 Analisi e interpretazione del testo

2.1 "C'è una ragione...". Individua nel testo la ragione del ritorno del protagonista.

> La ragione non viene detta esplicitamente ma **emerge da una serie di riflessioni** del narratore-protagonista intorno alle proprie origini. Osserva l'*incipit* dei due paragrafi: "Qui non ci sono nato ...", che nel secondo paragrafo diventa "Se sono cresciuto in questo paese ..."

2.2 I paesi e i luoghi della propria infanzia sono indicati dal protagonista con i loro nomi propri e con insistenza. Spiegane il senso e la ragione.

> Puoi trovare la risposta considerando la vicenda di Anguilla, la ragione del suo ritorno nei luoghi della sua infanzia (v. risposta precedente), lo spirito con cui ritorna: al centro del suo viaggio c'è la ricerca di un'identità doppiamente perduta (ha lasciato i suoi luoghi d'origine e la sua stessa origine è oscura e incerta).

2.3 Spiega il significato delle espressioni "non c'è da queste parti una casa né un pezzo di terra, né delle ossa" e chiarisci il senso della ricerca di se stesso "prima di nascere".

> Per spiegare il significato richiesto dovrai considerare le connotazioni simboliche dell'espressione. Che cosa rappresentano la "casa", il "pezzo di terra", le "ossa", tenendo anche presente che il protagonista proviene da una cultura contadina? Che rapporto hanno con la costruzione dell'identità individuale (il se stesso "prima di nascere")? Perché tutto ciò per Anguilla ha un'importanza fondamentale?

2.4 La parola "carne" ritorna nel testo tre volte. Spiega il significato di questa parola e della sua iterazione.

> In primo luogo si tratta di capire quale **dimensione dell'esistenza umana** vuole designare questa parola così cruda e concreta. Rifletti poi sul fatto che la parola "carne" è implicitamente contrapposta a "mettere radici", "farsi terra e paese", "perché valga e duri qualcosa di più": qual è il senso di questa **contrapposizione**?

2.5 Spiega come poter conciliare l'affermazione "tutte le carni sono buone e si equivalgono" con il desiderio che uno ha di "farsi terra e paese" per durare oltre l'effimera esistenza individuale.

> Questa risposta si può collegare e integrare con la precedente, di cui rappresenta di fatto un approfondimento.

2.6 La parola "bastardo" ricorre con insistenza. Spiegane il significato in riferimento alla situazione specifica in cui il termine viene di volta in volta usato.

> Le diverse sfumature di significato che la parola "bastardo" assume nei diversi passi del brano (sono quattro) derivano dal diverso punto di vista del narratore-protagonista e dal suo grado di consapevolezza. Rifletti in questa direzione per articolare la tua risposta.

3 Interpretazione complessiva e approfondimenti

Sulla base dell'analisi condotta, proponi una tua interpretazione complessiva del brano e approfondiscila collegando questa pagina iniziale de *La luna e i falò* con altre prose o poesie di Pavese eventualmente lette. In mancanza di questa lettura, confrontala con testi di altri scrittori contemporanei o non, nei quali ricorre lo stesso tema del ritorno alle origini. Puoi anche riferirti alla situazione storico-politica dell'epoca o ad altri aspetti o componenti culturali di tua conoscenza.

> Le consegne offrono un'indicazione su come procedere: si tratta di **raccogliere i risultati dell'analisi** condotta sul brano in un testo che sarà **espositivo**, in quanto illustra gli aspetti rilevati, e **argomentativo**, in quanto le osservazioni devono essere sostenute con opportuni riferimenti e ragionamenti.
> L'approfondimento deve incentrarsi sul **tema del ritorno alle origini**, sviluppato attraverso **confronti e collegamenti intertestuali** con – a seconda delle conoscenze di cui si è in possesso – altre opere dello stesso Pavese o di altri autori. In quest'ultimo caso la scelta è ampia, essendo possibile scegliere tra autori (narratori o poeti) di diverse epoche storiche.
> Viene infine proposta un'ulteriore alternativa, vale a dire l'approfondimento attraverso **collegamenti extratestuali**: il particolare contesto storico-politico dell'epoca in cui è collocato il testo esaminato (il secondo dopoguerra, con le ferite del recente conflitto, la ricostruzione) o più generali fenomeni culturali (il tema dello sradicamento, il rischio della crisi d'identità nella civiltà contemporanea, il tramonto delle tradizioni ecc.)

Analisi di un testo non narrativo in prosa
Sessione ordinaria 2012

Eugenio Montale, *Ammazzare il tempo*
(da *Auto da fé. Cronache in due tempi*, Il Saggiatore, Milano 1966)

Il problema più grave del nostro tempo non è tra quelli che si vedono denunziati a caratteri di scatola nelle prime pagine dei giornali; e non ha nulla in comune, per esempio, col futuro *status* di Berlino o con l'eventualità di una guerra atomica distruggitrice di una metà del mondo. Problemi simili sono d'ordine storico e prima o poi giungono a una soluzione, sia pure con risultati spaventosi. Nessuna guerra impedirà all'umanità futura di vantare ulteriori magnifiche sorti nel quadro di una sempre più perfetta ed ecumenica civiltà industriale. Un mondo semidistrutto, che risorgesse domani dalle ceneri, in pochi decenni assumerebbe un volto non troppo diverso dal nostro mondo d'oggi. Anzi, oggi è lo spirito di conservazione che rallenta il progresso. Qualora non ci fosse più nulla da conservare il progresso tecnico si farebbe molto più veloce. Anche l'uccisione su larga scala di uomini e di cose può rappresentare, a lunga scadenza, un buon investimento del capitale umano. Fin qui si resta nella storia. Ma c'è un'uccisione, quella del tempo, che non sembra possa dare frutto. Ammazzare il tempo è il problema sempre più preoccupante che si presenta all'uomo d'oggi e di domani.

Non penso all'automazione, che ridurrà sempre più le ore dedicate al lavoro. Può darsi che quando la settimana lavorativa sarà scesa da cinque a quattro o a tre si finisca per dare il bando alle macchine attualmente impiegate per sostituire l'uomo. Può darsi che allora si inventino nuovi tipi di lavoro inutile per non lasciare sul lastrico milioni o miliardi di disoccupati; ma si tratterà pur sempre di un lavoro che lascerà un ampio margine di ore libere, di ore in cui non si potrà eludere lo spettro del tempo.

Perché si lavora? Certo per produrre cose e servizi utili alla società umana, ma anche, e soprattutto, per accrescere i bisogni dell'uomo, cioè per ridurre al minimo le ore in cui è più facile che si presenti a noi questo odiato fantasma del tempo. Accrescendo i bisogni inutili, si tiene l'uomo occupato anche quando egli suppone di essere libero. "Passare il tempo" dinanzi al video o assistendo a una partita di calcio non è veramente un ozio, è uno svago, ossia un modo di divagare dal pericoloso mostro, di allontanarsene. Ammazzare il tempo non si può senza riempirlo di occupazioni che colmino quel vuoto. E poiché pochi sono gli uomini capaci di guardare con fermo ciglio in quel vuoto, ecco la necessità sociale di fare qualcosa, anche se questo qualcosa serve appena ad anestetizzare la vaga apprensione che quel vuoto si ripresenti in noi.

Eugenio Montale (Genova, 1896 - Milano, 1981) è celebre soprattutto come poeta. Merita però di essere ricordato anche come prosatore. Lo stesso Montale raccolse in *Farfalla di Dinard* (prima ed. 1956) e *Auto da fé* (prima ed. 1966) scritti in prosa apparsi in precedenza su giornali e riviste. Il brano che si propone è tratto da un testo pubblicato originariamente sul "Corriere della Sera" del 7 novembre 1961.

1 Comprensione del testo

Riassumi tesi e argomenti principali del testo.

> La richiesta è chiara: trattandosi di un testo argomentativo, il riassunto deve individuare tesi e argomenti, quindi sintetizzarli con altre parole (è ammessa qualche breve citazione adeguatamente segnalata).

2 Analisi del testo

2.1 Quali sono i problemi risolvibili secondo Montale?

> Rileggi attentamente il primo paragrafo del brano: gli esempi portati dallo scrittore ti permetteranno di individuare la categoria dei problemi per i quali è possibile trovare una soluzione.

2.2 Spiega il significato che Montale attribuisce all'espressione "ammazzare il tempo".

> Montale usa un'espressione che appartiene al linguaggio comune; nella sua riflessione però il suo significato si approfondisce e si dilata, assumendo un **valore esistenziale e filosofico** che si chiarisce nel terzo paragrafo e in particolare nell'ultimo capoverso.

2.3 Perché si accrescono i "bisogni inutili" e si inventeranno "nuovi tipi di lavoro inutile"?

> La risposta si trova rispettivamente nel secondo e nel terzo paragrafo. Non si devono però riportare le parole dell'autore facendo una specie di *collage*, ma bisogna riproporre il suo pensiero con parole proprie.

2.4 Noti nel testo la presenza dell'ironia? Argomenta la tua risposta.

> Ricorda innanzitutto che **cos'è l'ironia** e quali effetti espressivi ottiene. Qui in particolare assume un **valore critico e polemico**. Considera per esempio le frasi "Nessuna guerra impedirà all'umanità futura di vantare ulteriori magnifiche sorti nel quadro di una sempre più perfetta ed ecumenica civiltà industriale"; "Anche l'uccisione su larga scala di uomini e di cose può rappresentare, a lunga scadenza, un buon investimento del capitale umano". Interpretale e commentale.

2.5 Esponi le tue osservazioni in un commento personale di sufficiente ampiezza.

> La domanda è aperta: ti viene chiesta un'opinione tenendo presente che dovrà essere **argomentata** con esempi e ragionamenti (cfr. testo argomentativo).

3 Interpretazione complessiva e approfondimenti

Sulla base dell'analisi condotta, ricerca la "visione del mondo" espressa nel testo e approfondisci la ricerca con opportuni collegamenti ad altri testi di Montale. Alternativamente, soffermati sul grado di attualità / inattualità dei ragionamenti di Montale sul lavoro e sul tempo.

> L'ultima consegna ti propone un'alternativa: se conosci bene il pensiero, la poetica e l'opera di Montale puoi sviluppare la prima opzione illustrando, con le osservazioni emerse dall'analisi del brano e riferimenti ad altri testi dell'autore, la sua originale "visione del mondo".
> Altrimenti puoi riflettere sul valore che l'argomentazione di Montale può avere oggi, a distanza di mezzo secolo. È un giudizio che ha un carattere universale, metastorico e quindi rimane attuale in una realtà sociale ed economica assai diversa da quella in cui Montale lo ha formulato? O invece risulta superato, se non contraddetto, in una diversa contingenza storica? Ricorda che in questo caso dovrai a tua volta formulare una tesi e sostenerla con opportuni argomenti.

La Tipologia B: saggio breve e articolo di giornale

1. Le consegne della Tipologia B: opportunità e vincoli

Analizziamo le **consegne** della tipologia B, la cui formulazione, dalla prova della sessione ordinaria dell'esame di Stato 2009, è rimasta invariata.

Sono consegne **innovative** rispetto al tema tradizionale, perché non si limitano a fornire una traccia generale da svolgere sulla base delle conoscenze ed esperienze personali, ma richiedono una **trattazione circostanziata** sulla base della documentazione proposta nella prova ministeriale. Inoltre presentano dei **vincoli**, cioè delle disposizioni che bisogna seguire nello svolgimento della prova, ma anche delle **opportunità** che consentono al candidato di svolgerla nel modo a lui più congeniale, a seconda della sua preparazione e delle sue inclinazioni.

> **Tipologia B - Redazione di un "saggio breve" o di un "articolo di giornale"**
> *(puoi scegliere uno degli argomenti relativi ai quattro ambiti proposti)*
>
> ### CONSEGNE
>
> Sviluppa l'argomento scelto o in forma di «saggio breve» o di «articolo di giornale», utilizzando, in tutto o in parte, e nei modi che ritieni opportuni, i documenti e i dati forniti.
> Se scegli la forma del «saggio breve» argomenta la tua trattazione, anche con opportuni riferimenti alle tue conoscenze ed esperienze di studio.
> Premetti al saggio un titolo coerente e, se vuoi, suddividilo in paragrafi.
> Se scegli la forma dell'«articolo di giornale», indica il titolo dell'articolo e il tipo di giornale sul quale pensi che l'articolo debba essere pubblicato.
> Per entrambe le forme di scrittura non superare cinque colonne di metà di foglio protocollo.

Il dossier e la scrittura documentata

Il primo elemento che caratterizza le consegne della tipologia B è la **presenza di un dossier di documenti** – che possono essere brevi testi, dati o anche immagini – **da utilizzare** nell'elaborazione della prova. Questo implica che il testo richiesto appartenga alla **scrittura documentata**. L'utilizzazione dei documenti rappresenta quindi un vincolo, ma nello stesso tempo è un'opportunità, poiché il dossier offre una prima serie di spunti per elaborare il proprio testo. Inoltre viene lasciata al candidato la possibilità di scegliere – coerentemente con l'impostazione che intende dare al proprio testo – quanti e quali documenti usare, nonché come usarli.

Le due forme: saggio breve e articolo di giornale

In secondo luogo, per la stesura del testo si può scegliere tra la forma del **saggio breve** e quella dell'**articolo di giornale**, due forme di scrittura documentata che, come si vedrà più avanti, presentano sia aspetti comuni sia specificità proprie. In particolare per il saggio breve viene precisato che la trattazione dovrà essere "argomentata" (si chiarisce subito, quindi, che il saggio breve rientra nei testi di tipo argomentativo) e che si dovrà avvalere di ulteriori "conoscenze ed esperienze di studio" in possesso del candidato. L'alternativa tra il saggio breve e l'articolo di giornale offre l'opportunità, da vagliare con attenzione, di calibrare la prova sul proprio livello di conoscenze e sulla propria dimestichezza con ciascuna delle due forme previste.

Infine, per entrambe le forme testuali è indicata un'**estensione massima** dello scritto ("cinque colonne di metà di foglio protocollo"): altro vincolo da considerare già in fase di progettazione.

Ambiti e argomenti

Per la tipologia B il Ministero propone **quattro ambiti fissi** (sono gli stessi ogni anno) attinenti a quattro diverse aree che possiamo definire "disciplinari", poiché riguardano gruppi di discipline (materie) presenti in tutti i corsi di studio di istruzione secondaria superiore. **Per ciascuno** dei quattro ambiti, ogni anno viene proposto un **diverso argomento.**

Tra i quattro proposti, il candidato deve quindi scegliere un ambito e il relativo argomento su cui svolgere la propria prova.

Gli ambiti sono:
1. **artistico-letterario**
2. **socio-economico**
3. **storico-politico**
4. **tecnico-scientifico**

L'argomento proposto per ciascuno degli ambiti previsti non equivale a un titolo – che sarà il candidato a scegliere – ma si limita a circoscrivere la questione da trattare indicandola in modo volutamente neutro e generico, per lasciare al candidato la possibilità di decidere con maggiore autonomia in quale direzione svilupparla.

Questi, per esempio, sono gli argomenti proposti per ciascuno dei quattro ambiti nella sessione ordinaria dell'esame di Stato 2014.
1. **Ambito artistico-letterario.** *Il dono*
2. **Ambito socio-economico.** *Le nuove responsabilità*
3. **Ambito storico-politico.** *Violenza e non-violenza: due volti del Novecento*
4. **Ambito tecnico-scientifico.** *Tecnologia pervasiva*

La scelta di ambito/argomento

La proposta di diversi ambiti / argomenti rappresenta un'ulteriore opportunità in quanto moltiplica le scelte. Per questo una prima, anche veloce, **lettura orientativa** del dossier è la prima operazione da compiere per una scelta consapevole. Essa è indispensabile per identificare in modo preciso l'argomento proposto, per valutare la sua rispondenza ai propri interessi e inclinazioni ma anche al proprio percorso di studi e alle proprie conoscenze, per verificare la possibilità di trovare nei documenti materiale e spunti adeguati a costruire il proprio elaborato.

2. Costruire la scrittura documentata: raccogliere le idee

La scrittura documentata: ricerca e raccolta della documentazione

Come si è visto, la **caratteristica comune** alle due forme di testo proposte dalla tipologia B è il fatto che rientrano entrambe nella scrittura documentata, come è espressamente indicato dal primo capoverso delle consegne. La trattazione dell'argomento scelto deve quindi appoggiarsi su **elementi oggettivi** quali **fatti, esempi, illustrazioni, dati, confronti, citazioni**.

Come procedere per costruire un testo che rispetti queste consegne?

La prima operazione da compiere è la **ricerca e la raccolta** del "materiale" utile alla trattazione.

L'analisi del dossier

Un primo serbatoio cui attingere è proprio il **dossier** di documenti fornito: una volta scelto l'argomento, si passa a **leggere e ad analizzare con attenzione i singoli documenti** che lo accompagnano, tenendo presente che si tratta di documenti eterogenei (testi letterari – poesia o brani narrativi – o testi pragmatici – brani giornalistici, saggistici a loro vota espositivi o argomentativi –, immagini – riproduzione di opere d'arte, documenti fotografici) e che, essendo dei brevi estratti, spesso offrono solo uno spunto.

L'analisi deve essere soprattutto volta a **cogliere**:
– **che cosa** dicono i documenti sull'argomento
– **in che modo** quello che dicono può essere utilizzato nella costruzione dell'elaborato

In sintesi, per ciascun documento è necessario **individuare**:
– il tipo di testo
– quale aspetto dell'argomento tratta
– l'idea centrale, la sua natura (informazione / tesi)
– eventuali altre informazioni secondarie, la loro tipologia (fatti, esempi, illustrazioni ecc.), la loro gerarchia.

In questa fase è utile lavorare direttamente sui documenti **evidenziando e schematizzando** attraverso **segni grafici** (sottolineature, numerazioni, frecce, simboli di uguaglianza o differenza) i risultati dell'analisi.

La schematizzazione permette di compiere un'ulteriore operazione preliminare: **confrontare** i documenti per individuare **analogie** e/o **differenze**, **selezionarli** e trovare **collegamenti** per costruire un **percorso di idee** che può costituire una prima scaletta dei contenuti emersi.

Un esempio ...

Come esempio ti proponiamo una prima possibile schematizzazione di alcuni documenti del dossier proposto nell'esame di Stato del 2006 relativo all'ambito 1. Artistico letterario. Argomento: *Il distacco nell'esperienza ricorrente dell'esistenza umana: senso di perdita e di straniamento, fruttuoso percorso di crescita personale*.

testo	analisi	confronto
Documento 1 Era il primo squarcio nella santità del babbo, la prima crepa nei pilastri che avevano sorretto la mia vita	Testo letterario narrativo	

infantile e che ogni uomo deve abbattere prima di diventare se stesso. La linea essenziale del nostro destino è fatta di queste esperienze che nessuno vede. Quello squarcio e quella crepa si richiudono, si rimarginano e vengono dimenticati, ma in fondo al cuore continuano a vivere e a sanguinare. Io stesso ebbi subito orrore di quel nuovo sentimento e avrei voluto buttarmi ai piedi di mio padre per farmelo perdonare. Ma non si può farsi perdonare le cose essenziali: lo sente e lo sa il bambino con la stessa profondità dell'uomo saggio. Sentivo il bisogno di riflettere e di trovare una via d'uscita per l'indomani, ma non vi riuscii. Tutta la sera fui occupato ad assuefarmi alla mutata atmosfera del nostro salotto. La pendola e la tavola, la Bibbia e lo specchio, lo scaffale e i quadri alla parete prendevano commiato da me, e col cuore sempre più freddo ero costretto a veder sprofondare nel passato e staccarsi da me il mio mondo e la mia bella vita felice. Ero costretto a sentire le mie nuove radici che affondavano nel buio e succhiavano un mondo estraneo. Per la prima volta assaggiai la morte che ha un sapore amaro perché è nascita, angoscia e paura di un tremendo rinnovamento. H. Hesse, *Demian*, 1919, trad. it Mondadori, 1961	**Aspetto** = Distacco come emancipazione dal modello e dall'autorità paterna **Tesi** = Esperienza imprescindibile per la crescita **Idee secondarie** = Contraddittorietà degli stati d'animo (metafore) Distacco come morte e rinascita simboliche	**Analogie:** distacco come esperienza complessa e dolorosa compresenza di stati d'animo diversi e anche contraddittori esperienza comunque formativa tema della "morte" e della rinascita immagine reale o simbolica del viaggio
Documento 2 Ero partita per il Nord immaginando che la pena dell'addio si sarebbe consumata al momento dei saluti. In mezzo a un mondo ricco di novità eccitanti – un mondo che aspettava solo me –, la mia nostalgia era destinata a sbiadire rapidamente. Così fantasticavo, e le mie fantasie di adolescente sconfinavano spesso nell'esaltazione. Ma l'impatto fu atroce. Quando, con un gesto deciso, si lacera un pezzo di stoffa, ci restano tra le mani due brandelli malinconicamente sfrangiati, e occorre lavorare con minuzia e pazienza per rimediare. Le sfilacciature rimaste dopo lo strappo dalle nostre consuetudini meridionali erano tante, e ci vollero anni perché io e la mia famiglia potessimo restaurare i lembi delle nostre identità lacerate. L'ansia suscitata in noi da modi di vita che ci erano estranei si manifestava sotto forma di diffidenza. E poi c'era la nostalgia, che non voleva sbiadire. E la retorica, che la sobillava. G. Schelotto, *Distacchi e altri addii*, Mondadori, 2003	Testo narrativo **Aspetto** = Distacco come allontanamento dalla terra natale **Tesi** = il distacco dalle radici è comunque traumatico **Idee secondarie** = Scarto tra immaginazione e realtà Senso di perdita e smarrimento identità (similitudine della stoffa) Paura del nuovo	**Differenze:** esperienza solo psicologica nel doc 1; anche concreta negli altri due visione più drammatica nei doc 1 e 2; più positiva e fiduciosa nel doc 3 centralità del distacco come cambiamento culturale nel doc 3

Documento 3

Siamo tutti migranti. Stiamo permanentemente abbandonando una terra per trasferirci altrove. Siamo migranti quando lasciamo i vecchi schemi e le vecchie abitudini per aprirci a nuove circostanze di vita. Un matrimonio, una separazione, la morte di una persona cara, un viaggio non da turisti, persino la lettura di un libro sono delle migrazioni interiori. Poi c'è la migrazione di chi lascia la madre terra per vivere altrove: una volta gli uccelli, oggi gli uomini. Ogni migrazione esteriore a poco a poco diventa anche interiore. Gli ostacoli possono trasformarsi in occasione di crescita. È un processo lungo e doloroso. Chi sono? Sono tutti i miei personaggi ("Madame Bovary c'est moi!" diceva Flaubert). Tutte le mie storie hanno qualcosa di me e nascono probabilmente dai miei conflitti interni. Le mie origini sono portoghesi, da parte della famiglia di mio padre, e tedesche (prussiane) da parte di mia madre. Ho vissuto l'infanzia in Brasile, la mia vera patria; penso che il mio italiano sarà sempre un po' lusofonico. Se sono arrivata a destinazione? Fortunatamente no. Solo nel momento della mia morte potrò dire di esserci arrivata. E anche allora penso che inizierò un nuovo viaggio. Una nuova migrazione.

Da un'intervista di C. Collina alla scrittrice
brasiliana Christiana de Caldas Brito,
in "Leggere-Donna", n. 98, Ferrara, 2002

Intervista (testo misto)

Aspetto = molteplicità delle forme di distacco

Tesi = l'esperienza del distacco, anche se dolorosa, contiene sempre una potenziale ricchezza

Distacco come spostamento, cambiamento interiore (metafora del viaggio)

Esperienza costante nell'esistenza in varie forme (anche "culturali")

Qualsiasi distacco è insieme interiore ed esteriore (esempi)

Vicenda personale

L'enciclopedia personale

La seconda fonte cui attingere è la **cultura personale**, quel complesso di conoscenze maturate attraverso lo studio scolastico, le letture, le informazioni sull'attualità, le esperienze culturali di vario tipo, che deve essere **attivato** per arricchire i materiali del dossier. Come si è visto, questa consegna è esplicitamente indicata per il saggio breve, tuttavia anche nel caso dell'articolo di giornale è opportuno arricchire l'elaborato con apporti delle proprie conoscenze. Dato che durante la prova d'esame l'unico sussidio ammesso è il dizionario, l'**unica fonte** che si può consultare è la propria **"enciclopedia" personale**.

A questo scopo si può cominciare col **riflettere sugli spunti** forniti dal precedente lavoro sui documenti, quindi **interrogare** le proprie conoscenze ed esperienze per rintracciare altre idee con cui integrare quelle presentate dai documenti. Si tratta di compilare una sorta di **inventario** delle informazioni in nostro possesso sulla questione trattata, che in questa prima fase può essere una raccolta sovrabbondante e disordinata, da selezionare e organizzare successivamente, nella fase di progettazione del testo.

Anche in questo caso, è utile sintetizzare graficamente i risultati della ricerca attraverso elenchi gerarchici, mappe concettuali ecc.

Un esempio ...

Partendo dagli spunti emersi nell'analisi del dossier utilizzato nell'esempio precedente, ti proponiamo un possibile modo di procedere per ampliarli e arricchirli ricorrendo alla propria enciclopedia personale.

Distacco = esperienza traumatica	Ci possono essere distacchi non traumatici? Quali possono essere invece i distacchi più traumatici? Quali esperienze personali, letture, storie familiari ecc. posso citare a questo proposito?
Distacco imprescindibile per la crescita	Quali sono le esperienze di distacco più significative nell'infanzia e nell'adolescenza? Quali sono i sentimenti che le accompagnano? Perché e in che senso la separazione fa crescere?
Le molte forme del distacco	Quale conosco meglio in modo da poterla approfondire? Quale è più significativa per rappresentare la complessità del distacco?
Il distacco come cambiamento "culturale"	Quali esperienze culturali possono maggiormente incidere su mentalità, abitudini ecc. e favorirne un cambiamento? Esempi storici o letterari
Le metafore (il viaggio, la stoffa)	Quali significati profondi evocano? Quali altre metafore o similitudini si possono trovare per rappresentare il processo del distacco? Ricordo esempi letterari?
Le esperienze personali	Quali esperienze vissute o indirette, anche culturali, posso portare?
Il tema del distacco nella letteratura	Quali altri autori/opere hanno affrontato questo tema? Secondo quali prospettive? Quali degli aspetti individuati possono illustrare? Ci sono personaggi e/o episodi emblematici?

Scrittura documentata
Esercizi livello 1

Esercizi comuni per tutte le classi

Esercizio 1

Come primo esercizio, ti proponiamo un breve questionario su alcuni documenti del dossier relativo all'Ambito 4. Tecnico-scientifico. Argomento: **L'acqua, risorsa e fonte di vita**. (Esame di Stato 2003)

Documento 1

La società contemporanea si è abituata all'idea che risorse essenziali per la vita e per le attività economiche e produttive, come l'acqua, siano inesauribili, a portata di mano, sempre disponibili. Non tutti sanno, tuttavia, che questa fondamentale risorsa è limitata e, in alcune situazioni, comincia anche a scarseggiare. Occorre, quindi, migliorare la conoscenza e la tutela dell'acqua come elemento fondamentale esistente in natura e dell'acqua come risorsa per lo sviluppo, necessaria per la vita, per la salute, per le città e per le campagne, e in particolare per l'agricoltura e per una sana alimentazione... In futuro – è ormai evidente – l'acqua diventerà sempre più un bene prezioso ed insostituibile, anche raro. Le difficoltà di approvvigionamento, il declino della qualità, la penuria, il consumo disattento, gli sprechi dell'acqua sono già motivo di preoccupazione ... L'acqua non dovrà essere un fattore di incertezza o, nel caso delle catastrofi, minaccia per la popolazione del mondo, anche nei luoghi dove il clima favorevole, le piogge, l'innevamento, l'alternarsi delle stagioni l'hanno resa abbondante.

Atti della Giornata mondiale per l'alimentazione 2002

Documento 2

La molecola è sempre H_2O ma in molte parti del mondo è marrone, sporca di fango e portatrice di funghi e batteri e quindi di malattie e di morte. Oppure è assente del tutto. Per l'Organizzazione mondiale della Sanità la situazione peggiora: nel 2025 l'oro blu potrebbe essere insufficiente per due persone su tre. Urgono nuovi accordi internazionali. L'acqua è un problema globale, ma a differenza del riscaldamento del clima, è affrontabile su scala locale. Lo stress idrico è, per esempio, spesso causato da sprechi locali: in primo luogo dalle inefficienze in agricoltura (attività per la quale utilizziamo il 70% dell'acqua), ma anche da semplici, stupide perdite delle tubature o contaminazioni evitabili ... Ma ciò che in Italia è un problema, in Bangla Desh può diventare un dramma. Fino a una trentina di anni fa, tutti bevevano acqua contaminata dalle fognature. Ascoltando i geologi, però, si scopre che basterebbe scavare i pozzi a una profondità di 80 metri, anziché di 50 circa per eliminare il problema alle radici nel 99% dei casi.

M. Merzagora, *Un patto sul colore dell'acqua,* in "Il Sole 24 Ore", 5 gennaio 2003

Documento 3

L'agricoltura italiana può contare sempre meno sulle piogge ... Una situazione che provocherà pesanti ripercussioni economiche se si considera che più del 50% del valore lordo della produzione agricola italiana dipende dall'irrigazione e che i due terzi del valore delle esportazioni è costituito da prodotti che provengono da territori irrigati. Alla stimolazione delle piogge si lavora nei Paesi più avanzati al mondo, come gli Stati Uniti, e in nazioni, come Israele, che hanno adottato la tecnologia italiana e si avvalgono della consulenza dei nostri esperti. Non solo. Il convegno dell'Organizzazione meteorologica mondiale ha riaffermato, lo scorso anno a Ginevra, il grande interesse per la stimolazione della pioggia riprendendo l'indicazione data dalla Conferenza di Rio de Janeiro che cita questa tecnologia quale sistema di lotta alla desertificazione della terra. Cos'è la stimolazione della pioggia? La tecnologia messa a punto da un'associazione italiana riproduce in sostanza il processo naturale di formazione delle precipitazioni. Ci si avvale di piccoli aerei che volano alla base dei sistemi nuvolosi, rilasciando microscopiche particelle di ioduro di argento in grado di accelerare il processo di condensazione trasformando il vapore in pioggia che cade al suolo.

Agricoltura, marzo/aprile 2002

Analizzare

1. **Individua l'idea centrale di ciascuno dei tre documenti.**
   documento 1
   documento 2
   documento 3
   – **Si tratta di informazioni o di tesi?**

2. **Per ciascun documento individua le informazioni secondarie e/o gli argomenti**.
   documento 1
   documento 2
   documento 3

3. **Elenca i dati riportati dai documenti**

Confrontare

4. **Quali informazioni sono comuni ai tre documenti?**
5. **Quali documenti presentano informazioni aggiuntive oltre a quelle comuni?**
   – **Elenca le informazioni aggiuntive**
6. **Quali documenti propongono delle soluzioni al problema esaminato?**

Integrare

7. **Individua almeno tre nuove idee con cui integrare le informazioni emerse dal lavoro sui documenti.**

Classe terza

Dante, *Divina commedia*

A. L'opera dantesca ha avuto conseguenze e risultati immensi. In fatto di lessico essa rappresenta un approfondimento poderoso. La tradizione volgare, dopo l'esperienza di Dante, annulla di colpo tutte le inferiorità che trascinava con sé da sette secoli di povertà, sottosviluppo, limitatezza parrocchiale. [...] L'arricchimento non consiste soltanto nel soddisfare sfumature semantiche[1] sempre più differenziate e sottili, ma anche nella possibilità di evocare sia immagini nuove sia nuovi affetti[2] o toni. [...] Un caso particolare di arricchimento è dato dalle varianti che oppongono forme più antiche a meno antiche, forme considerate di alto livello di fronte ad altre popolari, e naturalmente dettate da ragioni non esclusivamente espressive, talvolta da necessità ritmiche. [...]

Se ora si cerca di valutare quantitativamente le aperture che Dante ha realizzato per uscire dal municipalismo fiorentino, ecco i risultati cui si perviene, da quando N. Zingarelli ha analizzato concretamente il patrimonio lessicale della *Divina Commedia*. I latinismi, nel senso rigoroso del termine, si avvicinano ai cinquecento [...]. I gallicismi[3] sono alcune decine [...]. Ci sono alcuni settentrionalismi[4] [...]. Il vocabolario della *Divina Commedia* nel suo insieme è dunque ricco, aperto, ma non sensibilmente intaccato da unità lessicali estranee. Dante ha usato un lessico sostanzialmente omogeneo, non si è sforzato di fare una sintesi lessicale, come quella che la sua teoria esigeva. [...] Ma se dal punto di vista delle aperture sopradialettali, Dante non è stato chiuso nei limiti della sua dottrina, e si è mosso con una certa libertà, senza tuttavia smentirsi, dal punto di vista interno la smentita è stata invece cocente. Non solo non tenta di stabilire un canone costante [...]; arriva addirittura a inserire nella *Divina Commedia* forme che nel *De vulgari eloquentia* aveva fatto oggetto di sdegnato rimprovero [...]. In quanto grammatico, Dante ha elaborato una teoria, in quanto poeta, non si è sentito, per tradurla in realtà, di mortificare i suoi slanci espressivi.

Giacomo Devoto, *Il linguaggio d'Italia,* Rizzoli, Milano 1974

B. Ma gli effetti formali più evidenti della sperimentazione dantesca sono probabilmente quelli collegati all'uso del linguaggio, di una ricchezza e varietà tali da sfidare tutte le estetiche letterarie del Medioevo. Benché la *Commedia* sia linguisticamente la più fiorentina delle sue opere, Dante utilizza in essa tutti i registri del suo linguaggio nativo, arricchendolo inoltre di latinismi, gallicismi, neologismi vari,

---

[1] **sfumature semantiche**: sfumature di significato.
[2] **affetti**: sentimenti, moti dell'animo.
[3] **gallicismi**: termini di derivazione francese.
[4] **settentrionalismi**: termini usati nelle parlate delle regioni del Nord Italia.

regionalismi, termini assodati a particolari generi letterari, vocaboli tratti da altri lessici tecnici (per esempio, dall'ottica, dall'astronomia, dalla tradizione dei commenti, dalla teologia scolastica, dai mistici, dal linguaggio mercantile), linguaggi inventati, come quelli di Plutone e Nembrotto, e, per finire, parole straniere (latine, greche, ebraiche, provenzali). Di fatto, nei versi della *Commedia* sembra di ascoltare tutti i linguaggi, i gerghi e i registri dell'Italia del primo Trecento. Ancor più significativo risulta che, per quanto Dante fosse in grado di percepire finemente le differenze tra una lingua e l'altra, come rivelano appieno le sottili modulazioni delle sue scelte lessicali, resta pur sempre l'impressione dominante di un linguaggio unico: ciò che Contini ha chiamato la «pluralità di toni e pluralità di strati lessicali [...] intesa come compresenza».

È difficile condividere l'opinione di quegli studiosi che definiscono «plurilinguistico» lo stile della *Commedia*, poiché tale concetto implica quella separatezza tra i diversi linguaggi che appartiene proprio alla cultura retorica che Dante si è lasciato risolutamente alle spalle. [...]

Il poema dantesco è certo pieno di elementi che, in quanto tali, sono presenti già nella tradizione retorica. [...] D'altra parte però, e questo è significativo, la *Commedia* contiene un'infinità di passi che non possono essere definiti in base ai criteri tradizionali. Si pensi per esempio alle varie tonalità che possiamo sentire sintetizzate all'inizio del canto XXVIII dell'*Inferno*, dove, per affrontare uno dei grandi temi canonici dello stile «alto» (le «armi»), Dante mescola insieme efficacemente il linguaggio della storiografia classica e medievale, il lessico della poesia «tragica» e dei generi «bassi», il gergo dei bottai fiorentini e le forme più scurrili del parlato. È proprio questa *variatio*[1] linguistica che caratterizza lo stile «comico» del poema: la costante interpenetrazione di differenti linguaggi, terzina dopo terzina.

Zygmunt G. Barański, *La Commedia*, trad. C. Calenda, Bollati Boringhieri, Torino, 1993

[1] **variatio**: variazione.

Analizzare

1. Qual è l'argomento (questione) affrontato nei due brani proposti?
2. Qual è la tipologia testuale di ciascuno dei due brani?
3. Individua l'idea centrale/tesi di ciascuno dei due brani.
4. Individua ed elenca sinteticamente gli argomenti/informazioni.
5. Quale dei due brani presenta un'obiezione e una confutazione?

Confrontare

6. I due brani propongono una interpretazione simile o diversa della questione trattata? Motiva la tua risposta.
7. Quali informazioni particolari sulla questione trattata si possono trarre rispettivamente dal brano A e dal brano B?

Integrare

8. **Relativamente all'argomento trattato nei brani, rintraccia nelle tue conoscenze altre due idee e indicale sotto forma di schema** (possono consistere in una generalizzazione – l'argomento proposto nell'ambito della riflessione e nella produzione di Dante –; in un'ulteriore analisi – altri esempi della varietà della lingua dantesca –; in un confronto con altre opere di Dante o di altri autori coevi ecc.).

Classe quarta

Galileo Galilei

A. Molti sono gli argomenti che potremmo ancora citare, per dimostrare la modernità della metodologia di Galileo, qualora essa venga studiata non in astratto [...] ma in concreto [...]. Ci limiteremo a menzionare un aspetto di tale metodologia che ci sembra particolarmente significativo [...]. Come è ben noto, tra le funzioni essenziali attribuite da Galilei alla matematica, entro la scienza della natura, non vi è solo quella di rendere saldi e chiaramente visibili i nessi logici fra una proposizione e l'altra, ma pure quella di fornire alle proposizioni stesse una precisione che altrimenti non avrebbero (trasformandole da qualitative in quantitative). Orbene, il punto su cui voglio richiamare l'attenzione, è che proprio questa maggiore precisione degli asserti scientifici costituisce la base fondamentale per la loro utilizzazione tecnica. [...] nella progettazione di un ponte, nella costruzione di una macchina, nella determinazione della traiettoria di un proiettile, ecc. il tecnico chiede allo scienziato suggerimenti precisi, che si traducano in numeri, non in proposizioni equivoche. Solo una formulazione matematica delle leggi generali [...] ci permette di ricavare da esse questo tipo di suggerimenti [...]. Galilei comprese questo inestimabile merito della trattazione matematica, e comprese che ogni successo applicativo delle teorie scientifiche avrebbe costituito una prova concreta della loro validità.

Ludovico Geymonat, *Galileo Galilei,* Einaudi, Torino 1969

B. Questa critica al sapere tradizionale [*Il Saggiatore*], che si sviluppa e si compie di passo in passo nell'analisi arguta e sottile dell'argomentazione dell'avversario, ha tuttavia il suo fondamento in una chiara coscienza metodica del nuovo saper scientifico; un sapere che non procede per affermazioni dogmatiche, ma per ipotesi che la ricerca giustifica o sviluppa [...]. Questo criterio è il rapporto metodico dell'esperienza e della ragione [...]. Il primo momento del sapere scientifico è dunque l'esperienza: di massima su ciò era d'accordo anche il sapere tradizionale, ma la sua esperienza era o libresca, tratta e ripetuta senza controllo, o grossolana, assunta nella sua immediata accezione oppure già risolta ridotta in un immediato anticipato giudizio e per ciò astratto [...]. Galileo sembra cogliere invece lì esperienza nella sua viva, fresca intuibilità [...]. Ma perché [...] prendano risalto gli universali rapporti onde ogni fenomeno è intessuto e su cui l'uno all'altro i singoli fenomeni si intrecciano [...] occorre che l'esperienza sia sottratta da ciò che vi è in essa di arbitrario, di soggettivo, di relativamente parziale.

Antonio Banfi, *Il manifesto della nuova scienza,* in *Galileo e suor Maria Celeste,* All'insegna del pesce d'oro, Milano 1965

Analizzare

1. Qual è l'argomento (questione) affrontato nei due brani proposti?
2. Qual è la tipologia testuale di ciascuno dei due brani?
3. Individua l'idea centrale/tesi di ciascuno dei due brani.
4. Individua ed elenca sinteticamente gli argomenti/informazioni.

Confrontare

5. I due brani propongono una'interpretazione simile o diversa della questione trattata? Motiva la tua risposta.
6. Quali informazioni particolari sulla questione trattata si possono trarre rispettivamente dal brano A e dal brano B?

Integrare

7. Relativamente all'argomento trattato nei brani, rintraccia nelle tue conoscenze altre due idee e indicale sotto forma di schema (possono consistere in una generalizzazione – per es. la rivoluzione scientifica del Seicento –; in un'analisi – altri esempi del metodo galileiano –; in un confronto con altre opere di Galileo che affrontano il problema del metodo ecc.).

Classe quinta

Giovanni Pascoli

A. Risulta evidente che Pascoli o trascende il modulo di lingua che ci è noto dalla tradizione letteraria, o resta al di qua: a ogni modo [...] siamo di fronte a un fenomeno che esorbita dalla norma. [...] riconosciamo anzitutto la presenza di onomatopee, «videvitt», «scilp», «trr trr trr terit tirit», presenza dunque di un linguaggio fonosimbolico. Questo linguaggio non ha niente a che vedere in quanto tale con la grammatica; è un linguaggio agrammaticale o pregrammaticale, estraneo alla lingua come istituto. D'altro canto incontriamo in copia termini tecnici, tecnicismi che qualche volta sono in funzione espressiva, qualche altra si presentano sotto un aspetto più nomenclatorio; rientrano insomma sotto l'ampia etichetta che i glottologi definiscono delle lingue speciali [...]. E se si sceverano, esaminandoli più da vicino, questi campioni di lingue speciali, si constaterà che talvolta il poeta vuol riprodurre il color locale: questo in modo particolarissimo nelle poesie ispirate alla vita di Castelvecchio e sature di termini garfagnini. [...]

Tutto quello che abbiamo reperito fin qui costituisce una serie di eccezioni alla norma. Come si può interpretare un simile dato di fatto? Quando si usa un linguaggio normale, vuol dire che dell'universo si ha un'idea sicura e precisa, che si crede in un mondo certo, ontologicamente molto ben determinato, in un mondo gerarchizzato dove i rapporti stessi tra l'io e il non-io, tra l'uomo e il cosmo sono determinati, hanno dei limiti esatti, delle frontiere precognite. Le eccezioni alla norma significheranno allora che il rapporto fra l'io e il mondo in Pascoli è un rapporto critico, non è più un rapporto tradizionale. È caduta quella certezza assistita di logica che caratterizzava la nostra letteratura fino a tutto il primo romanticismo.

Gianfranco Contini, *Varianti e altra linguistica. Una raccolta di saggi (1938-1968)*, Einaudi, Torino 1970

B. Pascoli ha praticato, si direbbe che ha inventato per conto suo l'impressionismo, ma non ne ha preso intera consapevolezza, e quindi non ha potuto trasmettere la consapevolezza a chi gli stava intorno e vicino nel tempo; la sua rivoluzione inconsapevole mancava di quella coerenza, di quel partito preso programmatico che avrebbe tolto ogni equivoco a chi la guardasse in prospettiva. Il Pascoli ha [...] qualità di antenna per captare i messaggi dell'epoca, ha orecchio capace di cogliere direttamente il fremito delle cose naturali; si mette a registrarle. E inventa, per conto suo, il segno impressionistico. Inventa quella ritmica spezzata che, in uno sviluppo coerente e consapevole, dovrebbe portare, come portò in Francia, alla rottura degli stampi metrici, alla teoria e alla pratica del verso libero.

Però la cultura del Pascoli [...] è anche cultura italiana, cioè di tipo ancora umanistico, un po' accademico, se si vuole, pochissimo aperta alla circolazione delle idee [...]. Può avere coscienza di una sua originalità personale, non di un rinnovamento di linguaggio, e non di far compiere alla poesia italiana un'esperienza parallela concorde con quella della maggiore poesia europea.

E allora, per mancanza di consapevolezza, manca di coraggio. Non porta a fondo la sua rivoluzione. Come sbigottito dei suoi ardimenti di linguaggio, cerca di rimetterli d'accordo con la tradizione poetica. [...]

[...] egli, semmai, pare il primo, in un mondo che stava perdendo la propria sicurezza strutturale, a scontare il disagio di quella condizione.

Giacomo Debenedetti, *Pascoli. La rivoluzione inconsapevole*, Garzanti, Milano 1979

Analizzare

1. Qual è l'argomento (questione) affrontato nei due brani proposti?
2. Qual è la tipologia testuale di ciascuno dei due brani?
3. Individua l'idea centrale / tesi di ciascuno dei due brani.
4. Individua ed elenca sinteticamente gli argomenti/informazioni.

Confrontare

5. I due brani propongono una interpretazione simile o diversa della questione trattata? Motiva la tua risposta.
6. Quali informazioni particolari sulla questione trattata si possono trarre rispettivamente dal brano A e dal brano B?

Integrare

7. Relativamente all'argomento trattato nei brani, rintraccia nelle tue conoscenze altri due aspetti e indicali sotto forma di schema (possono consistere in una generalizzazione – per es. le innovazioni poetiche del simbolismo –; in un'analisi – altri esempi delle novità del linguaggio poetico pascoliano –; in un confronto con altri testi di Pascoli o di altri autori simbolisti).

3. Scegliere la forma della scrittura documentata: saggio breve e articolo di giornale

Una volta raccolte le idee, si tratta di decidere **come utilizzarle** per redigere il proprio testo: il che significa, in primo luogo, **scegliere la forma testuale** fra le due proposte.

Il saggio

Le due forme di scrittura proposte nell'esame di Stato – il saggio e l'articolo di giornale – rimandano a due generi presenti nella scrittura reale.

Il **saggio** è un testo che presenta i risultati di studi e ricerche intorno a un determinato argomento (di natura storica, letteraria, scientifica ecc.), per sostenere una tesi e convincere il destinatario della sua validità. La sua **tipologia** prevalente è quindi quella **argomentativa**, anche se non mancano parti espositive. A scuola si ha un'esperienza diretta di questa forma di testo attraverso la lettura di opere critiche, o più facilmente di brani, su un autore della letteratura, su un filosofo, su un periodo storico ecc.

L'articolo di giornale

L'**articolo di giornale** è una forma di scrittura familiare a chiunque, poiché è impiegata in tutti i mezzi d'informazione, sia nella versione tradizionale cartacea sia in quella on-line. È una forma assai diversificata ed eterogenea, poiché varia in relazione agli argomenti trattati, allo scopo, alla natura della testata e quindi al tipo di pubblico, alla collocazione dell'articolo all'interno del giornale (prima pagina, pagine culturali, cronaca locale ecc.). Nella comune definizione di "articolo" rientrano pertanto **diverse tipologie di testo**: quella espositiva (informazione politica, scientifica, culturale...), quella narrativa-descrittiva (cronaca), quella argomentativa (articoli di fondo, critica letteraria / artistica, recensione, di costume, i cosiddetti "corsivi").

La differenza di fondo, da cui derivano le due grandi categorie della scrittura giornalistica, riguarda comunque lo scopo: nell'**articolo d'informazione** prevale lo scopo di informare e quindi la tipologia espositiva; nell'**articolo di opinione** prevale lo scopo di convincere e quindi la tipologia argomentativa.

La formulazione delle consegne della tipologia B recepisce questa **sostanziale differenza** tra le due forme di scrittura. A proposito del saggio breve, infatti, si richiede espressamente che la trattazione sia "argomentata", richiesta non presente per l'articolo di giornale. Inoltre, per la sua natura, l'articolo di giornale è più indicato per questioni in qualche modo legate al presente (avvenimenti particolari, problemi di attualità, novità di vario tipo).

Al momento di **scegliere la forma testuale** in cui svolgere la prova è quindi fondamentale tenere presente che:

a. il saggio breve **deve** essere un **testo argomentativo**, il che implica
– avere sull'argomento (questione) proposto un'opinione chiara che consenta di formulare una tesi
– disporre di sufficienti argomenti (prove) per sostenerla

I requisiti

b. l'articolo di giornale **può** anche essere un **testo espositivo**, ossia rientrare nella categoria dell'articolo di informazione, e pertanto può essere scelto se:
– si conosce l'argomento ma non si ha una precisa opinione in merito
– si hanno a disposizione più informazioni che argomenti
– l'argomento si presta all'attualizzazione.

Un esempio ...

Come esempio, confrontiamo due brevi testi che affrontano il tema del ruolo della donna nella società attuale, e in particolare nel mondo del lavoro, per individuare le rispettive specificità soprattutto per quanto riguarda la struttura in relazione allo scopo.

La resistibile ascesa delle donne in Italia

Qualcosa sta cambiando in Italia. Sempre più donne raggiungono alti livelli di istruzione, riuscendo ad inserirsi in posizioni elevate del mercato del lavoro. Donne che si sentono così pari agli uomini da non porsi nemmeno il problema della parità. Donne che riconoscono sempre più l'importanza e il valore delle proprie aspettative e dei propri progetti. Che credono nel loro lavoro, aspettandosi di ottenere adeguati riconoscimenti in termini di carriera, prestigio e guadagni. E che pensano che questa legittima aspirazione non debba comportare la rinuncia all'essere madri e alla qualità della propria vita.

Qualcosa sta cambiando tra le donne italiane. Ma senza l'attenzione e il sostegno che ciò richiederebbe. E senza un'adeguata riflessione sulle potenzialità, ma anche i limiti, di questi cambiamenti. "Il cammino della parità è già intrapreso", dicono alcuni, "basta aspettare e lasciare tempo al tempo". Certo, purché questo tempo non diventi infinito! Rischio concreto, se tutto avviene nella solitudine delle giovani donne che, mentre cominciano a tematizzare nel proprio privato la costruzione di identità nuove, devono quotidianamente confrontarsi con stereotipi duri a morire. In una società che sotto la retorica della neutralità rivela una pervicace inadeguatezza a raccogliere le sfide dell'innovazione, poste giorno per giorno dalle donne e dagli uomini, attraverso nuovi comportamenti e sperimentazioni così atomizzati da risultare spesso quasi invisibili. Qualcosa sta cambiando, dunque; ma perché qualcosa cambi davvero occorre uno sforzo in più. Occorre rompere le "vecchie abitudini" degli stereotipi e dei ruoli femminili e maschili, attraverso nuovi percorsi di confronto fra diverse generazioni di donne e, soprattutto, attraverso un riconoscimento pubblico e politico. Occorre che la politica – con la P maiuscola – torni ad essere cinghia di trasmissione dell'innovazione sociale, partendo da nuove forme di rappresentanza che facciano propria una generalizzata filosofia di investimento sulle donne e riconoscano loro quel ruolo di agenti del cambiamento ormai evocato da molti, troppo spesso solo a parole.

Francesca Zajczyk, www.francescazac.it 20 aprile 2007

Il testo di Francesca Zajczyk

> – **esprime una tesi**: nonostante alcuni cambiamenti, nel nostro Paese il processo di piena parificazione fra uomo e donna è ancora incompiuto;
> – presenta una serie di **argomenti**: persistenza di stereotipi, inadeguatezza della società a cogliere e coltivare l'innovazione, cambiamenti spesso isolati e invisibili, assenza di progetti politici;
> – esprime dei **giudizi** sulle resistenze che la società ancora oppone al cambiamento;
> – ha lo **scopo di convincere** il destinatario della fondatezza dell'opinione formulata

quindi è un saggio/articolo d'opinione.

Il (poco) lavoro delle donne in Italia: il 46,6 % contro il 64% degli uomini

«Il vostro è uno dei Paesi della zona euro che incoraggiano meno la partecipazione delle donne al mercato del lavoro. Un cambiamento di rotta, a parte ogni considerazione di progresso sociale, potrebbe avere effetti benefici sulla produzione di reddito aggiuntivo e, quindi, sull'uscita da un periodo di stagnazione». Le parole di Christine Lagarde, direttrice del Fondo monetario internazionale, pesano come un macigno. Ma sono solo l'espressione della realtà. In Italia, il tasso di occupazione degli uomini tra i 15 e i 64 anni è del 64%. Nella stessa fascia d'età c'è solo un 46,6% di donne che risulta occupato. Quindi, se tra gli uomini tra i 15 e i 64 anni lavorano in 64 su 100, tra le donne invece della stessa età lavorano in 46 su 100.

Basta spulciare gli ultimi dati Istat, relativi a febbraio 2014 ma pubblicati il primo aprile scorso, per avere conferma della pesante differenza di genere che si evidenzia nel nostro Paese sul fronte lavoro. Anche se il tasso di occupazione maschile a febbraio è sceso di 0,3 punti percentuali rispetto al mese precedente e di 1,4 punti su base annua, quello femminile resta sempre drammaticamente indietro: aumenta di 0,2 punti rispetto al mese precedente ma diminuisce di 0,2 punti rispetto a dodici mesi prima. Sulla disoccupazione il gap è minore, ma sussiste: il tasso di disoccupazione maschile si attesta sul 12,5%, quello femminile è più alto, del 13,6%.

E il tasso di inattività è un altro parametro che la dice lunga, su quanto le donne non lavorino perché disincentivate dalle condizioni del mercato, schiacciate spesso in una condizione familiare che impedisce loro di trovare convenienza in un lavoro diverso da quello domestico. Se infatti il tasso di inattività tra i 15 e i 64 anni è del 26,7% tra i maschi, quasi raddoppia, arrivando al 46,1%, tra le donne. Significa brutalmente che a fronte di 5 milioni di inattivi maschi, in Italia ci sono quasi 10 milioni di femmine che non sono impegnate in alcuna attività, e che hanno smesso pure di cercarla. Qualcosa cambia, ma molto lentamente: l'inattività nell'ultimo anno è cresciuta tra gli uomini (+1,2%) e diminuita tra le donne (-0,7%). Ma si tratta di piccoli passi. Le cause sono, come sempre, molteplici: ma ci sono problemi oggettivi di infrastrutture che mancano. In Italia solo il 18% dei bambini trova posto negli asili nido pubblici, rendendo difficile coniugare impiego e famiglia. La statistica Eurostat non lascia spazio a dubbi: dopo il primo figlio, in Italia la metà delle donne non lavora più.

Valentina Santarpia, www.corriere.it , 4 aprile 2014

Il testo di Valentina Santarpia

> – **descrive** una situazione: lo squilibrio del tasso di occupazione maschile e femminile nell'Italia attuale;
> – presenta una serie di **informazioni** (**dati**) per illustrare questa situazione;
> – non esprime giudizi;
> – ha lo **scopo di informare** in modo dettagliato e oggettivo sull'entità del problema trattato.

quindi è un articolo di informazione.

Saggio e articolo si differenziano anche per quanto riguarda le **scelte formali**, come la struttura, il lessico, la sintassi, il tono.

Scelte formali	Saggio	Articolo
struttura	rigorosa, articolata in tesi, argomenti, obiezioni, confutazioni	più libera (espositiva / narrativa / descrittiva)
lessico	rigoroso e specialistico connotativo	denotativo, appropriato ma accessibile e anche colloquiale
sintassi	ipotassi in relazione alla complessità dell'argomentazione	semplice e lineare, anche paratattica
tono	sostenuto, formale	vivace e leggero

Anche in questo caso, per una scelta consapevole della forma di scrittura, è opportuno verificare:
a. per il saggio breve
– di avere una sufficiente padronanza del lessico specialistico
– di padroneggiare con sufficiente disinvoltura una sintassi abbastanza complessa e in generale un tono sostenuto del discorso
b. per l'articolo di giornale
– se nella scrittura ci si sente più sicuri adottando un registro linguistico informale
– se si è più portati a un tono leggero e semplice.

Un esempio ...

Come esempio di quanto illustrato fin qui, confrontiamo due testi argomentativi sul medesimo oggetto, la funzione della letteratura. Il primo è un brano tratto da un saggio, il secondo è un articolo. A margine sono sintetizzate le peculiarità di ciascuno.

Saggio	Peculiarità
Invitandoci a riprodurre dentro di noi l'immagine di un mondo possibile, la letteratura ci offre, più che dichiarazioni sul modo di essere della realtà, dei modi per guardare ad essa. Come diceva Debenedetti dei personaggi romanzeschi, le rappresentazioni sono "nomi" che individuano i fenomeni labili e intermittenti della nostra esperienza, rendendoli riconoscibili. La letteratura, nel corso dei secoli, ha instancabilmente "socializzato" il nostro universo interiore, trasponendone la trama segreta sul piano della comunicazione e disponendo a far proprie le risonanze delle vicende pubbliche; lo ha reso partecipabile e, al tempo stesso, lo ha arricchito variamente; ha misurato il nostro tempo vissuto sui suoi ritmi, i nostri sentimenti sulle sue forme. Ha modellato, insomma, il nostro modo di percepire la realtà, il nostro comportamento e le nostre emozioni. Da questo punto di vista, la funzione conoscitiva sfuma e si risolve in una funzione etica. Mediando tra pubblico e privato, promuovendo	**Struttura argomentativa:** tesi, argomenti, obiezione, confutazione argomentazione condotta attraverso **ragionamenti** presentazione **impersonale** **sintassi** complessa e articolata

conformismo o inquietudine sull'uno come sull'altro versante, essa ha costruito uno strumento formidabile di consenso collettivo, e insieme il luogo dove le insinuazioni della coscienza esistenziale potevano maturare a esemplarità d'espressione.

Tutto ciò spiega, infine, il ruolo delle emozioni nella lettura. Uscendo dal cognitivismo, sia ben chiaro, non intendiamo cadere nell'emotivismo. [...] Il fatto è che anche quella fra emozione e conoscenza è un'antitesi fuorviante. Per "conoscere" il mondo, le sensazioni e le emozioni sono, comunemente, non meno necessarie né meno efficaci del ragionamento [...]. Così, se interpretare un simbolo è sempre un'attività intellettuale, le emozioni che riceviamo da un testo letterario o che gli prestiamo sono, precisamente, la sostanza in cui prende corpo il suo significato.

Franco Brioschi, *La mappa dell'impero. Problemi di teoria letteraria*,
Il Saggiatore, Milano 1983

linguaggio formale, lessico specialistico

tono sostenuto

Articolo	Peculiarità
Ha scritto Luciano De Crescenzo: «M'ha preso una libridine...» e ha inteso definire con questa ardita invenzione lessicale la condizione di chi ha una forma di libro-dipendenza, episodica o costante che sia; una specie di piacevole ossessione nei confronti dei libri che può manifestarsi fin dalla più tenera età e durare per il resto della vita. Per me tutto è iniziato in prima elementare, quando a malapena riuscivo a compitare i brevi testi del sillabario. Al rientro dalle vacanze natalizie nel pacco-strenna della cosiddetta Befana Fascista trovai un libretto dalla copertina cartonata raffigurante un gruppo di bambini su di uno sfondo blu. Fu amore a prima vista, anzi, doppio amore perché nacque a un tempo anche la mia passione per i gatti a motivo di un raccontino che narra le avventure di Poli: «... era un bel gattino biondo, aveva il pelo lungo e ondulato, un collarino bianco, gli zampini bianchi e una bella coda folta color dell'oro...». Da allora e per tutti gli anni del ciclo elementare non mancai ad uno solo degli appuntamenti del sabato quando si poteva ritirare un nuovo libro della bibliotechina scolastica. Erano libri di fiabe, di racconti edificanti propri della letteratura infantile dell'epoca e certi romanzetti a sfondo moralistico in cui i concetti di giusto e sbagliato veniva-	**Struttura argomentativa** con uso della narrazione in funzione argomentativa presentazione **personale** **Linguaggio** colloquiale, informale **Sintassi** semplice e lineare, anche paratattica

no espressi in forma chiara ed esplicita. Volumi di varie dimensioni, ben allineati su di un tavolo in fondo all'aula della pluriclasse sul quale troneggiava un grande apparecchio radio in dotazione alle scuole rurali, a mia memoria mai veramente funzionante. Li ricopriva una fodera color carta da zucchero (era carta da zucchero?) che nascondeva, ahimè, l'unica illustrazione a colori, ma bastava un minuzioso e paziente lavoro di scollamento per privare la copertina di ogni suo segreto.

Quando nel comodino della casa dei nonni rinvenni la raccolta delle novelle della mamma, roba da grandi, mi sentii ricchissima. Si componeva di libretti sottili rivestiti di cartoncino consunto color beige, con dei caratteri fitti e minuti che cominciai a leggere fino allo sfinimento e non senza qualche rossore; le sere, priva di luce elettrica, mi industriavo ad aguzzare la vista al chiaro di un lume a petrolio che altro non era se non una semplice boccetta di vetro con uno stoppino e un tettuccio tondo di latta carico di nerofumo.

Poi vennero i libri di studio: assai apprezzati in quanto funzionali all'apprendimento e alla conoscenza, rappresentavano tuttavia un dovere che richiedeva tempo, energia, impegno sottratti inevitabilmente al puro piacere del leggere. Fino al termine del corso quando con gli Oscar Mondadori scoprii la letteratura straniera, americana in particolare, e i nostri scrittori del dopoguerra. A quel punto fu vera «libridine». Il percorso era tracciato e alla fonte creativa dei libri attingo tuttora assiduamente per nutrire la mente e il cuore traendone emozioni, sentimenti, saperi sovente accompagnati da un senso di vuoto nostalgico che avverto all'avvicinarsi dell'epilogo di una lettura particolarmente appagante.

Mirella van Rooijen Mortarotti, *Scoprii la letteratura straniera e fu subito vera "libridine"* in "La Stampa", 2 novembre 2013

Tono disinvolto e brillante

4. Pianificare il testo

La pianificazione è la seconda tappa del lavoro. Essa consiste nella selezione dei materiali raccolti attraverso l'analisi del dossier e la ricerca delle conoscenze personali, e nella loro organizzazione in uno **schema** ordinato e coerente dal punto di vista tematico e logico: la cosiddetta **scaletta**.

4.1 Pianificare il saggio breve

Il punto di partenza per la pianificazione del saggio breve consiste nell'**individuare e formulare la tesi** che si intende illustrare e sostenere nel testo: la tesi infatti rappresenta il centro concettuale intorno al quale si devono pensare e organizzare tutti i contenuti che costruiscono l'**argomentazione**.

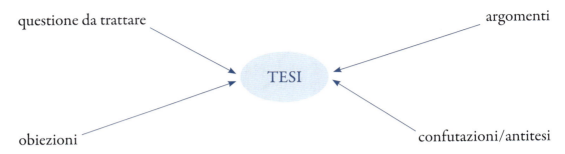

L'argomentazione

Dal punto di vista concettuale la **tesi deve essere chiara** fin dall'inizio della progettazione e deve essere tenuta presente durante tutta questa fase per evitare di "perdere il filo" di quanto si vuole dimostrare e di entrare in contraddizione.

L'**originalità** della tesi è un elemento sicuramente positivo ma **non indispensabile**. Infatti è possibile adottare l'opinione espressa da uno o più documenti del dossier, o un'altra interpretazione autorevole di cui si è a conoscenza. Indispensabile è invece che la tesi sia **argomentata in modo efficace**, vale a dire con "prove" pertinenti e fondate e in quantità sufficiente (due / tre).

Inoltre la tesi può essere **espressa** in un'enunciazione esplicita, oppure può essere **implicita**, ossia emergere attraverso lo svolgimento dell'argomentazione. Quest'ultima modalità è forse più efficace sul piano comunicativo, ma è più difficile da costruire.

La presenza di **obiezioni** non è indispensabile. Tuttavia la capacità di prevedere opinioni diverse da quella che si sta sostenendo – vale a dire un'**impostazione dialettica** – conferisce maggior forza all'argomentazione; sicuramente, però, se si prevedono una o più obiezioni è necessario controbatterle. Per far questo, si può procedere in due modi: **sostenere una tesi opposta** (antitesi), oppure **confutare** l'obiezione, cioè dimostrarne la debolezza.

L'organizzazione

Una volta individuata la tesi, si passa a **organizzare le idee** raccolte nella prima fase del lavoro intorno a questo nucleo fondamentale.

Si tratta in primo luogo di **selezionare** quelle che possono costituire **argomenti validi** per sostenerla, tenendo presenti i principali **tipi di argomento**:
– **oggettivi**, come fatti, dati, elenchi
– **pragmatici**, come esempi, illustrazioni
– **logici**, come induzioni, deduzioni, confronti, definizioni
– **d'autorità**, come citazioni di esperti o testimoni.

Argomenti, obiezioni e antitesi / confutazioni possono essere **tratti anche dai documenti** del dossier, qualora li presentino. Per esempio, argomenti contrastanti con la tesi che si vuole dimostrare possono essere utilizzati come obiezioni. È però indispensabile arricchirle con altri materiali desunti dal proprio "inventario". Un buon saggio breve, infatti, non si limita a utilizzare e a "montare" in modo diverso i materiali dei documenti, ma – come è anche indicato dalle consegne ministeriali – li **integra** con elementi derivanti dalla propria conoscenza e dalla propria riflessione.

La scaletta

Dal punto di vista dell'ordine del discorso, la tesi può essere enunciata **all'inizio del testo** – questa è la modalità più facile –, oppure all'interno del testo o addirittura nella conclusione. La scelta della collocazione avviene quando dalla raccolta delle idee si passa alla costruzione della scaletta.

La scaletta, oltre all'argomentazione (tesi, argomenti, eventuali obiezioni e loro confutazione) che costituisce la parte qualificante del saggio breve, deve prevedere, come per qualsiasi testo, un'**introduzione** (presentazione della questione) e una **conclusione** (può essere la riproposizione sintetica della tesi, un bilancio finale, l'enunciazione di un proposito, una citazione appropriata).

Il seguente schema rappresenta la più comune struttura della scaletta di un testo argomentativo.

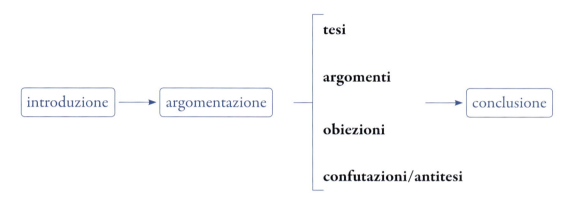

Nel caso di una **suddivisione del testo in paragrafi**, prevista (anche se non in forma vincolante) dalle consegne ministeriali, la struttura potrebbe essere quella schematizzata nella seguente tabella.

Paragrafo 1	**Introduzione**
Paragrafo 2	**Tesi**
Paragrafo 3	**Argomento 1**
Paragrafo 4	**Argomento 2**
Paragrafo 5	**Obiezione**
Paragrafo 6	**Confutazione/antitesi**
Paragrafo 7	**Conclusione**

Nell'elaborazione della scaletta si deve prestare particolare attenzione alla **coerenza** del contenuto:
– evitando contraddizioni e ridondanze
– distribuendo i contenuti in modo ordinato a seconda del tipo di scaletta scelto

– curando l'equilibrio interno (prevedere più spazio per le parti più importanti: l'argomentazione, e in particolare l'illustrazione degli argomenti, più estesa di introduzione e conclusione).

Inoltre sul piano pratico è opportuno concentrarsi per prima cosa e soprattutto sulla costruzione dell'argomentazione, mentre introduzione e conclusione possono essere ideate alla fine, anche utilizzando spunti suggeriti dalla stessa argomentazione.

L'ultima operazione della pianificazione è l'**ideazione del titolo** da dare all'elaborato. È consigliabile deciderlo avendo già definito tesi e articolazione del testo, perché il titolo non deve essere generico e neutro, ma **indicare l'orientamento** dell'argomentazione. In sintesi, il titolo deve essere:

– **conciso**, per condensare il contenuto in un'espressione breve, preferibilmente una frase nominale
– **connotato**, per suggerire la tesi.

> Il titolo

Un esempio ...

Continuando a utilizzare i documenti del dossier sull'argomento del *Distacco* (Ambito artistico-letterario 2006), ipotizziamo che la lettura dei testi e la ricerca personale ci portino a voler sostenere la tesi "Non c'è percorso di crescita senza un'esperienza di separazione".

Tra le idee che abbiamo in mente e che avremo avuto cura di appuntarci, dovremo selezionare quelle che si prestano a sostenerla, vale a dire gli argomenti, eventuali obiezioni e le relative confutazioni o antitesi che il nostro ragionamento ci suggerisce. La scaletta dell'argomentazione potrebbe essere la seguente:

tesi: Non c'è percorso di crescita senza un'esperienza di separazione

argomenti
nascita = primo trauma di separazione
inizio scuola, diversi gradi di istruzione = distacco da amici, ambiente
emancipazione dalla famiglia (doc. 1)
distacco dal luogo di origine (doc. 2,3), esperienze di giovani all'estero
una conferma nella letteratura: i romanzi di formazione

obiezione
questi sono casi di distacchi contrassegnati positivamente

antitesi
anche distacchi più dolorosi (es. lutti, abbandoni) possono essere occasione di maturazione interiore (doc. 2,3)

Costruita l'argomentazione, si può pensare a un'introduzione che sia coerente, e alla conclusione; per esempio:

introduzione   Il distacco è una delle esperienze esistenziali più frequenti per chiunque già dalle prime fasi della vita

conclusione   Conferma della tesi / Proposito: non bisogna temere il distacco

Da ultimo, si può procedere all'ideazione del titolo, che potrebbe essere: "Crescere attraverso il distacco".

4.2 Pianificare l'articolo di giornale

Tra le due grandi categorie in cui si distingue la scrittura giornalistica, articoli di opinione e articoli di informazione, ci concentreremo sulla seconda. L'articolo di opinione, infatti, per molti aspetti può essere assimilato al saggio breve, quindi per il suo svolgimento si possono utilizzare le indicazioni fornite per il saggio.

L'articolo di informazione è invece una forma di scrittura distinta per la sua natura di **testo espositivo**, come implicitamente risulta dalle stesse consegne ministeriali, e in quanto tale ha diverse **peculiarità**.

> La centralità delle informazioni

La **scopo** dell'articolo di informazione è quello di **presentare e trasmettere conoscenze** su un determinato argomento: le **informazioni** hanno quindi il ruolo centrale e devono rispettare in primo luogo i requisiti di **completezza** e **obiettività**.

La qualità e la quantità delle informazioni dipendono sia dalla **destinazione editoriale**, sia dalla **collocazione** dell'articolo all'interno della testata. L'espressione "di giornale" rimanda in effetti a una grande varietà di pubblicazioni periodiche (quotidiani, riviste specializzate, riviste generaliste, magazine, giornali scolastici...) che implica **diversi tipi di pubblico** e, di conseguenza, **diversi livelli di approfondimento** nella trattazione, oltre che **differenze del registro linguistico e del tono**. Ma anche la sezione del periodico in cui è pubblicato l'articolo – prima pagina, pagine di approfondimento, cronaca locale... – comporta differenze di contenuto e di stile. Anche questi sono elementi da considerare nell'elaborazione dell'articolo, nella fase di progettazione come in quella della stesura.

Le **tipologie di informazioni** sono quelle già indicate per il saggio breve: quello che cambia è la prospettiva in cui vengono utilizzate. Infatti a differenza del saggio breve – e dell'articolo di opinione – l'articolo di informazione non richiede la formulazione e la dimostrazione di una tesi, al contrario deve **presentare i contenuti in modo neutro**, escludendo elementi valutativi e interpretativi. Eventuali interpretazioni e giudizi possono essere riportati, ma solo in qualità di informazioni, per completezza di trattazione.

Questo può rendere l'elaborazione dell'articolo più semplice; tuttavia anche questa forma di scrittura presenta dei **vincoli** che è necessario aver presenti nel momento della pianificazione.

La struttura dell'articolo

Senza addentrarsi in soverchi tecnicismi, non richiesti per la prova d'esame, sapere come è organizzato solitamente un articolo può essere utile per costruire la scaletta. La seguente tabella schematizza la **struttura-tipo** di un articolo di informazione.

Paragrafi	Funzione	Caratteri
lead	**Paragrafo di attacco.** Corrisponde all'introduzione e deve "guidare" (*lead* significa *guida*) nella lettura del pezzo	Chiarezza e sintesi nel fornire gli elementi essenziali dell'argomento; vivacità che catturi l'interesse. Le modalità sono molteplici, da quella riassuntiva che sintetizza le informazioni essenziali (detta delle 5 W: *who, what, where, when, why* = chi, che cosa, dove, quando, perché), ad altre meno scontate che attirino l'attenzione, come allocuzioni al lettore (domande), citazioni, aneddoti
focus	Messa a fuoco e presentazione dell'aspetto specifico dell'argomento su cui si concentra l'articolo	Definizione precisa che circoscriva l'aspetto considerato con le prime informazioni
background	**Paragrafo di sviluppo.** Illustra elementi di sfondo che permettono di inquadrare l'argomento trattato (nel tempo, in fenomeni più generali e così via)	Informazioni di carattere generale che contribuiscano alla comprensione dell'argomento
	Successivi paragrafi di sviluppo. Illustrano l'argomento con ulteriori informazioni	Informazioni che descrivono l'argomento (dati, fatti, esempi, citazioni ecc.)

La presenza di tutti i paragrafi non è indispensabile e l'ordine di successione non è rigido: alcuni – come il *background* – possono essere omessi, oppure, per rafforzare l'efficacia comunicativa, possono essere disposti secondo una sequenza diversa, meno consueta, ad eccezione del *lead*, che è sempre collocato in apertura.

Analizziamo per esempio la struttura del seguente articolo.

Videogiochi vietati ai maggiori

Parental advisory è l'avvertimento sulle copertine dei dischi o accanto ai titoli dei brani nei negozi online quando acquisti o scarichi canzoni che usano un linguaggio non adatto ai più giovani. In tv, sul piccolo schermo, compare in basso a destra un bollino rosso (o giallo o verde). Nei film su Dvd e Blu-Ray esistono indicazioni sulla potabilità dei contenuti. Era uscita la notizia di concerti vietati ai minori di 14 anni, ma si è poi rivelata essere un pesce d'aprile.	**lead**→l'argomento è la tutela dei minori rispetto a prodotti culturali e di intrattenimento inadatti

Insomma, non da ieri l'industria culturale ha imparato a contrassegnare i propri prodotti per evitare di turbare, offendere, impressionare il proprio pubblico.	*background*→fenomeno generale in cui rientra l'argomento
Accade anche nei videogiochi. Questi ultimi, non da ieri, hanno stampato, sulla copertina in fondo a destra un bollino (Pegi), non piccolo, per indicare l'età consigliata e i contenuti trattati. Eppure i videogiochi sono stati oggetto di particolare attenzione in questi ultimi mesi.	*focus*→la tutela dei minori rispetto ai videogiochi
Una proposta di legge presentata alcune settimane fa ha messo nel mirino il *medium* ludico giudicando insufficiente la classificazione Pegi e i software di parental control che consentono alle famiglie di limitare l'accesso ai contenuti.	**Paragrafo informativo**→notizia
La bozza si spinge a prevedere sanzioni a carico degli esercenti colpevoli di vendere titoli proibiti mettendo in qualche modo sullo stesso piano il videogame con sostanze come l'alcol e le sigarette.	**Paragrafo informativo**→ulteriori informazioni sulla notizia
Un tentativo fortunato di unire i puntini e mettere ordine nella popolare aneddotica sui rischi dei videogiochi violenti è avvenuto al convegno "A proposito di videogiochi" che si è svolto giovedì scorso alla Commissione cultura della Camera. In quella sede è stato riconosciuto che a tutti gli effetti sono un prodotto culturale. È stato ribadito che i videogiochi violenti non possono finire nelle mani dei minori. E che in qualche modo l'industria italiana va supportata. […] Sono emerse anche proposte per dare vita a una piattaforma sul modello di quella in Gran Bretagna dove le famiglie possono rivolgersi per avere informazioni. […]	**Paragrafo informativo**→informazioni su altre iniziative
Prima di giudicare occorrerà a spettare di leggere il disegno di legge. In qualche modo però si è finalmente compreso che i videogiochi oltre a essere un prodotto sono soprattutto un linguaggio. E in quanto tale va studiato e compreso. l.tre, in "Il Sole 24 ore", 4 ottobre 2015	**Paragrafo conclusivo**

La scaletta La pianificazione dell'articolo può avvenire adottando la struttura-tipo illustrata come scaletta e distribuendo nei diversi paragrafi le informazioni desunte sia dal dossier sia dalla propria enciclopedia personale.

Il primo paragrafo su cui concentrare l'attenzione è il *focus* perché, definendo l'aspetto dell'argomento che si intende trattare, fornisce una sorta di bussola nella **selezione** delle informazioni. Tra tutti gli spunti raccolti, infatti, si dovranno utilizzare quelli **pertinenti e coerenti** con l'aspetto individuato, disponendoli secondo un **ordine** che può essere lineare, temporale ecc. Nella scelta della qualità e della quantità delle informazioni un ulteriore criterio-guida è rappresentato dalla **destinazione editoriale** che si decide di scegliere per il proprio articolo. A questo proposito, un suggerimento pratico è quello di non puntare troppo in alto: una rivista specialistica o le pagine culturali di un quotidiano richiedono un'approfondita conoscenza dell'argomento e un'ottima padronanza del lessico anche settoriale, requisiti che non sempre sono alla portata di uno studente delle superiori.

Come per il saggio breve, l'introduzione (*lead*) e la conclusione possono essere concepite alla fine, tenendo presente che nell'articolo la formulazione del *lead* è particolarmente importante perché dovrebbe catturare l'attenzione del destinatario e invogliarlo alla lettura.

| Il titolo |

Anche per quanto riguarda il titolo, nel caso dell'articolo, oltre alla **concisione** e alla **significatività**, è opportuno un tono **accattivante** e **vivace.**

Un esempio...

Partendo sempre dai documenti del dossier sull'argomento del *Distacco* (Ambito artistico-letterario 2006), proviamo a pianificare un articolo di informazione, seguendo la stuttura-tipo. Tra le molteplici forme di distacco proposte dai documenti, scegliamo di presentare quella legata alla frequenza e alla facilità con cui nel mondo attuale ci si allontana dal proprio ambiente originario.

Questo sarà il *focus* dell'articolo.

lead	Stiamo diventando una società di nomadi senza radici?
focus	Frequenza dell'esperienza del distacco dal proprio luogo di origine e dal nucleo familiare
background	Confronto con il recente passato (doc. 2)
paragrafo informativo	Esperienze dei giovani già durante le scuole secondarie: studi e viaggi
paragrafo informativo	Frequenza dei trasferimenti per lavoro
paragrafo informativo	Le ricadute esistenziali di tali esperienze
paragrafo informativo	Testimonianze di chi ha vissuto l'esperienza del distacco dal proprio luogo di origine (doc. 2, 3)
paragrafo conclusivo	Un bilancio dell'esperienza del distacco

Il titolo potrebbe essere: "Più maturi lontano da casa?"

Pianificare il saggio breve
Esercizi livello 1

Esercizi comuni per tutte le classi

Esercizio 1

Per cominciare ad applicare le indicazioni fornite (v. cap. 3 e 4.1), ti proponiamo un esercizio su due documenti (due articoli argomentativi, quindi assimilabili alla forma del saggio) che affrontano la medesima questione:

> OGM: una possibile soluzione al problema della fame nel mondo?
>
> **A.** A volte la natura ci è benigna, a volte meno. L'unico strumento che abbiamo per contrastare le avversità ambientali, momentanee e durature, è l'uso del nostro ingegno. La punta di diamante del prodotto del nostro ingegno nel campo agroalimentare sono gli organismi transgenici, detti normalmente Ogm. Sono solo ai primi passi, sono ben lungi dal risolvere tutti i problemi, ma sono la via razionale per migliorare quantitativamente e qualitativamente i prodotti della terra. A patto, ovviamente, che non siano nocivi. Nessuno contesta, mi pare, la loro capacità di produrre piante e frutti più resistenti a una varietà di minacce ambientali, portate dalle avverse condizioni metereologiche o da organismi patogeni. Ciò è tanto più rilevante, quante più bocche ci sono da sfamare e quante meno persone sono disposte a dedicarsi alla cura dei campi. Il tutto in un ambiente globale che non è fisso e immutabile, ma mostra segni di continui cambiamenti, riguardo almeno alla temperatura dell'aria e al regime delle precipitazioni.
>
> Quello che alcuni contestano è che siano innocui, nell'immediato e a più lunga scadenza. [...] Parliamo allora di pericolosità. Ho detto ripetutamente che dal punto di vista scientifico la faccenda è molto chiara. Un organismo che possieda nel proprio corredo genetico un gene in più o in meno delle migliaia e migliaia che già possiede non può di per sé costituire nessuna minaccia per coloro che se ne cibano. Questo non vuol dire, ovviamente, che se in un organismo viene introdotto un gene che produce un sostanza tossica o nociva, questo non sia deleterio, ma non è di tale eventualità che stiamo parlando. Alcuni obiettano che, anche se le colture di Ogm non costituiscono un pericolo immediato, potrebbero a lungo andare sfuggire al nostro controllo, diffondersi disordinatamente e minacciare il futuro delle risorse agroalimentari del pianeta. Non conosco nessun argomento che lo faccia pensare, al di là di quello di un generico "non si sa mai". Non conosco neppure uno scienziato del campo che si sia espresso chiaramente contro gli Ogm. [...]

Per quanto concerne il potenziale contrasto tra teoria e pratica, non possiamo non notare che in molte parti del mondo ogni anno milioni di persone consumano quotidianamente prodotti derivati da organismi Ogm e non è stato segnalato alcun caso di patologie collegabili a questo tipo di alimentazione. Ogni anno che passa senza danni documentabili dovrebbe contribuire quindi a tranquillizzare chi ne teme gli effetti. [...]

Edoardo Boncinelli, *Bilanciare i rischi*, in "Corriere della Sera", 13 luglio 2003

B. Sono una scienziata che ha fatto e continua a fare ricerca sulle piante transgeniche (Gm). Non ho posizioni "antibiotech", anzi non mi stanco mai di ripetere che senza biotecnologie dovremmo rinunciare non solo a pane, birra, vino, yogurt, antibiotici e cortisone, ma anche a insulina, interferone e molte altre sostanze fondamentali per la nostra salute, prodotte con tecniche di ingegneria genetica. Sono convinta che le biotecnologie siano uno dei campi su cui puntare per lo sviluppo della società e dell'economia della conoscenza, in Italia e in Europa. Tuttavia nutro alcune riserve sulla coltivazione in pieno campo delle piante Gm, basate sui dati pubblicati sulle più importanti riviste scientifiche.

Il primo problema riguarda il tipo di trasformazione genetica delle colture più diffuse – mais, soia, cotone e colza - modificate nella misura dell'83 per cento con un gene che le rende capaci di tollerare erbicidi. Poiché il transgene è presente anche nel polline, si può diffondere, per esempio nel caso della colza, a distanze di alcuni Km e ibridare con specie infestanti compatibili, che possono così acquisire la capacità di tollerare erbicidi, diventando "superinfestanti". Con grave danno per gli agricoltori, che non disporrebbero più di mezzi per combatterle.

Il secondo problema riguarda l'insorgenza della resistenza alle tossine Bt – presenti nel mais Gm – da parte degli insetti nocivi. La strategia messa a punto negli Usa per ritardare nel tempo questo fenomeno consiste nell'adozione di zone rifugio, coltivate con varietà di mais non transgenico, che devono essere almeno il 20 per cento dell'area totale coltivata a mais Bt. Uno studio recente, pubblicato su "Nature Biotechnology", ha riportato che, nonostante queste zone rifugio, la resistenza si è evoluta in campo e da una sola specie resistente nel 2005 abbiamo oggi ben 5 specie di insetti resistenti alle tossine Bt. Così le colture transgeniche Bt diventano uno strumento di selezione di insetti nocivi resistenti alle tossine Bt che avrebbero dovuto sterminarli.

Per quanto riguarda il problema della fame nel mondo, occorre chiarire che mais, cotone, soia e colza sono colture industriali. In particolare soia e mais sono utilizzate principalmente per produrre mangimi animali e quindi carne, latte e formaggio, che certamente non sono destinati ai mercati dei paesi poveri e affamati. Non escludo che nel futuro possano essere sviluppate piante Gm altamente produttive, resistenti alle malattie, a siccità, salinità e alte temperature, ma per adesso non esistono. E comunque, se fossero sviluppate, perché le popolazioni povere ne potessero trarre giovamento, i loro semi non dovrebbero essere sottoposti a brevetto, e ai costi aggiuntivi relativi, né comportare l'uso massiccio di fertilizzanti chimici ed erbicidi, i cui costi sono proibitivi per l'agricoltura africana.

Per concludere vorrei ricordare la difficoltà di adozione delle distanze di sicurezza e delle zone rifugio, data la ridotta dimensione delle aziende agricole italiane. Il problema che si presenterà nel caso della coltivazione di mais Bt (cotone, soia e colza sono poco rappresentative della realtà agricola italiana) non sarà solo quello di un'adeguata regolamentazione, ma del rispetto delle regole. Alle quali è stato dedicato un lungo articolo su "Nature", in cui si analizzano i problemi posti dall'eventuale introduzione su larga scala di riso transgenico in Cina.

Manuela Giovannetti, Altro che soluzione alla fame nel mondo. Ecco che cosa rischiamo con gli OGM, www.l'Espresso.repubblica.it 15/7/2014

1. **Scheda i due documenti completando le seguenti tabelle**

Documento A	
Tesi	
Argomento 1	È opinione condivisa che gli Ogm siano in grado di resistere alle diverse minacce ambientali
Obiezione 1	
Confutazione	
Obiezione 2	
Confutazione	
Argomento 2	

Documento B	
Tesi	
Argomento 1	
Argomento 2	L'insorgenza della resistenza alle tossine Bt può minacciare le altre colture
Argomento 3	
Argomento 4	

2. Individua e formula con parole tue la tesi che intendi sostenere.
3. A seconda della tesi, per sostenerla utilizza due argomenti, un'obiezione e la relativa confutazione tratti dai documenti.
4. Integra l'argomentazione con un argomento personale.

Esercizio 2

Rileggi i documenti relativi al dossier e la sua analisi proposti nel cap. 4.2. Ambito Artistico letterario. Argomento: **Il distacco nell'esperienza ricorrente dell'esistenza umana: senso di perdita e di straniamento, fruttuoso percorso di crescita personale**.

Costruisci la scaletta del tuo saggio breve completando la tabella. Utilizza materiali desunti dai documenti integrandoli con ulteriori argomenti tratti dalle tue conoscenze.

Introduzione	La vita di chiunque è costellata da esperienze, più o meno traumatiche, di distacco e di separazione.
Tesi	Il distacco è sempre doloroso ma contiene in sé delle potenzialità costruttive. (documenti 1 e 3)
Argomento 1	
Argomento 2	
Argomento 3	Trasferirsi a vivere in un luogo nuovo stimola al cambiamento di abitudini, rimuove pregiudizi, apre a nuove esperienze. (documenti 2 e 3)
Obiezione	Però comporta la perdita delle proprie radici e delle proprie tradizioni, indebolendo l'identità e il senso di appartenenza.
Confutazione	
Conclusione	

Esercizio 3

Svolgi lo stesso esercizio sul dossier riportato a p. 169.
Ambito Tecnico-scientifico. Argomento: **L'acqua, risorsa e fonte di vita**.

Introduzione	L'acqua è una delle risorse non rinnovabili il cui progressivo esaurimento e la cui scarsa qualità stanno diventando allarmanti.
Tesi	Il problema della tutela delle risorse idriche potrebbe essere affrontato su scala locale (documento 2).
Argomento 1	Lo spreco deriva anche da usi non corretti, disfunzionamenti delle reti di distribuzione.
Obiezione	Il risparmio che si potrebbe ottenere con abitudini individuali più consapevoli sarebbe minimo.
Confutazione	
Argomento 2	
Argomento 3	
Conclusione	

Pianificare il saggio breve
Esercizi livello 2

Negli esercizi seguenti ti proponiamo solo la tesi, che dovrai argomentare utilizzando spunti tratti dal dossier e altri derivanti dalle tue conoscenze ed esperienze personali.

Esercizi comuni per tutte le classi

Esercizio 1

Ambito socio-economico. Argomento: **2009: anno della creatività e dell'innovazione.** (Esame di Stato 2009) [con tagli]

Unione creativa. L'intenzione è chiara: sensibilizzare l'opinione pubblica, stimolare la ricerca e il dibattito politico sull'importanza della creatività e della capacità di innovazione, quali competenze chiave per tutti in una società culturalmente diversificata e basata sulla conoscenza. [...] Tra i testimonial, il Nobel italiano per la medicina Rita Levi Montalcini e Karlheinz Brandenburg, l'ingegnere che ha rivoluzionato il mondo della musica contribuendo alla compressione audio del formato Mpeg Audio Layer 3, meglio noto come mp3.

G. De Paola, *L'Europa al servizio della conoscenza*, Nòva, 15 gennaio 2009

Restituire senso alla parola "creatività". Non è creativo ciò che è strano, o trasgressivo o stravagante o diverso e basta. Gli italiani, specie i più giovani – ce lo dicono le ricerche – hanno idee piuttosto confuse in proposito. [...] Bisognerebbe restituire alla parola *creatività* la sua dimensione progettuale ed etica: creativa è la nuova, efficace soluzione di un problema. È la nuova visione che illumina fenomeni oscuri. È la scoperta che apre prospettive fertili. È l'intuizione felice dell'imprenditore che intercetta un bisogno o un'opportunità, o l'illuminazione dell'artista che racconta aspetti sconosciuti del mondo e di noi. In sostanza, creatività è il nuovo che produce qualcosa di buono per una comunità. E che, essendo tale, ci riempie di meraviglia e gratitudine. [...] Creatività è un atteggiamento mentale. Una maniera di osservare il mondo cogliendo dettagli rilevanti e facendosi domande non ovvie. Uno stile di pensiero che unisce capacità logiche e analogiche ed è orientato a capire, interpretare, produrre risultati positivi. In questa vocazione pragmatica e progettuale sta la differenza tra creatività, fantasia e fantasticheria da un lato, arte di arrangiarsi dall'altro.

A. Testa, *Sette suggestioni per il 2009,* www.nuovoeutile.it

Essenziale è comprendere il ruolo che le due forme di conoscenza, le due facce della conoscenza "utile", possono svolgere: la prima è la conoscenza sul "cosa", la conoscenza di proposizioni sui fenomeni naturali e sulle regolarità; la seconda è la conoscenza sul "come", la conoscenza prescrittiva, le tecniche. [...] Illudersi insomma che l'innovazione nasca in fabbrica è pericoloso. A una società che voglia davvero cogliere le opportunità dell'economia della conoscenza servono un sistema di ricerca diffuso e frequenti contatti tra il mondo accademico e scientifico e quello della produzione: "la conoscenza deve scorrere da quelli che sanno cose a quelli che fanno cose".

S. Carrubba, *Contro le lobby anti-innovazione,* in «Il Sole 24 ORE», 18 maggio 2003

La capacità di fare grandi salti col pensiero è una dote comune a coloro che concepiscono per primi idee destinate al successo. Per solito questa dote si accompagna a una vasta cultura, mentalità multidisciplinare e a un ampio spettro di esperienze. Influenze familiari, modelli da imitare, viaggi e conoscenza di ambienti diversi sono elementi senza dubbio positivi, come lo sono i sistemi educativi e il modo in cui le diverse civiltà considerano la gioventù e la prospettiva futura. In quanto società, possiamo agire su alcuni di questi fattori; su altri, no. Il segreto per fare sì che questo flusso di grandi idee non si inaridisca consiste nell'accettare queste disordinate verità sull'origine delle idee e continuare a premiare l'innovazione e a lodare le tecnologie emergenti.

N. Negroponte, capo MIT, *Technology Review: Articoli*

Introduzione	
Tesi	La creatività si nutre da un lato di vaste conoscenze e dall'altro di doti intuitive.
Argomento 1	
Argomento 2	
Argomento 3	
Conclusione	

Esercizio 2

Ambito tecnico-scientifico. Argomento: **Catastrofi naturali: la scienza dell'uomo di fronte all'imponderabile della Natura!** (Esame di Stato 2005) [con tagli]

La violenza assassina del sisma ci pone davanti alla nostra nuda condizione umana e alle nostre responsabilità. Inadeguatezza delle nostre conoscenze, l'insufficienza delle nostre tecnologie... Un punto tuttavia – tutto laico – è ineludibile: dobbiamo investire nuove energie sul nesso tra natura e comunità umana. Energie di conoscenza, di tecnologie ma anche di solidarismo non genericamente umanitario, ma politicamente qualificato.

G. E. Rusconi, *L'Apocalisse e noi*, "La Stampa", 30/12/2004

La Terra è la nostra dimora, infinitamente meno fragile di noi, ma pur sempre fragile e difesa soltanto dalle leggi della fisica e dalla improbabilità di grandi catastrofi astronomiche [...] Quella dello spostamento dell'asse terrestre è solo una delle tante notizie-previsioni di matrice scientifica [...] C'è chi dice che a questo evento sismico ne seguiranno presto altri «a grappoli» [...] Altri infine fanno previsioni catastrofiche sul tempo che sarà necessario per ripristinare certi ecosistemi [...] Ciò avviene [...] perché moltissime cose le ignoriamo, soprattutto in alcune branche delle scienze della Terra [...] La verità è che, eccetto casi particolarmente fortunati, non siamo ancora in condizione di prevedere i terremoti e i maremoti.

E. Boncinelli, *Dall'asse distorto ai grappoli sismici. Quando la scienza vuol parlare troppo*, "Corriere della sera", 2/1/2005

Il paradosso è questo: i fattori che causano un maremoto... sono gli stessi che, ragionando in tempi lunghi, hanno reso il nostro Pianeta un luogo privilegiato del sistema solare, dove la vita ha potuto svilupparsi ed evolvere. Partiamo da considerazioni banali: gli ingredienti di uno tsunami o maremoto sono due: grandi masse d'acqua liquida, cioè l'oceano; e, sotto all'oceano, uno strato solido e rigido, la litosfera terrestre, che però si muove. La litosfera che giace sotto gli oceani varia di spessore tra i 10 e gli 80 chilometri; in alcune zone particolari è squassata periodicamente da improvvisi sussulti con spostamenti di masse che possono trasmettere grande energia alle acque sovrastanti e causare il maremoto. Ma perché questi sussulti, perché questa litosfera solida ma viva, vibrante, sempre in movimento...? E poi, perché questi grandi volumi di acqua liquida che coprono i due terzi della nostra Terra?

E. Bonatti, *Ma è l'oceano che ci dà vita*, "Il Sole 24 ore", 2/1/2005

Il XX secolo ci ha insegnato che l'universo è un posto più bizzarro di quanto si immagini... Né l'instabilità dell'atomo, né la costanza della velocità della luce si accordano allo schema classico della fisica newtoniana. Si è aperta una frattura fra ciò che è stato osservato e quanto gli scienziati possono invece spiegare. A livello microscopico i cambiamenti sono improvvisi e discontinui: gli elettroni saltano da un livello energetico all'altro senza passare per stadi intermedi; alle alte velocità non valgono più le leggi di Newton: la relazione fra forza e accelerazione è modificata, e così pure la massa, le dimensioni e perfino il tempo... La speranza che tutti i fenomeni naturali possano essere spiegati in termini di materia, di forze fondamentali e di variazioni continue è più esile di quanto si creda, anche negli ambiti di ricerca più familiari. Ciò vale per buona parte della fisica e per alcuni aspetti della chimica, scienza che solo nel XIX secolo è divenuta rigorosamente quantitativa, mentre è molto meno vero per la chimica organica e per la biochimica. Scienze della Terra, come la geologia o la meteorologia, in cui la complessità non può essere troppo idealizzata, si basano più su descrizioni e giudizi qualitativi specializzati che su una vera teoria.

A. Voodckoc - M. Davis, *La teoria delle catastrofi*, Milano, 1982

Introduzione	
Tesi	La scienza non ha ancora risposte e soluzioni per evitare o anche prevedere tutte le catastrofi naturali, ma si conoscono strategie che potrebbero almeno ridurne le conseguenze più pesanti.
Argomento 1	
Argomento 2	
Obiezione	
Confutazione	
Argomento 3	
Conclusione	

Esercizio 3

Ambito socio-economico. Argomento: **I giovani e la crisi.** (Esame di Stato 2012)
[con tagli]

La crisi dell'economia ha lasciato per strada, negli ultimi tre anni, più di un milione di giovani lavoratori di età compresa tra i 15 e i 34 anni. E sono stati soprattutto loro a pagare il conto della turbolenza economica e finanziaria che da anni investe l'Europa e l'Italia, fiaccandone la crescita. Tra il 2008 e il 2011, infatti, l'occupazione complessiva in Italia è scesa di 438 mila unità, il che significa che senza il crollo dell'occupazione giovanile ci sarebbe stata addirittura una crescita dei posti di lavoro. Tra il 2008 e il 2011, secondo i dati dell'Istat sull'occupazione media, i lavoratori di età compresa tra i 15 e i 34 anni sono passati da 7 milioni e 110 mila a 6 milioni e 56 mila. La diminuzione dei giovani occupati, pari a 1 milione 54 mila unità, ha riguardato sia gli uomini che le donne, più o meno nella stessa proporzione (meno 622 mila posti di lavoro tra gli uomini, meno 432 mila tra le giovani donne), e in modo più intenso il Nord e il Sud del Paese che non il Centro.

Mario Sensini, *Crolla l'occupazione tra i 15 e i 35 anni*, "Corriere della Sera", 8/04/2012

La mobilità che non c'è, questione di cultura e non di regole. I giovani sono oggi i lavoratori su cui grava di più il costo della mobilità in uscita. Nel 2010, su 100 licenziamenti che hanno determinato una condizione di inoccupazione, 38 hanno riguardato giovani con meno di 35 anni e 30 soggetti con 35-44 anni. Solo in 32 casi si è trattato di persone con 45 anni o più. L'Italia presenta un tasso di anzianità aziendale ben superiore a quello dei principali Paesi europei. Lavora nella stessa azienda da più di dieci anni il 50,7% dei lavoratori italiani, il 44,6% dei tedeschi, il 43,3% dei francesi, il 34,5% degli spagnoli e il 32,3% degli inglesi. Tuttavia, solo il 23,4% dei giovani risulta disponibile a trasferirsi in altre regioni o all'estero per trovare lavoro.

45° RAPPORTO CENSIS, *Lavoro, professionalità, rappresentanze*,
Comunicato stampa 2/12/2011

Il lavoro che si riesce a ottenere con un titolo di studio elevato non sempre corrisponde al percorso formativo intrapreso. La coerenza tra il titolo posseduto e quello richiesto per lavorare è, seppur in lieve misura, più elevata tra i laureati in corsi lunghi piuttosto che tra quanti hanno concluso corsi di durata triennale. Infatti, i laureati in corsi lunghi dichiarano di svolgere un lavoro per il quale era richiesto il titolo posseduto nel 69% dei casi, mentre tra i laureati triennali tale percentuale scende al 65,8%. D'altra parte a valutare la formazione universitaria effettivamente necessaria all'attività lavorativa svolta è circa il 69% dei laureati sia dei corsi lunghi sia di quelli triennali. Una completa coerenza tra titolo posseduto e lavoro svolto – la laurea, cioè, come requisito di accesso ed effettiva utilizzazione delle competenze acquisite per lo svolgimento dell'attività lavorativa – è dichiarata solo dal 58,1% dei laureati nei corsi lunghi e dal 56,1% dei laureati triennali. All'opposto, affermano di essere inquadrati in posizioni che non richiedono la laurea sotto il profilo né formale, né sostanziale il 20% dei laureati in corsi lunghi e il 21,4% di quelli triennali.

ISTAT – Università e lavoro: orientarsi con la statistica –
http://www.istat.it/it/files/2011/03/seconda_parte.pdf

Che storia, e che vita incredibile, quella di Steve Jobs. [...] Mollò gli studi pagati dai genitori adottivi al college di Portland, in Oregon, dopo pochissimi mesi di frequenza. Se ne partì per un viaggio in India, tornò, e si mise a frequentare soltanto le lezioni che gli interessavano. Ovvero, pensate un po', i corsi di calligrafia. [...] Era fuori dagli standard in ogni dettaglio, dalla scelta di presentare personalmente i suoi prodotti da palchi teatrali, al look ultra minimal, con i suoi jeans e i suoi girocollo neri alla Jean-Paul Sartre. "Il vostro tempo è limitato – disse l'inventore dell'iPod, l'iPhone e l'iPad agli studenti di Stanford nel 2005 –. Non buttatelo vivendo la vita di qualcun altro. Non lasciatevi intrappolare dai dogmi, che vuol dire vivere con i risultati dei pensieri degli altri. E non lasciate che il rumore delle opinioni degli altri affoghi la vostra voce interiore. Abbiate il coraggio di seguire il vostro cuore e la vostra intuizione. In qualche modo loro sanno già cosa voi volete davvero diventare. Tutto il resto è secondario".

Giovanna Favro, *Steve Jobs, un folle geniale*, "La Stampa", 6/10/2011

Introduzione	
Tesi	Nell'attuale situazione italiana di crisi economica il possesso di un buon livello di istruzione non rappresenta più una garanzia di occupazione.
Argomento 1	
Argomento 2	
Obiezione	
Confutazione	
Argomento 3	
Conclusione	

Esercizi differenziati per classe in relazione all'argomento e alla natura dei documenti

Classe terza

Esercizio 1

Ambito artistico-letterario. Argomento: **Artisti e paesaggio naturale.**

> Da' be' rami scendea
> (dolce ne la memoria)
> una pioggia di fior sovra 'l suo grembo;
> et ella si sedea
> umile in tanta gloria,
> coverta già de l'amoroso nembo.
> Qual fior cadea sul lembo,
> qual su le trecce bionde,
> ch'oro forbito et perle
> eran quel dì, a vederle;
> qual si posava in terra, e qual su l'onde;
> qual, con un vago errore
> girando, parea dir: Qui regna Amore.

Francesco Petrarca, *Chiare fresche et dolci acque, Canzoniere*, CXXVI

Tacciono i boschi e i fiumi,
e 'l mar senza onda giace,
ne le spelonche i venti han tregua e pace,
e ne la notte bruna
alto silenzio fa la bianca luna;
e noi tegnamo ascose
le dolcezze morose.
Amor non parli o spiri,
sien muti i baci e muti i miei sospiri.

Torquato Tasso, *Tacciono i boschi e i fiumi*, Rime

I' mi trovai, fanciulle, un bel mattino
di mezzo maggio in un verde giardino.

Eran d'intorno violette e gigli
fra l'erba verde, e vaghi fior novelli,
azzurri gialli candidi e vermigli:
ond'io porsi la mano a côr di quelli
per adornar e' mie' biondi capelli,
e cinger di grillanda el vago crino.

Ma poi ch'i' ebbi pien di fiori un lembo,
vidi le rose e non pur d'un colore:
io colsi allor per empir tutto el grembo,
perch'era sì soave il loro odore
che tutto mi senti' destar el core
di dolce voglia e d'un piacer divino.

I' posi mente: quelle rose allora
mai non vi potre' dir quant'eran belle:
quale scoppiava della boccia ancora;
qual'eron un po' passe e qual novelle.
Amor mi disse allor: "Va', co' di quelle
che più vedi fiorite in sullo spino".

Quando la rosa ogni suo' foglia spande,
quando è più bella, quando è più gradita,
allora è buona a mettere in ghirlande,
prima che sua bellezza sia fuggita:
sicché, fanciulle, mentre è più fiorita,
cogliàn la bella rosa del giardino.

Angelo Poliziano, *I' mi trovai fanciulle*, Rime

Considerata il primo paesaggio della storia dell'arte occidentale, *La tempesta* di Giorgione appartiene al genere dei cosiddetti "paesetti con figure", destinati a committenti privati di gusti e cultura raffinati. Per i suoi significati allegorici è una delle opere più controverse del Rinascimento.

Giorgione, *La tempesta,* 1505-1508, Galleria dell'Accademia, Venezia

Questo fiume nasce dai monti che sorgono poco lontano dal monastero di Subiaco, e attraversa con placido corso una valle ombrosa fin giù al monastero. Lì, trovandosi di fronte a rocce scoscese, sprofonda con grande fragore nell'abisso e non trova requie sin quando, lasciate indietro le rupi e le chiuse fermate da enormi sassi, discende nella pianura […]. Il fiume scorre poi per una vale amena e ricca in estate di frutti, fra prati e campi e numerosi castelli, sino al monastero di San Clemente, dove si trova nuovamente di fronte l'ostacolo delle montagne, e di lì giunge a Vicovaro non senza fragori e sordi mormorii, tutto spumeggiante. E benché passato quel punto scorra più tranquillo, le sue acque non discendono placide se non quando lambisce i prati di Tivoli […] Ma ecco che di nuovo, dopo aver toccato le mura di Tivoli ed essersi lasciato dietro la città […] gli viene a mancare ogni sbocco e così precipita, in una grande cascata, fra sassi sporgenti, con gran fragore e boati, nella sottostante profonda vallata; […] e ancora i suoi gemiti non hanno fine se non quando giunge presso a ponte Lucano; di lì, fluendo ormai placido e addirittura navigabile, se non ci fossero gli ostacoli degli alberi, va a versarsi nel Tevere vicino a ponte Milvio.

Enea Silvio Piccolomini [Pio II], *Il corso dell'Aniene, Commentarii*

Introduzione	
Tesi	La sensibilità e la cultura umanistico-rinascimentale portano nella rappresentazione del paesaggio l'attenzione per il dettaglio naturalistico e insieme la sua interpretazione simbolica.
Argomento 1	
Argomento 2	
Argomento 3	
Conclusione	

Esercizio 2

Ambito artistico-letterario. Argomento: **L'amicizia, tema di riflessione e motivo di ispirazione poetica nella letteratura e nell'arte**

> Guido, i' vorrei che tu e Lapo ed io
> fossimo presi per incantamento,
> e messi in un vasel ch'ad ogni vento
> per mare andasse al voler vostro e mio;
> sì che fortuna od altro tempo rio
> non ci potesse dare impedimento,
> anzi, vivendo sempre in un talento,
> di stare insieme crescesse 'l disio.
> E monna Vanna e monna Lagia poi
> con quella ch'è sul numer de le trenta
> con noi ponesse il buono incantatore:
> e quivi ragionar sempre d'amore,
> e ciascuna di lor fosse contenta,
> sì come i' credo che saremmo noi.

Dante Alighieri, Rime

> Veduto che nol piega e che nol muove,
> Cloridan gli risponde: «E verrò anch'io,
> anch'io vuo' pormi a sì lodevol pruove,
> anch'io famosa morte amo e disio.
> Qual cosa sarà mai che più mi giove,
> s'io resto senza te, Medoro mio?
> Morir teco con l'arme è meglio molto,
> che poi di duol, s'avvien che mi sii tolto.

Ludovico Ariosto, Orlando Furioso, Canto XVIII

Tutti sanno che la vita non è vita senza amicizia, se, almeno in parte, si vuole vivere da uomini liberi. [...] Allora è vero quanto ripeteva, se non erro, Archita di Taranto [...] "Se un uomo salisse in cielo e contemplasse la natura dell'universo e la bellezza degli astri, la meraviglia di tale visione non gli darebbe la gioia più intensa, come dovrebbe, ma quasi un dispiacere, perché non avrebbe nessuno a cui comunicarla". Così la natura non ama affatto l'isolamento e cerca sempre di appoggiarsi, per così dire, a un sostegno, che è tanto più dolce quanto più è caro l'amico.

Cicerone, De amicitia

È notevole l'effetto di immediatezza con cui l'artista coinvolge lo spettatore nel suo personale dialogo con l'amico, che Raffaello sembra rassicurare con la sua serafica espressione del volto e con la mano appoggiata sulla sua spalla.

Raffaello, *I capolavori*, a cura di N. Baldini, Rizzoli 2003

Raffaello, *Autoritratto con un amico*, 1518-1519, Museo del Louvre, Parigi

Introduzione	
Tesi	L'amicizia fa vivere con più intensità le esperienze gioiose e i momenti felici, e allevia difficoltà e dolori.
Argomento 1	
Argomento 2	
Argomento 3	
Conclusione	

Esercizio 3

Ambito storico-politico. Argomento: **Potere politico e società civile nell'età delle corti**

So ben che dal parer dei più mi tolgo,
che 'l stare in corte stimano grandezza,
ch'io pel contrario a servitù rivolgo.

Stiaci volentier dunque chi la apprezza;
fuor n'uscirò ben io, s'un dì il figliuolo
di Maia vorrà usarmi gentilezza.

Non si adatta una sella o un basto solo
ad ogni dosso; ad un non par che l'abbia,
all'altro stringe e preme e gli dà duolo.

Mal può durar il rosignuolo in gabbia,
più vi sta il gardelino, e più il fanello;
la rondine in un dì vi mor di rabbia.

Chi brama onor di sprone o di capello,
serva re, duca, cardinale o papa;
io no, che poco curo questo e quello.

Ludovico Ariosto, *Satira III,* vv. 28-43

La città medievale era cresciuta come creazione spontanea e, apparentemente, irrazionale, perché in essa s'erano equilibrate innumerevoli iniziative individuali sotto il segno della libertà: la specializzazione delle zone, i borghi artigiani differenziati, la convergenza verso eminenti edifici religiosi e civili non tolsero mai all'aggregato medievale il suo carattere di espressione popolare autonoma e nativa, mal sofferente di princìpi coordinatori, di vincoli d'uniformità, di subordinazioni gerarchiche. [...] Il nascere delle signorie sconvolge le strutture comunali, tendenzialmente anarchiche, egualitarie anche sul piano economico, livellatrici, e altre ne instaura di carattere dispotico, accentratore, con sperequazioni profonde nella ripartizione dei beni e nell'esercizio dell'autorità.

Luigi Firpo, *La città ideale del Rinascimento. Urbanistica e società,* Strenna Utet, Torino 1975

La società italiana presenta, nel primo Rinascimento, un quadro assai più chiuso e aristocratico rispetto a quello della società comunale. Nei diversi centri di potere, siano essi le corti dei principi, o i liberi consigli cittadini, o i castelli feudali, si sono saldamente arroccati gruppi di famiglie, senza quel ricambio [...] che si verificava nell'età comunale: ed è proprio tra la fine del Medioevo e l'inizio dell'età moderna che si formeranno per la massima parte i ranghi di quella nobiltà italiana che monopolizzerà il potere politico fino alle soglie del Risorgimento.

Giorgio Chittolini, *La formazione dello stato regionale e le istituzioni del contado. Secoli XIV e XV*, Einaudi, Torino 1979

Cosimo dei Medici ebbe non tocchi da esterne guerre gli anni suoi ultimi, e la città lieta, dalle arti abbellita, fiorente d'industrie; la moltitudine degli artefici assicurata contro alla oppressione delle Arti Maggiori. [...] Gli spiriti, è vero, di questo popolo si abbassavano in quella pace, né il favore di casa Medici era senza corruttela: ma questo rimase dell'antico stato popolare, che principato non si avesse, né corte, né armati a guardia del signore, né abietto servire, né silenzio comandato.

Gino Capponi, *Storia della Repubblica di Firenze,* II, Barbera, Firenze 1876

Introduzione	
Tesi	La società signorile favorì lo sviluppo di cultura, arti e scienze ma conteneva il germe del dispotismo.
Argomento 1	
Argomento 2	
Argomento 3	
Conclusione	

Esercizio 4

Ambito storico-politico. Argomento: **Le rivoluzioni inglesi**

> La nostra interpretazione, in poche parole, è questa: la rivoluzione inglese del 1640-60 fu un grande movimento sociale, simile alla rivoluzione francese del 1789. Il potere dello Stato, che proteggeva un vecchio ordinamento essenzialmente feudale, fu violentemente rovesciato, il potere passò nelle mani di una nuova classe e fu così reso possibile il più libero sviluppo del capitalismo. La guerra civile fu una guerra di classe, durante la quale il dispotismo di Carlo I fu difeso dalle forze reazionarie della Chiesa ufficiale e dai proprietari terrieri conservatori. Il parlamento sconfisse il re perché poté fare appello all'entusiastico appoggio delle classi mercantili e industriali delle città e delle campagne, ai piccoli proprietari coltivatori diretti (*yeomen*), alla borghesia agricola progressiva e alle più larghe masse popolari, ogni volta che queste riuscivano a comprendere, attraverso la libera discussione, gli obiettivi reali della lotta.
>
> Christopher Hill, La rivoluzione inglese. Introduzione, in *Saggi sulla rivoluzione inglese del 1640,* Feltrinelli, Milano 1977

> Gli scrittori francesi hanno qualche volta paragonato, nei suoi risultati permanenti, la rivoluzione puritana del diciassettesimo secolo alla rivoluzione francese del 1789. E non si può negare che, sotto certi aspetti, il paragone si regga; ma, da altri punti di vista, è [...] assolutamente insostenibile. Una cosa sola ebbero in comune entrambe le rivoluzioni: misero bene in luce l'idea di uno stato non clericale svolgentesi per conto proprio, come società umana sotto l'egida di una legge umana, sul semplice terreno della giustizia e dell'uguaglianza. [...] Forse lo spirito laico dei giureconsulti inglesi – che furono sempre un fattore importante nella vita della nazione – avrebbe saputo frenare da solo una simile tendenza [allo stato clericale]. Ma fu il puritanismo che la sconfisse decisamente, dedicandosi a combattere il nemico con lo zelo non di una professione, ma di una fede. [...] Se il puritanismo contribuì dunque alla

concezione di uno stato non-clericale, contribuì però anche alla concezione di uno stato limitato. [...] I puritani, minoranza sconfitta dopo il 1660, aderirono più che mai intensamente a quest'idea di uno stato limitato; e ben presto si convinsero di dover resistere allo stato, quando questo volesse oltrepassare i propri limiti [...].

Ernest Barker, *Il puritanismo*, in *Saggi storici*, Laterza, Bari 1938

La rivoluzione cromwelliana non fu, nelle sue cause e nei suoi motivi, sociale ed economica; fu il risultato di pensamenti e di aspirazioni politiche e religiose diffuse tra gente che non aveva in animo di riformare la società o di ridistribuire la ricchezza. [...] Certo, la scelta di una parte piuttosto che di un'altra in materia politica e religiosa era, in certi casi e fino a un certo segno, determinata dalle circostanze sociali ed economiche; ma di ciò le persone interessate erano coscienti fino a metà. [...] Ogni classe, si può dire, in città e in campagna, era divisa. [...] La guerra civile di Carlo e di Cromwell non fu, come la guerra delle Due Rose, una lotta per il potere tra due gruppi di famiglie aristocratiche [...]. Nel 1642 la città e le campagna, senza distinzione, corsero alle armi. Non si trattava però di una guerra della città contro la campagna [...]. Meno che mai fu una lotta tra ricchi e poveri; era una lotta di idee riguardanti la Chiesa e lo Stato.

George M. Trevelyan, *Storia della società inglese*, Einaudi, Torino 1969

L'esecuzione di Carlo e la costituzione di una repubblica inglese fu prima di tutto un grande gesto rivoluzionario. Il re era il capo tradizionale e quasi sacro della società feudale e, decapitandolo dopo un processo formale [...], la borghesia rivoluzionaria dichiarava il suo diritto a una posizione dominante nell'Inghilterra del futuro. [...] Una volta compiuto, questo atto non poté essere cancellato e gli avvenimenti del 1660 e del 1688 servono soltanto a sottolineare il nuovo ruolo della monarchia come parte della macchina di governo della borghesia: la monarchia fu restaurata precisamente perché era stata resa incapace di giocare una parte seria in opposizione ai nuovi padroni dello Stato.

Arthur Leslie Morton, *Come la borghesia conquistò il potere*, in *Saggi sulla rivoluzione inglese del 1640*, Feltrinelli, Milano 1977

Introduzione	
Tesi	La componente religiosa fu determinante nelle origini e negli sviluppi delle rivoluzioni inglesi del XVII secolo.
Argomento 1	
Argomento 2	
Argomento 3	
Conclusione	

Classe quarta

Esercizio 1

Ambito artistico-letterario. Argomento: **L'aspirazione alla libertà nella tradizione e nell'immaginario artistico-letterario**

> Dolce consorte, le rispose Ettorre,
> ciò tutto che dicesti a me pur anco
> ange il pensier; ma de' Troiani io temo
> fortemente lo spregio, e dell'altere
> Troiane donne, se guerrier codardo
> mi tenessi in disparte, e della pugna
> evitassi i cimenti. Ah nol consente,
> no, questo cor. Da lungo tempo appresi
> ad esser forte, ed a volar tra' primi
> negli acerbi conflitti alla tutela
> della paterna gloria e della mia.
> Giorno verrà, presago il cor mel dice,
> verrà giorno che il sacro iliaco muro
> e Priamo e tutta la sua gente cada.
> Ma né de' Teucri il rio dolor, né quello
> d'Ecuba stessa, né del padre antico,
> né de' fratei, che molti e valorosi
> sotto il ferro nemico nella polve
> cadran distesi, non mi accora, o donna,
> sì di questi il dolor, quanto il crudele
> tuo destino, [...]
> Ma pria morto la terra mi ricopra,
> ch'io di te schiava i lai pietosi intenda.

Omero, *Iliade*, libro VI

> O stranieri, nel proprio retaggio
> Torna Italia e il suo suolo riprende;
> O stranieri, strappate le tende
> Da una terra che madre non v'è.
> Non vedete che tutta si scote,
> Dal Cenisio alla balza di Scilla?
> Non sentite che infida vacilla
> Sotto il peso de' barbari piè?
>
> O stranieri! sui vostri stendardi
> Sta l'obbrobrio d'un giuro tradito;
> Un giudizio da voi proferito
> V'accompagna a l'iniqua tenzon;
> Voi che a stormo gridaste in quei giorni:

Dio rigetta la forza straniera;
Ogni gente sia libera e pèra
Della spada l'iniqua ragion.

Se la terra ove oppressi gemeste
Preme i corpi de' vostri oppressori,
Se la faccia d'estranei signori
Tanto amara vi parve in quei dì;
Chi v'ha detto che sterile, eterno
Saria il lutto dell'itale genti?
Chi v'ha detto che ai nostri lamenti
Saria sordo quel Dio che v'udì?

Alessandro Manzoni, *Marzo 1821*, vv. 41-64

Da' colli Euganei, 11 Ottobre 1797

Il sacrificio della patria non è consumato: tutto è perduto; e la vita, seppure ne verrà concessa, non ci resterà che per piangere le nostre sciagure, e la nostra infamia. Il mio nome è nella lista di proscrizione, lo so: ma vuoi tu ch'io per salvarmi da chi m'opprime mi commetta a chi mi ha tradito? Consola mia madre: vinto dalle sue lagrime le ho obbedito, e ho lasciato Venezia per evitare le prime persecuzioni, e le più feroci. Or dovrò io abbandonare anche questa mia solitudine antica, dove, senza perdere dagli occhi il mio sciagurato paese, posso ancora sperare qualche giorno di pace? Tu mi fai raccapricciare, Lorenzo; quanti sono dunque gli sventurati? E noi, purtroppo, noi stessi italiani ci laviamo le mani nel sangue degl'italiani. Per me segua che può. Poiché ho disperato e della mia patria e di me, aspetto tranquillamente la prigione e la morte. Il mio cadavere almeno non cadrà fra le braccia straniere; il mio nome sarà sommessamente compianto da' pochi uomini, compagni delle nostre miserie; e le mie ossa poseranno su la terra de' miei padri.

Ugo Foscolo, *Ultime lettere di Jacopo Ortis*

E. Delacroix, *La libertà che guida il popolo. 28 luglio 1830*, Museo del Louvre, Parigi

È una delle opere più note di Delacroix. *La libertà che guida il popolo* nasce in relazione ai moti rivoluzionari del luglio 1830, che rovesciarono il regno di Carlo X in soli tre giorni. La tela è dominata dall'impeto travolgente del popolo che avanza e che nessuna forza reazionaria potrà arrestare. È, questo, un quadro nel quale è rappresentata con chiarezza l'ideologia libertaria dei giovani romantici.

Introduzione	
Tesi	La cultura romantica ebbe un ruolo fondamentale nel diffondere l'ideale della libertà civile e politica e nel promuovere l'impegno per la sua conquista.
Argomento 1	
Argomento 2	
Argomento 3	
Conclusione	

Esercizio 2

Ambito artistico-letterario. Argomento: **Innamoramento e amore**

L'innamoramento introduce in questa opacità una luce accecante. L'innamoramento libera il nostro desiderio e ci mette al centro di ogni cosa. Noi desideriamo, vogliamo assolutamente qualcosa per noi. Tutto ciò che facciamo per la persona amata non è far qualcosa d'altro e per qualcun altro, è farlo per noi, per essere felici. Tutta la nostra vita è rivolta verso una meta il cui premio è la felicità. I nostri desideri e quelli dell'amato si incontrano. L'innamoramento ci trasporta in una sfera di vita superiore dove si ottiene tutto o si perde tutto. La vita quotidiana è caratterizzata dal dover fare sempre qualcosa d'altro, dal dover scegliere fra cose che interessano ad altri, scelta fra un disappunto più grande ed un disappunto più lieve. Nell'innamoramento, la scelta è fra il tutto e il nulla. [...] La polarità della vita quotidiana è fra la tranquillità ed il disappunto; quella dell'innamoramento fra l'estasi e il tormento. La vita quotidiana è un eterno purgatorio. Nell'innamoramento c'è solo il paradiso o l'inferno; o siamo salvi o siamo dannati.

F. Alberoni, *Innamoramento e amore*, Milano 2009

Spesso io mi figuro tutto il mondo a soqquadro, e il Cielo, e il Sole, e l'Oceano, e tutti i globi nelle fiamme e nel nulla; ma se anche in mezzo alla universale rovina io potessi stringere un'altra volta Teresa - un'altra volta soltanto fra queste braccia, io invocherei la distruzione del creato.

Ugo Foscolo, *Ultime lettere di Jacopo Ortis,* 28 maggio 1798

Siede la terra dove nata fui
su la marina dove 'l Po discende
per aver pace co' seguaci sui.
    Amor, ch'al cor gentil ratto s'apprende

prese costui de la bella persona
che mi fu tolta; e 'l modo ancor m'offende.
   Amor, ch'a nullo amato amar perdona,
mi prese del costui piacer sì forte,
che, come vedi, ancor non m'abbandona.
   Amor condusse noi ad una morte:
Caina attende chi a vita ci spense.

Dante, *Inferno*, Canto V

La favola di Amore e Psiche nel gruppo scultoreo di Antonio Canova è utilizzata come allegoria del potere dell'amore, visto soprattutto nell'intensità del desiderio che riesce a sprigionare: da qui la scelta di fermare la rappresentazione all'istante prima che il bacio avvenga e il desiderio si consumi.

Antonio Canova, *Amore e Psiche*, 1788-1793, Museo del Louvre, Parigi

Introduzione	
Tesi	L'innamoramento è un'esperienza che investe l'interiorità potenziando ed esaltando la sensibilità e la capacità di provare emozioni e sentimenti.
Argomento 1	
Argomento 2	
Argomento 3	
Conclusione	

Esercizio 3

Ambito storico-politico. Argomento: **La prima rivoluzione industriale: innovazione tecnologica e trasformazioni sociali**

Già alla fine delle guerre napoleoniche (1815), si potevano scorgere in Inghilterra le caratteristiche di una società capitalistica, qual si venne poi creando in tutto il mondo. In una forma o nell'altra, il capitalismo è esistito sin dall'alba della storia. Ma il nuovo capitalismo non era più, come nelle epoche precedenti, essenzialmente agricolo o commerciale, bensì prevalentemente industriale: ne seguì necessariamente una separazione tra capitale e lavoro in un'ampia sfera dell'economia in cui capitale e lavoro erano prima generalmente combinati e uniti.

Herbert A.L. Fisher, *Storia d'Europa*, II, Laterza, Bari 1955

Il diritto di ognuno di impiegare il capitale ereditato o acquistato, secondo il suo piacimento senza molestia o ostacolo finché non viola diritti o beni altrui, è uno di quei privilegi che la libera e felice costituzione di questo nostro paese ha da lungo tempo abituato ogni cittadino britannico a considerare suo diritto naturale […].

Camera dei Comuni, *Relazione della commissione d'inchiesta, 1806,* in Gaeta, Villani, *Documenti e testimonianze,* Principato, Milano 1971

Di tutte le invenzioni del XIX secolo la locomotiva fu certamente quella che incise più a fondo sulle strutture economiche, sulla cultura e sul costume. La vaporiera sbuffante che procedeva a impensata velocità congiungendo paesi lontani e accorciando lo spazio, parve a tutti un simbolo del progresso, della tecnica trionfante. […] La giovane industria aveva trovato nelle strade ferrate lo strumento principale della propria espansione e della conquista dei mercati […]. Nei vari stati le strade ferrate ebbero conseguenze politiche molto importanti: negli Stati Uniti la loro costruzione incoraggiò la marcia dei coloni verso il West e fu uno strumento di espansione e di civiltà e lo stesso Risorgimento italiano […] deve essere visto anche come l'esigenza, avvertita da una classe imprenditoriale nuova, ansiosa di ampliare i propri commerci […] di unificare il paese per potervi attuare quelle riforme tecniche che stavano da tempo trionfando in tutta Europa.

Umberto Eco, Giovan Battista Zorzoli, *Storia figurata delle invenzioni: dalla selce scheggiata al volo spaziale*, Bompiani, Milano 1961

Una rivoluzione che impiega dai sessanta agli ottant'anni per modificare realmente un regime non merita in politica questa definizione, ma solo nella storia delle strutture socio-economiche. E questo tanto più che non v'è alcun dubbio che la rivoluzione industriale – i cui frutti vanno dagli Americani che hanno esplorato la Luna ai contadini del Bangladesh che non dispongono in media che di quattromila metri quadrati per persona occupata nell'agricoltura – è la più importante delle rotture nella storia dell'umanità. Tuttavia una simile rottura non è stata possibile se non grazie alle conquiste già realizzate precedentemente e non solo dalle civiltà europee ma anche da quelle del resto del mondo.

Paul Bairoch, *Sviluppo/sottosviluppo*, in *Enciclopedia Einaudi*, vol. 13, Torino 1981

Introduzione	
Tesi	La rivoluzione industriale è la più importante delle rotture nella storia dell'umanità. (tesi Bairoch)

Argomento 1	
Argomento 2	
Obiezione	Diverse interpretazioni storiografiche di cui sei eventualmente a conoscenza
Confutazione	
Argomento 3	
Conclusione	

Esercizio 4

Ambito storico-politico. Argomento: **Origini e sviluppi dell'idea di nazione nell'Ottocento**

Una nazione è un'anima, un principio spirituale. Due cose, che in realtà sono una cosa sola, costituiscono quest'anima e questo principio spirituale; una è nel passato, l'altra nel presente. Una è il comune possesso di una ricca eredità di ricordi; l'altra è il consenso attuale, il desiderio di vivere insieme, la volontà di continuare a far valere l'eredità ricevuta indivisa. L'uomo, signori, non s'improvvisa. La nazione, come l'individuo, è il punto d'arrivo di un lungo passato di sforzi, di sacrifici e di dedizione. Il culto degli antenati è fra tutti il più legittimo; gli antenati ci hanno fatti ciò che siamo. [...]

La nazione è dunque una grande solidarietà, costituita dal sentimento dei sacrifici compiuti e da quelli che si è ancora disposti a compiere insieme. Presuppone un passato, ma si riassume nel presente attraverso un fatto tangibile: il consenso, il desiderio chiaramente espresso di continuare a vivere insieme. L'esistenza di una nazione è (mi si perdoni la metafora) un plebiscito di tutti i giorni, come l'esistenza dell'individuo è una affermazione perpetua di vita.

Ernest Renan, *Che cos'è una nazione* (1882), Donzelli, Roma 1993

L'imporsi del senso della "nazione" non è che un particolare aspetto di un movimento generale il quale, contro la "ragione" cara agli illuministi, rivendica i diritti della fantasia e del sentimento [...]. Fantasia e sentimento, morale e morale dell'arte, speranza e tradizioni, poesia e natura, questo il romanticismo rimprovera all'illuminismo di aver cercato di soffocare; questo il romanticismo volle rimettere in onore. Ma sul terreno politico fantasia e sentimento, speranze e tradizioni non potevano che avere un nome: nazione. [...] La nazione, prima semplicemente "sentita", ora è anche "voluta". [...] In questo sta precisamente il "nuovo" che differenzia profondamente, sostanzialmente l'idea di "nazione" dell'800 da quella settecentesca. [...] Com'è ovvio, l'idea di nazione sarà particolarmente cara ai popoli non ancora politicamente uniti; il "principio di nazionalità", che ne è precisamente l'applicazione in campo politico, troverà il massimo favore presso coloro che solo in base ad esso possono sperare di comporre in unità le sin qui sparse membra della patria comune. Quindi, sarà soprattutto in Italia e in Germania che l'idea nazionale troverà assertori entusiasti e continui [...].

Federico Chabod, *L'idea di nazione*, Laterza, Bari 1967

Vorrei sottolineare gli elementi di artificio, di invenzione e di ingegneria sociale che entrano a far parte della costruzione delle nazioni. "Le nazioni – scrive Gellner – quale modo naturale e di derivazione divina di classificare gli uomini, come destino politico intrinseco, sono un mito: il nazionalismo, che talvolta si appropria delle culture precedenti per trasformarle in nazioni, che talvolta se le inventa, che spesso oblitera le culture precedenti: questa è una realtà. In breve: il nazionalismo viene prima delle nazioni. Non sono le nazioni a fare gli stati e a forgiare il nazionalismo, bensì il contrario.

Eric J. Hobsbawm, *Nazioni e nazionalismi dal 1870,* Einaudi, Torino 1991

La nazione-cultura era una comunità basata su una lingua comune e una coscienza nazionale storicizzata, sviluppata in assenza di uno Stato nazionale unitario indipendente. Queste nazioni-cultura esistevano sia entro i confini di imperi multinazionali dominati da potenze straniere, sia frammentate in stati diversi e separati. Gli Slavi e gli Ungheresi nell'impero asburgico sono un esempio del primo caso, i Tedeschi e gli Italiani sparsi in numerosi staterelli indipendenti lo sono del secondo: tutti svilupparono i propri movimenti nazional-culturali. Il processo storico si configurò esattamente all'inverso di quello occidentale: non fu lo Stato a creare la nazione, ma la nazione costruita su base culturale a mobilitarsi per dar vita al proprio Stato indipendente.

Ivan T. Berend, *Le minoranze ieri e oggi*, in *Storia d'Europa*, vol. 5, Einaudi, Torino 1996

A mio avviso si può definire la nazione solo come un gruppo umano organizzato che condivide la medesima storia e dispone di una cultura dell'integrazione mobile e aperta, non centripeta e isolazionista. A ben guardare, del resto, molti nazionalismi del secolo scorso sono pervasi da un afflato universalistico che si traduce in un'idea tutt'altro che prevaricatrice dei doveri dei popoli, a dispetto della volontà un po' petulante di rendere gli altri felici ad ogni costo. La speranza di Jules Michelet nella «resurrezione» di una Francia che deve «vivere per la salvezza del mondo» pecca al massimo di un eccesso d'amore. Ciò che Giuseppe Mazzini chiama «missione» e Vincenzo Gioberti «sacerdozio» dell'Italia – vale a dire lo sforzo di ridestare i valori della cultura europea, che ad essa apparterrebbe perché essa ne possiede gli stigmi altrove frantumati e divisi – è affetto solo da un'innocua presunzione. L'utopia saint-simoniana di una nazione «apostola» dell'industria e della tecnica risente tutt'al più di una foga modernizzatrice che rasenta il misticismo.

Silvio Lanaro, *Dove comincia la nazione?*, in "Meridiana", n.11-12, 1991

Introduzione	
Tesi	La cultura e gli ideali romantici sono stati una componente essenziale nella formazione dell'idea di nazione nell'Ottocento.
Argomento 1	
Argomento 2	
Argomento 3	
Conclusione	

Classe quinta

Esercizio 1

Ambito artistico-letterario. Argomento: **Poeti e letterati di fronte alla "grande guerra".** (Esame di Stato 1999)

"Noi vogliamo glorificare la guerra – sola igiene del mondo –, il militarismo, il patriottismo, il gesto distruttore dei libertarî, le belle idee per cui si muore e il disprezzo della donna."

Manifesto del futurismo, "Le Figaro", 1909

Edizione della sera! Della sera! Della sera!
Italia! Germania! Austria!"
E sulla piazza, lugubremente listata di nero,
si effuse un rigagnolo di sangue purpureo!
Un caffè infranse il proprio muso a sangue,
imporporato da un grido ferino:
"Il veleno del sangue nei giuochi del Reno!
I tuoni degli obici sul marmo di Roma!"
Dal cielo lacerato contro gli aculei delle baionette
gocciolavano lacrime di stelle come farina in uno staccio
e la pietà, schiacciata dalle suole, strillava:
"Ah, lasciatemi, lasciatemi, lasciatemi!" ...

Vladimir Majakovskij, 1914

[...] siamo troppi. La guerra è un'operazione malthusiana. C'è un di troppo di qua e un di troppo di là che si premono. La guerra rimette in pari le partite. Fa il vuoto perché si respiri meglio. Lascia meno bocche intorno alla stessa tavola. E leva di torno un'infinità di uomini che vivevano perché erano nati; che mangiavano per vivere, che lavoravano per mangiare e maledicevano il lavoro senza il coraggio di rifiutar la vita [...].

Fra le tante migliaia di carogne abbracciate nella morte e non più diverse che nel colore dei panni, quanti saranno, non dico da piangere, ma da rammentare? Ci metterei la testa che non arrivino ai diti delle mani e dei piedi messi insieme [...].

Giovanni Papini, *Amiamo la guerra*, in "Lacerba", II, 20, 1914

È una vecchia lezione! La guerra è un fatto, come tanti altri in questo mondo; è enorme, ma è quello solo; accanto agli altri, che sono stati e che saranno: non vi aggiunge; non vi toglie nulla. Non cambia nulla, assolutamente, nel mondo. Neanche la letteratura [...].

Sempre lo stesso ritornello: la guerra non cambia niente. Non migliora, non redime, non cancella: per sé sola. Non fa miracoli. Non paga i debiti, non lava i peccati. In questo mondo, che non conosce più la grazia. Il cuore dura fatica ad ammetterlo. Vorremmo che quelli che hanno faticato, sofferto, resistito per una causa che è sempre santa, quando fa soffrire, uscissero dalla prova come quasi da un lavacro: più duri, tutti. E quelli che muoiono, almeno quelli, che fossero ingranditi, santificati: senza macchia e senza colpa.

E poi no. Né il sacrificio né la morte aggiungono nulla a una vita, a un'opera, a un'eredità [...].

Che cosa è che cambierà su questa terra stanca, dopo che avrà bevuto il sangue di tanta strage: quando i morti e i feriti, i torturati e gli abbandonati dormiranno insieme sotto le zolle, e l'erba sopra sarà tenera lucida nuova, piena di silenzio e di lusso al sole della primavera che è sempre la stessa?

Renato Serra, *Esame di coscienza di un letterato*, in "La Voce", 30.4.1915

Guerra! Quale senso di purificazione, di liberazione, di immane speranza ci pervase allora! [...] Era la guerra di per se stessa a entusiasmare i poeti, la guerra quale calamità, quale necessità morale. Era l'inaudito, potente e passionale serrarsi della nazione nella volontà di una prova estrema, una volontà, una radicale risolutezza quale la storia dei popoli sino allora forse non aveva conosciuto. [...] La vittoria della Germania sarà un paradosso, anzi un miracolo, una vittoria dell'anima sulla maggioranza. La fede in essa va contro la ragione. [...] L'anima tedesca è troppo profonda perché la civilizzazione divenga per essa il concetto più sublime. La corruzione o il disordine dell'imborghesimento le sembrano un ridicolo orrore. [...]

Non è la pace appunto l'elemento della corruzione civile, corruzione che le appare divertente e spregevole al tempo stesso?

Thomas Mann, *Pensieri di guerra*, novembre 1914, in *Scritti storici e politici*, trad. it. Milano, 1957

Introduzione	
Tesi	Non sempre i letterati hanno saputo cogliere le minacce degli eventi storici che si trovavano a vivere.
Argomento 1	
Argomento 2	
Obiezione	
Confutazione	
Argomento 3	
Conclusione	

Esercizio 2

Ambito artistico-letterario. Argomento: **La letteratura come esperienza di vita.** (Esame di Stato 2015)

> Noi leggiavamo un giorno per diletto
> di Lancialotto come amor lo strinse;
> soli eravamo e sanza alcun sospetto.
>
> Per più fïate li occhi ci sospinse
> quella lettura, e scolorocci il viso;
> ma solo un punto fu quel che ci vinse.
>
> Quando leggemmo il disïato riso
> esser baciato da cotanto amante,
> questi, che mai da me non fia diviso,
>
> la bocca mi baciò tutto tremante.

Dante, *Inferno V*, vv. 127-136

V. Van Gogh, *La lettrice di romanzi*, olio su tela, 1888

H. Matisse, *La lettrice in abito viola*, olio su tela, 1898

E. Hopper, *Chair car*, olio su tela, 1965

Pubblico: La poesia è "una dolce vendetta contro la vita?"

Borges: Non sono molto d'accordo con questa definizione. Ritengo che la poesia sia una parte essenziale della vita. Come potrebbe essere contro la vita? La poesia è forse la parte fondamentale della vita. Non considero la vita, o la realtà, una cosa esterna a me. Io *sono* la vita, io sono *dentro* la vita. E uno dei numerosi aspetti della vita è il linguaggio, e le parole, e la poesia. Perché dovrei contrapporli l'uno all'altro?

Pubblico: Ma la *parola* vita non è vita.

Borges: Credo però che la vita sia la somma totale, se una simile somma è possibile, di tutte le cose, e quindi perché non anche del linguaggio? [...] Se penso alle mie passate esperienze, credo che Swinburne faccia parte della mia esperienza tanto quanto la vita che ho condotto a Ginevra nel '17. [...] Non credo che la vita sia qualcosa da contrapporre alla letteratura. Credo che l'arte faccia parte della vita.

Jorge L. Borges, *Conversazioni americane,* Editori Riuniti, Roma 1984

Nel momento in cui legge, [...] il lettore introduce con la sua sensibilità e il suo gusto anche il proprio mondo pratico, diciamo pure il suo quotidiano, se l'etica, in ultima analisi, non è che la riflessione quotidiana sui costumi dell'uomo e sulle ragioni che li motivano e li ispirano. L'immaginazione della letteratura propone la molteplicità sconfinata dei casi umani, ma poi chi legge, con la propria immaginazione, deve interrogarli anche alla luce della propria esistenza, introducendoli dunque nel proprio ambito di moralità. Anche le emozioni, così come si determinano attraverso la lettura, rinviano sempre a una sfera di ordine morale.

Ezio Raimondi, *Un'etica del lettore,* Il Mulino, Bologna 2007

L'arte interpreta il mondo e dà forma a ciò che forma non ha, in modo tale che, una volta educati dall'arte, possiamo scoprire aspetti sconosciuti degli oggetti e degli esseri che ci circondano. Turner non ha inventato la nebbia di Londra, ma è stato il primo ad averla percepita dentro di sé e ad averla raffigurata nei suoi quadri: in qualche modo ci ha aperto gli occhi. [...]

Non posso fare a meno delle parole dei poeti, dei racconti dei romanzieri. Mi consentono di esprimere i sentimenti che provo, di mettere ordine nel fiume degli avvenimenti insignificanti che costituiscono la mia vita. [...] In un recente studio il filosofo americano Richard Rorty ha proposto di definire diversamente il contributo che la letteratura fornisce alla nostra comprensione del mondo. Per descriverlo, rifiuta l'uso di termini come "verità" o "conoscenza" e afferma che la letteratura rimedia alla nostra ignoranza non meno di quanto ci guarisca dal nostro "egotismo", inteso come illusione di autosufficienza. Conoscere nuovi personaggi è come incontrare volti nuovi.

Meno questi personaggi sono simili a noi e più ci allargano l'orizzonte, arricchendo così il nostro universo. Questo allargamento interiore non si formula in affermazioni astratte, rappresenta piuttosto l'inclusione nella nostra coscienza di nuovi modi di essere accanto a quelli consueti. Un tale apprendimento non muta il contenuto del nostro essere, quanto il contenente stesso: l'apparato percettivo, piuttosto che le cose percepite. I romanzi non ci forniscono una nuova forma di sapere, ma una nuova capacità di comunicare con esseri diversi da noi; da questo punto di vista riguardano la morale, più che la scienza.

Tzvetan Todorov, *La letteratura in pericolo*, Garzanti, Milano 2008

Introduzione	
Tesi	La lettura è una forma di esperienza attraverso cui ci si confronta con personaggi, sentimenti, situazioni, vicende: viverle nella lettura aiuta a viverle nella realtà.
Argomento 1	
Argomento 2	
Obiezione	
Confutazione	
Argomento 3	
Conclusione	

Esercizio 3

Ambito storico-politico. Argomento: **Giovanni Giolitti: metodi di governo e programmi politici** (Esame di Stato 2000)

La via della reazione sarebbe fatale alle nostre istituzioni, appunto perché le porrebbe al servizio degli interessi di una esigua minoranza, e spingerebbe contro di esse le forze più vive e irresistibili della società moderna, cioè l'interesse delle classi più numerose e il sentimento degli uomini più colti. Esclusa la convenienza, anzi la possibilità, di un programma reazionario, resta come unica via, per scongiurare i pericoli della situazione attuale, il programma liberale, che si propone di togliere, per quanto è possibile, le cause del malcontento, con un profondo e radicale mutamento di indirizzo tanto nei metodi di governo, quanto nella legislazione.

I metodi di governo hanno capitale importanza, perché a poco giovano le ottime leggi se sono male applicate. [...] Nel campo politico poi vi è un punto essenziale, e di vera attualità, nel quale i metodi di governo hanno urgente bisogno di essere mutati. Da noi si confonde la forza del governo con la violenza, e si considera governo forte quello che al primo stormire di fronda proclama lo stato d'assedio, sospende la giustizia ordinaria, istituisce tribunali militari e calpesta tutte le franchigie costituzionali. Questa invece non è la forza, ma è debolezza della peggiore specie, debolezza giunta a tal punto da far perdere la visione esatta delle cose.

Giovanni Giolitti, Discorso agli elettori del collegio di Dronero, Busca, 20 ottobre 1899, in Giolitti, *Discorsi extraparlamentari*, Torino, 1952

[La] importante e svariata opera legislativa, amministrativa e associativa [di Giolitti] era resa possibile dalla fioritura economica che si osservava dappertutto nel paese, e che, quantunque rispondesse a un periodo di generale prosperità dell'economia mondiale e fosse aiutata dall'afflusso degli esuberanti capitali stranieri in Italia, aveva, dentro questo quadro, un particolare rilievo, perché, come i tecnici notavano, nessun altro paese di Europa compiva, in quel tempo, progressi tanto rapidi ed estesi quanto l'Italia.

Benedetto Croce, *Storia d'Italia dal 1871 al 1915*, Laterza, Bari, 1939

La tattica dell'onorevole Giolitti è stata sempre quella di far la politica conservatrice per mezzo dei condottieri dei partiti democratici: sia lusingandoli e addomesticandoli per via di attenzioni individuali (siamo arrivati già alle nomine senatoriali) sia, quando si tratti di uomini personalmente disinteressati, come Turati e Bissolati, conquistandoli con riforme le quali non intacchino seriamente gli interessi economici e politici dei gruppi dominanti nel governo. [...] Giolitti migliorò o peggiorò i costumi elettorali in Italia? La risposta non è dubbia per chi voglia giudicare senza le traveggole dell'amicizia. Li trovò e li lasciò nell'Italia settentrionale quali si andavano via via migliorando. Li trovò cattivi e li lasciò peggiori, nell'Italia meridionale.

Gaetano Salvemini, *Il ministro della malavita e altri scritti sull'Italia giolittiana*, Feltrinelli, Milano, 1962

Giolitti affermò che le questioni sociali erano ora più importanti di quelle politiche e che sarebbero state esse in avvenire a differenziare i vari gruppi politici gli uni dagli altri. [...] Egli avanzò pure la teoria del tutto nuova che i sindacati dovevano essere benvenuti come una valvola di sicurezza contro le agitazioni sociali, in quanto le forze organizzate erano meno pericolose di quelle disorganizzate.

Denis Mack Smith, *Storia d'Italia dal 1861 al 1958*, Laterza, Bari, 1959

La politica giolittiana, soprattutto dal 1900 in poi, appare tutta costruita sulla richiesta della collaborazione governativa con il partito della classe operaia e con i suoi uomini più rappresentativi. [...] Assurdo pretendere che Giovanni Giolitti, uomo politico uscito dalla vecchia classe dirigente borghese e conservatrice, fosse l'araldo del rinnovamento della società italiana; non si può però negare che tra gli uomini politici della sua epoca egli appaia oggi quello che più degli altri aveva compreso qual era la direzione in cui la società italiana avrebbe dovuto muoversi per uscire dai contrasti del suo tempo.

Palmiro Togliatti, *Momenti della storia d'Italia*, Editori Riuniti, Roma, 1963

Da buon politico, egli [Giolitti] aveva avvertito che i tempi erano ormai maturi perché si addivenisse a una convivenza nella tolleranza con la Chiesa di Roma, aveva compreso che l'anticlericalismo era ormai una inutile frangia che si portavano i governi [...] Quando egli passò a realizzare la politica delle "due parallele" [Stato e Chiesa autonomi nei loro ambiti] nello stesso tempo denunciò, di fatto, la fine di un certo tipo di anticlericalismo, provocò lo svuotamento di tutte le illusioni che la monarchia a Roma avrebbe ucciso il papato, che il liberalismo avrebbe dovuto disintegrare il cattolicesimo.

Gabriele De Rosa, *La crisi dello stato liberale in Italia*, Studium, Roma, 1955

Introduzione	
Tesi	La politica giolittiana perseguiva obiettivi di rinnovamento politico e sociale spesso ricorrendo a metodi controversi.
Argomento 1	
Argomento 2	
Obiezione	
Confutazione	
Argomento 3	
Conclusione	

Esercizio 4

Ambito storico-politico. Argomento: **Il terrore e la repressione politica nei sistemi totalitari del Novecento**. (Esame di Stato 2003)

Scheda:
- Il fascismo italiano fece centinaia di prigionieri politici e di confinati in domicilio coatto, migliaia di esiliati e fuoriusciti politici.
- Il nazismo tedesco dal 1933 al 1939 ha eliminato circa 20.000 oppositori nei campi di concentramento e nelle prigioni; tra il 1939 e il 1941 ha sterminato nelle camere a gas 70.000 tedeschi vittime di un programma di eutanasia. Durante la guerra si calcola che siano stati uccisi circa 15 milioni di civili nei paesi occupati, circa 6 milioni di ebrei; 3.300.000 prigionieri di guerra sovietici, più di un milione di deportati e decine

di migliaia di zingari sono morti nei campi di concentramento; più di 8 milioni sono stati inviati ai lavori forzati.

- Nella Russia comunista la prima epurazione la pagarono gli iscritti al partito; tra il 1936/38 furono eliminati 30.000 funzionari su 178.000; nell'Armata rossa in due anni furono giustiziati 271 tra generali, alti ufficiali e commissari dell'esercito. Nei regimi comunisti del mondo (URSS, Europa dell'Est, Cina, Corea del Nord, Vietnam, Cambogia, Cuba, ecc.) si calcola che sono stati eliminati circa 100 milioni di persone contrarie al regime.

- Né bisogna dimenticare le "foibe" istriane e, più di recente, i crimini nei territori della ex Jugoslavia, in Algeria, in Iraq, ecc. Amnesty International ha segnalato 111 Paesi dove sono state applicate torture su persone per reati d'opinione.

> Con il terrore si assiste a una doppia mutazione: l'avversario, prima nemico e poi criminale, viene trasformato in 'escluso'. Questa esclusione sfocia quasi automaticamente nell'idea di sterminio. Infatti la dialettica amico/nemico è ormai insufficiente a risolvere il problema fondamentale del totalitarismo: si tratta di costruire un'umanità riunificata e purificata, non antagonista [...]. Da una logica di lotta politica si scivola presto verso una logica di esclusione, quindi verso un'ideologia dell'eliminazione e, infine, dello sterminio di tutti gli elementi impuri.
>
> Stéphane Courtois, "Perché?", in *Il libro nero del comunismo,* Milano, Mondadori, 2000

> Per genocidio si intende uno qualunque dei seguenti atti, commessi con l'intenzione di distruggere completamente o in parte un gruppo nazionale, etnico, razziale o religioso in quanto tale: a) assassinio di membri del gruppo; b) grave attentato all'incolumità fisica o mentale di membri del gruppo; c) imposizione intenzionale al gruppo di condizioni di vita destinate a provocarne la distruzione fisica totale o parziale; d) misure volte a ostacolare le nascite all'interno del gruppo; e) trasferimenti coatti dei figli di un gruppo a un altro.
>
> Convenzione delle Nazioni Unite del 9/12/1948

> Dolore per la nostra patria [il Cile] soggiogata e convertita in un immenso carcere; per il nostro popolo martoriato dalla fame e dalla miseria; per i nostri compagni ed amici caduti nel combattimento, o assassinati, torturati o incarcerati dal fascismo. Speranza che questo incubo di orrore avrà una fine non lontana, e la certezza che i colpevoli riceveranno il castigo esemplare.
>
> Carlos Altamirano, *"Saluto di capodanno: 1 gennaio 1975",* in *Tutte le forme di lotta*, Milano, 1975 (L'autore era segretario generale del Partito socialista cileno)

> I regimi totalitari del XX secolo hanno rivelato l'esistenza di un pericolo prima insospettato: quello di una manomissione completa della memoria.
>
> Tzvetan Todorov, *Memoria del male, tentazione del bene. Inchiesta su un secolo tragico*, Milano, Garzanti, 2001

Introduzione	
Tesi	La repressione di ogni forma di dissenso è uno strumento essenziale dei regimi totalitari.
Argomento 1	
Argomento 2	
Argomento 3	
Argomento 4	
Conclusione	

Pianificare l'articolo di informazione
Esercizi livello 1

Esercizi comuni per tutte le classi

Esercizio 1

Analizza il seguente articolo individuando e indicando nella colonna di destra la natura e la funzione dei diversi paragrafi come nell'esempio di p. 84.

Padri che si prendono intensamente cura dei figli. Presenti, partecipi, fisici, dediti all'accudimento. Ruoli familiari interscambiabili, paritetici, equilibrati ma mutevoli nel corso della storia familiare. Figli di padri e madri, figli con due genitori e non solo con una mamma: due genitori che asciugano lacrime, mettono cerotti sulle ginocchia, preparano i pasti, scelgono abiti, controllano i compiti e sentono le lezioni. Dove siamo? In Italia.	
All'inizio di quest'anno la ricercatrice Tiziana Canal ha pubblicato il suo studio (effettuato per l'università di Madrid) "Paternità e cura familiare", da cui emergono degli inaspettati papà italiani.	
La ricerca della Canal è estremamente interessante, soprattutto per la connessione tra l'attuale situazione economica e lavorativa e questa evoluzione della paternità. I nuovi padri "*high care*" sembrerebbero, infatti, il prodotto virtuoso di una generazione di giovani laureati nel bel mezzo della crisi economica globale.	
Il ritratto del *padre "ad alto accudimento"* è un 30/35enne del centro nord, con titolo di studio elevato e una compagna coetanea di pari livello culturale, ha un lavoro con contratto a tempo determinato (come la sua compagna) e ha figli piccoli. Questo padre, giovane solo per i canoni italiani, è perfettamente interscambiabile con la madre dei suoi figli e ha scoperto il lato fisico dell'amore paterno: accudire è per lui una faccenda di fare, lavare, preparare, maneggiare, carezzare, coccolare, addormentare, risvegliare, cucinare. Non più solo giocare quando può e portare i soldi a casa.	
Ed è proprio questo il punto: questo papà non sempre è la fonte principale di reddito della famiglia. I contratti di lavoro annuali o semestrali fanno sì che ci si scambi e ci si alterni anche nel produrre reddito. In queste coppie la parità è dettata spesso dalla uguale precarietà lavorativa: per avere figli e accudirli, è necessario che uno	

dei due genitori resti a casa per lunghi periodi, per la carenza di strutture sociali. E non è necessariamente la donna a rinunciare al suo lavoro, perché magari in quel momento, nella coppia, è solo lei a lavorare.

Ma quanti sono questi papà? Senza dubbio **una minoranza**. Rappresentano un gruppo sociale limitato. I padri sono tanto più partecipi della cura familiare quanto più le loro compagne sono lavorativamente solide ed economicamente forti. Ma le donne hanno ancora redditi inferiori a parità di mansioni e non raggiungono livelli di carriera pari a quelli degli uomini a parità di titoli e competenze, quindi i padri che sperimentano questa intensità maggiore di cura familiare sono ancora pochi e isolati in un ambiente culturale inadeguato.

Questi papà soddisfatti dal loro ruolo di accudimento, che hanno imparato a vivere pienamente con i loro figli, piccoli o grandi, contageranno altri uomini e daranno un esempio: rappresenteranno un'alternativa possibile.

I padri e la cura familiare, 23 aprile 2012, www.genitoricrescono.com

Esercizio 2

Utilizzando i due articoli dell'esercizio 1 a p. 87 relativi all'argomento **OGM: una possibile soluzione al problema della fame nel mondo?** e integrandoli con altre informazioni in tuo possesso, costruisci la scaletta dell'articolo. Completa la tabella.

lead	Gli OGM dividono il mondo della scienza
focus	Utilità degli OGM per risolvere il problema della fame nel mondo
background	
Paragrafo 1	Vantaggi nell'introduzione di OGM nell'agricoltura
Paragrafo 2	
Paragrafo 3	
Paragrafo 4	Problemi irrisolti
Conclusione	

Esercizio 3

Svolgi lo stesso esercizio utilizzando i documenti del dossier dell'esercizio a p. 169. Ambito 4. Tecnico-scientifico. Argomento: **L'acqua, risorsa e fonte di vita.**

lead	Pianeta assetato? L'emergenza idrica desta l'allarme di scienziati e politici.
focus	Progressiva diminuzione delle risorse idriche e scarsa qualità dell'acqua (doc. 1,2)
background	
Paragrafo 1	
Paragrafo 2	
Paragrafo 3	Le possibili soluzioni (doc.2, 3)
Paragrafo 4	
Conclusione	

Pianificare l'articolo di informazione
Esercizi livello 2

Negli esercizi seguenti ti proponiamo il *lead* e il *focus*, o solo il *focus* dell'articolo, che dovrai illustrare con informazioni tratte dal dossier e altre derivanti dalle tue conoscenze ed esperienze personali. Non dimenticare, alla fine, di elaborare il titolo.

Esercizi comuni per tutte le classi

Esercizio 1

Ambito socio-economico. Argomento: **2009: anno della creatività e dell'innovazione.** (Esame di Stato 2009)[con tagli] documenti a p. 194

lead	Creatività non fa rima con trasgressione e stravaganza.
focus	L'anno dell'innovazione e della creatività può essere l'occasione per fare chiarezza su queste due competenze essenziali nella realtà produttiva contemporanea.
background	
Paragrafo 1	
Paragrafo 2	
Paragrafo 3	Le possibili soluzioni (doc.2, 3)
Paragrafo 4	
Conclusione	

Esercizio 2

Ambito tecnico-scientifico. Argomento: **Catastrofi naturali: la scienza dell'uomo di fronte all'imponderabile della Natura!** (Esame di Stato 2005) [con tagli] documenti a p. 195

lead	Siamo ancor in balìa di una natura onnipotente?
focus	Quali e quante sono le possibilità di prevenire le catastrofi naturali.

background	
Paragrafo 1	
Paragrafo 2	
Paragrafo 3	
Paragrafo 4	
Conclusione	

Esercizio 3

Ambito socio-economico. Argomento: **I giovani e la crisi.** (Esame di Stato 2012) [con tagli] documenti a p. 197

lead	Sempre meno prospettive per i giovani.
focus	La crisi economica che stiamo vivendo colpisce soprattutto l'occupazione giovanile.
background	
Paragrafo 1	
Paragrafo 2	
Paragrafo 3	
Paragrafo 4	
Conclusione	

Esercizi differenziati per classe in relazione all'argomento e alla natura dei documenti

Classe terza

Esercizio 1

Ambito artistico-letterario. Argomento: **Artisti e paesaggio naturale** documenti a p. 199

lead	
focus	Il paesaggio naturale nell'arte: sfondo e rappresentazione degli stati d'animo umani.
background	
Paragrafo 1	
Paragrafo 2	
Paragrafo 3	
Paragrafo 4	
Conclusione	

Esercizio 2

Ambito artistico-letterario. Argomento: **L'amicizia, tema di riflessione e motivo di ispirazione poetica nella letteratura e nell'arte** documenti a p. 202

lead	L'amicizia: un legame intramontabile.
focus	Dai classici ai moderni, artisti e intellettuali, con diversi accenti, hanno celebrato il valore dell'amicizia.
background	
Paragrafo 1	
Paragrafo 2	
Paragrafo 3	
Paragrafo 4	
Conclusione	

Esercizio 3

Ambito storico-politico. Argomento: **Potere politico e società civile nell'età delle corti** documenti a p. 203

lead	
focus	Come i signori delle grandi corti rinascimentali italiane modificarono l'assetto del potere e ne ridisegnarono i segni visibili.
background	
Paragrafo 1	
Paragrafo 2	
Paragrafo 3	
Paragrafo 4	
Conclusione	

Esercizio 4

Ambito storico-politico. Argomento: **Le rivoluzioni inglesi** documenti a p. 205

lead	Anche la monarchica Inghilterra ha sperimentato – per poco tempo – la repubblica.
focus	Il passaggio dalla monarchia alla repubblica durante la prima rivoluzione inglese.
background	
Paragrafo 1	
Paragrafo 2	
Paragrafo 3	
Paragrafo 4	
Conclusione	

Classe quarta

Esercizio 1

Ambito artistico-letterario. Argomento: **L'aspirazione alla libertà nella tradizione e nell'immaginario artistico-letterario** documenti a p. 207

lead	Sconfitti o vittoriosi, poeti e artisti non rinunciano alla lotta per la libertà.
focus	Il tema della libertà attraverso le creazioni di artisti e letterati di epoche e realtà diverse.
background	
Paragrafo 1	
Paragrafo 2	
Paragrafo 3	
Paragrafo 4	
Conclusione	

Esercizio 2

Ambito artistico-letterario. Argomento: **Innamoramento e amore** documenti a p. 209

lead	*Amore a nullo amato amar perdona ....*
focus	La rappresentazione dell'innamoramento come passione estrema nell'arte e nella letteratura.
background	
Paragrafo 1	
Paragrafo 2	
Paragrafo 3	
Paragrafo 4	
Conclusione	

Esercizio 3

Ambito storico-politico. Argomento: **La prima rivoluzione industriale: innovazione tecnologica e trasformazioni sociali** documenti a p. 107

lead	Dalla spoletta volante alla macchina a vapore: le invenzioni che hanno cambiato la storia.
focus	L'introduzione della meccanizzazione nella produzione tessile dell'Inghilterra settecentesca innescò un meccanismo di trasformazione che investì ogni ambito della vita associata.
background	
Paragrafo 1	
Paragrafo 2	
Paragrafo 3	
Paragrafo 4	
Conclusione	

Esercizio 4

Ambito storico-politico. Argomento: **Origini e sviluppi dell'idea di nazione nell'Ottocento** documenti a p. 109

lead	
focus	In un periodo in cui risorgono rivendicazioni autonomistiche in nome dell'identità nazionale si è riacceso il dibattito sulla nascita e sul significato del concetto di nazione.
background	
Paragrafo 1	
Paragrafo 2	
Paragrafo 3	
Paragrafo 4	
Conclusione	

Classe quinta

Esercizio 1

Ambito artistico-letterario. Argomento: **Poeti e letterati di fronte alla "grande guerra".** (Esame di Stato 1999) documenti a p. 214

lead	
focus	Il fascino ambiguo della guerra allo scoppio del primo conflitto mondiale contagiò molti letterati.
background	
Paragrafo 1	
Paragrafo 2	
Paragrafo 3	
Paragrafo 4	
Conclusione	

Esercizio 2

Ambito artistico-letterario. Argomento: **La letteratura come esperienza di vita.** (Esame di Stato 2015) documenti a p. 216

lead	La letteratura ci fa vivere meglio?
focus	Opinioni di scrittori e critici sul ruolo della letteratura nella costruzione del proprio rapporto col mondo.
background	
Paragrafo 1	
Paragrafo 2	
Paragrafo 3	
Paragrafo 4	
Conclusione	

Esercizio 3

Ambito storico-politico. Argomento: **Giovanni Giolitti: metodi di governo e programmi politici.** (Esame di Stato 2000) documenti a p. 218

lead	
focus	Le novità del programma giolittiano nell'Italia del primo Novecento.
background	
Paragrafo 1	
Paragrafo 2	
Paragrafo 3	
Paragrafo 4	
Conclusione	

Esercizio 4

Ambito storico-politico. Argomento: **Il terrore e la repressione politica nei sistemi totalitari del Novecento.** (Esame di Stato 2003) documenti a p. 220

lead	Le cifre dell'orrore.
focus	I metodi, le vittime, l'entità della repressione nei sistemi totalitari del Novecento.
background	
Paragrafo 1	
Paragrafo 2	
Paragrafo 3	
Paragrafo 4	
Conclusione	

5. Scrivere il testo

La stesura rappresenta la fase centrale e più corposa dell'elaborazione di un testo, quella cui va riservata – anche nella programmazione del tempo a disposizione – la porzione più ampia. Essa riguarda:

– **il piano dei contenuti**, in quanto si devono sviluppare e articolare i singoli punti che nella scaletta si presentano in forma schematica, utilizzando tutte le informazioni selezionate nelle fasi di lavoro precedenti. Il risultato deve essere un testo **esauriente ma non prolisso**, che rispetti i **limiti di spazio** imposti dalle consegne

– **il piano dell'esposizione**, in quanto si deve dare veste linguisticamente corretta ai contenuti, rispettando sia i **vincoli propri di qualsiasi testo** (correttezza ortografica e morfosintattica, coerenza e coesione) sia i **vincoli specifici** relativi alle due distinte forme testuali di cui ci stiamo occupando.

Concentrandoci su questi ultimi, riepiloghiamo alcune indicazioni su come realizzare un'esposizione appropriata ed efficace in ciascuna delle due forme testuali.

5.1 Scrivere il saggio breve

Nella stesura del saggio breve è opportuno attenersi alle seguenti indicazioni:

– scegliere il **tono** e il **registro linguistico** in base all'argomento, allo scopo e al destinatario. Tutti questi elementi concorrono a richiedere un **tono sostenuto** e un **registro tendenzialmente formale**, caratterizzato da **scelte lessicali precise e rigorose** che comprendono anche il ricorso al **linguaggio settoriale** (letterario, scientifico, politico, economico a seconda dell'oggetto). La padronanza di un linguaggio appropriato e specialistico contribuisce a dare **credibilità e validità all'argomentazione**; lo scopo di convincere richiede anche l'uso di **espressioni connotative** (valutazioni, opinioni, tecniche retoriche di convinzione). Quanto al destinatario, se il destinatario implicito di qualsiasi prova scolastica, compresa quella d'esame, è costituito dall'insegnante, la forma del saggio breve presuppone comunque un **destinatario culturalmente informato ed evoluto**

– la costruzione del periodo può alternare paratassi e ipotassi. L'**ipotassi**, però, si presta meglio alla struttura dell'argomentazione, che prevede un percorso logico articolato e complesso

– è preferibile la **costruzione impersonale** (per esempio *È noto ..., Si ritiene, Si può notare ...*). Infatti se è vero che l'argomentazione, in quanto espressione di un'opinione, presenta elementi di soggettività, è altrettanto vero che per conseguire lo scopo dell'argomentazione – convincere facendo leva su elementi logico-razionali – è più opportuno presentarla non come un punto di vista puramente personale

– è consigliabile formulare la **tesi non come un'asserzione perentoria** ma in modo dialettico, che stimoli il confronto e la discussione senza escludere a priori altri punti di vista e anche per evitare una manifestazione di presunzione inopportuna. Per esempio si può ricorrere all'uso del **condizionale** (*Si potrebbe sostenere, Risulterebbe...*), o di **espressioni limitative** (*secondo molti, è opinione diffusa, è opinione condivisa, da questo punto di vista, in questa prospettiva...*)

– utilizzare **tecniche stilistiche** quali allocuzioni al destinatario, domande retoriche, parallelismi sia per rinforzare il proprio intento sia per esprimere la complessità dell'argomento escludendo la presunzione di averne trovato la soluzione definitiva

– è fondamentale l'**uso corretto e appropriato dei connettivi semantici e testuali**. I **connettivi semantici**, essendo espressioni che legano le informazioni esplicitandone la relazione logica, sono essenziali per evidenziare la struttura dell'argomentazione (rapporto causa-effetto, relazione temporale, ipotesi, esemplificazione, contrapposizione, confronto e così via). I **connettivi testuali**, in quanto espressioni che scandiscono l'organizzazione del contenuto e la successione delle sue parti, servono evidenziare l'ordine gerarchico delle informazioni e a guidare il lettore facilitandogli la comprensione del percorso logico

– controllare l'**equilibrio interno del testo**, verificando che l'estensione delle diverse parti sia proporzionale alla loro importanza.

Il seguente brano, in cui il critico letterario Lanfranco Caretti affronta la questione dell'originalità dei *Promessi Sposi* all'interno della coeva letteratura europea, è un esempio di un testo saggistico da cui emergono in particolare l'uso del lessico settoriale e quello dei connettivi. Il brano mostra anche con chiarezza l'articolazione dell'argomentazione nelle sue diverse parti (introduzione, tesi, obiezione, confutazione, argomenti, conclusione).

[L'] operazione di sempre più accentuata diseroicizzazione della materia e dello stile, di intreccio sempre più approfondito di "ragioni" e "fatti", si afferma però risolutamente e felicemente solo nel romanzo [...]. È una parabola coerente e fatale a cui concorrono anche le contemporanee pagine di saggistica morale e di storia. [...] Una parabola che trova il suo coronamento negli anni 1821-1825 con l'ultima e definitiva redazione della *Pentecoste* e la rifinitura dell'*Adelchi*, da un lato, e il carteggio con Fauriel e la prima e seconda stesura del romanzo, dall'altro.	Presentazione dell'argomento trattato: i *Promessi Sposi* come coronamento del processo di maturazione del pensiero e dell'arte manzoniana	Connettivi testuali che guidano nella lettura Connettivi semantici che segnalano l'articolazione logica Lessico settoriale
Poco più di quattro anni, ma un periodo intensissimo e quasi frenetico di lavoro durante il quale il Manzoni [...] creava in Italia, si può dire dal nulla, il romanzo moderno e impostava pragmaticamente la questione della lingua come problema stilistico dell'adeguamento della forma espressiva alla natura intima dell'opera d'arte, facendo confluire nei *Promessi Sposi* tutte le sue esperienze di storico, di moralista e di scrittore e armonizzando tra loro i corrispettivi piani stilistici [...] in un organismo sintatticamente compatto e organico che trova, appunto nella magistrale *variatio* dei diversi registri, la sua dinamica e suggestivamente mutevole continuità di autentica prosa di romanzo.	**Tesi**: l'ideazione e la scrittura dei *Promessi Sposi* è stata un'operazione letteraria del tutto originale che ha dato forma a un genere radicalmente nuovo nel panorama letterario italiano	

Che se **poi** si vorrà riconoscere che in un'opera di così inusitata novità e di così ardita progettazione, concepita e attuata in un ambiente sociale e culturale ben poco idoneo, permangono episodici segni di **artificio** velleitario e di sforzo intellettuale, e non tutto vi appare risolto con la spontanea naturalezza e l'estro felice di altri grandi narratori europei dell'Ottocento, non si dovrà dimenticare che il Manzoni, sull'ardua via del romanzo, non aveva pressoché nulla di esemplare a cui riferirsi, e **non solo** in Italia, **ma anche** all'estero, e che egli è, in ordine di tempo, il primo grande innovatore della tradizione romanzesca settecentesca e il primo creatore di una forma narrativa moderna.	**Obiezione**: il romanzo manzoniano presenta alcune forzature e non sempre è felicemente risolto sul piano stilistico **Confutazione**: tali imperfezioni sono del tutto giustificate dalla novità dell'operazione manzoniana rispetto non solo alla tradizione letteraria italiana, ma anche a quella europea	
Nel 1825, **infatti**, i *Promessi Sposi* sono già un libro interamente compiuto **perché** le modifiche che intercorrono tra l'edizione "ventisettana" e quella del '40 non alterano sostanzialmente la struttura e lo stile dell'opera. **Eppure** negli anni 1821-1825 il Manzoni non aveva a sua disposizione, per l'obbiettivo che si era proposto, niente altro che il romanzo francese del Settecento e Walter Scott.	**Argomento**: i *Promessi Sposi* aprono la strada al romanzo moderno perché alla data della loro composizione l'unico antecedente era il romanzo storico di Scott	
Stendhal nel 1820 lavorava, proprio a Milano, al suo *De l'amour* e solo nel 1826, con l'*Armance*, si avviava al romanzo, mentre Balzac era ancora ben lontano dal metter mano ai primi tomi della sua grande *Comédie humaine*. **In quanto a Tolstoj**, a cui troppo di frequente si confronta il Manzoni con evidente stortura storica e perciò con ingiusto proposito riduttivo, doveva seguire a mezzo secolo di distanza avendo ormai dietro di sé una splendida tradizione di romanzo [...].	**Argomento**: esempi dei successivi grandi romanzieri europei (Stendhal, Balzac, Tolstoj) che operarono in un più avanzato contesto storico e culturale	
Il Manzoni, **invece**, ebbe in Italia immediati predecessori e contemporanei di troppo più piccoli di lui [...] e **tuttavia**, con le sole sue forze, ha condotto ad estrema maturazione un complesso processo intellettuale e morale che affonda le radici nel suolo patrio e in quello europeo, e si è costituito una **poetica** e una **teoria linguistica** massimamente efficienti deducendole dalla sua personale meditazione [...].	**Argomento**: confronto con l'assenza di modelli per Manzoni	

Ha superato così i limiti dell'Illuminismo e ha conferito una precisa e originale fisionomia al Romanticismo italiano; ha inventato il personaggio moderno, il personaggio di romanzo che invano cercheremmo nell'*Ortis* e nel teatro alfieriano; ha saltato oltre l'autobiografismo, la *rêverie* lirica e il mero patetico; ha felicemente calato nella narrazione uno spirito religioso polemicamente antifilisteo [...]; ha sottratto alla storia il carattere di semplice cornice scenografica e ne ha rappresentato invece la tragica connessione con il destino degli uomini, grandi e piccoli; ha oggettivamente delineato i personaggi senza sacrificarne la natura individuale al rigido disegno di una provvidenzialità inelusibile e ha piuttosto insistito rigorosamente sul tema della responsabilità morale di ogni individuo aprendo nuovi orizzonti alla più sottile, penetrante e anche spregiudicata analisi psicologica; ha dimostrato la legittimità artistica dei personaggi "negativi" anticipando così il "tipico" dei grandi romanzi realisti; ha soprattutto saputo operare un montaggio sapiente dei vari piani del romanzo, eliminando senza indulgenza ogni divagazione esorbitante e ogni compiacimento edonistico, e realizzando, con fulminei raccordi a distanza e ben bilanciate corrispondenze interne, un organismo romanzesco perfettamente equilibrato.	**Argomento**: elenco degli elementi di modernità e originalità nel romanzo manzoniano
Si può ben dire perciò, che si è trattato di un'opera di eccezionale impegno, fondamentale per la nostra cultura e per la nostra arte narrativa, condotta innanzi dallo scrittore con la fermezza di un metodo implacabile, senza cedimenti, sì da uscirne alla fine stremato. Lanfranco Caretti, *A. Manzoni, milanese*, in "Paragone", n. 136, aprile 1961	**Conclusione**: riepilogo che conferma l'importanza storico-culturale dei *Promessi Sposi*

5.2 Scrivere l'articolo di informazione

Nella stesura dell'articolo di informazione è opportuno attenersi alle seguenti indicazioni:

– per la scelta del tono e del registro è determinante la **destinazione editoriale**, nonché l'ipotetica collocazione del pezzo (v. cap. 4.2.). Come si è detto, è consigliabile ipotizzare una destinazione non troppo specialistica, come un quotidiano, un magazine, un giornale scolastico. Ciò posto, per quanto riguarda l'argomento, i molteplici ed eterogenei campi che nella reale scrittura giornalistica possono essere coperti dall'articolo di informazione, considerati gli ambiti previsti dalla tipologia B, si restringono a quelli della divulgazione scientifico-culturale. Di conseguenza si può optare anche per un **tono colloquiale** e un **registro informale**, caratterizzato da un **lessico chiaro,**

accessibile e denotativo, possibilmente **vivace**, ricorrendo anche a espressioni di uso corrente

– prestare particolare attenzione alla formulazione del *lead*, scegliendo uno **stile incisivo e non banale**

– la costruzione deve essere lineare e deve privilegiare la **paratassi**

– utilizzare la **costruzione impersonale** poiché il testo deve riportare le informazioni in modo **neutro e oggettivo**

– data la natura informativa del testo, sono importanti soprattutto i **connettivi testuali** che scandiscano con chiarezza la successione delle informazioni. Tale scansione a volte è segnalata attraverso una sottotitolazione del pezzo

– controllare l'**equilibrio interno** del testo, assegnando lo spazio maggiore al **corpo centrale**, costituito dai paragrafi informativi.

Nel seguente articolo di informazione su un fenomeno di attualità – la crescente distanza tra genitori e figli rispetto alle nuove occupazioni – sono state evidenziate alcune tecniche di costruzione dell'articolo e di scrittura giornalistica.

Gap digitale, un genitore su due non capisce che lavoro fa il figlio		
Attuario, Data Scientist, Progettista UI. Se fosse ancora in vita, Totò ne avrebbe tratto sicuramente una sceneggiatura.	lead	Tono brillante e ironico
Ma il dialogo tra il figlio assunto per un lavoro «digitale» e il genitore ansioso di capire qualcosa, è una realtà con cui fare i conti già oggi. Secondo l'ultima ricerca firmata LinkedIn i primi tre lavori di cui i genitori confessano di non comprendere le mansioni, hanno a che fare proprio con l'innovazione e l'economia digitale. Tra le professioni più «comprensibili», invece, spiccano il sociologo, il direttore sportivo e il responsabile di pubbliche relazioni. Come a dire: vecchi lavori, mansioni riconosciute ancora oggi.	**Argomento:** la crescente distanza tra genitori e figli rispetto alla nuove occupazioni.	Connettivi semantici
Lo studio condotto dal social network per trovare lavoro, però, ha un risvolto più ampio, e riguarda da vicino le dinamiche genitori-figli in ambito lavorativo.	**focus:** le dinamiche del rapporto genitori-figli	
Uno su due non conosce il lavoro del figlio. Secondo il campione di oltre 15 mila lavoratori e 11 mila genitori intervistati nel mondo, mamma e papà smettono troppo presto di fornire supporto sul lavoro ai figli, che hanno rivelato in migliaia di essersi sentiti poco consigliati dai genitori nell'affrontare scelte di carriera. Un lavoratore italiano su quattro ha confessato esplicitamente che avrebbe gradito ulteriori consigli utili da parte dei genitori. Nella mag-	**Paragrafo 1**	Sottotitoli per scandire le informazioni e guidare nella lettura

gior parte dei casi, invece, il genitore si tiene alla larga per non interferire troppo (40%) e per paura che i figli s'infastidiscano (30%). Il risultato? Il 55% dei genitori dichiara di non essere informato sul lavoro che svolge il figlio. Anche per questa ragione, LinkedIn ha lanciato la terza edizione di Bring in Your Parents Day, iniziativa globale in cui i dipendenti inviteranno i genitori sul posto di lavoro durante la giornata del 5 novembre, per permettere loro di conoscere da vicino la realtà lavorativa che vivono.		Uso di domande per suscitare l'interesse e coinvolgere il lettore
L'attesa tradita «I figli si aspettano incoraggiamento e supporto da papà e mamma, che vengono identificati come genitori faro, senza essere troppo invadenti e allo stesso tempo senza tirarsi troppo indietro», spiega Alexandra Beauregard, esperta della London School of Economics in tema di influenza della famiglia sul luogo di lavoro. Il 48% dei genitori italiani, invece, afferma che sarebbe in grado di offrire potenziali consigli, ma di astenersi dal manifestarli. Beauregard ha così preso in esame i diversi stili di genitorialità, sulla base del grado di coinvolgimento nella vita professionale dei figli, del tipo di decisioni che hanno contribuito a influenzare, e di come queste abbiano influito sui figli una volta usciti dalla famiglia.	Paragrafo 2	Parere di un'esperta riportato in qualità di informazione, per fornire un'esauriente illustrazione dell'argomento
I cinque tipi di genitore Ne sono emersi, così, cinque modi diversi di ricoprire il ruolo di madre e padre. Il Genitore Responsabilizzante non mostra grande interesse nel lavoro del figlio, ma lo lascia vivere e si aspetta che sia lui stesso a trovarsi il lavoro, ritenendo il figlio maggiorenne responsabile di sé stesso e il lavoro da genitore ormai completato. Inadeguato a dare consigli al figlio, perché le cose sono cambiate troppo a causa della rapida ascesa della tecnologia: è così che si sente il Genitore Sostenitore, sempre pronto ad aiutare, ma senza sapere bene come. Assistenzialista e permissivo è invece il Genitore Maggiordomo, vittima di un amore incondizionato per il figlio, ma anche della paura di essere respinto qualora provasse a stabilire dei limiti. La soluzione? Permettere al figlio di non assumersi le proprie responsabilità e non fargli mancare nulla, dai soldi al soggiorno. Il Genitore Elicottero invece non riesce a mollare la presa sul figlio, lasciandolo libero	Paragrafo 3	

di prendere il comando della vita. «Troppo legato al ruolo che aveva quando il figlio era piccolo e aveva costantemente bisogno. La loro costante presenza e controllo impedisce l'indipendenza del figlio, così anche se vogliono aiutarlo, non si rendono conto di quanto interferiscono con la vita da adulto del figlio», ragiona ancora Alexandra Beauregard.		
I genitori faro La soluzione migliore? È anche quella più richiesta dai figli-lavoratori, che vorrebbero contare su Genitori Faro, interessati alla loro attività, ma rispettosi delle loro determinazioni, al punto da non interferire nelle decisioni se non interpellati. «I genitori possono dare consigli davvero importanti anche nell'ambito lavorativo, ma molti non sono consapevoli del valore delle proprie conoscenze. Bring in Your Parents Day è un modo per capire meglio la situazione lavorativa dei figli e dare ai genitori il giusto grado di conoscenza e confidenza per poter guidare i propri figli», spiega al Corriere Marcello Albergoni, a capo di LinkedIn Italia. Oggi LinkedIn a livello mondiale conta più di 350 milioni di iscritti, e l'iniziativa del 5 novembre va proprio nella direzione di far comprendere a tutti i genitori la natura delle mansioni dei figli.	**Paragrafo 4**	Ancora domande e citazioni utilizzate con la funzione già indicata
Anche per evitare sceneggiature che, d'altronde, Totò non potrebbe più scrivere. Nicola Di Tur, corriereinnovazione.corriere.it, 12 ottobre 2015	**Conclusione**	Riprende l'associazione bonariamente ironica del *lead*

5.3 Consigli utili per entrambe le forme testuali

Infine, alcuni consigli possono essere utili per la stesura di entrambe le forme testuali, in particolare per quanto riguarda come fare le citazioni, come indicare le fonti, come usare le virgolette, come scrivere i numeri e le parole straniere, tutti elementi ricorrenti sia nel saggio breve sia nell'articolo.

Come si fa una citazione

La citazione consiste nella **ripresa letterale di parole altrui** per fornire un'informazione o allegare un esempio, una testimonianza, una documentazione. La citazione può essere più o meno lunga: una sola parola o un'intera frase. In ogni caso è indispensabile
– **segnalarla** attraverso l'uso delle virgolette
– **indicarne la fonte**, cioè l'autore e/o il testo da cui è tratta.

Nel caso della citazione di un'**intera frase** è necessario
– individuare una porzione di testo con un significato compiuto e sintatticamente autonoma
" *Sempre più donne raggiungono alti livelli di istruzione, riuscendo ad inserirsi in posizioni elevate del mercato del lavoro*"
– introdurla attraverso un verbo dichiarativo all'inizio o alla fine della citazione o mediante un inciso
Sostiene la sociologa Francesca Zajczyk "Sempre più donne ... lavoro"; "Sempre più donne ... lavoro" *sostiene la sociologa Francesca Zajczyk*; "Sempre più donne – *sostiene la sociologa Francesca Zajczyk* – raggiungono ... lavoro"
– segnalare gli eventuali omissis (cioè le omissioni: parti della frase riportata che vengono volutamente tralasciate) con i puntini di sospensione tra parentesi quadre [...]
"E il tasso di inattività è un altro parametro che la dice lunga, su quanto le donne non lavorino [...] schiacciate spesso in una condizione familiare che impedisce loro di trovare convenienza in un lavoro diverso da quello domestico".
– segnalare con una parentesi quadra le eventuali integrazioni necessarie per rendere più chiaro il senso della citazione
"*Nella stessa fascia d'età* [tra i 15 e i 64 anni] *c'è solo un 46,6% di donne che risulta occupata*".

Opinioni o altre frasi altrui possono anche essere riportate con il **discorso indiretto**. In questo caso non si tratta di una citazione, ma di una parafrasi, quindi non vanno usate le virgolette ma si deve comunque esplicitarne l'autore.

Come si citano le fonti

I **corretti riferimenti bibliografici** prevedono che di un brano o di una citazione siano indicati
– se si tratta di un **libro**: l'autore, il titolo dell'opera da cui sono tratti, l'eventuale traduttore, l'editore, il luogo e la data di pubblicazione
– se si tratta di un **articolo**: l'autore, il titolo, la testata giornalistica, la data.
Il titolo del libro o dell'articolo va scritto in corsivo, oppure sottolineato se si scrive a mano, mentre il titolo del periodico va messo fra virgolette.

Esempio:
Franco Brioschi, *La mappa dell'impero. Problemi di teoria letteraria*, Il Saggiatore, Milano 1983
Mirella van Rooijen Mortarotti, *Scoprii la letteratura straniera e fu subito vera "libridine"* in "La Stampa", 2 novembre 2013

È però evidente che un riferimento simile all'interno di un discorso finirebbe solo per appesantire la lettura, tant'è vero che le indicazioni bibliografiche complete trovano posto nelle note. Dovendo citare una fonte nel corpo di un testo, **è** meglio pertanto optare **per una soluzione più agile, discorsiva**, limitandosi a indicare autore e al massimo titolo dell'opera o della testata nel caso di un articolo.

Per esempio: "Afferma Brioschi nel saggio *La mappa dell'impero* che la letteratura..." "Osserva Mirella van Rooijen Mortarotti in un articolo pubblicato sulla "Stampa" che la letteratura...".

Se si ritiene necessario dare anche un riferimento temporale si possono usare espressioni come "in un recente articolo/libro...", "come recentemente ha scritto..."

Infine va ricordato che i **brani** proposti a corredo della tipologia B sono definiti "documenti" in quanto fanno parte di un dossier di documentazione, ma quando si citano all'interno del saggio breve o dell'articolo devono essere **denominati in base al genere** cui appartengono e quindi, a seconda dei casi, si dovranno indicare come articolo, saggio, poesia, romanzo e così via.

Come si usano le virgolette

Delle virgolette non bisogna abusare: come si è visto si usano innanzi tutto per **delimitare le citazioni** e per **indicare il titolo di un giornale**. Inoltre servono per **evidenziare** una parola usata con un **significato particolare**, per esempio in senso ironico, o in un **contesto diverso** da quello abituale, o ancora per **espressioni gergali** o **neologismi**.

Esempio:
La letteratura, nel corso dei secoli, ha instancabilmente "socializzato" il nostro universo interiore
A quel punto fu vera "libridine"
Il ritratto del padre "ad alto accudimento" è un 30/35enne del centro nord

Come si scrivono le parole straniere

Se è indispensabile usare parole o espressioni straniere, si usa il corsivo se si scrive al computer; scrivendo a mano si usano le virgolette, che si possono omettere se l'espressione o la parola è entrata nell'uso corrente, come nel caso di termini quali *trend, happy-end, leader, star, cult, rock, gap, flash* ... Per convenzione, le parole straniere si scrivono al singolare.

Come si scrivono i numeri

In un testo in prosa, come il saggio breve o l'articolo, i numeri di norma vanno **scritti in lettere** ad eccezione delle date (giorno e anno) e dei dati puramente quantitativi.

6. Rivedere il testo

La revisione del testo è l'ultima operazione, ma non per questo deve essere affrettata e approssimativa. Al contrario è bene riservarle un'adeguata porzione del tempo a disposizione (circa una mezz'ora) e prevedere un'attenta rilettura sia della brutta copia sia della stesura definitiva in bella copia.

La **prima revisione**, sulla brutta copia, dovrebbe essere la più consistente per evitare la presenza nella bella copia di correzioni che non favorirebbero una buona impressione sull'elaborato. In questa revisione è soprattutto opportuno controllare che

- tutti i punti della scaletta siano stati sviluppati in modo esauriente
- i singoli punti siano sviluppati in modo equilibrato
- non ci siano periodi sospesi (ogni periodo deve avere una proposizione reggente)
- non ci siano periodi troppo lunghi (è più facile che siano confusi e sintatticamente scorretti)
- non ci siano ripetizioni lessicali, sostituendole eventualmente con perifrasi, pronomi, sinonimi (tenendo presente la relatività della sinonimia)
- sia mantenuto il tempo verbale scelto all'inizio e in base a questo sia corretta la correlazione di tempi e modi verbali
- siano corrette le concordanze (soprattutto di verbi e pronomi)
- non ci siano errori ortografici
- la punteggiatura sia corretta sul piano sintattico e possibilmente efficace (va ricordato che la punteggiatura ha anche un valore espressivo).

Nella **trascrizione in bella copia** è consigliabile

- usare una grafia chiara e leggibile
- rispettare i margini del foglio (la colonna del foglio protocollo)
- scrivere il titolo del saggio o dell'articolo (e in quest'ultimo caso anche la destinazione editoriale) all'inizio dell'elaborato e senza punto finale.

La **revisione definitiva** deve controllare soprattutto che in fase di copiatura non si siano verificati errori di distrazione, come errori ortografici o omissioni di parole, parti di frasi.

Le Tipologie C e D

1. Le Tipologie C e D: il tema

Oltre alle Tipologie A e B, la prima prova dell'Esame di Stato ne prevede altre due che appartengono a una forma di scrittura più tradizionale, quella del **"tema"**, che a lungo è stata l'unica modalità con cui nel percorso scolastico sono state esercitate e valutate le **capacità di comunicare in un testo scritto** le conoscenze relative a un determinato argomento. Anche dopo l'introduzione nelle prove di nuove forme di scrittura – come l'analisi del testo, il saggio breve e l'articolo di giornale – il tema ha conservato la sua funzione di esercitazione/prova di verifica e rimane una delle forme più consuete in cui qualsiasi studente si confronta con l'attività della scrittura.

Il tema è un **testo complesso**, che tratta una **questione *proposta*** (questo è infatti il significato etimologico del termine "tema") dal **titolo** o **traccia**.

L'argomento o questione da trattare può vertere sulle problematiche più svariate. Nel caso dell'Esame di Stato sono previsti
– il tema di **argomento storico**, che propone questioni relative al programma di Storia del quinto anno
– il tema di **ordine generale** (corrispondente nella sostanza al cosiddetto tema di attualità), che propone questioni relative a eventi culturali e sociali contemporanei e può quindi spaziare dall'ambito sociale a quello economico a quello etico o esistenziale.

La differenza più evidente rispetto alla Tipologia B è l'**assenza di una documentazione** di partenza, il che implica che bisogna fare affidamento solo sulle proprie conoscenze.

Quanto alla **tipologia testuale** di base, il tema può essere sia un **testo espositivo** sia un **testo argomentativo**. Come vedremo, però, non si tratta di una scelta a completa discrezione del candidato perché spesso è la traccia stessa che, attraverso le richieste, orienta verso l'una o l'altra tipologia.

Un'ulteriore caratteristica del tema è l'**assenza di un destinatario esplicito**. A differenza del saggio breve e dell'articolo di giornale, che riproducono situazioni comunicative reali, la stesura del tema è collocata in una **situazione comunicativa astratta**, che quindi non presuppone l'identificazione di un destinatario definito. Nonostante questo, al momento di scrivere è consigliabile cercare di calarsi in una situazione comunicativa reale, almeno ipotizzando come destinatario del proprio scritto un lettore mediamente informato cui esporre le proprie informazioni o le proprie argomentazioni.

2. Come scegliere tra Tipologia C e Tipologia D?

Per definizione la scelta è un'azione individuale e soggettiva che presuppone la libertà, ma per compierla in modo consapevole, riducendo il margine di "rischio", bisogna ponderare bene tutti i fattori. Così, anche nella scelta fra le ultime due tipologie previste nella prima prova, è necessario valutare soprattutto:
– che cosa richiede ciascuna delle due tipologie
– quali risorse si hanno a disposizione per rispondere a tali richieste.

Il tema storico: requisiti

Il **tema di argomento storico** richiede non solo, ovviamente, una **solida e ampia conoscenza** dell'argomento proposto, ma una certa disinvoltura (che si acquisisce con l'allenamento) nel trattare questioni storiografiche. Infatti in un tema storico non bisogna semplicemente elencare dei fatti e delle informazioni, ma bisogna **narrare i fatti ed esporre le informazioni per spiegare**. Che si tratti di un testo espositivo o argomentativo, le informazioni devono illustrare e spiegare un evento, un fenomeno, un processo: le conoscenze, pertanto, devono essere selezionate e organizzate secondo questo obiettivo. Inoltre il tema storico richiede un'esposizione rigorosa: è necessario perciò conoscere e saper utilizzare in modo appropriato il **lessico specifico** della disciplina.

Il tema di ordine generale: rischi e requisiti

Il **tema di ordine generale** non andrebbe scelto per esclusione o perché – non riguardando direttamente precisi ambiti disciplinari e programmi scolastici – non richiede una preparazione specifica. Proprio questo, in realtà, costituisce il rischio insito nel tema di ordine generale poiché spesso lo si affronta con leggerezza, ritenendo di poter trattare dell'argomento proposto solo perché – essendo relativo a questioni di attualità – se ne è sentito parlare, si è ascoltato magari distrattamente qualche dibattito, si è letto qualche articolo. Anche in questo caso, invece, è necessario preliminarmente **verificare il proprio livello di conoscenza** dell'argomento proposto, interrogandosi sulle **informazioni** di cui si dispone, chiedendosi se le **fonti** su cui appoggiarsi sono attendibili, se l'argomento è stato oggetto di una **riflessione** non improvvisata, se ci si è formata un'**opinione motivata** in merito.

3. Pianificare le Tipologie C e D

Trattandosi di tipologie di scrittura simili, la fase della pianificazione presenta alcune **operazioni comuni**: per esempio l'analisi della traccia, che in entrambi i casi è il punto di partenza per capire i **vincoli** e le **indicazioni** di svolgimento che se ne devono trarre.

3.1 La prima tappa: l'analisi della traccia

Schematizzando, i tipi di traccia di un tema storico o di ordine generale possono essere riassunti in due grandi categorie: **aperte** e **articolate** (o a scaletta).

Tracce aperte e tracce articolate

Le **tracce aperte** sono quelle che presentano l'argomento in modo estremamente **sintetico, generale e neutro**. Appartengono a questa categoria:
– i **titoli ampi** (per esempio *Il Risorgimento italiano*; *Il razzismo*)
– quelli **più ristretti** che, pur individuando uno o più aspetti dell'argomento da trattare, li propongono in forma neutra (per esempio *Moderati e democratici nel Risorgimento italiano*; *Le manifestazioni del razzismo*)

– i titoli che propongono un'**idea centrale** o una **tesi** (che può essere anche una **citazione**) senza ulteriori specificazioni (per esempio *Il Risorgimento: una rivoluzione mancata*; *"Siamo sempre lo straniero di qualcun altro. Imparare a vivere insieme è lottare contro il razzismo." Tahar Ben Jelloun*).

Le **tracce articolate** o **a scaletta** sono le tracce che:

– presentano l'argomento in modo articolato segnalando non solo gli aspetti su cui soffermarsi, ma soprattutto la **struttura logica** (confronto, cause-conseguenze, sviluppo, analisi ecc.) e la **scansione di massima** che il testo dovrà avere (i punti della scaletta da sviluppare)

– propongono una **tesi** (talvolta attraverso una citazione) accompagnata da una frase che esplicita le consegne indirizzando la riflessione su aspetti specifici.

Qualche esempio:

Illustra le tappe più significative del processo che porta alla realizzazione dell'unità d'Italia, confrontando metodi ed esiti di tale processo con le enunciazioni del pensiero risorgimentale nelle sue diverse componenti.

Nonostante il progresso civile e sociale, continuano a ripresentarsi fenomeni ed episodi di intolleranza a sfondo razziale. Considerando vicende dell'attualità e tue esperienze dirette, rintraccia le possibili cause di tale fenomeno e indica quali ne potrebbero essere gli antidoti.

"Siamo sempre lo straniero di qualcun altro. Imparare a vivere insieme è lottare contro il razzismo." Interpreta questa affermazione dello scrittore Tahar Ben Jelloun e discutila, facendo riferimento a giudizi di altri pensatori e anche a tue esperienze dirette.

> Tipi di traccia e tipologie testuali: consegne e vincoli

La diversa tipologia di traccia **non** è **in sé determinante** rispetto alla tipologia testuale. Infatti la **traccia aperta**, per la sua formulazione non orientata, anche nel caso in cui circoscrive l'argomento a uno o più aspetti, non dà altre indicazioni ed è chi scrive a decidere la tipologia, benché la traccia ampia suggerisca più un testo espositivo che uno argomentativo.

Il testo argomentativo è richiesto (anche se non è esplicitato) solo nel caso in cui la traccia aperta sia costituita da un'idea centrale / tesi che (anche se non è esplicitamente richiesto) va discussa, confermata o respinta, con adeguati argomenti. Questo è l'unico caso di un **vincolo** presente in questo tipo di traccia, che lascia chi scrive molto libero (a volte troppo) nella costruzione del proprio elaborato.

La **traccia articolata** può richiedere l'una o l'altra delle due tipologie testuali. In questo caso l'opzione emerge dalla formulazione della traccia stessa ed è esplicitata attraverso alcune **parole/espressioni-chiave** delle consegne.

Nel primo degli esempi riportati, il verbo che indica la consegna – *"Illustra"* – orienta verso un testo espositivo che ricostruisca le tappe del Risorgimento e spieghi come esse riflettano il panorama dei diversi programmi politici.

Nel secondo esempio, invece, la consegna di *"rintracciare le possibili cause"* e gli *"antidoti"* equivale alla richiesta di un testo argomentativo, in quanto si tratterà di individuare fondatamente alcune cause e indicare, sempre facendo ricorso a opportune dimostrazioni, i possibili rimedi.

Il terzo esempio consiste in una citazione contenente una tesi che le consegne richiedono di *interpretare* e *discutere* in un testo necessariamente di tipo argomentativo. In questo caso preliminarmente si deve individuare con chiarezza la tesi, che costituisce l'**oggetto della trattazione**, quindi seguendo le consegne costruire la propria argomentazione.

La traccia articolata pone quindi dei **vincoli** riguardanti sia la tipologia testuale sia i punti (aspetti) da sviluppare obbligatoriamente. Questi ultimi costituiscono già un primo abbozzo di scaletta, che potrà essere ampliata con eventuali altri aspetti.

Insomma, l'analisi della traccia permette di individuare:
– l'**argomento** da trattare
– l'**aspetto** o gli aspetti da sviluppare
– la **direzione** (nel caso di una traccia articolata) in cui svilupparli, esposizione o argomentazione.

Bisogna per questo prestare attenzione alle **parole / espressioni chiave** che
– **definiscono l'argomento** oggetto dell'elaborato
– **esplicitano le consegne** (che cosa e come si deve scrivere).

Analizziamo per esempio due tracce, una di argomento storico e una di ordine generale.

Traccia	Parole che definiscono gli aspetti	Parole che esplicitano le consegne
Illustra le tappe più significative del processo che porta alla realizzazione dell'unità d'Italia, confrontando metodi ed esiti di tale processo con le enunciazioni del pensiero risorgimentale nelle sue diverse componenti.	*tappe più significative metodi ed esiti diverse componenti del pensiero risorgimentale*	*Illustra confrontando*

Si tratta di un testo espositivo

Traccia	Parole che definiscono gli aspetti	Parole che esplicitano le consegne
"Siamo sempre lo straniero di qualcun altro. Imparare a vivere insieme è lottare contro il razzismo." Interpreta questa affermazione dello scrittore Tahar Ben Jelloun e discutila, facendo riferimento a giudizi di altri pensatori e a eventuali tue esperienze dirette.	*"Siamo sempre lo straniero di qualcun altro." = tesi = Relatività del concetto di "straniero"*	*Interpreta discutila*

Si tratta di un testo argomentativo

Una prima esercitazione riguarda quindi la capacità di interpretare correttamente le richieste della traccia e di trarne le fondamentali indicazioni per l'impostazione e lo sviluppo del testo.

La struttura della traccia

3.2 Le tracce ministeriali del tema di argomento storico: tipologie e analisi

Le tracce ministeriali del tema di argomento storico assegnate dal 1999, anno dell'introduzione del nuovo Esame di Stato, al 2015 sono **tracce articolate,** costituite in generale da un'**enunciazione** che presenta l'argomento sul quale dovrà vertere la trattazione. Seguono le **consegne** che esplicitano le operazioni richieste.

L'enunciazione può:
– descrivere una situazione o un processo della storia del Novecento
– proporre un confronto tra situazioni, processi, fenomeni della storia del Novecento
– esprimere l'interpretazione (a volte attraverso una citazione) di una vicenda o di un fenomeno della storia del Novecento.

Le consegne solitamente sono espresse da parole come "illustra", "delinea", "rifletti", "sviluppa", "esamina", "spiega": si tratta di presentare l'argomento, di ricostruirne le linee fondamentali, di analizzarne alcuni aspetti, ma anche di riflettere su di esso per restituirne il significato. Il tema storico, come si è già accennato, non può ridursi a una semplice sequenza di fatti o di informazioni, ma li deve inserire in un **modello esplicativo** che ne illumini cause, motivazioni, conseguenze e così via.

Ne deriva una tipologia testuale composta che è insieme **narrativo-espositiva** in quanto ricostruisce gli eventi e li illustra, e **argomentativa** in quanto presenta interpretazioni.

Va precisato però che il tema storico **non pretende di essere un saggio storiografico**: in questo caso **argomentare** non significa produrre un'originale interpretazione della questione proposta, ma piuttosto **spiegare** un fenomeno – o una tesi – ricorrendo a informazioni di diversa natura tra cui le diverse e talvolta anche opposte **valutazioni e interpretazioni che ne sono state date in sede storiografica** e che si è avuto modo di apprendere nel corso degli studi. Una buona argomentazione è quella capace di scegliere e utilizzare – tra le diverse opinioni e i diversi giudizi storiografici – quelli più idonei a illustrare quanto richiesto o ad avvalorare le proprie riflessioni.

Proviamo a verificare queste indicazioni su alcune tracce ministeriali.

> Qualche esempio

Tema di argomento storico, Esame di Stato 2001.

> Uno dei fenomeni più significativi del Novecento è la presa di coscienza dei propri diritti da parte delle donne, prima nei paesi più avanzati come gli Stati Uniti e la Gran Bretagna e poi negli altri paesi occidentali. Dalle rivendicazioni del diritto di voto agli appelli sempre più chiari e vigorosi per l'uguaglianza con gli uomini in tutti i settori della vita economica e civile. Il principio delle "pari opportunità" è stato il vessillo delle lotte femminili.
> Illustra le fasi e i fatti salienti che hanno segnato il processo di emancipazione femminile nel nostro paese facendo possibilmente anche riferimento a canzoni, film, pubblicazioni e a qualunque altro documento ritenuto significativo.

- L'enunciazione descrive un **processo**: la graduale presa di coscienza dei propri diritti da parte delle donne del mondo occidentale e le loro conseguenti rivendicazioni nel corso del Novecento.
- Le consegne chiedono di **illustrare** tale processo **concentrandosi su un aspetto** – l'emancipazione femminile nel nostro paese – ed esplicitando la richiesta di **appoggiarne l'illustrazione su documenti** di varia natura (canzoni, film ecc.)
- Il testo richiesto è di tipo **narrativo-espositivo** in quanto da un lato deve ricostruire *le fasi e i fatti salienti* del processo in questione e dall'altro deve illustrarlo con adeguata documentazione.

Tema di argomento storico, Esame di Stato 2014.

L'Europa del 1914 e l'Europa del 2014: quali le differenze?
Il candidato esamini la questione sotto almeno tre dei seguenti profili: forme istituzionali degli Stati principali; stratificazione sociale; rapporti fra cittadini e istituzioni; sistemi di alleanze; rapporti fra gli Stati europei; rapporti fra l'Europa e il resto del mondo.

- L'enunciazione propone un **confronto**: la differente situazione dell'Europa a un secolo di distanza dalla prima guerra mondiale
- Le consegne chiedono di **esaminare** tali differenze riguardo ad almeno tre degli aspetti proposti
- Il testo richiesto è di tipo **espositivo** in quanto deve illustrare, per ciascuno degli aspetti scelti, almeno le principali differenze tra l'Europa del 1914 e quella attuale.

In entrambi questi casi è possibile, anzi apprezzabile, riportare giudizi e interpretazioni della critica storica, qualora se ne abbia conoscenza. Essi avranno comunque la funzione di informazioni che arricchiscono e approfondiscono la trattazione.

Tema di argomento storico, Esame di Stato 2011.

Lo storico Eric J. Hobsbawm definisce *Secolo breve* gli anni che vanno dall'esplosione della prima guerra mondiale fino al collasso dell'URSS. A suo giudizio, "la struttura del Secolo breve appare come quella di un trittico o di un *sandwich* storico. A un'Età della catastrofe, che va dal 1914 sino ai postumi della seconda guerra mondiale, hanno fatto seguito una trentina d'anni di straordinaria crescita economica e di trasformazione sociale, che probabilmente hanno modificato la società umana più profondamente di qualunque altro periodo di analoga brevità. Guardando indietro, quegli anni possono essere considerati come una specie di Età dell'oro, e così furono visti non appena giunsero al termine all'inizio degli anni '70. L'ultima parte del secolo è stata una nuova epoca di decomposizione, di incertezza e di crisi – e addirittura, per larghe parti del mondo come l'Africa, l'ex URSS e le ex nazioni socialiste dell'Europa orientale, un'Età di catastrofe".
Il candidato valuti criticamente la periodizzazione proposta da Hobsbawm e si soffermi sugli eventi che a suo parere caratterizzano gli anni '70 del Novecento.

- L'enunciazione propone la **tesi** dello storico Eric J. Hobsbawm secondo cui il Novecento è articolato in tre fasi di cui una centrale di trasformazione e prosperità compressa fra le due estreme di crisi e decomposizione
- Le consegne chiedono un'**interpretazione** e un **giudizio** della tesi nonché una **riflessione personale** sugli anni '70 che avvalori la posizione espressa
- Il testo richiesto è di tipo **argomentativo** in quanto l'espressione "valuti criticamente" implica un'interpretazione dell'affermazione di Hobsbawm che diventerà la tesi dell'elaborato, da sostenere anche attraverso il riferimento a eventi significativi degli anni '70 (che vanno citati quali esemplificazioni più che ricostruiti).

3.3 Raccogliere e organizzare le idee per il tema di argomento storico

Nel caso del tema di argomento storico la raccolta delle idee parte da un'**attenta verifica delle conoscenze** di cui si dispone rispetto all'argomento proposto, conoscenze che derivano prima di tutto dal programma svolto in Storia, ma che possono anche essere integrate con informazioni desunte da altre discipline come Letteratura, Storia dell'arte, Filosofia, Diritto ecc. o da personali percorsi di ricerche, letture, spettacoli cinematografici o teatrali.

> La struttura del tema di argomento storico

Per **raccogliere e organizzare** più efficacemente le idee è utile ricordare che la trattazione di un argomento storico richiede normalmente le seguenti operazioni:
– stabilire le coordinate spazio-temporali (dove e quando si verifica il fenomeno)
– ricostruire il contesto (qual è lo sfondo di eventi/ problemi/ processi in cui si colloca)
– narrare/ descrivere il fenomeno (quali sono gli aspetti più significativi per illustrarlo)
– rintracciare eventuali rapporti causa-effetto e collegamenti (quali sono le cause del fenomeno; che conseguenze ha prodotto; con quali altri fenomeni/processi si può collegare)
– individuare e citare eventuali interpretazioni storiografiche (quali giudizi sono stati espressi dagli storici, se sono concordi o divergenti).

I punti elencati costituiscono la **struttura del testo**, che sarà articolata in:
– introduzione (presentazione del fenomeno con indicazione delle coordinate spazio-temporali e del contesto)
– illustrazione del fenomeno (narrazione degli eventi, descrizione degli aspetti del fenomeno, rapporti causa-effetto, eventuali collegamenti)
– eventuale argomentazione (citazione ed eventuale discussione di interpretazioni storiografiche)
– conclusione

Un esempio ...

Come esempio, applichiamo le indicazioni di cui s'è detto sulla traccia dell'Esame di Stato 2001.

Attraverso una serie di domande raccogliamo le idee e le organizziamo in uno schema che costituisce la **scaletta** dell'elaborato.

INTRODUZIONE	Inquadramento del fenomeno	Quando e dove si colloca il fenomeno? Quali sono gli aspetti del fenomeno proposto da analizzare? Qual è il contesto in cui si colloca?	Processo dell'emancipazione femminile nei Paesi occidentali nel corso del Novecento. Contesto delle società industriali avanzate, affermazione delle democrazie, incremento dell'istruzione, affermazione di una mentalità laica → presa di coscienza da parte delle donne del loro ruolo autonomo e dei loro diritti

CORPO CENTRALE	Illustrazione del processo nella realtà italiana	Qual è la specificità della situazione italiana? Quali ne sono le cause e le conseguenze? Quali sono i momenti di svolta e le tappe salienti dell'emancipazione femminile in Italia?	Ritardo dell'industrializzazione, persistenza della civiltà contadina, fascismo → ritardo nella presa di coscienza Momenti di svolta: la resistenza (partecipazione delle donne all'azione politica); il secondo dopoguerra (1946 diritto di voto alle donne); il '68 e le rivendicazioni femministe nell'ambito della morale, della famiglia e del lavoro; le battaglie del divorzio e dell'aborto; il nuovo diritto di famiglia; legge sulla violenza sessuale; presenza delle donne in politica (cariche istituzionali, "quote rosa", Dipartimento delle Pari opportunità)
	I documenti	Quali possono essere le espressioni culturali e di costume che documentano questo processo?	Film come *Vogliamo anche le rose* (2007), *Pane e tulipani*, *La finestra di fronte*, la vicenda di Franca Viola e il film di Damiani (*La sposa più bella*, 1970), il romanzo di Lara Cardella *Volevo i pantaloni* (1989) e il successivo film, le riviste femminili, canzoni come *Possiamo sempre*, *America* di Gianna Nannini, *Siamo donne* di Jo Squillo e Sabrina Salerno, *Le donne lo sanno* di Ligabue
Conclusione			

3.4 Le tracce ministeriali del tema di ordine generale: tipologie e analisi

La struttura della traccia

Le tracce del tema di ordine generale sono **tracce articolate,** come quelle del tema storico presentano l'argomento attraverso un'**enunciazione** e sono seguite da una frase che esplicita le **consegne**.

L'enunciazione può consistere nella
– presentazione di un fenomeno o un problema dell'attualità
– interpretazione (spesso attraverso una citazione) di un fenomeno o di un problema dell'attualità.

Nelle consegne ricorrono espressioni quali "esponi le tue considerazioni", "affronta criticamente", "discuti", "interpreta", "rifletti criticamente", "esprimi le tue opinioni". È necessario quindi conoscere l'argomento, disporre di informazioni per illustrarlo ed essere in grado di **prendere una posizione** rispetto alla questione proposta e di sostenerla con argomenti adeguati. Di conseguenza lo svolgimento richiesto è di **tipo argomentativo**, anche se prevede una **parte introduttiva di tipo espositivo** che inquadri la questione proposta.

> [Qualche esempio]
>
> Prendiamo come esempio il tema di ordine generale proposto nell'Esame di Stato 2007.

> «L'industrializzazione ha distrutto il villaggio, e l'uomo, che viveva in comunità, è diventato folla solitaria nelle megalopoli. La televisione ha ricostruito il "villaggio globale", ma non c'è il dialogo corale al quale tutti partecipavano nel borgo attorno al castello o alla pieve. Ed è cosa molto diversa guardare i fatti del mondo passivamente, o partecipare ai fatti della comunità.»
>
> G. Tamburrano, *Il cittadino e il potere*, in "In nome del Padre", Bari, 1983
>
> Discuti l'affermazione citata, precisando se, a tuo avviso, in essa possa ravvisarsi un senso di "nostalgia" per il passato o l'esigenza, diffusa nella società contemporanea, di intessere un dialogo meno formale con la comunità circostante.

- L'enunciazione consiste nell'**affermazione=tesi** dello storico Tamburrano secondo cui la società industriale avanzata ha distrutto i legami di dialogo e partecipazione reali con la comunità sostituendoli con rapporti solo apparenti
- Le consegne si articolano in due richieste: la **discussione** del significato più generale della tesi (l'allentamento dei legami interpersonali e della partecipazione alle vicende collettive nella società contemporanea) e la formulazione della **propria opinione** in merito a due possibili interpretazioni alternative della citazione (rimpianto del passato o esigenza diffusa di ricostruire vincoli realmente vissuti)
- Il tema richiesto è di **tipo argomentativo.**

Tema di ordine generale, Esame di Stato 2003

> Si dice da parte di alcuni esperti che la forza delle immagini attraverso cui oggi viene veicolata gran parte delle informazioni rischia, causa dell'impatto immediato e prevalentemente emozionale, tipico del messaggio visivo, di prendere il sopravvento sul contenuto concettuale del messaggio stesso e sulla riflessione critica del destinatario.
> Ma si dice anche, da parte opposta, che è proprio l'immagine favorire varie forme di apprendimento, rendendone più efficaci e duraturi i risultati.
> Discuti criticamente i due aspetti della questione proposta, avanzando le tue personali considerazioni.

- L'enunciazione propone due **interpretazioni opposte** degli effetti dell'informazione attuale incentrata prevalentemente sulle immagini
- Le consegne chiedono di **discutere** le due interpretazioni e di esporre la **propria opinione** in merito.
- Il tema richiesto è di **tipo argomentativo.**

Tema di ordine generale, Esame di Stato 2006

> Campagne e paesi d'Italia recano ancora le tracce di antichi mestieri che la produzione industriale non ha soppiantato del tutto e le botteghe artigiane continuano ad essere luoghi di saperi e di culture ai quali l'opinione pubblica guarda con rinnovato interesse. Contemporaneamente,

anche il mondo dell'artigiano è stato investito dalla innovazione tecnologica che ne sta modificando contorni e profilo.
Rifletti sulle caratteristiche dell'artigianato oggi e sull'importanza sociale, storica ed economica che esso ha avuto e che in prospettiva può avere per il nostro Paese.

- L'enunciazione in questo caso **descrive una situazione**: le caratteristiche del mondo dell'artigianato nel panorama produttivo italiano contemporaneo
- Le consegne richiedono una **presentazione** delle caratteristiche essenziali dell'artigianato contemporaneo e una **valutazione** del significato complessivo (storico-economico-sociale) dell'attività artigianale nel passato del nostro Paese e quello che potrà assumere nel futuro
- Il tema richiesto è di tipo **argomentativo**.

3.5 Raccogliere e organizzare le idee per il tema di ordine generale

Considerata la natura del tema di ordine generale, illustrata nel paragrafo precedente, per pianificarlo ci si deve attenere alle indicazioni relative alla costruzione del testo argomentativo. In particolare per questa fase si possono seguire le tappe illustrate per la pianificazione del saggio breve (cap. 4.1 p. 182), tenendo presenti le specificità della tipologia "tema" rispetto a quella del saggio breve. In particolare:
– di solito la traccia stessa enuncia una tesi di cui chiede una discussione critica
– rispetto alla tesi proposta è indispensabile definire la propria opinione. Questa costituisce la tesi dell'elaborato che può confermare o controbattere la tesi proposta (confutandola o sostenendo una tesi opposta)
– i contenuti dell'argomentazione dovranno essere desunti solo dalle conoscenze personali.

La prima operazione consiste nell'**individuare con chiarezza la tesi** che si intende sostenere nel proprio elaborato. Quindi si tratta di **interrogare la propria enciclopedia personale** con una serie di domande che, attraverso tecniche come le associazioni mentali, attivino le conoscenze utili alla trattazione. Questa prima raccolta di materiali va trascritta in una **lista di idee** che devono poi essere **selezionate e organizzate** tenendo presente la tipologia del testo richiesto che prevede:

La struttura del tema di argomento generale	– una breve **parte espositiva** che corrisponde all'introduzione e fornisce un inquadramento generale della questione trattata

– una più estesa **parte argomentativa** che costituisce il corpo centrale del tema e per la quale si può seguire il modello illustrato nel capitolo 4.1.

La **struttura del testo** risulta quindi articolata in tre parti:
– introduzione
– argomentazione
– conclusione.

Un esempio ...

Prendiamo come esempio la traccia proposta nell'Esame di Stato 2007. Attraverso una serie di domande si cercherà di definire la questione proposta, quindi di sviluppare la riflessione e di esprimere e motivare la propria opinione. Lo schema costituisce la scaletta dell'elaborato.

INTRODUZIONE	Inquadramento del fenomeno	Come viene presentato il fenomeno attraverso l'affermazione proposta? Quali sono i punti essenziali?	L'industrializzazione ha comportato l'urbanizzazione. Questa trasformazione ha distrutto la rete di rapporti reali delle antiche comunità compatte. La televisione, e l'informazione in generale, hanno ricostruito una "comunità" in cui i rapporti sono fittizi e apparenti. Non c'è reale partecipazione ma ricezione puramente passiva, solitudine e non dialogo.
CORPO CENTRALE	Riflessione sulla affermazione/ tesi proposta alla discussione	L'affermazione di Tamburrano presenta una situazione reale? Con quali esempi la posso illustrare?	Situazione reale, spesso descritta da sociologi, giornalisti ecc. Esempi: informazione estesa ma superficiale, subita passivamente; enorme massa di notizie in tempo reale di eventi che riguardano luoghi e società lontani; natura superficiale ed effimera di questa conoscenza; nello stesso tempo estraneità rispetto al tessuto sociale circostante; mancanza di momenti e luoghi di aggregazione; struttura delle città, lavoro, stili di vita che favoriscono l'individualismo e la dispersione.
	Opinione sull'interpretazione della tesi = tesi dell'elaborato	Quale delle due interpretazioni mi sembra più fondata? Con quale mi sento più in sintonia? Perché?	Il giudizio di Tamburrano: non nostalgica riproposizione del passato, ma appello a reagire a una situazione che provoca disagio e insoddisfazione.
CORPO CENTRALE	Argomenti	Con quali ragionamenti, esempi, illustrazioni ecc. posso sostenere la mia opinione?	– Utopistico riproporre la modalità del villaggio (le stesse parole *pieve*, *castello*, *borgo* rimandano a un mondo remoto e quasi idilliaco). – Il senso di solitudine e isolamento è diffuso (esempi nelle relazioni interpersonali, sul lavoro, dimensione politica). – Si tratta di trovare nuove forme di partecipazione (associazioni, gruppi di quartiere, iniziative sul territorio). Eventuali esperienze personali.
CONCLUSIONE			

4. Scrivere e rivedere il tema

Le indicazioni per la stesura e la revisione del tema non sono molto diverse da quelle fornite per le altre tipologie di prove. Per quanto riguarda una corretta formulazione delle parti argomentative o espositive si rimanda pertanto a quanto illustrato nei paragrafi relativi alla stesura del saggio breve e dell'articolo. Analogamente, i consigli dati in quella sede per la revisione definitiva del testo sono validi anche per il tema.

In particolare si ricorda che per il tema:
– è consigliabile adottare un **registro formale**
– soprattutto nel tema di argomento storico è necessario curare la proprietà lessicale con un attento ricorso al **linguaggio settoriale**
– sul piano sintattico è consigliabile **alternare paratassi e ipotassi**, rispettivamente per la parti espositive e per quelle argomentative
– non è richiesta la formulazione del titolo.

Le tipologie C e D
Esercizi livello 1

Esercizi comuni per tutte le classi

Cominciamo a esercitarci su alcune tracce di Tipologia D (tema di ordine generale) che possono essere affrontate da qualsiasi classe. In ciascun esercizio completa la tabella come negli esempi a p. 247 e indica la tipologia testuale richiesta.

1. Tipologia D - Tema di ordine generale. Esame di Stato, 2014

Traccia	Tipologia	Parole che definiscono gli aspetti	Parole che esplicitano le consegne
«Siamo un Paese straordinario e bellissimo, ma allo stesso tempo molto fragile. È fragile il paesaggio e sono fragili le città, in particolare le periferie dove nessuno ha speso tempo e denaro per far manutenzione. Ma sono proprio le periferie la città del futuro, quella dove si concentra l'energia umana e quella che lasceremo in eredità ai nostri figli. C'è bisogno di una gigantesca opera di rammendo e ci vogliono delle idee. [...] Le periferie sono la città del futuro, non fotogeniche d'accordo, anzi spesso un deserto o un dormitorio, ma ricche di umanità e quindi il destino delle città sono le periferie. [...] Spesso alla parola "periferia" si associa il termine degrado. Mi chiedo: questo vogliamo lasciare in eredità? Le periferie sono la grande scommessa urbana dei prossimi decenni. Diventeranno o no pezzi di città?» Renzo Piano, *Il rammendo delle periferie*, "Il Sole 24 ORE" del 26 gennaio 2014 Rifletti criticamente su questa posizione di Renzo Piano, articolando in modo motivato le tue considerazioni e convinzioni al riguardo.			

Tipologia testuale richiesta: ....

2. Tipologia D - Tema di ordine generale. Esame di Stato, 2008

Traccia	Tipologia	Parole che definiscono gli aspetti	Parole che esplicitano le consegne
Comunicare le emozioni: un tempo per farlo si scriveva una lettera, oggi un *sms* o una *e-mail*. Così idee e sentimenti viaggiano attraverso abbreviazioni e acronimi, in maniera veloce e funzionale. Non è possibile definire questo cambiamento in termini qualitativi, si può però prendere atto della differenza delle modalità di impatto che questa nuova forma di comunicazione ha sulle relazioni tra gli uomini: quanto quella di ieri era una comunicazione anche fisica, fatta di scrittura, odori, impronte e attesa, tanto quella di oggi è incorporea, impersonale e immediata. Discuti la questione proposta, illustrandone, sulla base delle tue conoscenze ed esperienze personali, gli aspetti che ritieni più significativi.			

Tipologia testuale richiesta: ....

3. Tipologia D - Tema di ordine generale. Esame di Stato, 2004

Traccia	Tipologia	Parole che definiscono gli aspetti	Parole che esplicitano le consegne
Il principio della legalità, valore universalmente condiviso, è spesso oggetto di violazioni che generano disagio sociale e inquietudine soprattutto nei giovani. Sviluppa l'argomento, discutendo sulle forme in cui i vari organismi sociali possono promuovere la cultura della legalità, per formare cittadini consapevoli e aiutare i giovani a scegliere un percorso di vita ispirato ai valori della solidarietà e della giustizia.			

Tipologia testuale richiesta: ....

4. Tipologia D - Tema di ordine generale, Esame di Stato, 2004

Traccia	Tipologia	Parole che definiscono gli aspetti	Parole che esplicitano le consegne
Si dice da parte di alcuni esperti che la forza delle immagini attraverso cui oggi viene veicolata gran parte delle informazioni rischia, a causa dell'impatto immediato e prevalentemente emozionale, tipico del messaggio visivo, di prendere il sopravvento sul contenuto concettuale del messaggio stesso e sulla riflessione critica del destinatario. Ma si dice anche, da parte opposta, che è proprio l'immagine a favorire varie forme di apprendimento, rendendone più efficaci e duraturi i risultati. Discuti criticamente i due aspetti della questione proposta, avanzando le tue personali considerazioni.			

Tipologia testuale richiesta: ....

5. Tipologia D - Tema di ordine generale. Esame di Stato, 2000

Traccia	Tipologia	Parole che definiscono gli aspetti	Parole che esplicitano le consegne
Giovanni Verga, in una famosa novella dal titolo *Rosso Malpelo*, compresa nella raccolta "Vita dei Campi" pubblicata nel 1880, racconta di due ragazzini che lavorano in condizioni disumane in una miniera. Le cronache odierne mostrano continuamente minori in luoghi di guerra, di fame, di disperazione o utilizzati in lavori faticosi e sottoposti a inaudite crudeltà, nonostante gli appelli e gli interventi delle organizzazioni umanitarie che tentano di arginare questa tragedia. Inquadra il problema ed esponi le tue considerazioni in proposito.			

Tipologia testuale richiesta: ....

6. Tipologia D - Tema di ordine generale, Esame di Stato, 1999

Traccia	Tipologia	Parole che definiscono gli aspetti	Parole che esplicitano le consegne
Numerosi bisogni della società trovano oggi una risposta adeguata grazie all'impegno civile e al volontariato di persone, in particolare di giovani, che, individualmente o in forma associata e cooperativa, realizzano interventi integrativi o compensativi di quelli adottati da Enti istituzionali. Quali, secondo te, le origini e le motivazioni profonde di tali comportamenti? Affronta la questione con considerazioni suggerite dal tuo percorso di studi e dalle tue personali esperienze.			

Tipologia testuale richiesta: ....

Esercizi differenziati per classe

Lo stesso esercizio viene ora proposto per le tracce della Tipologia C – Tema di argomento storico. Poiché in questo caso l'argomento è relativo al programma svolto, le tracce sono differenziate per classe. Quelle indirizzate alla classe V sono tratte dalle prove ministeriali.

Classe terza

1. Tipologia C - Tema di argomento storico

Traccia	Tipologia	Parole che definiscono gli aspetti	Parole che esplicitano le consegne
Una celebre espressione dello storico Johan Huizinga definisce il periodo tra Tre e Quattrocento come "l'autunno del Medioevo". Spiega questa espressione, individuando e illustrando i fattori storici che la giustificano.			

Tipologia testuale richiesta: ....

2. Tipologia C - Tema di argomento storico

Traccia	Tipologia	Parole che definiscono gli aspetti	Parole che esplicitano le consegne
Individua e illustra i fattori spirituali, ma anche politici e sociali, che possono spiegare la diffusione della Riforma protestante nell'Europa del Cinquecento.			

Tipologia testuale richiesta: ....

3. Tipologia C - Tema di argomento storico

Traccia	Tipologia	Parole che definiscono gli aspetti	Parole che esplicitano le consegne
Fattori di splendore e di floridezza ed elementi di crisi nell'Italia del Rinascimento.			

Tipologia testuale richiesta: ....

4. Tipologia C - Tema di argomento storico

Traccia	Tipologia	Parole che definiscono gli aspetti	Parole che esplicitano le consegne
Assolutismo e antiassolutismo: illustra e confronta i due modelli politici facendo riferimento alla Francia e all'Inghilterra del XVII secolo.			

Tipologia testuale richiesta: ....

Classe quarta

1. Tipologia C - Tema di argomento storico

Traccia	Tipologia	Parole che definiscono gli aspetti	Parole che esplicitano le consegne
La lunga marcia dei diritti: illustra come il dibattito teorico e le vicende politiche del XVIII secolo abbiano dato uno straordinario contributo all'affermazione dei diritti civili e politici e quali invece siano rimasti ancora ignorati.			

Tipologia testuale richiesta: ....

2. Tipologia C - Tema di argomento storico

Traccia	Tipologia	Parole che definiscono gli aspetti	Parole che esplicitano le consegne
Per la sua complessità la rivoluzione francese è stata ed è soggetta a diverse e anche opposte interpretazioni storiografiche, tra cui quella di rivoluzione borghese. Illustra tale giudizio.			

Tipologia testuale richiesta: ....

3. Tipologia C - Tema di argomento storico

Traccia	Tipologia	Parole che definiscono gli aspetti	Parole che esplicitano le consegne
Illustra e confronta i principali orientamenti dei governi della Destra e della Sinistra Storica di fronte ai problemi dell'Italia postunitaria.			

Tipologia testuale richiesta: ....

4. Tipologia C - Tema di argomento storico

Traccia	Tipologia	Parole che definiscono gli aspetti	Parole che esplicitano le consegne
"Il nazionalismo veniva sempre più presentato come una dottrina in cui credere senza porsi interrogativi; si creò una sorta di "vortice di nazionalizzazione" così potente da risucchiare al suo interno tutte le classi sociali." Discuti questo giudizio dello storico Hans-Ulrich Wehler alla luce delle trasformazioni economico-sociali, istituzionali e politiche dell'Europa di fine Ottocento.			

Tipologia testuale richiesta: ……………………………………………………………

Classe quinta

1. Tipologia C - Tema di argomento storico (Esame di Stato, 2008)

Traccia	Tipologia	Parole che definiscono gli aspetti	Parole che esplicitano le consegne
Cittadinanza femminile e condizione della donna nel divenire dell'Italia del Novecento. Illustra i più significativi mutamenti intervenuti nella condizione femminile sotto i diversi profili (giuridico, economico, sociale, culturale) e spiegane le cause e le conseguenze. Puoi anche riferirti, se lo ritieni, a figure femminili di particolare rilievo nella vita culturale e sociale del nostro Paese.			

Tipologia testuale richiesta: ……………………………………………………………

2. Tipologia C – Tema di argomento storico (Esame di Stato, 2004)

Traccia	Tipologia	Parole che definiscono gli aspetti	Parole che esplicitano le consegne
I due volti del Novecento. Da un lato esso è secolo di grandi conquiste civili, economiche, sociali, scientifiche, tecniche; dall'altro è secolo di grandi tragedie storiche. Rifletti su tale ambivalenza del ventesimo secolo, illustrandone i fatti più significativi.			

Tipologia testuale richiesta: ……………………………………………………………………

3. Tipologia C – Tema di argomento storico (Esame di Stato, 1999)

Traccia	Tipologia	Parole che definiscono gli aspetti	Parole che esplicitano le consegne
Mentre in Italia e in Germania la democrazia non riuscì a sopravvivere ai traumi sociali ed economici del primo dopoguerra, lasciandosi sopraffare da regimi totalitari, in Francia e in Inghilterra, pur in presenza di instabilità politica e di una profonda crisi istituzionale, le forze democratiche seppero resistere ad ogni tendenza autoritaria. Sviluppa l'argomento, illustrando le ragioni di comportamenti e risultati così differenti.			

Tipologia testuale richiesta: ……………………………………………………………………

4. Tipologia C – Tema di argomento storico (Esame di Stato, 2000)

Traccia	Tipologia	Parole che definiscono gli aspetti	Parole che esplicitano le consegne
Tra gli eventi tragici del XX secolo emerge in particolare l'Olocausto degli Ebrei. Spiegane le possibili cause, ripercorrendone le fasi e gli eventi, ricordandone gli esiti e aggiungendo riflessioni personali, scaturite dall'eventuale racconto di testimoni, da letture, da film o documentari.			

Tipologia testuale richiesta: ……………………………………………………………………

Le tipologie C e D
Esercizi livello 2

Raccogliere e organizzare le idee

Tipologia C – Tema di argomento storico

Per ciascuna delle tracce analizzate, ti proponiamo ora una "lista di idee" in forma ancora schematica e disordinata. Esprimi le idee suggerite in forma compiuta, quindi organizzale in una scaletta distribuendole opportunamente nelle parti costitutive dell'elaborato (introduzione, corpo centrale, conclusione) seguendo l'esempio proposto e p. 251.

Sulla lista delle idee puoi operare, a seconda dei casi, una selezione – eliminando quelle che ritieni sovrabbondanti – o una integrazione con altre che ti sembrano utili a svolgere la tua trattazione.

Classe terza

1. Una celebre espressione dello storico Johan Huizinga definisce il periodo fra Tre e Quattrocento come "l'autunno del Medioevo". Spiega questa espressione, individuando e illustrando i fattori storici che la giustificano.

Lista di idee

– Crisi dell'universalismo (papato e impero), grande crisi economica, guerra dei Cent'Anni (aspetti militari e politici), la grande peste, affermazione di nuove entità statali: monarchie nazionali, affermazione signorie/principati in Italia, trasformazioni economico-sociali, decremento demografico, innovazioni tecnologiche

La scaletta

	introduzione
Coordinate spazio-temporali Contesto	
	corpo centrale
Illustrazione dei più significativi aspetti del fenomeno	
Fattori che segnano il tramonto del Medioevo	
	conclusione

2. Individua e illustra i fattori spirituali, ma anche politici e sociali, che possono spiegare la diffusione della Riforma protestante nell'Europa del Cinquecento.

Lista di idee

– *Devotio moderna*, mondanizzazione della Chiesa e aspirazioni a una sua riforma, *imititatio Christi*, mancata applicazione del conciliarismo (Concili di Costanza e Basilea), Stato della Chiesa simile a una qualsiasi altra signoria temporale, appello all'originario messaggio evangelico, Umanesimo evangelico, filologia e nuovo approccio ai testi, anche sacri, polemica contro la predicazione delle indulgenze

– ruolo del Papato in relazione alle aspirazioni assolutistiche delle monarchie (es Inghilterra), insofferenza per le ingerenze della Chiesa e per la rapacità di molti suoi esponenti (es Impero: reazione alla campagna straordinaria di indulgenze del 1515), tensioni tra principi tedeschi e potere imperiale (es. Federico di Sassonia); rivendicazioni sociali (rivolta dei cavalieri e rivolta dei contadini)

La scaletta

introduzione	
Coordinate spazio-temporali Contesto	
corpo centrale	
Illustrazione dei più significativi aspetti del fenomeno	
Fattori spirituali esempi Fattori politici e sociali esempi	
conclusione	

3. Fattori di splendore e di floridezza ed elementi di crisi nell'Italia del Rinascimento.

Lista di idee

– Civiltà delle corti, splendore artistico e culturale, fase economica espansiva, vivacità commerciale e finanziaria, frantumazione politica, debolezza degli Stati regionali, equilibrio instabile, morte di Lorenzo il Magnifico, crisi pace di Lodi, rivalità tra gli Stati regionali, disparità rispetto alle monarchie nazionali, inferiorità militare, eserciti mercenari, spedizione Carlo VIII, guerre d'Italia, crisi dell'"indipendenza" della penisola

La scaletta

Introduzione	
Coordinate spazio-temporali Contesto	
corpo centrale	
Illustrazione dei più significativi aspetti del fenomeno: – elementi di floridezza – elementi di crisi	
conclusione	

---

4. Assolutismo e antiassolutismo: illustra e confronta i due modelli politici facendo riferimento alla Francia e all'Inghilterra del XVII secolo.

Lista di idee

– Definizione delle due forme di governo, monarchia per diritto divino, istituzione intendenti, costituzionalismo, contrattualismo, diritti naturali, tolleranza religiosa, sistema rappresentativo, repressione minoranze religiose, gallicanesimo, episcopalismo, politica religiosa, colbertismo, estensione *ship money*, abolizione piazze di sicurezza, Fronde, Parlamento, *no taxation without representation*

La scaletta

Introduzione	
Coordinate spazio-temporali Contesto	
Corpo centrale	
Illustrazione dei più significativi aspetti del fenomeno – definizioni – caratteri	
Confronto – amministrazione – sistema fiscale – politica religiosa – politica economica	
Conclusione	

Classe quarta

1. La lunga marcia dei diritti: illustra come il dibattito teorico e le vicende politiche del XVIII secolo abbiano dato uno straordinario contributo all'affermazione dei diritti civili e politici e quali invece siano rimasti ancora ignorati.

Lista di idee

– Rivoluzioni (americana, francese), Illuminismo, costituzionalismo e separazione dei poteri (Locke e Montesquieu), diritti naturali e diritto positivo, uguaglianza giuridica, Rousseau (uguaglianza e democrazia), diritto di resistenza, tolleranza religiosa, laicità, sistemi politici rappresentativi, liberismo, categorie di diritti (sociali, politici, civili)

– emancipazione degli Ebrei, abolizione vincoli feudali, libero accesso alle cariche pubbliche, allargamento diritto di voto (suffragio censitario / suffragio universale), i cinque emendamenti alla Costituzione americana

– esclusione delle donne, diritto di voto ristretto, ruolo subalterno delle donne, schiavitù, diritti sociali (istruzione, salute, lavoro ecc.)

La scaletta

introduzione	
Coordinate spazio-temporali Contesto	
corpo centrale	
Illustrazione dei più significativi aspetti del fenomeno dibattito teorico eventi storici	
Esempi di diritti riconosciuti politici civili Esempi di diritti non riconosciuti politici civili sociali	
conclusione	

2. Per la sua complessità la rivoluzione francese è stata ed è soggetta a diverse e anche opposte interpretazioni storiografiche, tra cui quella di rivoluzione borghese. Illustra tale giudizio.

Lista di idee

– Abolizione sistema feudale, Sieyès e il "terzo Stato", sistema di voto "per testa", costituzionalismo, uguaglianza giuridica (accesso alle cariche pubbliche), abolizione privilegi aristocrazia, Dichiarazione dei diritti dell'uomo e del cittadino, libertà di impresa, misure liberiste, confisca e alienazione dei beni ecclesiastici, centralità del principio di libertà, affermazione del capitalismo, diritto di voto ristretto, conquiste della fase monarchico-costituzionale, stabilizzazione nel Direttorio, i rapporti con i ceti popolari, i rapporti con i contadini

La scaletta

introduzione	
Inquadramento del fenomeno: varietà delle interpretazioni	
corpo centrale	
Illustrazione dei più significativi aspetti del fenomeno: conquiste "borghesi" ruolo egemone della borghesia	
conclusione	

3. Illustra e confronta i principali orientamenti dei governi della Destra e della Sinistra Storica di fronte ai problemi dell'Italia postunitaria.

Lista di idee

– Completamento unità; "questione sociale"; squilibrio economico all'interno del nuovo regno; creazione infrastrutture; accentramento o decentramento; ritardo dello sviluppo economico e strategie per favorire la crescita; politica estera; politica fiscale; composizione sociale e origine geografica dei due schieramenti; punti di riferimento ideologici; rapporti con la tradizione risorgimentale

– Esempi delle diverse scelte (questione romana; terza guerra di indipendenza; tassa sul macinato e sua abolizione; allargamento del suffragio; decentramento; riforma scolastica; liberismo e protezionismo; Triplice Alleanza e colonialismo; intervento dello Stato in economia; vocazione agricola o industriale dell'Italia)

La scaletta

introduzione	
Coordinate spazio-temporali Contesto	
corpo centrale	
Illustrazione dei più significativi aspetti del fenomeno	

confronto orientamento politico-ideologico scelte rispetto ad alcuni dei problemi più rilevanti	
conclusione	

4. "Il nazionalismo veniva sempre più presentato come una dottrina in cui credere senza porsi interrogativi; si creò una sorta di "vortice di nazionalizzazione" così potente da risucchiare al suo interno tutte le classi sociali." Discuti questo giudizio dello storico Hans-Ulrich Wehler alla luce delle trasformazioni economico-sociali, istituzionali e politiche dell'Europa di fine Ottocento.

Lista di idee

– Nazionalismo (definizione); differenza con idea di nazione risorgimentale; nazione *etnos* e nazione *demos*; protezionismo; crisi economica degli anni '70; capitalismo monopolistico; colonialismo e imperialismo; politica di potenza; ingresso delle masse nella vita civile e politica; crescita del proletariato e nascita dei partiti socialisti; crescenti tensioni internazionali; militarismo e politiche di riarmo; allargamento del suffragio; società di massa e ricerca del consenso

La scaletta

introduzione	
Coordinate spazio-temporali Contesto	
corpo centrale	
Illustrazione dei più significativi aspetti del fenomeno	
Riflessione sulla tesi proposta (esprimi un'opinione fondandoti sugli aspetti illustrati e ricorrendo a eventuali interpretazioni storiografiche conosciute)	
conclusione	

Classe quinta

1. Cittadinanza femminile e condizione della donna nel divenire dell'Italia del Novecento. Illustra i più significativi mutamenti intervenuti nella condizione femminile sotto i diversi profili (giuridico, economico, sociale, culturale) e spiegane le cause e le conseguenze. Puoi anche riferirti, se lo ritieni, a figure femminili di particolare rilievo nella vita culturale e sociale del nostro Paese.

Lista di idee

– incremento dell'istruzione, industrializzazione e "boom" economico, diritto di voto, diritti sanciti dalla Costituzione, nuovo diritto di famiglia, ingresso nel mondo del lavoro, leggi di tutela della maternità, sviluppo dei servizi a sostegno delle donne lavoratrici (consultori, asili), battaglie e legge per la parità sul lavoro, superamento del modello di famiglia patriarcale, affermazione di una moralità laica, battaglie e leggi sul divorzio e sull'aborto, rivoluzione dei costumi (il sessantotto), cambiamento della fisionomia della famiglia e dei suoi rapporti interni

– Figure: da Maria Montessori a Rita Levi Montalcini, da Sibilla Aleramo a Margherita Haack alle poetesse Alda Merini o Antonia Pozzi.

La scaletta

introduzione	
Coordinate spazio-temporali Contesto	
corpo centrale	
Illustrazione dei più significativi aspetti del processo (distingui gli ambiti; individua cause e conseguenze)	
Esempi	
conclusione	

2. Tra gli eventi tragici del XX secolo emerge in particolare l'Olocausto degli Ebrei. Spiegane le possibili cause, ripercorrendone le fasi e gli eventi, ricordandone gli esiti e aggiungendo riflessioni personali, scaturite dall'eventuale racconto di testimoni, da letture, da film o documentari.

Lista di idee

– radici remote dell'antisemitismo, teorie razziste, leggi di Norimberga e notte dei cristalli, teoria dello "spazio vitale", grave crisi economica della Germania nel primo dopoguerra, nazionalismo, esaltazione del Volk e della purezza ariana, il *Mein Kampf* di

Hitler, la conferenza di Wannsee, la rivolta del ghetto di Varsavia, i campi di sterminio e la "soluzione finale", i dati sullo sterminio

– il processo di Norimberga, il processo Eichmann, le tesi di Hannah Arendt, *Se questo è un uomo* di Primo Levi, *Schindler's list*, altri film/romanzi

La scaletta

	introduzione
Coordinate spazio-temporali Contesto	
	corpo centrale
Illustrazione dei più significativi aspetti del fenomeno (distingui cause, fasi, esiti)	
Riflessione ispirata a letture, film, testimonianze ecc.	
	conclusione

3. I due volti del Novecento. Da un lato è secolo di grandi conquiste civili, economiche, sociali, scientifiche, tecniche; dall'altro è secolo di grandi tragedie storiche. Rifletti su tale ambivalenza del XX secolo, illustrandone i fatti più significativi.

Lista di idee

– Le conquiste: sviluppo della medicina, estensione dell'istruzione, ampliamento dei diritti, misure a favore dell'equità sociale, nascita e sviluppo di nuove scienze, nascita dell'Europa unita (dal MEC-CECA alla UE), sviluppo della tecnologia, miglioramento del tenore di vita, emancipazione femminile, affermazione delle democrazie nella seconda metà del secolo, diffusione del welfare, sensibilità per le problematiche ambientali

– Le "tragedie storiche": le due guerre mondiali, i totalitarismi e altre forme di dittatura, la shoah, altri genocidi, i gulag, il terrorismo, l'esplosione di guerre "locali"

– Il Novecento: secolo di profonde trasformazioni; cambiamenti forse mai così radicali e rapidi; trasformazioni spesso di segno opposto; contraddizioni anche negli ambiti maggiormente investiti dal progresso (sviluppo economico diseguale, problemi relativi ad applicazioni tecnologiche e scientifiche, deficit democratici); alcuni fenomeni potenzialmente positivi hanno aperto nuovi ardui problemi e nuovi fronti di crisi

La scaletta

	introduzione
Coordinate spazio-temporali Contesto	

corpo centrale	
Illustrazione dei più significativi aspetti del fenomeno (seleziona quelli su cui ritieni più opportuno soffermarti)	
Riflessione (con eventuali citazioni)	
conclusione	

4. Mentre in Italia e in Germania la democrazia non riuscì a sopravvivere ai traumi sociali ed economici del primo dopoguerra, lasciandosi sopraffare da regimi totalitari, in Francia e in Inghilterra, pur in presenza di instabilità politica e di una profonda crisi istituzionale, le forze democratiche seppero resistere ad ogni tendenza autoritaria. Sviluppa l'argomento, illustrando le ragioni di comportamenti e risultati così differenti.

Lista di idee

– Difficoltà in tutti i Paesi nel primo dopoguerra; in Germania e in Italia crisi più grave, debolezza delle istituzioni, estremismo politico; in particolare in Germania "umiliazione" di Versailles, rivoluzione spartachista, gravità della crisi economica, effetti della crisi del '29; in Italia mito della "vittoria mutilata", divisione nel Partito Socialista e scissione con la fondazione del PCI, debolezza dei governi liberali, connivenza del capitalismo soprattutto agrario con i movimenti antidemocratici; in Francia e Inghilterra solidità delle istituzioni parlamentari, alleanza fra liberali e democratici, politiche economiche di sostegno ai ceti più deboli

La scaletta

introduzione	
Coordinate spazio-temporali Contesto	
corpo centrale	
Illustrazione dei più significativi aspetti del fenomeno (distingui gli ambiti e considerali in parallelo liberal-democrazie regimi totalitari)	
Confronto (seleziona alcuni aspetti che ritieni più significativi)	
conclusione	

Tipologia D - Tema di ordine generale

Esercizi comuni per tutte le classi

Per ciascuna delle tracce analizzate, ti proponiamo ora una "lista di idee" in forma ancora schematica e disordinata. In questo caso per prima cosa dovrai formulare la tesi che intendi sostenere rispetto alla questione proposta. Quindi dovrai selezionare, tra quelle suggerite, le idee utili a presentare il fenomeno e quelle con cui costruire la tua argomentazione. Esprimi le idee selezionate in forma compiuta, quindi organizzale in una scaletta distribuendole opportunamente nelle parti costitutive dell'elaborato (introduzione, argomentazione, conclusione) seguendo l'esempio che trovi a p. 254.

---

1. "Siamo un Paese straordinario e bellissimo, ma allo stesso tempo molto fragile. È fragile il paesaggio e sono fragili le città, in particolare le periferie dove nessuno ha speso tempo e denaro per far manutenzione. Ma sono proprio le periferie la città del futuro, quella dove si concentra l'energia umana e quella che lasceremo in eredità ai nostri figli. C'è bisogno di una gigantesca opera di rammendo e ci vogliono delle idee. [...] Le periferie sono la città del futuro, non fotogeniche d'accordo, anzi spesso un deserto o un dormitorio, ma ricche di umanità e quindi il destino delle città sono le periferie. [...] Spesso alla parola "periferia" si associa il termine degrado. Mi chiedo: questo vogliamo lasciare in eredità? Le periferie sono la grande scommessa urbana dei prossimi decenni. Diventeranno o no pezzi di città?»

Renzo Piano, *Il rammendo delle periferie*, "Il Sole 24 ORE" del 26 gennaio 2014

Rifletti criticamente su questa posizione di Renzo Piano, articolando in modo motivato le tue considerazioni e convinzioni al riguardo.

Lista di idee

Rammendo→tessuto sociale e produttivo; periferie = sede energie umane, città del futuro: significato; urbanizzazione e industrializzazione, periferie e grandi fabbriche, crisi industria, ulteriore degrado periferie, approdo immigrazione; disoccupazione, assenza identità, valore educativo della bellezza, assenza poli d'aggregazione, "non luoghi", recupero aree industriali dismesse, trasferimenti in periferia di poli altamente qualificati (cittadelle della scienza, della medicina, università), riqualificazione architettonica e urbanistica, sfida del dopo Expo

La scaletta

introduzione	
Presentazione della questione	
corpo centrale	
Tesi (condizione e destino delle periferie)	
Argomentazione	Argomento 1 Argomento 2 Argomento 3 Obiezione Confutazione
conclusione	

2. Comunicare le emozioni: un tempo per farlo si scriveva una lettera, oggi un *sms* o una *e-mail*. Così idee e sentimenti viaggiano attraverso abbreviazioni e acronimi, in maniera veloce e funzionale. Non è possibile definire questo cambiamento in termini qualitativi, si può però prendere atto della differenza delle modalità di impatto che questa nuova forma di comunicazione ha sulle relazioni tra gli uomini: quanto quella di ieri era una comunicazione anche fisica, fatta di scrittura, odori, impronte e attesa, tanto quella di oggi è incorporea, impersonale e immediata.

Discuti la questione proposta, illustrandone, sulla base delle tue conoscenze ed esperienze personali, gli aspetti che ritieni più significativi.

Lista di idee

Comunicazione incorporea, impersonale, immediata: illustrare la comunicazione elettronica non lascia impronte, no tracce personali da conservare, minaccia alla memoria, efficacia pragmatica e utilitaria, deficit di senso a livello emotivo e affettivo, rischio di comunicazione frettolosa e superficiale, impazienza, compromette l'analisi e l'approfondimento; contenuti da affidare a questa forma di comunicazione, diversificare le forme in relazione agli scopi; definitivo tramonto della lettera tradizionale, differenza tra sms ed e-mail, elementi comuni, facilità e frequenza dei contatti

La scaletta

introduzione	
Presentazione della questione	
corpo centrale	
Tesi (esaminare e valutare le modalità di impatto delle nuove forme di comunicazione)	

Argomentazione	Argomento 1
	Argomento 2
	Argomento 3
	Obiezione
	Confutazione
conclusione	

3. Il principio della legalità, valore universalmente condiviso, è spesso oggetto di violazioni che generano disagio sociale e inquietudine soprattutto nei giovani. Sviluppa l'argomento, discutendo sulle forme in cui i vari organismi sociali possono promuovere la cultura della legalità, per formare cittadini consapevoli e aiutare i giovani a scegliere un percorso di vita ispirato ai valori della solidarietà e della giustizia.

Lista di idee

Violazioni diffuse, esempi di corruzione, sfiducia nelle istituzioni, smarrimento e mancanza punti di riferimento, esempi e modelli di difesa della legalità, piccole forme di illegalità, ruolo della scuola (citazione Borsellino), ruolo della famiglia, importanza dell'educazione (educazione civica e Costituzione), valore formativo di iniziative di impegno civile, pratica quotidiana di rispetto delle leggi, senso civico, senso dello Stato, bene comune, ruolo fondamentale di storie e le figure per comprendere la realtà e per promuovere valori di legalità e giustizia, priorità della formazione dei giovani, associazioni come *Libera*, *Fondazione Borsellino* ecc. e loro iniziative (informazione, attività, proposte didattiche), cultura strumento fondamentale, pericoli: indifferenza, rassegnazione, senso di impotenza, etica civile, istituzioni e iniziative dal basso, senso di appartenenza

La scaletta

introduzione	
Presentazione della questione	
corpo centrale	
Tesi (individuare le forme in cui i vari organismi sociali possono promuovere la cultura della legalità)	
Argomentazione	Argomento 1
	Argomento 2
	Argomento 3
	...
conclusione	

4. Giovanni Verga, in una famosa novella dal titolo *Rosso Malpelo*, compresa nella raccolta "Vita dei Campi" pubblicata nel 1880, racconta di due ragazzini che lavorano in condizioni disumane in una miniera. Le cronache odierne mostrano continuamente minori in luoghi di guerra, di fame, di disperazione o utilizzati in lavori faticosi e sottoposti a inaudite crudeltà, nonostante gli appelli e gli interventi delle organizzazioni umanitarie che tentano di arginare questa tragedia. Inquadra il problema ed esponi le tue considerazioni in proposito.

Lista di idee

Lavoro minorile nella prima rivoluzione industriale, situazione attuale, dati, aree di maggior impiego del lavoro minorile, rapporti con forme di governo e livelli di democrazia, settori di impiego, esposizione a pericoli e a danni permanenti, sottrazione al diritto all'istruzione, sfruttamento "invisibile" nel lavoro familiare e domestico, casi estremi dei bambini-soldato e dello sfruttamento sessuale, violazione diritti umani, Dichiarazione dei diritti del fanciullo (1959/1989 ONU), iniziative di associazioni (es. Unicef, Save the Children), quadro giuridico in Italia: diritti costituzionali, leggi sul lavoro minorile, direttiva europea, presenza fenomeno in Italia

La scaletta

introduzione	
Presentazione della questione	
corpo centrale	
Tesi (considerazioni sul fenomeno)	
Argomentazione	Argomento 1 Argomento 2 Argomento 3
conclusione	

5. Si dice da parte di alcuni esperti che la forza delle immagini attraverso cui oggi viene veicolata gran parte delle informazioni rischia, a causa dell'impatto immediato e prevalentemente emozionale tipico del messaggio visivo, di prendere il sopravvento sul contenuto concettuale del messaggio stesso e sulla riflessione critica del destinatario.
Ma si dice anche, da parte opposta, che è proprio l'immagine a favorire varie forme di apprendimento, rendendone più efficaci e duraturi i risultati.
Discuti criticamente i due aspetti della questione proposta, avanzando le tue personali considerazioni.

Lista di idee

Centralità dell'immagine nella comunicazione attuale (pubblicità, televisione, internet); uso dell'immagine nell'apprendimento (uso tradizionale: fotografie, illustrazioni, cartine, ecc. nei libri di testo; uso innovativo: nuove tecnologie e multimedialità); carattere persuasivo dell'immagine, non favorisce la riflessione e il ragionamento, carica emozionale, rapidità dell'immagine (quantità di informazione, superficialità di informazione), immagine = linguaggio universale; eccesso di immagini, rischio di assuefazione, scarsa concentrazione del destinatario; forza icastica, chiarezza e univocità del messaggio, messaggio implicito e subliminale, immagini per informare e immagini per persuadere, efficacia comunicativa come visualizzazione di concetti, uso spregiudicato; insostituibilità dell'immagine, immagine adatta per messaggi elementari, anche i messaggi verbali possono puntare su emotività e irrazionalità, responsabilità nell'uso delle due forme di comunicazione, diversa efficacia a seconda degli scopi

La scaletta

introduzione	
Presentazione della questione	
corpo centrale	
Tesi (valutare gli effetti delle due forme di comunicazione)	
Argomentazione	Argomento 1 Argomento 2 Argomento 3 Obiezione Confutazione
conclusione	

6. Numerosi bisogni della società trovano oggi una risposta adeguata grazie all'impegno civile e al volontariato di persone, in particolare di giovani, che, individualmente o in forma associata e cooperativa, realizzano interventi integrativi o compensativi di quelli adottati da Enti istituzionali. Quali, secondo te, le origini e le motivazioni profonde di tali comportamenti? Affronta la questione con considerazioni suggerite dal tuo percorso di studi e dalle tue personali esperienze.

Lista di idee

Etica della solidarietà, superamento individualismo, socialità; definizione, ambiti di azione del volontariato, principio della sussidiarietà; forme di aggregazione, origine storica religiosa ma evoluzione anche in senso laico e aconfessionale; cittadinanza attiva, etica della gratuità, relazione fra persone, scelta individuale ma con ricadute sulla società; Costituzione e inquadramento giuridico, rapporti con istituzioni *no profit* (Onlus, ONG), le confraternite medievali, istituzioni più recenti, sviluppo nell'ultimo cinquantennio; grandi esempi storici e attuali, forme quotidiane alla portata di tutti, esperienze personali, i bisogni attuali, limiti dell'azione dello Stato

La scaletta

introduzione	
Presentazione della questione	
corpo centrale	
Tesi (individuare origini e motivazioni profonde dell'adesione a forme di volontariato)	
Argomentazione	Argomento 1 Argomento 2 Argomento 3 …
conclusione	

Le tipologie C e D
Esercizi livello 3

Stesura e revisione

Partendo dalla scaletta procedi all'elaborazione del testo, tenendo presenti le indicazioni sulla stesura e sulla revisione fornite in tutto il percorso.

Altre tracce

Ti proponiamo qui di seguito altre tracce relative alle tipologie C e D che potrai svolgere seguendo il percorso illustrato (analisi della traccia, costruzione della scaletta, stesura dell'elaborato).

Tipologia D - Tema di ordine generale
Tracce comuni per tutte le classi

1 La Dichiarazione Universale dei diritti dell'uomo approvata il 10 dicembre 1948 dalle Nazioni Unite proclama solennemente il valore e la dignità della persona umana e sancisce al tempo stesso la inalienabilità degli universali diritti etico-civili. La storia dell'ultimo cinquantennio è tuttavia segnata da non poche violazioni di questi principi rimaste impunite. Quali a tuo avviso le ragioni? Affronta criticamente l'argomento soffermandoti anche sulla recente creazione del primo tribunale internazionale dei crimini contro l'umanità ed esprimendo la tua opinione sulla possibilità che questo neonato organismo internazionale possa rappresentare una nuova garanzia in favore di un mondo più giusto. (Esame di Stato 2001)

2 Paesi e città d'Italia custodiscono un immenso patrimonio artistico e monumentale che, oltre a rappresentare una importantissima testimonianza della nostra storia, costituisce al tempo stesso una primaria risorsa economica per il turismo e lo sviluppo del territorio. Affronta la questione anche in relazione all'ambiente in cui vivi, ponendo in evidenza aspetti positivi e negativi che, a tuo giudizio, lo caratterizzano per la cura, la conservazione e la valorizzazione di tale patrimonio. (Esame di Stato 2002)

3 L'Unesco ha dedicato il 2005 alla *fisica* e, con essa, ad Albert Einstein, che nel 1905, con la pubblicazione delle sue straordinarie scoperte, rivoluzionò la nostra visione del mondo. La notorietà di Einstein è legata in modo particolare alla teoria della relatività, ma anche alle sue qualità morali e ai valori ai quali ispirò la sua azione: fede, non violenza, antifondamentalismo, rispetto per l'altro, egualitarismo, antidogmatismo. Riflettendo sulla statura intellettuale e morale dello scienziato e sulla base delle tue conoscenze ed esperienze personali, discuti del ruolo della fisica e delle altre scienze quali strumenti per la esplorazione e la comprensione del mondo e la realizzazione delle grandi trasformazioni tecnologiche del nostro tempo. (Esame di Stato 2005)

4. Con legge n. 61 del 15 aprile 2005, il 9 novembre è stato dichiarato «Giorno della libertà», "quale ricorrenza dell'abbattimento del muro di Berlino, evento simbolo per la liberazione di Paesi oppressi e auspicio di democrazia per le popolazioni tuttora soggette al totalitarismo". A vent'anni dalla caduta del muro di Berlino, il candidato rifletta sul valore simbolico di quell'evento ed esprima la propria opinione sul significato di "libertà" e di "democrazia". (Esame di Stato 2009)

5. La musica – diceva Aristotele (filosofo greco del IV sec. a.C.) – non va praticata per un unico tipo di beneficio che da essa può derivare, ma per usi molteplici, poiché può servire per l'educazione, per procurare la catarsi e in terzo luogo per la ricreazione, il sollievo e il riposo dallo sforzo. Il candidato si soffermi sulla funzione, sugli scopi e sugli usi della musica nella società contemporanea. Se lo ritiene opportuno, può fare riferimento anche a sue personali esperienze di pratica e/o di ascolto musicale. (Esame di Stato 2010)

6. «*Nel futuro ognuno sarà famoso al mondo per quindici minuti*». Il candidato, prendendo spunto da questa "previsione" di Andy Warhol, analizzi il valore assegnato alla "fama" (effimera o meno) nella società odierna e rifletta sul concetto di "fama" proposto dall'industria televisiva (*Reality* e *Talent show*) o diffuso dai *social media* (*Twitter*, *Facebook*, *YouTube*, *Weblog*, ecc.). (Esame di Stato 2011)

7. «*Avevo vent'anni. Non permetterò a nessuno di dire che questa è la più bella età della vita*» (Paul Nizan, *AdenArabia*, 1931). Il candidato rifletta sulla dichiarazione di Nizan e discuta problemi, sfide e sogni delle nuove generazioni. (Esame di Stato 2012)

8. Fritjof Capra (*La rete della vita*, Rizzoli, Milano 1997) afferma: «Tutti gli organismi macroscopici, compresi noi stessi, sono prove viventi del fatto che le pratiche distruttive a lungo andare falliscono. Alla fine gli aggressori distruggono sempre se stessi, lasciando il posto ad altri individui che sanno come cooperare e progredire. La vita non è quindi solo una lotta di competizione, ma anche un trionfo di cooperazione e creatività. Di fatto, dalla creazione delle prime cellule nucleate, l'evoluzione ha proceduto attraverso accordi di cooperazione e di coevoluzione sempre più intricati». Il candidato interpreti questa affermazione alla luce dei suoi studi e delle sue esperienze di vita. (Esame di Stato 2013)

9. «Prendiamo in mano i nostri libri e le nostre penne», dissi. «Sono le nostre armi più potenti. Un bambino, un insegnante, un libro e una penna possono cambiare il mondo.» [...] La pace in ogni casa, in ogni strada, in ogni villaggio, in ogni nazione – questo è il mio sogno. L'istruzione per ogni bambino e bambina del mondo. Sedermi a scuola e leggere libri insieme a tutte le mie amiche è un mio diritto. Malala Yousafzai, Christina Lamb, *Io sono Malala,* Garzanti, Milano 2014

Malala Yousafzai, premio Nobel per la pace 2014, è la ragazza pakistana che ha rischiato di perdere la vita per aver rivendicato il diritto all'educazione anche per le bambine. Il candidato rifletta criticamente sulla citazione estrapolata dal libro di Malala Yousafzai ed esprima le sue opinioni in merito, partendo dal presupposto che il diritto all'educazione è sancito da molti documenti internazionali, come la Convenzione sui diritti del fanciullo del 1989, ratificata anche dall'Italia con Legge n. 176 del 27 maggio 1991. (Esame di Stato 2015)

Tipologia C - Tema di argomento storico

Classe terza

1. Illustra le origini e i caratteri distintivi della civiltà comunale in Italia.

2. Ricostruisci e illustra l'intreccio di motivazioni che, tra XV e XVI secolo, portarono in particolare Spagna e Portogallo a finanziare i grandi viaggi transoceanici che consentirono la scoperta del "nuovo mondo".

3. All'inizio del Cinquecento comincia a delinearsi in Europa una nuova forma di organizzazione del potere politico: lo Stato moderno. Facendo riferimento ad alcuni esempi più significativi, individuane e illustrane le caratteristiche fondamentali e gli strumenti con cui si realizza.

4. La chiesa di Roma reagì alla diffusione del protestantesimo con una vasta e complessa operazione che comprende la riaffermazione della dottrina e dei dogmi, l'adozione di misure repressive, ma anche provvedimenti di riorganizzazione e di moralizzazione delle istituzioni ecclesiastiche. Illustra ed esemplifica i vari aspetti della risposta romana alla Riforma protestante.

Classe quarta

1. "Noi, popolo degli Stati Uniti, allo scopo di perfezionare ulteriormente la nostra Unione, di garantire la giustizia, di assicurare la tranquillità all'interno, di provvedere alla comune difesa, di promuovere il benessere generale e di salvaguardare per noi stessi e per i nostri posteri il dono della libertà, decretiamo e stabiliamo questa Costituzione degli Stati Uniti d'America." Contestualizza e commenta il preambolo della Costituzione americana facendo riferimento ai caratteri essenziali del nuovo Stato creato con la guerra di indipendenza dall'Inghilterra.

2. L'"impossibile Restaurazione": individua e spiega i fattori politici, ideologici, sociali che minarono la possibilità di realizzare compiutamente il disegno di riproporre il ritorno dell'antico regime elaborato nel Congresso di Vienna.

3. Con la prima rivoluzione industriale cambiano l'economia, i sistemi produttivi, l'organizzazione sociale. Facendo riferimento in particolare all'Inghilterra fra XVIII e XIX secolo presenta questo processo, soffermandoti su alcuni aspetti che ritieni più significativi.

4. Cavour e Garibaldi: due protagonisti del Risorgimento che, pur con profonde differenze di personalità e posizioni politiche, intrecciarono la loro azione per il conseguimento dell'indipendenza e dell'unità d'Italia. Illustra ed esemplifica con opportuni riferimenti questa affermazione.

Classe quinta

1. Secondo un giudizio storico largamente condiviso, con papa Giovanni XXIII la Chiesa si lascia alle spalle le fasi più aspre della contrapposizione alla modernità, quali, ad esempio, le pronunzie del "Sillabo" e la scomunica del modernismo. Si avvia al tempo stesso un lungo travaglio, culminato nel Concilio Vaticano II, teso al dialogo ecumenico con i "lontani" e i "separati" e al confronto con un mondo aperto a moderne prospettive politiche. Illustra questa importante fase della storia della Chiesa e il ruolo che essa ha avuto nel contesto italiano e internazionale. (Esame di Stato 2002)

2. Tutti gli esseri umani, senza distinzione alcuna di sesso, razza, nazionalità e religione, sono titolari di diritti fondamentali riconosciuti da leggi internazionali. Ciò ha portato all'affermazione di un nuovo concetto di cittadinanza, che non è più soltanto "*anagrafica*", o nazionale, ma che diventa "*planetaria*" e quindi universale. Sviluppa l'argomento analizzando, anche alla luce di eventi storici recenti o remoti, le difficoltà che i vari popoli hanno incontrato e che ancor oggi incontrano sulla strada dell'affermazione dei diritti umani. Soffermati inoltre sulla grande sfida che le società odierne devono affrontare per rendere coerenti e compatibili le due forme di cittadinanza. (Esame di Stato 2003)

3. Europa e Stati Uniti d'America: due componenti fondamentali della civiltà occidentale. Illustra gli elementi comuni e gli elementi di diversità fra le due realtà geopolitiche, ricercandone le ragioni nei rispettivi percorsi storici. (Esame di Stato 2005)

4. O.N.U., Patto Atlantico, Unione Europea: tre grandi organizzazioni internazionali di cui l'Italia è Stato membro. Inquadra il profilo storico di queste tre Organizzazioni e illustra gli indirizzi di politica estera su cui, per ciascuna di esse, si è fondata la scelta dell'Italia di farne parte. (Esame di Stato 2006)

5. La fine del colonialismo moderno e l'avvento del neocolonialismo tra le cause del fenomeno dell'immigrazione nei Paesi europei. Illustra le conseguenze della colonizzazione nel cosiddetto Terzo Mondo, soffermandoti sulle ragioni degli imponenti flussi di immigrati nell'odierna Europa e sui nuovi scenari che si aprono nei rapporti tra i popoli. (Esame di Stato 2007)

6. Nel 2011 si celebreranno i 150 anni dell'unità d'Italia. La storia dello Stato nazionale italiano si caratterizza per la successione di tre tipi di regime: liberale monarchico, fascista e democratico repubblicano. Il candidato si soffermi sulle fasi di passaggio dal regime liberale monarchico a quello fascista e dal regime fascista a quello democratico repubblicano. Evidenzi, inoltre, le caratteristiche fondamentali dei tre tipi di regime. (Esame di Stato 2009)

7. Ai sensi della legge 30 marzo 2004, n. 92, "la Repubblica riconosce il 10 febbraio quale «Giorno del ricordo» al fine di conservare e rinnovare la memoria della tragedia degli italiani e di tutte le vittime delle foibe, dell'esodo dalle loro terre degli istriani, fiumani e dalmati nel secondo dopoguerra e della più complessa vicenda del confine orientale". Il candidato delinei la "complessa vicenda del confine orientale", dal Patto (o

Trattato) di Londra (1915) al Trattato di Osimo (1975), soffermandosi, in particolare, sugli eventi degli anni compresi fra il 1943 e il 1954. (Esame di Stato 2010)

8 «Il sottosegretario Josef Bühler, l'uomo più potente in Polonia dopo il governatore generale, si sgomentò all'idea che si evacuassero ebrei da occidente verso oriente, poiché ciò avrebbe significato un aumento del numero di ebrei in Polonia, e propose quindi che questi trasferimenti fossero rinviati e che "la soluzione finale iniziasse dal Governatorato generale, dove non esistevano problemi di trasporto." I funzionari del ministero degli esteri presentarono un memoriale, preparato con ogni cura, in cui erano espressi "i desideri e le idee" del loro dicastero in merito alla "soluzione totale della questione ebraica in Europa," ma nessuno dette gran peso a quel documento. La cosa più importante, come giustamente osservò Eichmann, era che i rappresentanti dei vari servizi civili non si limitavano ad esprimere pareri, ma avanzavano proposte concrete. La seduta non durò più di un'ora, un'ora e mezzo, dopo di che ci fu un brindisi e tutti andarono a cena – "una festicciola in famiglia" per favorire i necessari contatti personali. Per Eichmann, che non si era mai trovato in mezzo a tanti "grandi personaggi," fu un avvenimento memorabile; egli era di gran lunga inferiore, sia come grado che come posizione sociale, a tutti i presenti. Aveva spedito gli inviti e aveva preparato alcune statistiche (piene di incredibili errori) per il discorso introduttivo di Heydrich – bisognava uccidere undici milioni di ebrei, che non era cosa da poco – e fu lui a stilare i verbali. In pratica funse da segretario, ed è per questo che, quando i grandi se ne furono andati, gli fu concesso di sedere accanto al caminetto in compagnia del suo capo Müller e di Heydrich, "e fu la prima volta che vidi Heydrich fumare e bere." Non parlarono di "affari", ma si godettero "un po' di riposo" dopo tanto lavoro, soddisfattissimi e – soprattutto Heydrich – molto su di tono» (Hannah ARENDT, *La banalità del male. Eichmann a Gerusalemme,* Feltrinelli, Milano 1964, dal *Capitolo settimo: La conferenza di Wannsee, ovvero Ponzio Pilato*). Il candidato, prendendo spunto dal testo di Hannah Arendt, si soffermi sullo sterminio degli ebrei pianificato e realizzato dai nazisti durante la seconda guerra mondiale. (Esame di Stato 2012)

9 In economia internazionale l'acronimo BRICS indica oggi i seguenti Paesi considerati in una fase di significativo sviluppo economico: Brasile, Russia, India, Cina, Sudafrica. Premesse le profonde differenze intercorrenti fra le storie di ciascuno di tali Paesi, il candidato illustri gli aspetti più rilevanti della vicenda politica di due di essi nel corso del ventesimo secolo. (Esame di Stato 2013)

10 L'Europa del 1914 e l'Europa del 2014: quali le differenze? Il candidato esamini la questione sotto almeno tre dei seguenti profili: forme istituzionali degli Stati principali; stratificazione sociale; rapporti fra cittadini e istituzioni; sistemi di alleanze; rapporti fra gli Stati europei; rapporti fra l'Europa e il resto del mondo. (Esame di Stato 2014)

11 Il documento che segue costituisce un testamento spirituale scritto da un ufficiale dell'esercito regio che dopo l'otto settembre del 1943 partecipò attivamente alla Resistenza e per questo venne condannato a morte. Nel documento si insiste in particolare sulla continuità tra gli ideali risorgimentali e patriottici e la scelta di schierarsi contro l'occupazione nazi-fascista. Illustra le fasi salienti della Resistenza e, anche a partire dai contenuti del documento proposto, il significato morale e civile di questo episodio. "Le nuove generazioni dovranno provare per l'Italia il sentimento che i nostri grandi del risorgimento avrebbero voluto rimanesse a noi ignoto nell'avvenire: «il sentimento dell'amore doloroso, appassionato e geloso con cui si ama una patria caduta e schiava, che oramai più non esiste fuorché nel culto segreto del cuore e in un'invincibile speranza». A questo ci ha portato la situazione presente della guerra disastrosa. Si ridesta così il sogno avveratosi ed ora svanito: ci auguriamo di veder l'Italia potente senza minaccia, ricca senza corruttela, primeggiante, come già prima, nelle scienze e nelle arti, in ogni operosità civile, sicura e feconda di ogni bene nella sua vita nazionale rinnovellata. Iddio voglia che questo sogno si avveri." (trascrizione diplomatica tratta da http://www.ultimelettere.it/?page_id=35&ricerca=528)

Dardano Fenulli nacque a Reggio Emilia il 3 agosto 1889. Durante la Grande Guerra, nel corso della quale meritò due encomi solenni, combatté sulla Cima Bocche e sul Col Briccon. Allo scoppio della seconda guerra mondiale, promosso colonnello, prese parte alle operazioni in Jugoslavia. Promosso generale di brigata nell'aprile 1943, fu nominato vicecomandante della divisione corazzata "Ariete". In questo ruolo prese parte ai combattimenti intorno a Roma nei giorni immediatamente successivi all'otto settembre 1943. Passato in clandestinità, iniziò una intensa attività per la creazione di una rete segreta di raccolta, informazioni e coordinamento dei militari sbandati ma ancora fedeli alla monarchia. Nel febbraio del 1944 venne arrestato dalle SS e imprigionato nelle carceri di via Tasso a Roma. Il 24 marzo 1944 fu fucilato alle Fosse Ardeatine.
(adattato da http://www.ultimelettere.it/?page_id=35&ricerca=528) (Esame di Stato 2015)

La punteggiatura

La punteggiatura

La punteggiatura (o *interpunzione*) concorre a chiarire l'articolazione logica del testo e a comunicare o rafforzare una particolare tonalità stilistica o espressiva. Le funzioni principali della punteggiatura sono:
- indicare le pause tra le frasi o tra le parti che compongono una stessa frase
- esprimere rapporti di coordinazione e di subordinazione
- riflettere l'andamento del discorso (per esempio accompagnare il parlato)

Nei testi letterari, in prosa e in poesia, la punteggiatura assume un valore espressivo e connota lo stile di un autore; nei testi informativi la punteggiatura è tradizionalmente neutra, di tipo denotativo. **Nei temi scolastici, in particolare nel tema dell'Esame di Stato, è opportuno ricorrere a una punteggiatura di tipo denotativo** evitando usi non canonici, come la virgola tra soggetto e predicato o tra predicato e complemento oggetto.

Nella comunicazione telematica (negli *sms*, in *chat* e nei *social network*) la comunicazione scritta si arricchisce di elementi non verbali: i messaggi si colorano di **emoticon** (le faccine che cercano di rendere iconicamente le emozioni di chi scrive) o vengono affidati a semplici **emoji** (i simboli pittografici e disegnini giapponesi che riproducono oggetti e situazioni di vario tipo) o a brevi **hashtag** (dall'inglese *hash*, cancelletto, e *tag*, etichetta), cioè a "etichette" in cui un simbolo # e poche parole aggregano un tema.

Anche la percezione collettiva dei segni di punteggiatura sembra assumere connotazioni nuove, di tipo psicologico, emotivo. Per molti utenti telematici, in effetti, la punteggiatura è diventata un mezzo per esprimere emozioni, sentimenti, commenti. Così mentre il punto fermo quasi scompare dal web (perché percepito come ostile, come espressione di un atteggiamento aggressivo) i punti esclamativi e interrogativi abbondano, per comunicare approvazione entusiastica, sorpresa, ammirazione, riprovazione ironica e così via.

Il punto .

Il punto viene usato alla fine di una frase e indica una pausa lunga. La pausa è rafforzata quando il punto chiude un capoverso, cioè quando chi scrive non prosegue sullo stesso rigo ma va a capo. Dopo il punto si usa sempre la lettera maiuscola.

Il punto viene usato anche nelle abbreviazioni:

ill.mo   dott.   cfr.   ecc.

Quando una frase termina con una parola abbreviata il punto non si aggiunge, perché è già presente nell'abbreviazione.

Il punto e virgola e la virgola ; ,

Il punto e virgola e la virgola segnalano l'articolazione interna di un periodo, marcando una distinzione di peso maggiore (il punto e virgola) o di peso minore (la virgola).

Oggi il punto e virgola è relativamente poco usato; lo si trova soprattutto nelle enumerazioni complesse, per evitare ambiguità e per separare proposizioni coordinate introdotte da *infatti* e *perciò*. Gli usi della virgola sono invece numerosi e complessi: la virgola è il segno di punteggiatura più frequente, ma anche il più difficile da usare.

Osserva l'uso del punto e virgola e della virgola nel celebre attacco dei *Promessi Sposi*.

> Quel ramo del lago di Como, che volge a mezzogiorno, tra due catene non interrotte di monti, tutto a seni e a golfi, a seconda dello sporgere e del rientrare di quelli, vien, quasi a un tratto, a ristringersi, e a prender corso e figura di fiume, tra un promontorio a destra, e un'ampia costiera dall'altra parte; e il ponte, che ivi congiunge le due rive, par che renda ancor più sensibile all'occhio questa trasformazione, e segni il punto in cui il lago cessa, e l'Adda rincomincia, per ripigliar poi nome di lago dove le rive, allontanandosi di nuovo, lascian l'acqua distendersi e rallentarsi in nuovi golfi e in nuovi seni.
>
> (A. Manzoni, *I Promessi Sposi*, cap. I)

Usi della virgola

La virgola si usa

- negli **elenchi**:
  Il giorno del compito in classe occorrerà portare un foglio protocollo, una penna, il dizionario, alcuni fogli bianchi.
- per isolare un **inciso**:
  Michele, che è un vero amico, viene a basket con me.
- per isolare un **vocativo**:
  Ricorda, nonna, che terminate le lezioni verrò a casa tua.
- per isolare un'**apposizione**:
  Abbiamo visitato Rocca d'Dolgisio, la più antica fortezza del piacentino.
- per **separare** le **frasi coordinate** in un periodo
  Paolo tornò a casa, si tolse le scarpe, accese il computer e si sedette alla scrivania.
- per **separare** dalla proposizione principale **alcuni tipi di subordinate** (concessiva, causale, finale, temporale ecc.:
  Anche se pioveva, Alberta prese la bicicletta e si avviò.

La virgola **NON** si usa

- tra il soggetto e il verbo
  il gatto miagola   **NON**   *il gatto, miagola*
- tra il verbo e il suo complemento
  ho telefonato a Rita   **NON**   *ho telefonato, a Rita*
- tra il nome e il suo attributo
  preferisco i libri gialli   **NON**   *preferisco i libri, gialli*
- tra la frase principale e alcune subordinate (oggettiva e soggettiva)
  ti ripeto che non è vero   **NON**   *ti ripeto, che non è vero*

I due punti :

I due punti indicano una pausa intermedia e si usano principalmente:

– per **introdurre** un **elenco**:
La fondazione del realismo: i personaggi, gli ambienti, i temi e il linguaggio

– per **introdurre** una **spiegazione**:
Le opere minori di Ariosto non vanno lette esclusivamente come un banco di prova e di sperimentazione per il poema: al contrario, esse possiedono una loro autonoma dignità e compiutezza

– per **introdurre** un **discorso diretto**: in questo caso i due punti sono seguiti da virgolette o trattini:
Boccaccio così definisce l'amico Petrarca: «quel glorioso maestro...»

– **in sostituzion**e di una congiunzione coordinante o subordinante:
Prendi la giacca <u>perché</u> fa freddo   *Prendi la giacca: fa freddo*
Ho fretta, <u>perciò</u> esco con te   *Ho fretta: esco con te*

Il punto interrogativo e il punto esclamativo ? !

Il punto interrogativo indica il tono ascendente di un'interrogazione diretta; indica la presenza di una domanda in un discorso diretto oppure una domanda che chi scrive pone a se stesso o al lettore.
Che c'entro io? Son io che voglio maritarmi?

Il punto esclamativo indica un'esclamazione o un'espressione di meraviglia.
– Misericordia! cos'ha, signor padrone?

Negli scritti formali sono da evitare sia il raddoppiamento del punto interrogativo ed esclamativo sia il loro uso congiunto.

Le virgolette " " « »

Le virgolette, nella versione "alta" e in quella «bassa» (o «a caporale»), delimitano un discorso diretto o una citazione:
Disse: "Andiamo a casa"   *Disse: «Andiamo a casa»*
"Nel mezzo del cammin di nostra vita"   *«Nel mezzo del cammin di nostra vita»*

Vengono anche usate per delimitare parole o espressioni di cui si vuole evidenziare un significato particolare:
Nei tornei di scacchi il pezzo che viene toccato è considerato "mosso".

Il trattino —

Il trattino lungo (o lineetta) viene usato al posto delle virgole che isolano un inciso:
La breve novella del Decameron – narrata da Elissa – appartiene alla nona giornata.

o al posto delle virgolette che introducono un discorso diretto:
– Date qui, date qui, – disse don Abbondio.

I puntini di sospensione ...

I puntini di sospensione, di norma tre, si usano per indicare una frase lasciata a metà:
– Eh! caro il mio galantuomo! ho dovuto parlare con un po' di politica, per non dire in pubblico i fatti miei; ma... basta, qualche giorno si saprà; e allora...

oppure una sospensione momentanea del discorso (causata da imbarazzo o dalla difficoltà di trovare la parola giusta per esprimere un concetto):
«Cioè...» rispose con voce tremolante don Abbondio

Le parentesi tonde ( )

Le parentesi tonde delimitano quello che si vuole isolare in un discorso: parole, date, citazioni di pagine o di autori...:
Altrettanto varia è la rappresentazione dei luoghi rappresentati (da Firenze a varie città d'Italia, alla Francia, ai paesi del Mediterraneo) e degli ambienti (dalla corte alla piazza, dalla bottega ai bassifondi e così via).
L'immagine è riprodotta nel presente catalogo (pp. 622-623)

Le parentesi quadre [...]

Quando racchiudono tre puntini le parentesi quadre indicano l'**omissione** di alcune frasi o di una parte di un testo citato:
Già Jean-Jacques Rousseau, in pieno Settecento, sconsigliava alle fanciulle la lettura di romanzi: «Mai una fanciulla casta ha letto un romanzo [...]. Colei che, malgrado il titolo, osasse leggerne anche una sola pagina, sarà una ragazza perduta».

L'uso del dizionario

Conoscere e usare il dizionario

Il **dizionario generale della lingua italiana** raccoglie in ordine alfabetico i vocaboli della nostra lingua corredati da spiegazioni e informazioni sul loro uso. È dunque utile per conoscere i significati e gli usi delle parole e per migliorare le proprie conoscenze e competenze linguistiche.

Il dizionario infatti:
– fornisce tutte le informazioni necessarie per comprendere il significato di una parola e per usarla correttamente
– permette di eliminare dubbi e incertezze sulla corretta ortografia e sulla pronuncia
– contiene tutte le informazioni necessarie per organizzare le parole tra loro e per costruire frasi corrette.

Il dizionario di italiano è l'unico strumento che è consentito portare con sé il giorno della prova scritta dell'esame di italiano.

Diversi tipi di dizionari

Oltre al dizionario generale della lingua italiana esistono numerose opere, anch'esse chiamate dizionario, che registrano i vocaboli di una lingua secondo determinati criteri di scelta e di ordinamento: il **dizionario bilingue**, il **dizionario etimologico**, il **dizionario dei sinonimi e contrari** ecc.

Esistono inoltre dizionari che raccolgono e spiegano la terminologia propria di particolari branche del sapere o di settori di attività: **dizionario biografico**, **dizionario di filosofia**, **dizionario di ingegneria** ecc.

Accanto alle edizioni su carta sono oggi disponibili anche dizionari in **formato elettronico,** consultabili *on-line*.

Il dizionario: come si consulta

L'ordine alfabetico

Il dizionario ordina e registra tutti i vocaboli (detti anche ***lemmi*** o ***esponenti***), in stretto ordine alfabetico:

> a b c d e f g h i j k l m n o p q r s t u v w x y z

Il dizionario generale della lingua italiana non riporta soltanto parole ma anche prefissi (*ana-, anti-, ri-* ...), suffissi (*-ezza, -oide, -uccio* ...), parole arcaiche o desuete e parole straniere entrate a far parte della nostra lingua (*dessert, hot dog, jeans*...).

Per rendere più rapida la ricerca i vocaboli vengono evidenziati con un particolare carattere tipografico, solitamente il **grassetto**. Inoltre, in genere, nel volume su carta ogni **pagina sinistra** riporta nel margine superiore (in alto a sinistra) la prima parola che compare in quella pagina; ogni **pagina destra** riporta invece (in alto a destra) l'ultima parola di quella pagina.

La forma-base

Il dizionario ordina e registra i vocaboli nella loro **forma-base.**

– Per i **sostantivi,** gli **aggettivi** e molti **pronomi** la forma base è il **maschile-singolare:**

libri → libro;   *bambina → bambino;*
bella → bello;   *mie → mio*

– Per i sostantivi e aggettivi **alterati** (diminutivi, accrescitivi, vezzeggiativi, peggiorativi) occorre cercare la forma da cui derivano:

sassolino → sasso;   *omone → uomo;*   *biancastro → bianco*

Il dizionario registra invece come lemmi autonomi quegli alterati che hanno acquisito un significato indipendente, come nel caso di *elmetto, moscone, ombrellone, violino.*

– Per i **verbi** la forma base è l'infinito:

liquidato → liquidare;   *andò → andare;*   *grondante → grondare*

– Per gli **avverbi** in *-mente* in alcuni dizionari la forma base è l'aggettivo corrispondente:

agevolmente → agevole;   *precipitosamente → precipitoso*

Le abbreviazioni

Per condensare in poco spazio molte informazioni tutti i dizionari ricorrono a simboli e ad abbreviazioni, il cui significato viene spiegato nelle pagine iniziali o finali del volume.

agg. = aggettivo;   *poet. = di uso poetico;*   *fig. = significato figurato*

Il dizionario: la spiegazione dei significati

Ciascuna **voce** del dizionario fornisce tutte le informazioni necessarie per comprendere il significato di una parola e usarla correttamente; ci dà perciò:
– la definizione del **significato proprio** e **fondamentale** del vocabolo.
– la definizione di tutte le **accezioni** di una parola **polisemica**, cioè i suoi diversi significati, a partire da quello più comune, o da quello più antico, indicato con **1**, cui fanno seguito gli altri significati, anch'essi numerati (2, 3, 4 ecc.): dalle eventuali sfumature di significato ai significati estensivi o figurati; da quelli legati a particolari ambiti espressivi a quelli propri di ogni campo specialistico (o sottocodici).
– una **fraseologia esplicativa** (o **esempi d'uso**), cioè una o più frasi che esemplificano l'uso del vocabolo in un contesto concreto (in alcuni casi anche con **citazioni** di frasi di autori della letteratura italiana).

Alcuni dizionari registrano al termine di ciascuna voce anche i principali **sinonimi e contrari**, modi di dire, proverbi.

"Dizionario" o "Vocabolario"?

I termini **dizionario** e **vocabolario** indicano entrambi il "volume che raccoglie in ordine alfabetico i vocaboli di una o più lingue corredati da spiegazioni e informazioni sul loro uso". In questo senso i due termini vengono in genere liberamente scambiati:

*Il Grande **Dizionario** Garzanti della Lingua Italiana*
*Lo Zingarelli. **Vocabolario** della Lingua Italiana*

I due termini si differenziano soprattutto per la diversa origine: *dizionario* deriva dal latino *dictio*, "dizione"; *vocabolario* deriva dal latino *vocabulum* "vocabolo". *Dizionario* ha però un significato e uso più ampio, in quanto può riferirsi anche a trattazioni disposte in ordine alfabetico, ma non propriamente o non esclusivamente lessicali (come per esempio. il dizionario enciclopedico, il dizionario biografico, ecc.). Vocabolario è invece polisemico: viene usato anche per indicare l'insieme di vocaboli di una lingua, di un autore, di una singola persona, di un'epoca e, in questo significato, è sinonimo di *lessico*:

Le lingue neolatine hanno un vocabolario molto ricco
Il vocabolario della Divina Commedia
Quello scrittore ha un vocabolario ricco

In questa accezione non è possibile usare il termine *dizionario*.

Il dizionario: le altre informazioni

Il dizionario generale della lingua italiana fornisce per ogni vocabolo anche altre informazioni, utili soprattutto quando si scrive, perché permettono di risolvere dubbi grammaticali e sintattici.

Ortografia e pronuncia

Il dizionario ci chiarisce l'**ortografia** del lemma, cioè del vocabolo, e riporta, quando necessario, l'accento grafico, obbligatorio quando si scrive *(libertà, virtù, però...)*. Suggerisce inoltre la corretta **pronuncia**, riportando gli **accenti tonici gravi** (è) e **acuti** (é) in modo da distinguere le vocali "**e**" ed "**o**" che vanno pronunciate aperte *(mèrce, tuòno)* da quelle che vanno pronunciate chiuse *(strétto, pónte)*.

Etimologia

I dizionari generali della lingua italiana forniscono quasi sempre brevi informazioni sull'etimologia delle parole.

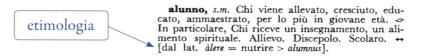

Morfologia

Accanto a ogni lemma il dizionario registra un vasto numero di **informazioni grammaticali,** a partire dalla classe grammaticale cui quella parola appartiene. Inoltre, poiché alcune parole possono appartenere a più classi grammaticali, il dizionario registra sempre le diverse classi (molto: *avverbio... // aggettivo indefinito...*). Ciò permette di evitare errori e risolvere velocemente dubbi e incertezze.

Riguardo alle forme che le parti variabili del discorso (sostantivi, aggettivi, verbi, ecc.) possono assumere, troveremo le indicazioni morfologiche, solitamente tra parentesi, dopo la classe grammaticale.

Per i **sostantivi** e gli **aggettivi** il dizionario fornisce numerose indicazioni morfologiche, fra cui:

– le forme particolari o irregolari del plurale:

   analogo (pl. **analoghi**); *bambinesco* (pl. **bambineschi**)

– i plurali di genere diverso che si riferiscono alla stessa forma del singolare:

   braccio (pl. **bracci, braccia**); *muro* (**muri, mura**)

– le forme particolari o irregolari di femminili:

   studente (f. **studentessa**); *direttore* (f. **direttrice**)

– i plurali dei sostantivi femminili in *-cia, -gia, -scia*:

   pancia (pl. **pance**); *valigia* (pl. **valigie** e **valige**); *biscia* (**bisce**)

– il plurale femminile di aggettivi che hanno il singolare in *-cio, -gio* ecc.:

   liscio (pl. **lisce**), *malvagio* (pl. **malvagie**).

Per quanto riguarda i **verbi** il dizionario segnala sempre:
– se il verbo è transitivo o intransitivo
– le forme irregolari della coniugazione
– l'ausiliare dei verbi intransitivi.

[le forme del verbo]

[verbo transitivo]

dare, *v.tr.* (irr.; ind.pres. *io do* o *dò, dai* o *dài, dà, diamo, date, danno*; imperf. *davo*, ecc.; pass. rem. *dièdi* o *dètti, désti, diède* o *dètte, démmo, déste, dièdero* o *dèttero*; fut. *darò, darai*, ecc.; condiz.pres. *darèi, darésti*, ecc.; cong.pres. *dìa, dìa, dìa, diamo, diate, dìano* o, raro, *dìeno*; imperf. *déssi, déssi, désse, déssimo, déste, déssero*; imperat.pres. *da'* o *dai* o *dà, dìa, diamo, date, dìano*; p. pr. *dante*; p. ps. *dato*; ger. sempl. *dando*). È verbo di significato assai vasto e generico, che assume di volta in volta vari valori, a seconda dei termini con cui è costruito. ◦ Consegnare in modo che altri riceva. Far passare da sé ad altri: *Dare un libro all'amico.* ◦ Donare. Regalare. Largire: *Dare una somma in beneficenza.* ◦ Porgere affinché altri prenda: *Dare la mano a qualcuno.* ◦ Pagare: *Dare una somma per un acquisto.* ◦ Cedere. Affidare: *Dare una casa in affitto.* ◦ Consentire. Concedere: *Dare una figlia in sposa.* ◦ Render possibile: *Non ci è dato di venire.* ◦ Abbandonare. Accordare. Lasciare: *Dare via libera.* ◦ Somministrare: *Dare una medicina.* ◦ Infliggere: *Dare una multa, una pena.* ◦ Fare. Produrre: *L'albero non dà più frutti.* ◦ Erogare: *La fontana dà acqua.* ◦ Assestare. Affibbiare: *Dare una legnata a qualcuno.* ◦ Conferire. Attribuire. Assegnare: *Dare un'onorificenza, un voto.* ◦ Applicare. Aggiungere: *Dare una mano di vernice.* ◦ Proferire. Pronunciare. Esprimere: *Dare un giudizio.* ◦ Emanare. Diffondere: *Dar calore.* ◦ Trasmettere. Appiccare: *Dare fuoco a qualcosa.* ◦ Comunicare. Divulgare. Partecipare: *Dare una notizia.* ◦ Aggiudicare. Riconoscere. Tributare: *Dar ragione a qualcuno.* ● *Dar luogo a qualcosa* = Provocarla. – *Dar atto a qualcuno di qualcosa* = Riconoscerla. – *Dare per certa una notizia* = Assicurare che è certa. – *Dare per morto qualcuno* = Diffondere, per lo più infondatamente, la notizia della sua morte. – *Dar via una cosa* = Regalare. Vendere. ● Con uso *intr.* o *assoluto*, Battere. Percuotere. Colpire: *Dare sulla schiena, nel segno.* ◦ Incontrare. Imbattersi: *Dare in qualcuno.* ◦ Prorompere. Scoppiare: *Dare in una risata, in ismanie.* ◦ Esser volto, rivolto: *La finestra dà sul cortile.* ● *Dare sui nervi a qualcuno* = Infastidirlo. Irritarlo. Innervosirlo. – *Dar contro, addosso a qualcuno* = Avversarlo, avventarglisi contro. – *Dar fuori* = Lasciarsi prendere dall'ira. Gridare. Esplodere. – *Darci dentro* = Applicarsi assiduamente. – *Dare nell'occhio* = Farsi notare assai. Spiccare. Essere vistoso, evidente. ● *Darsi, v.rifl.* Dedicarsi. Applicarsi. Impegnarsi: *Darsi allo studio.* ◦ Farsi credere. Farsi passare: *Darsi per nobile.* ◦ Dare inizio. Incominciare: *Darsi a parlare.* ● *Darsi da fare* = Non perdere occasione; essere assai attivo. – *Darsela a gambe* = Fuggire. Scappare. – *Può darsi* = Può accadere. È probabile. ● Usato come *s.m.*, solo al *sing., Il dare*, nel linguaggio contabile, è il debito rispetto all'*avere*, considerato il credito. ↔ [lat. *dare*].

[verbo intransitivo]

córrere, *v.intr.* (irr.; ind.pres. *io córro, corri*, ecc.; pass.rem. *córsi, corrésti, córse, corrémmo, corréste, córsero*; p.ps. *córso*; per le forme rimanenti segue la coniugazione regolare; vuole l'ausiliare *avere* quando è usato in senso generico, l'ausiliare *essere* quando il movimento implica o indica una meta: *ho corso per un'ora* / *son corso a casa*). Detto di uomo o animale, Procedere celermente, con moto impetuoso, di corsa: *Ho dovuto correre per raggiungerti; il cavallo corre di carriera.* ◦ Lanciarsi. Precipitarsi. Avventarsi: *Correre contro qualcuno.* ◦ Muoversi frettolosamente. Essere precipitoso: *Leggi senza correre.* ● *Correre dietro a qualcuno* = Rincorrerlo; in senso figurato, Obbedirlo, essere prono ai suoi cenni. ◦ Detto di veicoli, macchine, e simili, Aver movimento veloce. Filare: *La macchina corre sull'autostrada.* ◦ Accelerare assai o troppo. Andare velocemente: *In macchina mi piace*

[verbo intransitivo]

[uso dell'ausiliare]

Sintassi

Le voci dedicate alle **preposizioni** (*di, a, da, in, con, su, per, tra, fra*) forniscono l'elenco dei **complementi** introdotti dalla preposizione, accompagnati da opportuni esempi. Vengono anche indicate le diverse **funzioni** che una preposizione o una congiunzione assumono all'interno di un periodo, quando cioè mettono in rapporto due proposizioni.

Inoltre, attraverso gli **esempi d'uso**, il dizionario mostra il funzionamento delle parole nelle frasi. È così possibile eliminare dubbi sulla corretta formulazione del discorso. Per esempio, si dice:

capace a *leggere*	o	***capace di*** *leggere?*
*aspirare **la*** *vittoria*	o	*aspirare **alla*** *vittoria?*
*una persona **facile con le*** *lacrime*	o	*una persona **facile alle*** *lacrime?*

Consultando il dizionario, e leggendo attentamente gli esempi d'uso, la risposta è chiara: le alternative corrette sono quelle sopra indicate nella colonna di destra.

méntre, *cong. temporale* (comune, soprattutto nell'uso familiare, *mentre che*), per indicare simultaneità, contemporaneità, coincidenza, concomitanza di fatti o tempi. ◇ Nel momento, nel tempo, nel periodo in cui: *Mentre studi, evita ogni distrazione.* ◇ Intanto che: *Non leggere, mentre mangi.* ◇ Per tutto il tempo che: *Rimase nascosto mentre lo cercavano.* ◇ Finché. Fintanto che: *Scappa, mentre puoi.* ☛ Con valore *avversativo* quando non si mette in risalto la concomitanza, la coincidenza dei fatti, ma l'intempestività di tale concomitanza. E nel frattempo. E invece: *Si diverte, mentre dovrebbe studiare.* ◇ Malgrado, nonostante che: *Rido, mentre non ne ho affatto voglia.* ☛ Preceduto dalla preposizione articolata *nel*, o da aggettivo dimostrativo, assume valore di sostantivo, ed è usato in locuzioni come: *In quel mentre, nel mentre, in questo mentre* = In quel momento, in questo momento, intanto. ↔ [lat. *dum interim* = mentre, frattanto].

Glossario

Acefalo Detto di manoscritto mancante della prima o delle prime pagine.

Adynaton (dal gr. "cosa impossibile") La formulazione di un'ipotesi o di una situazione impossibile il cui avverarsi è subordinato a un altro fatto ritenuto irrealizzabile. Ad es.: «S'i' fosse foco, arderei 'l mondo» (Cecco Angiolieri).

Aferesi Caduta di una sillaba all'inizio di una parola. Ad es.: *verno* per "inverno".

Agnizione Riconoscimento (specialmente nel teatro classico) della vera identità di un personaggio. Il riconoscimento risolve così, alla fine, le complesse vicende dell'intreccio.

Alessandrino Verso della tradizione poetica francese. È composto di dodici sillabe divise in due emistichi di sei sillabe. L'omologo italiano è il verso martelliano formato da due settenari (prende il nome dal poeta drammatico Pier Iacopo Martello che lo creò a imitazione dell'esempio francese).

Allegoria Figura retorica tramite la quale il riferimento a immagini complesse o narrazioni richiama un significato più nascosto, allusivo e profondo (in genere un'entità astratta come un vizio, una virtù, un evento ecc.). A differenza della >**metafora**, l'allegoria richiede un'interpretazione alla quale si può giungere solo conoscendo il contesto culturale del testo: il significato infatti non è deducibile da un immediato processo intuitivo. Per quanto complessa, l'allegoria è sempre costruita razionalmente e per tanto è decifrabile una volta compreso il criterio con cui è stata formata. Ad es.: nella *Divina commedia* le tre fiere che ricacciano Dante nella selva oscura sono un'allegoria; inoltre il senso allegorico può anche essere "trovato" dai lettori a dispetto delle intenzioni dell'autore: la IV egloga di Virgilio fu interpretata come un'allegoria della venuta di Cristo.

Allitterazione Figura retorica che consiste nella ripetizione di una lettera o di un gruppo di lettere in una o più parole successive. Ad es.: «Il pietoso pastor pianse al suo pianto» (Tasso, *Gerusalemme liberata* VII).

Allocuzione >Apostrofe

Anacoluto Costrutto in cui la seconda parte di una frase non è connessa alla prima in modo sintatticamente corretto. Ad es.: «Quelli che muoiono, bisogna pregare Iddio per loro» (Manzoni, *Promessi sposi* XXXVI).

Anacronia Sfasatura nella successione temporale dei fatti (>**analessi**, >**prolessi**).

Anacrùsi Aggiunta di una o due sillabe fuori battuta, all'inizio di un verso o di una sua parte, eccedente la normale misura metrica.

Anadiplòsi Figura retorica che consiste nella ripresa all'inizio di frase o di verso, della parola conclusiva della frase o del verso precedente al fine di dare maggior efficacia all'espressione. Ad es.: «Ma passavam la selva tuttavia, / la selva, dico, di spiriti spessi» (*If* IV 65-66).

Anàfora Ripetizione di una o più parole all'inizio di versi o frasi successive. Ad es.: «Per me si va ne la città dolente, / per me si va ne l'etterno dolore, / per me si va tra la perduta gente» (*If* III 1-3).

Analessi (anche >**flashback**) In narratologia, interruzione del normale corso cronologico di un racconto per narrare eventi passati. È l'opposto della >**prolessi**.

Analogia Procedimento stilistico che istituisce un rapporto di somiglianza fra oggetti o idee semanticamente lontani. È diventato un procedimento tipico delle tendenze poetiche moderne in cui la soppressione degli espliciti legami comparativi ("come", "così" ecc.) dà luogo a immagini molto ardite e sintetiche. Ad es.: «Le mani del pastore erano un vetro / levigato da fioca febbre» (Ungaretti).

Anàstrofe (o **inversione**) Figura retorica che consiste nel disporre parole contigue in un ordine inverso a quello abituale. È affine all'>**iperbato**. Ad es.: «O anime affannate, / venite a noi parlar» (*If* V 80-81); «Allor che all'opre femminili intenta / sedevi» (Leopardi, *A Silvia* vv. 10-11).

Anfibologìa Espressione che può prestarsi a una doppia interpretazione a causa della sua ambiguità a livello fonetico, semantico o sintattico. Ad es.: "Ho visto mangiare un gatto". Può essere sfruttata per ottenere effetti comici come nei casi di frate Cipolla (Boccaccio, *Decameron*) o fra' Timoteo (Machiavelli, *La mandragola*).

Annominazione >**Paronomasia**

Antìfrasi Figura retorica che lascia intendere che chi parla afferma l'opposto di ciò che dice. Ad es.: «una bella giornata davvero!» (detto quando sta piovendo), «Dipinte in queste rive / son dell'umana gente / *le magnifiche sorti e progressive*» (Leopardi, *La ginestra*).

Antonimìa Figura retorica che consiste nel contrapporre parole di senso contrario o in qualche modo opposte. Ad es.: «Pace non trovo e non ho da far guerra, E temo e spero, et ardo e son un ghiaccio» (Petrarca, *Canzoniere* 134).

Antonomàsia Sostituzione del nome proprio di una persona o di una cosa con un appellativo che ne indichi un elemento caratterizzante e lo identifichi in modo inequivocabile. Ad es. "il Ghibellin fuggiasco" per indicare Dante, "l'eroe dei due mondi" per Garibaldi. Può anche indicare il trasferimento del nome di un personaggio proverbiale a chi dimostra di avere le sue stesse qualità. Ad es.: un "Ercole" per indicare una persona di gran forza, un "Don Giovanni" per un conquistatore di donne.

Antropomorfismo Tendenza ad assegnare caratteristiche umane (dall'aspetto all'intelligenza ai sentimenti) ad animali, cose e figure immaginarie.

Apocope Caduta di una vocale o di una sillaba al termine d'una parola. Ad es.: *fior* per "fiore", *san* per "santo".

Apografo Manoscritto che è copia diretta di un testo originale.

Apologo Racconto allegorico di gusto favolistico e con fini didattico-morali.

Apostrofe Consiste nel rivolgersi direttamente a una persona (o cosa personificata) diversa dall'interlocutore cui il messaggio è indirizzato. Ad es.: «Ahi serva Italia, di dolore ostello» (*Pg* VI 76).

Asìndeto Forma di coordinazione realizzata accostando parole o proposizioni senza l'uso di congiunzioni coordinanti. Ad es.: «Le donne, i cavallier, l'arme, gli amori, / le cortesie, l'audaci imprese io canto» (Ariosto, *incipit* del *Orlando furioso*).

Assimilazione Fenomeno per cui, nell'evoluzione storica di una parola, due fonemi vicini tendono a diventare simili o uguali: ad es. il passaggio da *noctem* a *notte* (dal nesso consonantico *ct* al raddoppiamento della dentale *tt*).

Assonanza Rima imperfetta in cui si ripetono le vocali a cominciare da quella accentata, mentre differiscono le consonanti. All'opposto della >**consonanza**. Ad es.: *amòre* : *sòle*; *agòsto* : *conòsco*.

Auctoritas Termine latino ("autorità") con cui si è soliti indicare, soprattutto nella cultura medievale, un autore o un'opera il cui valore esemplare è riconosciuto in modo unanime.

Autografo Manoscritto redatto di suo pugno dall'autore.

Ballata Forma metrica, destinata in origine al canto e alla danza, usata per componimenti religiosi (*laude*). È formata da un numero vario di strofe (*stanze*), con schema identico, precedute da un ritornello (*ripresa*). Lo schema base è così costituito: le strofe sono divise in quattro parti, tre identiche (*mutazioni*) e la quarta (*volta*), legata per una rima alla ripresa. I versi usati sono gli endecasillabi e i settenari.

Bestiario Trattato medievale in cui venivano descritte caratteristiche fisiche e morali di diverse specie di animali reali e fantastici.

Bildungsroman >**Romanzo di formazione**

Bisticcio >**Paronomasia**

Bozzetto Racconto breve che rappresenta con piglio realistico e vivezza impressionistica (ma anche con superficialità) una situazione, un luogo, un carattere, tratti per lo più dalla vita quotidiana.

Bucolica >**Egloga**

Campo semantico Insieme delle parole i cui significati rimandano a uno stesso concetto-base.

Canone L'insieme degli autori e delle opere considerati indispensabili per definire l'identità culturale di una società o di un'epoca. Pertanto l'idea stessa di canone è mutevole e influenzata dal mutare della società e del pensiero: il classicismo ha un suo canone, il romanticismo un altro e così via.

Cantare Poema composto per lo più in >**ottave**, di materia epico-cavalleresca e di origine popolare. Era destinato a essere recitato sulle piazze dai cantastorie. Fu in voga soprattutto nei secoli XIV e XV.

Canzone Forma metrica caratterizzata dalla presenza di più strofe (da 5 a 7) e da una forte simmetria: le strofe (*stanze*) si ripetono infatti con lo stesso numero di versi (per lo più endecasillabi e settenari) e con lo stesso schema delle rime. Ogni stanza consta di due parti: la *fronte* (divisibile in due *piedi*) e la *sirma* (prima di Petrarca divisa in due *volte*). Sono usati diversi artifici per creare un legame tra le strofe e rafforzare così l'armonia e la simmetria della canzone (ad es.: l'ultima rima della fronte si ripete nel primo verso della sirma). La canzone si può chiudere con una strofa detta *commiato* con cui il poeta si rivolge a un destinatario o alla canzone stessa.

Canzone a ballo >**Ballata**

Capitolo Componimento poetico in >**terza rima**, esemplato sui *Trionfi* di Petrarca. Usato per trattare i temi più vari (argomenti politici, morali, amorosi), nel Cinquecento gode di particolare fortuna il capitolo burlesco (o bernesco) a imitazione di quelli di Francesco Berni e dai temi comico-satirici.

Catarsi Secondo Aristotele, la liberazione e la purificazione dalle passioni che la tragedia, in quanto rappresentazione di fatti dolorosi, origina nell'animo dello spettatore. In senso lato è l'azione liberatrice della poesia e dell'arte che purificano dalle passioni.

Cesura Pausa del ritmo, non sempre corrispondente a una pausa sintattica, fra due >**emistichi** di un verso.

Chiasmo Figura retorica che consiste nel contrapporre due espressioni concettualmente affini in modo però che i termini della seconda siano disposti nell'ordine inverso a quelli della prima così da interrompere il parallelismo sintattico (da ABAB a ABBA). Ad es.: «Ovidio è 'l terzo, e l'ultimo Lucano» (*If* IV 90), «Siena mi fé, disfecemi Maremma» (*Pg* V 134).

Chiave (o *concatenatio*) In una >**stanza** di canzone, il verso che collega il primo gruppo di versi (>**fronte**) col secondo (>**sirma**) mediante una rima identica all'ultima della fronte. Solitamente è connesso alla sirma dal punto di vista sintattico.

Chiosa >**Glossa**

Circonlocuzione >**Perifrasi**

Clausola La chiusura di un verso o di un periodo.

Climax Enumerazione di termini dal significato via via sempre più intenso. Ad es.: «la terra ansante, livida, in sussulto; / il cielo ingombro, tragico, disfatto» (Pascoli, *Il lampo*). Se l'intensità è invece decrescente si parla di anticlimax. Ad es.: «E mi dicono, Dormi! / mi cantano, Dormi! sussurrano, / Dormi! bisbigliano, Dormi!» (Pascoli, *La mia sera*).

Cobla Nella poesia provenzale l'equivalente della stanza o >**strofa** italiane. Le coblas si dicono *capcaudadas* quando la rima finale di una cobla è la prima rima della cobla successiva e *capfinidas* quando una parola dell'ultimo verso di una cobla appare anche nel primo verso della cobla successiva.

Codice In filologia, il libro manoscritto.

Codice linguistico Il sistema di segni convenzionali e regole (cioè l'alfabeto e la grammatica) usato per stabilire una trasmissione di informazioni tra emittente e ricevente.

Collazione Confronto sistematico dei >**testimoni** di un testo, allo scopo di fornirne l'edizione critica oppure di individuarne le fasi di composizione.

Commiato >**Canzone**

Concordanze Repertori alfabetici di tutte le parole usate da un autore in una o più opere, con indicazione dei passi in cui esse ricorrono.

Congedo (o **commiato**) >**Canzone**

Connotazione Indica il significato secondario, aggiuntivo, che una parola ha in aggiunta al suo significato base (>**denotazione**). Consiste quindi nelle sfumature di ordine soggettivo (valore affettivo, allusivo ecc.) che accompagnano l'uso di una parola e che si aggiungono ai suoi tratti significativi permanenti. Ad es.: le parole *mamma* e *madre* indicano lo stesso soggetto ma il primo termine ha una sfumatura affettiva maggiore rispetto al secondo.

Consonanza Sorta di rima in cui si ripetono le consonanti a cominciare dalla vocale accentata, mentre differiscono le vocali. All'opposto della >**assonanza**. Ad es.: *vènto* : *cànto*; *pàsso* : *fòssa*.

Contaminazione Nella critica testuale l'utilizzo, da parte di un copista, di >**testimoni** diversi di una stessa opera al fine di correggere errori o colmare lacune. In senso generale, il mescolare elementi di diversa provenienza nella stesura di un'opera letteraria.

Contrasto Componimento poetico che rappresenta il dibattito o il dialogo tra due personaggi o due entità allegoriche. Ad es.: appartiene al primo caso *Rosa fresca aulentissima* di Cielo d'Alcamo, al secondo *Disputa della rosa con la viola* di Bonvesin de la Riva.

Coppia sinonimica (o **dittologia sinonimica**) Coppia di parole dal significato analogo in cui l'una va a rafforzare il significato dell'altra. Ad es.: «passi tardi e lenti» (Petrarca, *Canzoniere* XXXV); «soperba e altiera» (Boiardo, *Orlando innamorato*) ma anche in espressioni tipiche del parlato come *pieno zeppo*.

Corpus L'insieme delle opere di un singolo autore; oppure un gruppo di opere letterarie omogeneo per stile, genere o tema.

Correlativo oggettivo Concetto poetico formulato dal poeta T.S. Eliot all'inizio del Novecento. Consiste in un oggetto, un evento, una situazione che evocano immediatamente nel lettore un'emozione, un pensiero, uno stato d'animo senza necessitare di alcun commento da parte del poeta.

Cronòtopo Il termine, introdotto nella critica letteraria dal critico russo Michail Bachtin, indica la sintesi delle categorie spazio-temporali entro cui è collocata una narrazione: le scelte di spazio e di tempo si influenzano in modo reciproco nella costruzione di un racconto.

Cursus Nella prosa antica e medievale, la >**clausola** che chiude in modo armonioso il periodo. A seconda della disposizione degli accenti nelle ultime due parole della frase, consentiva di accelerare o rallentare il discorso (era di tre tipi fondamentali: *planus, tardus, velox*).

Dedicatoria Lettera o epigrafe anteposta a un'opera letteraria e indirizzata dall'autore a un personaggio cui l'opera stessa è dedicata.

Deittico Elemento linguistico che indica la collocazione spazio-temporale di un enunciato, decodificabile con esattezza solo grazie al contesto. Ad es.: i pronomi personali (io, tu ecc.) e dimostrativi (questo, quello); gli avverbi di luogo (qua, lì) e di tempo (ora, domani).

Denotazione Indica il significato primario, il valore informativo base, di una parola (per il significato secondario >**connotazione**). Ad es.: *mamma* e *madre* hanno una medesima denotazione ma una diversa connotazione.

Deverbale Sostantivo ricavato da un verbo. Ad es.: *lavoratore* da "lavorare".

Diacronia Indica la valutazione dei fatti linguistici secondo il loro divenire nel tempo e quindi l'evoluzione storica della lingua stessa (al contrario della >**sincronia**).

Dialèfe In metrica >**iato** tra due vocali consecutive, la prima alla fine di una parola, la seconda all'inizio della parola che segue. Le due vocali appartengono quindi a due sillabe diverse. È opposta alla >**sinalefe** e solitamente si ha quando l'accento cade su una (o entrambe) le vocali contigue. Ad es.: «restato m'era, non mutò aspetto» (*If* X 74).

Diegesi Modalità di racconto narrativo indiretto in cui gli eventi, le situazioni, i dialoghi dei personaggi sono raccontati da un soggetto narrante (al contrario della >**mimesi**).

Dieresi In metrica >**iato** tra due vocali consecutive appartenenti alla stessa parola. Le due vocali appartengono quindi a due sillabe diverse. È opposta alla >**sineresi**. Ad es.: «Dolce color d'orïental zaffiro» (*Pg* I 13).

Digressione >*Excursus*
Distico Coppia di versi.
Dittologia sinonimica >Coppia sinonimica

Edizione critica (lat. *editio*) Edizione che si propone di presentare un testo nella forma più possibile conforme alla volontà ultima dell'autore, eliminando quindi tutte le alterazioni dovute alle diverse redazioni manoscritte o a stampa.

Egloga Nella letteratura classica componimento poetico di argomento bucolico-pastorale che, a partire dal Quattrocento, ebbe fortuna anche nella letteratura volgare e che portò alla nascita del dramma pastorale.

Elegia Nella letteratura classica componimento poetico di tema soprattutto amoroso e malinconico. Dal Medioevo in poi indica un componimento (anche in prosa) caratterizzato dal tono sentimentale, mesto e malinconico.

Ellissi Omissione di un elemento della frase che resta sottinteso. Ad es.: «A buon intenditor, poche parole» dove il verbo "bastano" è sottinteso; «Questo io a lui; ed elli a me» (*Pd* VIII 94) con ellissi del verbo "dire".

Elzeviro Articolo di fondo della pagina culturale di un giornale (la cosiddetta "terza pagina"). Di argomento letterario o artistico, è così chiamato per il carattere tipografico in cui un tempo veniva stampato (gli Elzevier erano una famiglia olandese di tipografi del XVII secolo).

Emistichio Ciascuna delle due parti in cui il verso viene diviso dalla >cesura.

Enclisi Fenomeno linguistico per cui una particella atona e monosillabica si appoggia, fondendosi, alla parola precedente. Ad es.: *scrivimi, sentilo, guardami*.

Endiadi Figura retorica che consiste nell'esprimere, mediante una coppia di sostantivi, un concetto che invece sarebbe solitamente espresso con un sostantivo e un aggettivo o con un sostantivo e un complemento di specificazione. In certi casi è simile alla >coppia sinonimica. Ad es.: «O eletti di Dio, li cui soffriri / e giustizia e speranza fa men duri», dove ciò che solleva le anime dalle sofferenze è la "speranza di giustizia" (*Pg* XIX 76-77).

Enjambement (o **inarcatura**) Procedimento stilistico che consiste nel porre due parole concettualmente unite tra la fine di un verso e l'inizio del verso successivo, così che il senso logico si prolunghi oltre la pausa ritmica. Ad es.: «interminati / spazi di là da quella, e sovrumani / silenzi» (Leopardi, *L'infinito*).

Enumerazione Figura retorica che consiste in una rapida rassegna di sostantivi elencati sotto forma di >asindeto o >polisindeto. Ad es.: «e mangia e bee e dorme e veste panni» (*If* XXXIII 141).

Epanadiplòsi Figura retorica che consiste nell'iniziare e terminare un verso o una frase con la stessa parola. In alcuni casi, la presenza di un >chiasmo determina una epanadiplosi. Ad es.: «dov'ero? Le campane / mi dissero dov'ero» (Pascoli, *Patria*).

Epanalèssi (o *geminatio*) Figura retorica che consiste nel raddoppiamento di una parola o di un'espressione all'inizio, al centro o alla fine di una frase o di un verso. Ad es.: «Io dubitava e dicea "Dille, dille!"» (*Pd* VII 10).

Epifonema Sentenza o esclamazione che conclude enfaticamente un discorso. Ad es.: «è funesto a che nasce il dì natale» (Leopardi, *Canto notturno di un pastore errante* v. 143).

Epìfora (o **epìstrofe**) Figura retorica che consiste nella ripetizione delle stesse parole alla fine di più versi o di più parti di un periodo. Ad es.: la ripetizione del nome di "Cristo", che Dante non fa mai rimare con altre parole «sì come de l'agricola che <u>Cristo</u> / elesse a l'orto suo per aiutarlo. / Ben parve messo e famigliar di <u>Cristo</u>: / ché 'l primo amor che 'n lui fu manifesto, / fu al primo consiglio che diè <u>Cristo</u>» (*Pd* XII 71-75).

Epigramma Breve componimento in versi. In origine, presso i greci, aveva carattere funerario o votivo; dai latini in poi mantenne la brevità ma mutò il tono in satirico e mordace, talora caricaturale.

Epìtesi Aggiunta di uno o più fonemi alla fine di una parola. In poesia è usata con fini metrici o eufonici. Ad es.: «che la sembianza non si mutò piùe» (*Pd* XXVII 39); «Ellera abbarbicata mai non fue» (*If* XXV 58).

Epiteto Sostantivo, aggettivo o locuzione che accompagna un nome proprio per qualificarlo o anche soltanto a scopo esornativo. Ad es.: Guglielmo il Conquistatore; Achille piè veloce.

Epìtome Riassunto, compendio di un'ampia opera, realizzato soprattutto a scopo didattico.

Esegesi Interpretazione critica di un testo.

Etimologia Disciplina che studia l'origine e la storia delle parole.

Eufemismo Figura retorica che consiste nel sostituire parole ed espressioni troppo crude o realistiche con altre di tono attenuato, di solito per scrupolo religioso, morale, riguardi sociali o altro. Ad es.: *andarsene* o *passare a miglior vita* per "morire".

Excursus (o **digressione**) Divagazione dal tema principale di un discorso o di una narrazione, con l'inserimento di temi secondari, più o meno marginali rispetto all'argomento generale.

Exemplum Breve racconto a scopo didattico-religioso.

Fabula La successione logico-temporale degli avvenimenti che costituiscono i contenuti di un testo narrativo e che lo scrittore presenta al lettore in uno specifico >**intreccio**.

Facezia Breve racconto incentrato su un motto di spirito o una frase arguta; fiorì in Italia nel Quattrocento.

Figura etimologica Accostamento di due parole che hanno in comune lo stesso etimo. Ad es.: «in tutt'altre <u>faccende affaccendato</u>» (Giusti, *Sant'Ambrogio*).

Filologia (dal greco "amore della parola") Disciplina che studia i testi per liberarli da errori e rimaneggiamenti al fine di riportarli alla forma originaria, di interpretarli, di precisarne l'autore, il periodo e l'ambiente culturale.

Flashback >**Analessi**

Flusso di coscienza Tecnica narrativa caratteristica del romanzo del Novecento, dall'inglese *stream of consciousness*, indica una libera associazione di pensieri, riflessioni, elementi inconsci, associazioni d'idee, si traduce liberamente nella scrittura, senza la tradizionale mediazione logica, formale e sintattica che opera lo scrittore. È per molti aspetti simile al >**monologo interiore**.

Fonema La più piccola unità di suono che, da sola o con altre, ha la capacità di formare le parole di una lingua e al mutare della quale si genera una variazione del significato. Non sempre a una singola lettera corrisponde un fonema. Ad es.: il suono formato dalle due lettere *gl* nella parola "famiglia".

Fonetica Indica sia la branca della linguistica che si occupa dello studio dei fonemi dal punto di vista fisico e fisiologico sia l'insieme dei suoni di una particolare lingua.

Fonosimbolismo Espediente stilistico-retorico tramite il quale parte della comunicazione avviene in via evocativa tramite il suono delle parole. Una figura retorica che sfrutta il fonosimbolismo è l' >**onomatopea**.

Fonte Ogni tipo di documento o testo dal quale un autore ha tratto ispirazione per un tema o qualsiasi altro elemento della propria opera.

Fronte >Canzone

Frontespizio In un libro è la pagina in cui sono riportati il nome dell'autore, il titolo dell'opera e l'editore.

Geminatio (o **Geminazione**) >**Epanalessi**

Glossa Annotazione esplicativa o interpretativa che il copista inseriva a margine di un testo o fra le righe.

Gradazione >*Climax*

Grado zero In senso generale, indica il livello neutro della scrittura, anche di quella letteraria, privo di caratterizzazione stilistica e/o retorica e di forti connotazioni. La locuzione fu usata dal semiologo Roland Barthes nel suo saggio *Le degré zéro de l'écriture* [*Il grado zero della scrittura*, 1953] in riferimento allo stile francese della tradizione classica.

Hàpax legòmenon (dal greco "detto una sola volta") Indica una parola che compare in un'unica attestazione in un'opera o in tutto il >**corpus** di un autore.

Hỳsteron pròteron Figura retorica per cui l'ordine delle parole è invertito rispetto alla logica temporale o ai nessi causa-effetto. Dal greco "ultimo come primo". Ad es.: «Là 've ogne ben <u>si termina</u> e <u>s'inizia</u>» (*Pd* VIII 87); «Anche il pranzo <u>venne consumato</u> in fretta <u>e servito</u> alla mezza» (Palazzeschi, *Le sorelle Materassi*).

Iato Fenomeno per cui due vocali contigue non formano dittongo e fanno parte di sillabe distinte. Ad es.: *pa-ese*. Sono casi di iato la >**dieresi** e la >**dialefe**.

Ictus >**Accento ritmico**

Idillio Presso i greci, breve componimento, di genere bucolico e agreste (corrisponde alla >*egloga* latina). In seguito ha preso a indicare ogni componimento in cui si rifletta questo ideale di vita, anche senza riferimenti campestri.

Idioletto La lingua individuale, ovvero l'uso particolare e personale che un autore fa della lingua.

Inarcatura >*Enjambement*

In folio Il formato massimo di un libro, si ottiene piegando una sola volta il foglio di stampa. Se il foglio viene piegato due volte si parla di formato "in quarto", se piegato tre volte "in ottavo" e così via. Più il foglio viene piegato, più è piccolo il formato del libro.

Inquadramento >**Epanadiplosi**

Intreccio La successione degli eventi così come sono presentati dall'autore e non necessariamente seguendo l'ordine logico-temporale (come la >*fabula*).

Inversione >**Anastrofe**

Ipàllage Figura retorica che consiste nell'attribuire un aggettivo a un sostantivo diverso da quello cui propriamente, nella stessa frase, dovrebbe unirsi. Ad es.: «sorgon così tue dive / membra dall'egro talamo» (Foscolo, *All'amica risanata*), dove *egro* è riferito al "*talamo*", cioè al letto, anziché alle "*membra*".

Ipèrbato Figura retorica che consiste nel collocare le parole in ordine inverso rispetto al consueto; diversamente dalla >**anastrofe**, che riguarda la disposizione delle parole di un sintagma, l'iperbato consiste nell'inserire in un sintagma elementi della frase da esso logicamente dipendenti. Ad es.: «e 'l vago lume oltra misura ardea / di quei begli occhi» (Petrarca, *Erano i capei d'oro*).

Iperbole Figura retorica che consiste nell'esagerare un concetto, un'azione o una qualità oltre i limiti del verosimile, per eccesso o per difetto. Ad es.: «risplende più che sol vostra figura» (Cavalcanti, *Avete in voi li fiori e la verdura*); è anche molto usata nel parlato "è un secolo che aspetto!".

Ipèrmetro Verso con un numero eccessivo di sillabe rispetto a quella che dovrebbe essere la sua misura regolare. Nel caso opposto si ha l'ipometro.

Ipòmetro >**Ipermetro**

Ipostasi >**Personificazione**

Ipotassi Costruzione del periodo fondata sulla subordinazione di una o più proposizioni alla principale. È il contrario della >**paratassi**.

Ipotipòsi Figura retorica che consiste nella descrizione viva e immediata di una persona, un oggetto o una situazione, sia attraverso similitudini concrete sia con viva immediatezza e forza rappresentativa. Ad es.: «Ella non ci dicëa alcuna cosa, / ma lasciavane gir, solo sguardando / a *guisa di leon quando si posa*» (*Pg* VI 64-66).

Iterazione Ripetizione di una o più parole all'interno di un discorso. A seconda della modalità con cui ciò avviene si hanno >**anafora**, >**anadiplosi**, >**epanalessi**, >**epifora**.

Koiné Lingua comune con caratteri uniformi accettata e seguita da tutta una comunità su un territorio piuttosto esteso, si sovrappone ai dialetti e alle parlate locali.

Lacuna In filologia, mancanza di una o più parole in un testo.

Lassa Strofa caratteristica degli antichi poemi epici francesi, composta di un numero variabile di versi legati da assonanza o monorimi.

Leitmotiv (dal tedesco "motivo guida") Il tema, il motivo dominante e ricorrente di un'opera.

Lemma Ogni parola cui è dedicata una voce su un dizionario o un'enciclopedia.

Lessema Il minimo elemento linguistico dotato di un significato. Il lessema si riferisce ai significati, così come il >**fonema** ai suoni.

Lezione (lat. *lectio*) La forma in cui una parola o un passo di un testo sono stati letti da un copista o da un editore e, di conseguenza, il modo in cui sono stati tramandati nei diversi libri a stampa o manoscritti; la filologia attesta quale lezione sia più attendibile.

Litote Figura retorica che consiste nell'affermare un concetto negando il suo contrario. Ad es.: «Don Abbondio (il lettore se n'è già avveduto) non era nato con un cuor di leone», per dire che era un vile (Manzoni, *Promessi sposi*). È comune anche nel linguaggio parlato: "*non è un'aquila*" per dire "è uno stupido", "*non brilla per puntualità*" per dire "è spesso in ritardo".

Locus amoenus >*Topos* letterario che consiste nella descrizione di un ideale luogo naturale dove l'uomo vive in armonia con la natura e i propri simili.

Manoscritto Qualsiasi tipo di testo non stampato, ma scritto a mano dall'autore o da un copista.

Martelliano >**Alessandrino**

Memorialistica Genere letterario di carattere biografico, autobiografico e cronachistico in cui grande spazio è riservato alle osservazioni storiche e di costume.

Metafora Figura retorica che consiste nella sostituzione di una parola con un'altra che abbia almeno una caratteristica in comune con la parola sostituita. È paragonabile a una similitudine abbreviata, cioè senza gli elementi che renderebbero esplicito il paragone. Ad es.: "quell'atleta è un fulmine" cioè "è simile a un fulmine per velocità"; «Tu fior de la mia pianta / percossa e inaridita» (Carducci, *Pianto antico*) dove *fior* e *pianta* sono metafore per "figlio" e "padre".

Metanarrativo Aggettivo riferito ai procedimenti con cui l'autore di un'opera narrativa interrompe la finzione per parlare dell'attività stessa del narrare o per spiegare le proprie scelte narrative; cioè, in altri termini, quando la narrativa rifletta su se stessa.

Metapoetico Aggettivo che fa riferimento alla riflessione del poeta sull'attività poetica stessa.

Metaromanzo Romanzo che riflette sull'operazione stessa dello scrivere romanzi. *Se una notte d'inverno un viaggiatore* di Italo Calvino (1970) è un esempio di metaromanzo.

Metateatro Testo in cui la finzione drammaturgica è interrotta per parlare dell'attività teatrale stessa o per spiegare i meccanismi di un'invenzione scenica. Esempi di procedimento *metateatrale* si trovano nell'*Amleto* di Shakespeare (in cui viene messo

Glossario 309

in atto l'artificio di inserire all'interno dell'opera, come parte integrante della vicenda, la messinscena di uno spettacolo); oppure in *Sei personaggi in cerca d'autore* di Luigi Pirandello (1921), per il "teatro nel teatro".

Metàtesi Spostamento di fonemi all'interno di una parola. Ad es.: *fisolofo* per "filosofo".

Metonìmia Figura retorica che consiste nella sostituzione di un termine con un altro che sia in un rapporto di contiguità con il primo. Questo rapporto può essere: 1) la causa per l'effetto (e viceversa); 2) la materia per l'oggetto; 3) il contenente per il contenuto; 4) il concreto per l'astratto (e viceversa) ecc. Ad es.: 1) "vivere del proprio lavoro" invece che "del denaro guadagnato con il proprio lavoro"; 2) «fende / con tanta fretta il suttil legno l'onde» (Ariosto, *Orlando furioso*) dove il "legno" indica la "barca"; 3) «dal ribollir de' tini» (Carducci, *San Martino*) dove non sono i tini a ribollire ma il mosto in essi contenuto; 4) "sto studiando Dante" invece delle "opere scritte da Dante".

Mimesi Secondo la concezione estetica classica, fondamento della creazione artistica in quanto imitazione della realtà e della natura. In senso moderno le forme stilistiche e letterarie, come il dialogo o la scrittura drammatica, volte a dare l'impressione e l'illusione della realtà. In questo senso si oppone a >**diegesi**.

Monologo interiore Rappresentazione dei pensieri di un personaggio (riflessioni, frammenti di altri pensieri, elementi inconsci, associazioni d'idee) come un flusso continuo, incontrollato, privo di un ordine logico.

Mutilo Detto di manoscritto mancante della parte finale.

Neologismo Parola introdotta di recente nella lingua, oppure nuova accezione di un vocabolo già esistente.

Nominale (**stile nominale**) Particolare organizzazione del periodo in cui gli elementi nominali (sostantivi, aggettivi ecc.) prevalgono su quelli verbali. Ad es.: è spesso usato nei titoli dei giornali "Maltempo su tutta la penisola".

Onomatopea Figura d'imitazione volta a imitare un suono (*chicchiricchi*) o che evochi attraverso i propri suoni ciò che la parola stessa significa (*gorgogliare* o *bisbigliare*). Ad es.: «Nei campi / c'è un breve *gre gre* di ranelle» (Pascoli, *La mia sera*).

Ossimoro Figura retorica che consiste nell'accostamento di due parole che esprimono concetti contrari. Ad es.: «provida sventura» (Manzoni, *Adelchi*); «dolce affanno» (Petrarca, *Benedetto sia 'l giorno*) «Sentia nell'inno la dolcezza amara» (Giusti, *Sant'Ambrogio*).

Ottava Strofa di otto endecasillabi, i primi sei a rima alternata, gli ultimi due a rima baciata. È il metro dei >**cantari** e dei poemi cavallereschi italiani.

Palinodia Componimento poetico che ritratta opinioni espresse in precedenza.

Paraipotassi Costruzione sintattica in cui si combinano >**ipotassi** e >**paratassi**. Si ha quindi un periodo in cui la proposizione principale si coordina mediante congiunzione ("e", "così", "ma" ecc.) a una proposizione subordinata (retta da un participio, un gerundio, una congiunzione come "se", "quando", "poiché" ecc.). Ad es.: «S'io dissi falso, e tu falsasti il conio» (*If* XXX 116); «E finita la canzone, e 'l maestro disse» (Boccaccio, *Decameron*).

Parallelismo Il disporre in modo simmetrico parole, concetti, strutture sintattico-grammaticali. Sono casi particolari di parallelismo il >**chiasmo**, l'>**anafora**, il >**polisindeto**, l'>**epanalessi** ecc.

Paratassi Costruzione del periodo fondata sull'accostamento di proposizioni principali, articolate per coordinazione. È il contrario dell'>**ipotassi**.

Parodia Imitazione di un autore, di un testo, di uno stile fatta a scopo ironico o satirico.

Paronomàsia (o **bisticcio** o **annominazione**) Figura retorica che consiste nell'accostamento di due parole dal suono simile ma semanticamente diverse. Ad es.: «ch'i' fui per ritornar più volte vòlto» (*If* I 36), «disserra / la porta, e porta inaspettata guerra» (Tasso, *Gerusalemme liberata*).

Pastiche Tecnica compositiva che accosta parole di registri, stili e lingue diverse. Può avere anche scopo di parodia.

Perifrasi Figura retorica che consiste nell'utilizzare un giro di parole in sostituzione di un singolo termine. Ad es.: «del bel paese là dove 'l sì suona» per indicare l'Italia (*If* XXX 80), «chiniam la fronte al Massimo / Fattor» (Manzoni, *Il cinque maggio*) per indicare Dio; «l'Ospite furtiva / che ci affranca dal Tempo e dallo Spazio» (Gozzano, *La signorina Felicita*) per indicare la morte.

Personificazione (o **prosopopea**) Figura retorica mediante la quale si dà voce a persone defunte o si fanno parlare animali o cose inanimate o astratte. Ad es.: «Pel campo errando va Morte crudele» (Ariosto, *Orlando furioso*), «Piangi, che ben hai donde, Italia mia» (Leopardi, *All'Italia*), «Da la torre di piazza roche per l'aere le ore / gemon» (Carducci, *Nevicata*).

Piede Nella metrica classica la più piccola unità ritmica di un verso, formata di due o più sillabe, con una parte forte (arsi) e una debole (tesi). Nella metrica italiana, ognuna delle due parti in cui in genere si suddivide la fronte della strofa di una >**canzone**.

Pleonasmo Elemento linguistico superfluo, formato dall'aggiunta di una o più parole inutili dal punto di vista grammaticale o concettuale. È frequente nel linguaggio familiare e talvolta è un vero e proprio errore. Ad es.: "a me mi piace" o "entrare dentro" sono pleonasmi. «Io il mare l'ho sempre immaginato come un cielo sereno visto dietro dell'acqua» (Pavese, *Feria d'agosto*); «A me mi par di sì: potete domandare nel primo paese che troverete andando a diritta» (Manzoni, *Promessi sposi*).

Plurilinguismo L'uso in un testo letterario di diversi registri linguistici ed espressivi (tecnico, gergale, aulico, letterario ecc.) e di idiomi differenti. Ad es.: il plurilinguismo di Carlo Emilio Gadda.

Pluristilismo La compresenza in un testo letterario di diversi livelli di stile.

Glossario 311

Poliptòto Figura retorica che consiste nel riprendere una parola più volte in un periodo, mutando caso o genere o numero. Ad es.: «Cred'ïo ch'ei credette ch'io credesse» (*If* XIII 25).

Polisemia La compresenza di due o più significati all'interno di una parola, di una frase, di un testo intero. Ad es.: *macchina* per "automobile" oppure "congegno meccanico", la *Commedia* di Dante che ha diversi livelli di lettura (allegorico, letterale ecc.).

Polisindeto: forma di coordinazione realizzata mediante congiunzioni coordinanti. Ad es.: «E mangia e bee e dorme e veste panni» (*If* XXXIII 141), «o selva o campo o stagno o rio / o valle o monte o piano o terra o mare» (Ariosto, *Orlando furioso*).

Prolessi Anticipazione di un elemento del discorso rispetto alla normale costruzione sintattica. In narratologia, interruzione del normale corso cronologico di un racconto per narrare eventi futuri. È l'opposto dell'>**analessi**. Ad es.: «guarda la mia virtù s'ell'è possente» (*If* II 11), «la morte è quello / che di cotanta speme oggi m'avanza» (Leopardi, *Le ricordanze*).

Prosopopea >**Personificazione**

Protasi Parte iniziale di un poema in cui l'autore espone l'argomento dell'opera.

Rapportatio Tecnica compositiva artificiosa tipica della poesia manierista e barocca, consiste nel disporre le varie parti del discorso in modo tale da creare una trama di corrispondenze sia concettuali sia strutturali.

Refrain >**Ritornello**

Registro Il modo di parlare o scrivere, il livello espressivo proprio di una particolare situazione comunicativa (registro formale, familiare, popolare, burocratico ecc.). Un autore sceglie e gestisce i vari tipi di registro in base al genere dell'opera o agli effetti che vuole ottenere.

Repraesentatio >**Ipotiposi**

Reticenza Figura retorica che consiste nel troncare un discorso lasciando però intendere ciò che non viene detto (talvolta più di quanto non si dica). Ad es.: «Ho de' riscontri, – continuava, – ho de' contrassegni...» (Manzoni, *Promessi sposi*).

Rimario Repertorio alfabetico di tutte le rime presenti in un'opera poetica o utilizzate da un autore.

Ripresa >**Ballata**

Ritmo In un verso l'alternarsi, secondo determinati schemi, di sillabe atone e accentate (metrica accentuativa) o di sillabe lunghe e brevi (metrica quantitativa). Il termine indica anche componimenti poetici medievali in >**lasse** monorime (*Ritmo cassinese*, *Ritmo di Sant'Alessio*).

Ritornello o *refrain* Verso o gruppo di versi che, in alcuni generi poetici, vengono ripetuti regolarmente prima o dopo ciascuna strofa.

Romanzo di formazione Romanzo nel quale si segue la formazione morale, sentimentale e intellettuale di un personaggio, dalla giovinezza alla maturità.

Rubrica Nei codici medievali il breve riassunto posto in testa a ogni capitolo e che ne indica l'argomento. Il termine deriva dal colore rosso che nei codici medievali caratterizzava titoli e capilettera. Ad es.: il breve riassunto prima di ogni novella del *Decameron*.

Senhàl (alla lettera "segno") Nome fittizio con cui, nella poesia provenzale, il poeta alludeva alla donna amata o ad altri personaggi cui si rivolgeva. Ad es.: Guglielmo d'Aquitania cela il nome dell'amata con *Bon Vezi* (Buon vicino); Raimbaut designa una poetessa amica come *Jocglar* "Giullare". Sono dei *senhal* anche gli pseudonimi usati da poeti italiani sul modello provenzale (ad es. il *senhal Violetta* in una ballata dantesca); e così anche il sintagma *l'aura* usato da Petrarca.

Sestina Componimento lirico con sei strofe di sei endecasillabi non rimati in cui la parola finale di ogni verso della prima strofa si ripete nelle altre in diverso ordine; è chiuso da tre versi che ripetono le sei parole. Inventata dal provenzale Arnaut Daniel, venne adottata da Dante e Petrarca.

Significante / Significato Il significante è l'elemento formale, fonico o grafico, che costituisce una data parola, il significato è il concetto al quale l'espressione fonica rimanda. Significante e significato insieme costituiscono il segno.

Sillogismo Tipo di ragionamento, codificato da Aristotele, in cui tre proposizioni sono collegate fra di loro in modo che, poste due di esse come premesse (premessa maggiore e premessa minore), ne segue necessariamente una terza come conclusione. Ad es.: "tutti gli uomini sono mortali" (premessa maggiore), "Socrate è un uomo" (premessa minore) quindi "Socrate è mortale" (conclusione).

Simbolo Oggetto o altra cosa concreta che sintetizza ed evoca una realtà più vasta o un'entità astratta. Ad es.: il sole come simbolo di Dio, la bilancia come simbolo della giustizia.

Similitudine Figura retorica che consiste nel paragonare cose, persone o fatti in modo diretto ed esplicito utilizzando avverbi e vari connettivi ("come", "tale... quale", "così", "sembra" ecc.). Ad es.: «Tu sei come la rondine / che torna in primavera» (Saba, *A mia moglie*).

Sinalèfe In metrica, il computo come una sola sillaba di due vocali consecutive, la prima alla fine di una parola, la seconda all'inizio della parola che segue. Le due vocali appartengono quindi alla stessa sillaba. È opposta alla >**dialefe** e di norma è obbligatoria se entrambe le vocali sono atone. Ad es.: «Movesi il vecchierel canuto e bianco» (Petrarca).

Sincope Caduta di una vocale all'interno di una parola. Ad es.: *spirto* per "spirito".

Sincronia Indica lo stato di una lingua in un particolare momento a prescindere dall'evoluzione storica della lingua stessa (al contrario della >**diacronia**).

Sinèddoche Figura retorica che consiste nella sostituzione di un termine con un altro che sia in un rapporto di contiguità con il primo. A differenza della >**metonimia** (c'è chi la considera una variante di questa) si ha quando la relazione fra i termini implica un rapporto di quantità e di estensione. 1) La parte per il tutto (e viceversa); 2) il singolare per il plurale (e viceversa); 3) la specie per il genere (e viceversa). Ad es.: 1) "una vela solcava il mare" per indicare "una barca solcava il mare" oppure "ho imbiancato casa" per dire "ho imbiancato le pareti di casa"; 2) «l'inclito verso di colui che l'acque» (Foscolo, *A Zacinto*) dove verso indica i versi (dell'*Odissea*); 3) "il felino" per dire "il gatto" o "i mortali" per dire "gli uomini".

Sinèresi In metrica, il computo come una sola sillaba di due vocali consecutive appartenenti alla stessa parola. È opposta alla >**dieresi**. Ad es.: «Questi parea che contra me venisse» (*If* I 46).

Sinestesìa Particolare forma di >**metafora** che consiste nell'associare due termini che fanno riferimento a sfere sensoriali diverse. Ad es.: «Io venni in loco d'ogne luce muto» (*If* V 28), «là, voci di tenebra azzurra» (Pascoli, *La mia sera*).

Sintagma Unità sintattica di varia complessità, di livello intermedio tra la parola e la frase, dotata di valore sintattico compiuto. Ad es.: *a casa, di corsa, contare su* ecc.

Sirma >**Canzone**

Sirventese Componimento poetico di origine provenzale, di metro vario e di argomento didattico-morale o di ispirazione celebrativa.

Sonetto Forma poetica (forse "inventato" in Italia intorno alla metà del XIII secolo da Jacopo da Lentini). È costituito sempre da 14 versi endecasillabi, suddivisi in quattro strofe, due quartine e due terzine. Lo schema delle rime prevede poche varianti per le quartine rispetto allo schema più antico: ABAB ABAB (rime alternate), oppure ABBA ABBA (rime incrociate) mentre le terzine presentano fin dalle origini molteplici combinazioni.

Spannung (ted. "tensione") termine che in narratologia indica il momento culminante di una narrazione.

Stanza >**Strofa**

Stilema Tratto stilistico caratteristico di un autore, di una scuola, di un genere letterario o di un periodo storico.

Straniamento Procedimento con cui lo scrittore, attraverso un uso inconsueto del linguaggio o la rappresentazione insolita di una realtà nota, produce nel lettore uno sconvolgimento della percezione abituale, rivelando così aspetti insoliti della realtà e inducendo a riflettere criticamente su di essa.

Strofa (o **strofe** o **stanza**) All'interno di una poesia è l'insieme ricorrente di versi uguali per metro e schema di rime. A seconda del numero di versi prende il nome di >**distico**, >**terzina**, >**quartina**, >**sestina**, >**ottava**. Ad es.: un sonetto è formato da quattro strofe: due quartine e due terzine.

Summa Termine con cui nel medioevo si indicavano le trattazioni sistematiche di una determinata disciplina (in origine di teologia, poi anche di filosofia, astronomia ecc.).

Terza rima >**Terzina a rime incatenate**

Terzina a rime incatenate È il metro inventato da Dante per la stesura della *Commedia*, per questo motivo è anche detta "terzina dantesca". Essa è composta da tre endecasillabi, di cui il primo e il terzo rimano tra loro, mentre il secondo rima con il primo e il terzo della terzina successiva: si parla perciò anche di "terzine incatenate".

Testimone In filologia ogni libro antico, o manoscritto o a stampa, grazie al quale è stato trasmesso un testo e in base al quale è possibile ricostruire l'originale.

Tmesi Divisione di una parola composta in due parti distinte di cui una alla fine di un verso e l'altra al principio del verso successivo. Ad es.: «Io mi ritrovo a piangere infinita- / mente con te» (Pascoli, *Colloquio*).

Tòpos (plur. *tòpoi*) in greco "luogo" ovvero "luogo comune". Il termine indica un motivo stereotipato e ricorrente in un autore o in una tradizione (tuttavia i *tòpoi* più diffusi attraversano più epoche, culture e letterature).

Traslato Espressione o parola il cui significato risulti "deviato", "spostato" da quello letterale. Sono dunque traslati le figure retoriche come la >**metafora**, la >**perifrasi**, la >**metonimia** ecc.

Tropo >Traslato

Variante In filologia, ciascuna delle >lezioni che differiscono dal testo originale ricostruito dall'editore o dalla tradizione critica. In linguistica, ciascuna delle diverse forme in cui si presenta un vocabolo (quale che sia il motivo di questa differenza). Ad es.: "olivo" e "ulivo", "cachi" e "kaki" ecc.

Variatio (o **variazione**) Artificio retorico che consiste nel ripetere lo stesso concetto usando espressioni verbali, termini e costrutti sempre diversi.

Variazione >*Variatio*

Zèugma Figura retorica che consiste nel far dipendere da un unico predicato due o più parole o enunciati dei quali uno solo è logicamente adatto. Ad es.: «parlare e lagrimar vedrai insieme» (*If* XXXIII 9) dove *vedrai* si adatta solo a *lagrimar* e non a *parlare*.

Indice

Le competenze di base

1. Il testo

1.1 Testi e forme — 9
Che cos'è un testo — 9
Testi d'uso e testi letterari — 10
Le tipologie testuali di base — 10
Il paragrafo — 11

1.2 I legami di coerenza e di coesione — 15
Un tessuto di parole — 15
La coerenza — 15
La coesione — 16
I connettivi — 17

1.3 Il lessico — 19
La competenza lessicale — 19
Significante e significato — 19
    Le onomatopee — 19
    Parole e significati — 20
    La polisemia — 20
    L'omonimia — 21
    I significati figurati — 22
    I sinonimi — 22
    I contrari — 23

2. Percorsi testuali

2.1 Io, scrittore — 25
I vincoli — 25
L'utilità di seguire un metodo — 26
    Scrivere: un percorso a tappe — 27
Questioni di stile: i consigli di un linguista — 27
    Fai attenzione… — 27

2.2 Il riassunto — 28
L'arte della sintesi — 28
    Riassumere: un percorso a tappe — 30

2.3 Il testo espositivo — 31
Scrivere per informare e spiegare — 31
Svolgere un tema espositivo: un percorso ragionato — 33
    Prima tappa - L'ideazione — 33
    Seconda tappa - L'elaborazione delle informazioni — 34
    Terza tappa - La stesura e la revisione — 35

2.4 Il testo argomentativo — 36
Scrivere per sostenere una tesi — 36
Svolgere un tema argomentativo: un percorso ragionato — 38
    Prima tappa - La comprensione della richiesta — 38
    Seconda tappa - La tesi e gli argomenti utili a sostenerla — 39
    Terza tappa - La stesura e la revisione — 41

Attività — 42

Attività 1 `Il testo`
Il *Decameron* nel tempo — 42

Attività 2 `Il testo`
Bibita rinfrescante all'anguria e limone — 44

Attività 3 `Il testo`
Trafiletti di cronaca — 45

Attività 4 `Il testo`
L'uso dei connettivi — 46

Attività 5 `Il testo`
L'elogio del *crème caramèl* — 46

Attività 6 `Il testo`
Un'epopea olfattiva — 47

Attività 7 `Il testo`
Partire, leggere, diventare… — 49

Attività 8 `Riassumere`
Vorrei scrivere un libro allegro — 51

Attività 9 `Riassumere`
Sei fuso? Esercizi per contrastare (o prevenire) il *burnout* — 52

Attività 10 `Riassumere`
Disporre un buon lessico fa risparmiare fatica e tempo — 53

Attività 11 `Riassumere`
L'impero inerme di Bruxelles — 55

Attività 12 `Riassumere`
L'uomo che regalò Stonehenge — 59

Attività 13 `Riassumere`
Nell'occhio del mostro — 61

Attività 14 `Esporre`
La nascita dei primi fenicotteri rosa — 65

Attività 15 `Esporre`
La più bella lingua ad alta voce — 66

Attività 16 `Esporre`
Amori e cavalieri, medioevo sui muri — 69

Attività 17 `Esporre`
Analizzare titoli di temi espositivi di letteratura — 73

Attività 18 `Esporre`
La fiera — 74

Attività 19 `Dossier`
Dossier email — 78

Attività 20 `Argomentare`
Gli scrittori al tempo degli ebook — 84

Attività 21 *Argomentare*
Quell'attimo fuggente è perfetto anche se va oltre gli schemi 87

Attività 22 *Argomentare*
Stregati dal consumo «limited edition» che ci fa assaporare esperienze esclusive 89

Attività 23 *Argomentare*
È opportuno estendere il voto ai minorenni? 23

Attività 24 *Argomentare*
Analizzare titoli di temi argomentativi 92

Attività 25 *Argomentare*
Svolgere un tema argomentativo guidato 93

Attività 26 *Argomentare - Dossier*
Dossier web 96

Le competenze per la prima prova scritta

Le tipologie della prima prova scritta: un primo sguardo 104

La tipologia A: analisi del testo

1. L'analisi del testo: che cos'è 105
2. Come si presenta 106
3. Come si procede 106
4. Rinfreschiamo le idee: un po' di teoria 107
5. Cominciamo a esercitarci 109

Alcune raccomandazioni generali 109

Analisi del testo **Esercizi livello 1** 111

Classe terza
Analisi di un testo narrativo in prosa: Giovanni Boccaccio, *Decameron*, VI, IX 111
Analisi di un testo in versi: Petrarca, *Canzoniere*, CCCLXIV 116

Classe quarta
Analisi di un testo narrativo in prosa: Gulliver nella terra degli Houyhnhnm 118
Analisi di un testo in versi: Ciro di Pers, *Orologio da polvere* 122

Classe quinta
Analisi di un testo narrativo in prosa: Pirandello, *Il treno ha fischiato* 124
Analisi di un testo in versi: d'Annunzio, *Implorazione* 128

Esercizi comuni per tutte le classi
Analisi di un testo non narrativo in prosa: Calvino, *Visibilità* 129

Analisi del testo **Esercizi livello 2**

Classe terza
Analisi di un testo narrativo in prosa: Machiavelli, *Il Principe*, dal cap. XVII 133
Analisi di un testo in versi: Tasso, *Negli anni acerbi tuoi purpurea rosa* 136

Classe quarta
Analisi di un testo narrativo in prosa: Foscolo, *L'amore e le illusioni* 138
Analisi di un testo in versi: Monti, *Alta è la notte* 140

Classe quinta
Analisi di un testo narrativo in prosa: Manganelli, *Trentanove* 142
Analisi di un testo in versi: Caproni, *La stanza* 144

Esercizi comuni per tutte le classi
Analisi di un testo non narrativo in prosa: Magris, *Misurare il tempo* 146

Speciale quinta
L'analisi del testo nella prima prova dell'esame di Stato 148
Un esempio: Magris, dalla *Prefazione* de *L'infinito viaggiare* 149
Indicazioni per lo svolgimento 150

Esercizi 153
Analisi di un testo poetico: Quasimodo, *Ride la gazza, nera sugli aranci* 153
Analisi di un testo narrativo in prosa: Pavese, *La luna e i falò* 156
Analisi di un testo non narrativo in prosa: Montale, *Ammazzare il tempo* 159

La tipologia B: saggio breve e articolo di giornale

1. Le consegne della tipologia B: opportunità e vincoli 162
2. Costruire la scrittura documentata: raccogliere le idee 164

Scrittura documentata **Esercizi livello 1** 168

Esercizi comuni per tutte le classi
Es. 1 Ambito 4. Tecnico-scientifico. Argomento: L'acqua, risorsa e fonte di vita. 168

Classe terza
Dante, *Divina Commedia* 170

Classe quarta
Galileo Galilei 172

Classe quinta
Giovanni Pascoli 174

3. Scegliere la forma della scrittura documentata: saggio breve e articolo di giornale — 176

4. Pianificare il testo — 181
4.1 Pianificare il saggio breve — 181
4.2 Pianificare l'articolo di giornale — 185

Pianificare il saggio breve **Esercizi livello 1** — 189

Esercizi comuni per tutte le classi
Es. 1: OGM: una possibile soluzione al problema della fame nel mondo? — 189
Es. 2: Il distacco nell'esperienza ricorrente dell'esistenza umana — 192
Es. 3: L'acqua, risorsa e fonte di vita — 192

Pianificare il saggio breve **Esercizi livello 2** — 193

Esercizi comuni per tutte le classi
Es. 1: 2009: anno della creatività e dell'innovazione — 193
Es. 2: Catastrofi naturali: la scienza dell'uomo di fronte all'imponderabile della Natura! — 194
Es. 3: I giovani e la crisi — 196

Esercizi differenziati per classe in relazione all'argomento e alla natura dei documenti

Classe terza
Es. 1: Artisti e paesaggio naturale — 198
Es. 2: L'amicizia, tema di riflessione e motivo di ispirazione poetica nella letteratura e nell'arte — 201
Es. 3: Potere politico e società civile nell'età delle corti — 202
Es. 4: Le rivoluzioni inglesi — 204

Classe quarta
Es. 1: L'aspirazione alla libertà nella tradizione e nell'immaginario artistico-letterario — 206
Es. 2: Innamoramento e amore — 208
Es. 3: La prima rivoluzione industriale: innovazione tecnologica e trasformazioni sociali — 209
Es. 4: Origini e sviluppi dell'idea di nazione nell'Ottocento — 211

Classe quinta
Es. 1: Poeti e letterati di fronte alla "grande guerra" — 213
Es. 2: La letteratura come esperienza di vita — 215
Es. 3: Giovanni Giolitti: metodi di governo e programmi politici — 217
Es. 4: Il terrore e la repressione politica nei sistemi totalitari del Novecento — 219

Pianificare l'articolo di informazione **Esercizi livello 1**

Esercizi comuni per tutte le classi
Es. 1: I padri e la cura familiare — 222
Es. 2: OGM: una possibile soluzione al problema della fame nel mondo? — 223
Es. 3: L'acqua, risorsa e fonte di vita — 224

Pianificare l'articolo di informazione **Esercizi livello 2**

Esercizi comuni per tutte le classi
Es. 1: 2009: anno della creatività e dell'innovazione — 225
Es. 2: Catastrofi naturali: la scienza dell'uomo di fronte all'imponderabile della Natura! — 225
Es. 3: I giovani e la crisi — 226

Esercizi differenziati per classe in relazione all'argomento e alla natura dei documenti

Classe terza
Es. 1: Artisti e paesaggio naturale — 227
Es. 2: L'amicizia, tema di riflessione e motivo di ispirazione poetica nella letteratura e nell'arte — 227
Es. 3: Potere politico e società civile nell'età delle corti — 228
Es. 4: Le rivoluzioni inglesi — 228

Classe quarta
Es. 1: L'aspirazione alla libertà nella tradizione e nell'immaginario artistico-letterario — 229
Es. 2: Innamoramento e amore — 229
Es. 3: La prima rivoluzione industriale: innovazione tecnologica e trasformazioni sociali — 230
Es. 4: Origini e sviluppi dell'idea di nazione nell'Ottocento — 230

Classe quinta
Es. 1: Poeti e letterati di fronte alla "grande guerra" — 231
Es. 2: La letteratura come esperienza di vita — 231
Es. 3: Giovanni Giolitti: metodi di governo e programmi politici — 232
Es. 4: Il terrore e la repressione politica nei sistemi totalitari del Novecento — 232

5. Scrivere il testo — 233
5.1 Scrivere il saggio breve — 233
5.2 Scrivere l'articolo di informazione — 236
5.3 Consigli utili per entrambe le forme testuali — 239

Come si fa una citazione — 239
Come si citano le fonti — 240
Come si usano le virgolette — 240
Come si scrivono le parole straniere — 241
Come si scrivono i numeri — 241

6. Rivedere il testo — 242

Le Tipologie C e D

1. Le Tipologie C e D: il tema — 243

2. Come scegliere tra Tipologia C e Tipologia D? — 244

3. Pianificare le tipologie C e D — 244
3.1 La prima tappa: l'analisi della traccia — 244
3.2 Le tracce ministeriali del tema di argomento storico: tipologie e analisi — 246
3.3 Raccogliere e organizzare le idee per il tema di argomento storico — 249
3.4 Le tracce ministeriali del tema di ordine generale: tipologie e analisi — 250
3.5 Raccogliere e organizzare le idee per il tema di ordine generale — 252

4. Scrivere e rivedere il tema — 254

Le tipologie C e D **Esercizi livello 1**
Esercizi comuni per tutte le classi
1. Tipologia D - Tema di ordine generale. Esame di Stato, 2014 — 255
2. Tipologia D - Tema di ordine generale. Esame di Stato, 2008 — 256
3. Tipologia D - Tema di ordine generale. Esame di Stato, 2004 — 256
4. Tipologia D - Tema di ordine generale. Esame di Stato, 2004 — 257
5. Tipologia D - Tema di ordine generale. Esame di Stato, 2000 — 257
6. Tipologia D - Tema di ordine generale. Esame di Stato, 1999 — 258

Esercizi differenziati per classe
Classe terza — 258
1. Tipologia C - Tema di argomento storico — 258
2. Tipologia C - Tema di argomento storico — 259
3. Tipologia C - Tema di argomento storico — 259
4. Tipologia C - Tema di argomento storico — 259

Classe quarta
1. Tipologia C - Tema di argomento storico — 260
2. Tipologia C - Tema di argomento storico — 260
3. Tipologia C - Tema di argomento storico — 260
4. Tipologia C - Tema di argomento storico — 261

Classe quinta
1. Tipologia C - Tema di argomento storico (Esame di Stato, 2008) — 261
2. Tipologia C - Tema di argomento storico (Esame di Stato, 2004) — 262
3. Tipologia C - Tema di argomento storico (Esame di Stato, 1999) — 262
4. Tipologia C - Tema di argomento storico (Esame di Stato, 2000) — 262

Le tipologie C e D **Esercizi livello 2**
Raccogliere e organizzare le idee — 263
Classe terza — 263
Classe quarta — 266
Classe quinta — 269

Tipologia D. Tema di ordine generale
Esercizi comuni per tutte le classi — 272

Le tipologie C e D **Esercizi livello 3**
Stesura e revisione — 278

Tipologia D - Tema di ordine generale
Tracce comuni per tutte le classi — 278

Tipologia C - Tema di argomento storico — 280
Classe terza — 280
Classe quarta — 280
Classe quinta — 281

La punteggiatura
La punteggiatura — 286
Il punto — 286
Il punto e virgola e la virgola — 286
Usi della virgola — 287
I due punti — 288
Il punto interrogativo e il punto esclamativo — 288
Le virgolette — 288
Il trattino — 289
I puntini di sospensione — 289
Le parentesi tonde — 289
Le parentesi quadre — 289

L'uso del dizionario
Conoscere e usare il dizionario — 292
Diversi tipi di dizionari — 292
Il dizionario: come si consulta — 292
Il dizionario: la spiegazione dei significati — 294
"Dizionario" o "Vocabolario"? — 292
Il dizionario: le altre informazioni — 294
   Ortografia e pronuncia — 295
   Etimologia — 295
   Morfologia — 296
   Sintassi — 297

Glossario — 299